李零考古艺术史文集

李零考古艺术史文集

入山与出塞

上册

李零 著

生活·讀書·新知 三联书店

Copyright © 2023 by SDX Joint Publishing Company.
All Rights Reserved.
本作品版权由生活·读书·新知三联书店所有。
未经许可，不得翻印。

图书在版编目（CIP）数据

入山与出塞：上、下 / 李零著．—北京：
生活·读书·新知三联书店，2023.4
 ISBN 978-7-108-07107-1

Ⅰ．①入… Ⅱ．①李… Ⅲ．①考古学 - 中国 - 文集
Ⅳ．① K870.4-53

中国版本图书馆 CIP 数据核字 (2021) 第 036383 号

特约编辑	熊长云　陈彬彬
责任编辑	杨　乐
装帧设计	李猛工作室
责任印制	张雅丽
出版发行	生活·讀書·新知 三联书店
	（北京市东城区美术馆东街 22 号　100010）
网　　址	www.sdxjpc.com
经　　销	新华书店
印　　刷	天津图文方嘉印刷有限公司
版　　次	2023 年 4 月北京第 1 版
	2023 年 4 月北京第 1 次印刷
开　　本	720 毫米 ×880 毫米　1/16　印张 35.5
字　　数	456 千字　图 588 幅
印　　数	0,001-8,000 册
定　　价	260.00 元（全二册）

（印装查询：01064002715；邮购查询：01084010542）

李　零

目次

写在
前面的话

1　自序

13　入山与出塞

34　说"祭坛"和"祭祀坑"

翁仲研究

65　翁仲考

106　读《丝绸之路草原石人研究》——兼谈欧洲石人

有翼神兽
研究

129　论中国的有翼神兽

206　再论中国的有翼神兽

218　狮子与中西文化的交流

224　说中国古代的镇墓兽，

　　　兼及何家村银盘上的怪鸟纹和宋陵石屏

早期艺术中
的宇宙模式

247　楚汉墓葬中的帛画和中国壁画墓的起源

254　跋石板村"式图"镜

260　跋中山王墓出土的六博棋局——与尹湾《博局占》的设计比较

274　说汉阳陵"罗经石"遗址的建筑设计

早期艺术中的神物形象	295	马王堆汉墓"神祇图"应属辟兵图
	304	湖北荆门"兵避太岁"戈
	311	琉璃阁铜壶上的神物图像
	317	《琉璃阁铜壶上的神物图像》补遗

淅川楚墓研究	323	"楚叔之孙倗"究竟是谁——河南淅川下寺二号墓之墓主和年代问题的讨论
	327	再论淅川下寺春秋楚墓——读《淅川下寺春秋楚墓》
	352	化子瑚与淅川楚墓

楚国铜器研究	361	关于铜器分类的思考——自其不变而观之
	396	论楚国铜器的类型
	480	楚鼎图说

读书偶记	495	滦平营坊村出土的兽面石人
	499	三件有趣的茧形壶
	502	说　匜
	507	王莽虎符石匮调查记
	514	"五星出东方利中国"织锦上的文字和动物图案
	524	中国的水陆攻战图和亚述的水陆攻战图
	541	格鲁吉亚青铜带饰上的鸟首羽人

	544	初版后记

自 序

我是个按计划写作的人,即使单篇论文,也多半是照书的设想写。可惜的是,计划赶不上变化,层出不穷的学术会议、庆祝活动和各种约稿,常常把我弄得方寸大乱,手脚大乱,陷入焦躁,或者不如说,是狂躁之中。多少年来,我一直想摆脱这种运动周期,静下心来,像顾炎武提倡的那样,读万卷书,行万里路,阅读考古,享受考古,按自己的兴趣和能力,写点笔记和游记性质的东西。所以,我很感谢出版社给我这个难得的机会,让我把这方面的感想总结一下。

这本小书,收入的是我讨论考古、文物的文章。这些文章,并不是全部:凡与我已出版的书重复,一般不再收入;[1] 已经写出,还凑不够一组(主题明确的一组),也暂时搁置一边。它是以"入山与出塞"为主要话题,兼收其他作品,按讨论对象不同,分为八组。

我的第一组文章有两篇,一篇是应《文物》月刊约稿,纪念《文物》创刊五十周年,叫《入山与出塞》,可以看作全书的绪论。其实,它和我讲方术的两篇文章有关,即《秦汉礼仪中的宗教》,还有《秦汉祠畤通考》(收入拙作《中国方术续考》,东方出版社,2001年),思路是从那里延伸

---

[1] 只有《楚汉墓葬中的帛画和中国壁画墓的起源》是从我的《楚帛书的再认识》中摘录,已收入《李零自选集》(广西师范大学出版社,1998年)227–262页。另外,《跋石板村"式图"镜》《马王堆汉墓"神祇图"应属辟兵图》《湖北荆门"兵避太岁"戈》,也与《中国方术考》(东方出版社,2001年)73–81页有重合之处。

出来。此外，它还包含我对上两个世纪之交"五大发现"的历史回顾，也是用来纪念新千年的，同时具有展望的性质。所以我特别谈到了眼界的问题。

我说的"入山"，是道士热衷的话题（参看葛洪《抱朴子·登涉》）。李白说"五岳寻仙不辞远，一生好入名山游"。"入山"本来是和寻仙、采药有关。但这里，我要讲的却是祭祀遗址的研究。因为考古工作者，他们要找的首先是有人的地方，要挖也是城邑、村落和附近的墓葬，多半人口密集、道路辐辏。而古代的居住中心也多是后来的居住中心，文化层一层压一层（比如郑州商城就是压在现在的郑州城下，洛阳和长安也是很多朝代的古都）。考古工作者从现代城市出发，从他们的研究所或工作站出发，主要还是去这类地方。随工清理更是如此。但我想指出的是，古代也好，现代也好，还有一些人，他们特别喜欢去的，恰恰是没人或人烟稀少的地方。比如古代的祭祀遗址，很多就是这样的地方，特别是名山大川。人类对这些地方的疏远和向往，一直是非常吸引人的话题。它们在考古学家的视野中，理应占有一定的位置。况且，从沙畹和凌纯声的思路来看，这类研究还能提供宗教地理的文化视角。没有这种视角，我们很难理解古人，对文明的探讨也不免流于浅薄。

"出塞"，我也不是讲昭君出塞，而是讲早期艺术中的外来影响。这个问题其实不是新问题，我国的隋唐考古，本来就有这种眼光。比如石窟寺和金银器，前者是佛教艺术，肯定和印度、中亚还有丝绸之路有关；后者受粟特、波斯、罗马和拜占庭影响，谁都否认不了。只不过，我关心的是年代更早的问题。我讲这类问题，不是为传播论张目，也不是给外国人帮腔。我只想说，我们千万不要低估了古人的能力。他们没有飞机、火车、汽车、轮船，也没电报、电话和网络通信，但他们是时间富翁，探险精神比我们强，乌龟和兔子赛跑，我们不能小瞧。特别是与艺术有关的奢侈品，它们的播散，更是如此。即使是石器时代，也会碰到这类问题。中国和外国都一样。

这两个问题都属于"睁开眼睛看世界"。它是一种鼓励，不是一种贬斥，更不是针对哪个人的批评。

我的研究也许并不成功，但我相信，它的方向没有错。因为，即便研究中国，也是天外有天：汉族之外有少数民族，少数民族之外有其他国家。当我们承认中国艺术可能受到外来影响时，反过来的情况也一样。这不是现在才有的特殊问题。

我的眼界有限，水平有限，但学术本身是没有疆界的。

作为"入山"这个话题的个案研究，本来我想写一组祭祀遗址的调查记，包括喀左、宁乡、甘泉宫、后土祠和雍五畤，还有八主祠。但材料还消化不够，这里留下的只是一篇有关"祭坛"和"祭祀坑"的读书笔记。我把这篇文章也收入第一组，算是第一篇文章的参考。

至于"出塞"，在《入山与出塞》中，我是举翁仲和有翼神兽为例，但没有机会展开讨论。这里的第二组和第三组文章，就是专门讨论这两个个案。读者不难发现，它们涉及的不仅是中国古代石刻艺术的传统，也包括中国古代动物造型和动物纹饰的有趣话题，甚至还谈到秦汉纪念性建筑的装饰，以及其他一些问题，可以归入艺术史的研究范围。

同样，在后面的两组文章中，我也讨论的是艺术史的话题。一类问题是"早期艺术中的宇宙模式"。这个问题不仅表现在秦汉以来的墓葬设计上（如壁画墓的设计），表现在明堂类礼仪建筑的设计上，也反映在很多随葬品，如生肖俑、墓志铭、铜镜和六博棋局的图案，还有其他一些东西上。另一类问题是"早期艺术中的神物形象"，我讨论的主要是战国秦汉时期的太一神，还有其他一些形象相似的神物图像。

我希望我的读者不只是关心考古的专家，也包括关心艺术的公众，特别是像我一样有各种探讨兴趣的普通人。

本书的第六组文章是我对淅川楚墓（包括下寺、和尚岭和徐家岭的楚墓）的讨论，内容是集中于墓主和年代，即学界关心的问题。但对楚文化，我更关心的不是断代分期，而是地区差异。我认为，讲地区差异，恐怕不能太过分。因为商周时期，文化落差越大，文化倾泻越强，强势文化和弱势文化，面貌差异反而小；东周，特别是战国时期，强调文化个性的背后是彼此趋同，面貌差异反而大，有同异的假象。因为从情理上讲，楚国当周之南，越是早期，活动范围越偏北，比起吴越，比起巴蜀（更不用说楚国以南的纵深地区），肯定更接近北方。它是南方各国中，在文化上最接近北方的国家。楚国特色，以铜器和字体而论，是从春秋末期才冒头，越到后来越突出，并非一开始就如此。六国异制的真实背景是，它们在文化水平上比较接近，交流和融合非常活跃。楚国并不例外。如果对地方特色讲过头，不但后面的秦汉没法讲，前面的商周也架空。这个问题在考古研究上，和外来影响一样重要，而且是互为表里。我很希望讨论这一问题，但只在罗泰教授编译的文章中讲了几句，后来也没有回到这个话题。浅尝辄止，深入是谈不上了。

"楚国铜器研究"，和前者一样，对我来说，主要是"后《孙子》时期"的研究（这之前，我曾花过很多时间研究《孙子·兵法》），即我研究生时关心的问题。我把它放进了第七组文章。当时，我有一个看法，就是铜器的分类，还不完全等于通常说的类型研究。我理想的分类研究，是从总体上，把铜器和陶器，早期铜器和晚期铜器，兼顾铭文、器形、组合、功用，打通了研究。不光是强调眼睛看到的直观差异，像新石器时代那种不得已的方法，还要考虑它内在的东西。我更强调连续性，而不是断裂性。因为有些东西，表面看，前后差异很大，但仔细考证，却是同一类东西；有些东西，表面看，前后非常相似，但认真研究，却是另一类东西。商代、西周，以迄秦汉，前后演变，或同类而异形，或异类而同形。自其变者而观之，固然是几十年就划一段落，但自其不变而观之，它们在类别的系统上却是万变而不离其宗。我们不能把茶缸和笔筒搁在一起排队。因此，对于分期断代非常重要的纹饰演变，我反而觉得是牝牡骊黄，并不留心。正是基于我在《关于铜器分类的思考》一文中的理解，我对楚国铜器的分类和用鼎制度提出了一些和前辈不太一样的想法。对铜器和仿铜陶器，它们在组合上的意义，以及等级规格问题，我的理解，和很多专家也是大相径庭。

和很多年前一样，我希望我的读者理解，这是为了补充类型学，不是为了颠覆类型学。

本书的第八组文章，是一组读书札记。有些是讲器物，有些是讲中外比较。其中讲器物的几篇，有两篇涉及王莽，可以反映我的兴趣所在。我认为，中国历史大转折，有三个人特别重要，第一是秦始皇，第二是汉武帝，第三是王莽。他们所在的历史时期，都留下了不少和制度史有关的文物。前两位，大家毁誉参半，既嘲笑其迷信荒唐，又颂扬其统一之功，还多少有点好印象。但后一位，大家众口一词，都说是个大坏蛋。我觉得，这不是历史学家的态度。因为在我看来，作为制度创造者，这三个人是前后相因，互相反对，缺一不可，每个人有每个人的贡献，不能都从道德（伪不伪）和正统（篡不篡）立论。我希望有人能搜集这方面的文物，从制度史的角度，对他们做比较研究。但时间、精力有限，我还无法深入。中外比较，我也只是拿同类现象，互相对照，开启思路，并不是说"像"就一定是传播的结果。这类文章，现在写得太少，今后看书多了，跑路多了，可能会多写一点。另外，我希望，对艺术和美学的话题，以后能有更多的关心。

一切为了好玩。

上面的介绍，尽管有自己的分类，但还是不免有家法混乱之感，让习惯成说的读者难以归类和定位。因为我自己根本就没有门派，也没有学术畛域和疆界的划分。前不久，有个朋友突然问我，你是干什么的。年龄已过"知天命"的我（认命吧），要是填表，会毫不犹豫，但跟朋友讲真话，话到嘴边，还真犯嘀咕。就是呀，你到底算是干什么的呀，我对这个问题，确实有点糊涂。

我想说，我是研究考古的。因为从名义上讲，我的本行是商周考古，专业主攻是殷周铜器。但我知道，这肯定不对。因为我早就离开了考古所（中国社会科学院的），也离开了田野工作。而不做田野发掘的人是不能叫"考古学家"的。我只能说，直到今天，我还是一名考古学的热心读者。尽管由于行业的壁垒，讲起话来，难免壁上观与门外谈，隔靴搔痒，但我对自己流于边缘的身份，却并无羞愧。

记得当年，我刚到考古所，那时我的工作是整理金文资料，一门心思全在古文字。有一天，从外面进来一人，雍容而高大，我从大家迎送的气氛看得出来，这可不是一般人。等他走了，我问，这是谁呀。他们说，这就是著名的苏秉琦先生。然后，我问，他是研究什么的。他们告我说，他什么都研究。当时，我提了个傻问题：他懂古文字吗？大家说，懂，当然懂。但我从老同志的眼光看得出来，我的问题真是太蠢了。

1977到1983年，我在考古所，前后待过七年，有苦也有甜。刚进这个门，我还真不知道，考古算是一门什么样的学问。像圈外人照例会有的误解，我有数不清的浪漫幻想，还以为它是和探险寻宝有关，用艺术的手指触摸历史，用细密的考证印证文献，神得很（这是它让很多年轻人乘兴而来败兴而去的原因）。但我当研究生时，头一堂课就是讲"划清界限"，第一是和历史学，第二是和民族学，第三是和古文字学，第四是和金石学，最后一条，还有文物研究。老师的讲法很合理（看得出来，是和西方考古学的家法有关），但令人不快，很有点自绝于学术之林的味道，让酷爱自由的我，好像当了弼马温。到了这步，我才明白，要学考古，首先应该做的，就是"告别幻想，准备发掘"。1982和1983年，我参加过两次田野发掘，都在陕西：一次在西高泉，挖秦墓；一次在沣西，挖西周遗址。这些辛苦和我当年的其他辛苦一样，都是属于"杨白劳"，但它让我学到很多东西。尝过梨子，才知道梨子的滋味，原来考古主要还是和"土"打交道。浑身上下没有"土",是谈不上考古的。

现在,我完全理解,凡是和"古"字打交道的人,都是"古"上长"草",苦得很。考古是这样,古文字、古文献也是这样。对于所有受苦人,我都非常佩服。

但苦尽甘来,总要有些值得为之牺牲的目标,没有谁是为了受苦而受苦。"文革"的经验告诉我:为了受苦而受苦,不是愚弄就是欺骗。

回想当年,嘴上不说心里说,我对置身其中的学术气氛,确实有很多不满,特别是拉帮结伙,褊狭狂妄,"刘项原来不读书"。[1] 因为,不知怎么一回事,干我们这行的人(当年我可以这么讲),有人总是自卑完了又自大,唯恐别人贬之为材料和工具,但又无奈和自甘于这样的地位和命运,熬成婆婆之后,神气起来总是说,别人会的我都会,我会的他们都不会,一万年之内,皆可得而言之。[2]

我心里想,考古学怎么会是这样的学问呢?

后来,当我几经磨难,终于回到阔别已久,真正着迷的古文字研究,回到我原来下过很多功夫,一直非常醉心的古文献研究,想不到的是,十五年后,时过而境迁,我却突然怀念起我洒泪而别的考古学来。转了一圈的我,到现在才终于明白,考古学是门很大的学问,而什么都学了一点的我,实在非常渺小。我原来崇拜的东西,古文献也好,古文字也好,跟

---

[1] 我特别欣赏张光直教授的《要是有个青年考古工作者来问道》(收入他的《考古人类学随笔》,三联书店,1999 年,126—128 页)。他讲了四条,第一是考古学前途无量,田野工作是精神享受(注意:是"精神享受",而不是"受苦");第二是研究考古,老是本钱,我们应敬老尊贤,但不要拉帮结派,只跟一个老师学;第三是不要只读考古书,作茧自缚;第四是不要以中国画地为牢,也要了解外国,了解世界。很多怀念他的人都着重提到他的第二条,即"我们因为多年来在一个小圈子里面一起工作,不免有种种的恩恩怨怨,人与人之间常形成派系关系。你们年轻人万万不可卷入。假如有人拉你入伙,便躲他远远的"。但他说的"如果有位老年考古学家,坚持你只许跟他学,或是不许你有自己的看法,我就建议你另请高明",这条也很重要。
[2] 当然,他们也有谦虚的时候,客气起来总是说,对不起,我们的学科是无法满足大众需要的,考古学是外人无法进入,里面的人也没有必要走出去的领域。

它相比，只是今人叫作"工具"、古人叫作"器"的东西。古人云：小道可观，致远恐泥（参看《论语·子张篇》和《汉书·艺文志》小说家序）。它们要想发挥更大的作用，恐怕都应融入考古学的视野，就像江海不择细流，大固不可容于小，但小却可以容于大。即使是历史学，按我们的习惯，好像可以包容考古学，但它的研究范围，受文献史料制约，从真正的时间跨度讲，还是没法和它相比。特别是，破石头，烂瓦片，原来看上去好像最枯燥乏味的石器时代，我相信，它才是探讨"人类之道"的用武之地。我开始自觉不自觉地感到，我和孳孳于一字之是非的古文字学家并非一伙。或者更彻底地说，我觉得我根本就不是"学者"，特别是真的能够守住一行一业，从一而终，现在叫"教授"（professor的意思是专家），其实是"专业从业员"的人（改革开放后的今天，也可以叫"学术工人"）。我相信，在本质上，和年轻时一样，我还是个读野书的人，或者也可以说，是个被革出教门，逡巡窗前，徘徊墙外，始终不忍离去的人，人称"学术流浪汉"者是也。

然而，我还能回到我的精神家园吗？

在这本小书中，我以"入山与出塞"为题，寄托了我当年的学术之梦。虽然和真正的考古相比，它只是零打碎敲。但"人不爱昆山之玉，而爱己之一苍璧小玑"（《吕氏春秋·重己》），我相信，这些小东西，它们来自考古，也能回到考古。小东西的背后，照样会有大问题（我们应该把小学问作成大学问，而不应该把大学问作成小学问）。它们也许出现频率不高，没有统计学的意义，不像陶器那样，可以结合时间谱系，参考地理分布，作类型比较，按前后排队。但我想，尺有所短，寸有所长，我们的研究，只要能相互补充，地上和地下，粗陋和精致，传世品和发掘品，奢侈品和日用品，文字史料和实物史料，微缩艺术和纪念艺术，小学问和大学问，没有什么是我们应该加以拒绝的。

因为，祖宗留给我们的东西实在太少了，我们不能再存自残自杀的念头。

为此，我祈祷上苍，让它把考古学的精神魅力，它的博大胸怀和想象力，重新注入我的每一个细小研究。

人类的知识体系，落实到个人，落实到他百年期颐的短暂人生，其实都是千疮百孔。即使今天，我们也还是勉为其难，力图用几个精致的学术支点，撑拄粗陋的人生感悟，和古人并没有两样。朝好了讲，是悟性很高；朝坏了讲，是信口开河。这就像一个成天见女人，但拢共也不认识几个女人的男人，他不只是举一反三，举一反亿，而是开口就总结人类的一半，好像真有什么统计学的根据。因为女人可以按妈妈、姐妹、妻子、女儿、女朋友、女同事划分类型，他是通过类型来认识问题，和考古学一样。这很可怜，但没有办法。即使再大的学者，他和普通人也没有两样。

因为我们的眼界都很狭小（特别是在分工已成天罗地网，我们都是知识残废的今天），所以才特别需要博大。

博大可能带来粗疏，但粗疏并非博大之别名。在我看来，它只是不讲门户的意思。

王国维先生说，学问是没有"古今中外"的。[1]

张光直先生说，"三代的研究是没有学科的"。[2]

他们都是没有门户之见的大家。

我赞同他们的说法。

2002年6月30日写于北京蓝旗营寓所

---

[1] 王国维《国学丛刊序》，收入《王国维遗书》，上海古籍书店，1983年，第五册：《静庵文集编续》，65页正–69页背。

[2] 李永迪《与张光直先生谈夏文化考古》，收入《四海为家》，三联书店，2002年，177–187页。

灵寿古城出土的男人偶

写在前面的话

入山与出塞

治学之道有小大之辨。庄子尝言"小知不及大知，小年不及大年。朝菌不知晦朔，蟪蛄不知春秋"（《庄子·逍遥游》），荀子亦云"凡人之患蔽于一曲，而暗于大理"（《荀子·解蔽》），都是讲"小不知大"在认知上的局限性。而近人王国维倡三境界说，其第一界曰"昨夜西风凋碧树，独上高楼，望尽天涯路"，也是拿登高望远当大前提，并不是一上来就讲埋头苦干，"衣带渐宽终不悔，为伊消得人憔悴"。考古是长时段、大视野的历史考察，除耐心毅力，眼界宽广也异常重要。近来北大中文系开海外汉学课，张鸣先生引朱德熙先生说，谓中国学者精勤有余，而失之于陋，师生都深有同感。俞伟超先生跟我谈考古，也有类似慨叹。故今以眼界为话题，举实例为佐证，撰札记二则申论之。

一

首先，我想讨论的第一个问题是中国古代的祭祀遗址。这类遗址或近在城邑之中、四郊之内，或远在名山大川、千里之外。其网络不仅体现城邑分布，亦可反映国土范围。[1]

---

[1] 詹鄞鑫《神灵与祭祀》，江苏古籍出版社，1992年，175—179、312—329页。

鸡鹿塞山口与塞墙

在中国的考古发掘中，古代城邑和与城邑有关的聚落、墓葬是发掘重点。这些地点多为道路辐辏的人口密集区。但远离其外的名山大川（和尚、道士才去的地方），往往是祭祀遗址所在，却常常被忽略，或者虽有发现，也多出偶然，少有调查和发掘。我们所知只是挖出来的"物"，而不是保存它们的"坑"，这是非常遗憾的。比如：

（一）泰山南麓，旧泰安城西南有个叫"东更道"的村子（现在是高楼林立的闹市区）。1954年，当地曾发现一个用大石覆盖的"长方形窖藏"，其中整齐放置着六件"铜罍"和一件三足铁盘，从东到西作一字排列。前者，两件有铭，旧释"右征胤"（盖）和"楚高"（器），曾被认为是楚器楚铭（以有"楚"字故）。"窖藏"面对山体，调查清理者推测是楚灭鲁（前256年）后祭祀泰山的遗迹。[1]现在看来，这个"窖藏"其实是瘗埋祭物的"坎"。"坎"中器物，所谓"铜罍"，东周以来多称"缶"。其器形与战国晚期的楚式盥缶相同，纹饰也与战国晚期的楚器（如朱家集楚幽王墓出土的铜器）相似，但铭文字体属燕，其实应释"右冶尹"（监造铜器的官员）和"楚高"（人名），疑是燕取楚器而用之。这类发现本来极为重要，但时至今日，学者称引，图录发表，全是坎中铜器，我们从未见到祭坎的照片或平面、剖面图发表。

（二）辽宁喀左的大凌河畔，在数里之隔彼此相邻的六个地点（上咕噜沟、马厂沟、北洞孤山、山湾子、小波汰沟、和尚沟），自1941年以来

---

[1] 袁明《山东泰安发现古代铜器》，《文物参考资料》1954年7期，128–129页；杨子范《山东泰安发现的战国铜器》，《文物参考资料》1956年6期，65页，图像见封底。案：《论语·八佾》"季氏旅于泰山"，"旅"是陈器而祭的意思。两周铜器常以"旅"字冠于器名前，称"旅鼎""旅簋""旅彝""旅器"等。

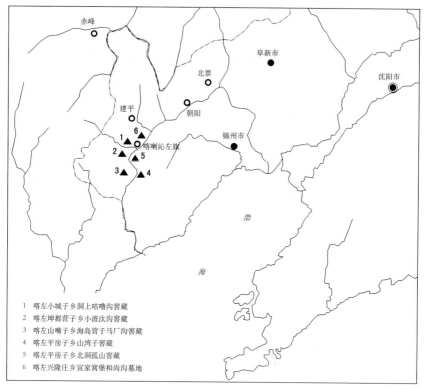

图 1　喀左出土铜器的地点（钟晓青绘）

不断发现"铜器窖藏"[图1]。[1] 其所谓"窖藏"多开凿于河川沿岸丘陵地带的山顶，上覆石板，下藏铜器，情况与东更道相似，现在看来也是祭坎。坎中埋藏，既有商代孤竹国和箕国的铜器，又有西周初年燕国的铜器，"文革"时期曾被推测是燕国势力扩大到辽西的遗存，现在看来是与

---

[1] 徐秉琨、孙守道《东北文化》，上海远东出版社、香港商务印书馆，1998年，52—57页。六个地点的分布，见该文53页示意图4。

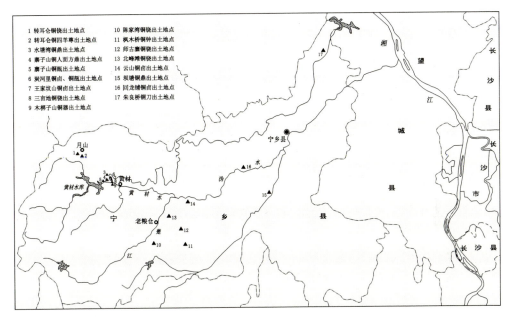

图2 宁乡出土铜器的地点（钟晓青绘）

燕地来往密切的当地遗存（属于夏家店下层文化和夏家店上层文化凌河类型之间的魏营子类型），即推测属于古代肃慎族的遗存。[1] 由于这些地点与发现过红山坛、庙、冢的遗址相邻，又是后来东胡、鲜卑等族活动的中心地区（辽的祭祀中心木叶山在其北面）。我们认为，它们应是长城以北大凌河畔很有传统的祭祀中心。然而可惜的是，对这些祭坎，我们同样了解甚少。[2] 大家对这类发现的兴趣也是"物"大于"坑"。

（三）湖南宁乡，从30年代起，这里曾不断发现商周青铜器[图2]。这

---

[1] 郭大顺《试论魏营子类型》，收入苏秉琦主编《考古学文化论集》（一），文物出版社，1987年，79—98页。
[2] 只有北洞出土铜器有发掘现场的照片，见《考古》1974年6期，图版陆，1；《东北文化》，54页：图52。

些铜器与一般铜器不同，往往形制特异，如造型优美的四羊尊、含义神秘的虎食人卣、带"大禾"铭文的人面方鼎，盛满玉器的铜卣，装有224件铜斧的铜瓿，以及频频出土的越式大铙。[1] 它们都是发现于河湖岸边和山头山脚，显然是古代沉埋祭祀的遗迹（"沉"是投于水中，"埋"是埋于"坎"中，水用"沉"，山用"埋"）。其地在长沙以西，应是长江和洞庭湖以南很重要的祭祀中心。然而可惜的是，这些祭祀遗迹，我们知道的也仅仅是器物。

这三个例子，在考古发现中并不是仅有的例子。实际上，很多发现于山川附近并且性质不明的出土单位，恐怕都要重新核查（特别是新石器时代的所谓"祭坛"）。古代祭祀遗迹，从形式上讲，有"坛"（堆土为台）、"墠"（除地为场）、"坎"（掘地为坑）三种。[2] "坛"是隆起的，与平面的"墠"不同。但隆起的不一定就是"坛"（墓葬封土或宫室台基也是隆起的）。同样，"坎"作为坑，与墓穴或窖藏也不容混淆。

关于古代祭祀遗址的重要性，1997年初，我在英国伦敦大学亚非学院和美国加州大学伯克利分校的两次学术讨论会上做过主题相似的发言。[3] 在发言中，我对《史记·封禅书》和《汉书·郊祀志》提到的秦汉祠畤做了重新考察。我发现，二书提到的700多个祠畤，其中可考者227个，它们在考古发现中留下了许多痕迹。不仅如此，在更长的时间范围（从新石器时代到清代）和更大的地理范围（长城以北，长江以南）里，考古的潜力也很大。当时，作为学术回顾，我曾特别提到台湾人类学家凌纯声先生

---

[1] 高至喜《商代人面方鼎》，《文物》1960年10期，57—58页；高至喜《湖南宁乡黄材发现商代铜器和遗址》，《考古》1963年12期，646—648页；湖南省博物馆《湖南省博物馆新发现的几件铜器》，《文物》1966年4期，1—2页；湖南省博物馆《湖南省工农兵群众热爱祖国文化遗产》，《文物》1972年1期，6—7页。

[2] 詹鄞鑫《神灵与祭祀》，186—189页。

[3]《秦汉礼仪中的宗教》，《中国方术续考》，东方出版社，2001年，131—186页。

(1901—1978年）致力的"封禅文化"研究。[1] 我认为，他的思路对我们很有启发。凌先生是中国人，但他的思路和他早年留学法国受到的影响有关（凌氏是从Marcel Mauss和George Montandon学）。

20世纪上半叶的汉学主要是法国汉学，而沙畹（Edouard Chavannes，1865—1918年）则是法国汉学中影响最大的明星人物。他的享誉欧洲，不仅在于其学养深厚，贡献范围广，培养过伯希和（Paul Pelliot，1878—1945年）、马伯乐（Henri Maspero，1883—1945年）和葛兰言（Marcel Granet，1884—1940年）这"三大弟子"，而且在于他提供了一种广阔的视野。留心沙畹的一生，我们不难发现，他是以翻译《史记·封禅书》（1890年）开始其学术生涯；[2] 继之以登泰山，写《泰山》（1910年）；[3] 最后一部著作是《投龙》（1919年）。[4] 这中间有连贯的思路可以探寻。

沙畹的《投龙》是一部未完成稿（死后才发表）。从表面上看，他讨论的只是道教科仪的个案，即古人在名山大川沉埋"金龙""玉简"（或"金简""银简""铜简""木简"）祈愿还愿的遗物，但实际上却是出于他对整个中国古代山川祭祀传统的关心。[5] 这一研究既和他对泰山崇拜的调查有关，也与他翻译《封禅书》的初衷相承。因为，对沙畹来说，宗教是很重要的文化视角：如果你不了解一个文明的宗教，也就不大可能了解这个文明本身。

在《投龙》一文（篇幅很长，实为专书）中，沙畹从道教金石铭刻中

---

[1] 凌纯声《北平的封禅文化》，《中央研究院民族研究所集刊》第16期，1-100页；《秦汉时代之畤》，同上，第18期，1-44页；《战国的封禅与两河流域的昆仑文化》，同上，第19期，1-51页。

[2] Edouard Chavannes, *Les Memoires Historiques de Se-ma Ts'ien*, vols.1-5, Ernest Leroux, Paris, 1895-1905;vol.6, Adrien Maisonneuve, Paris, 1969.

[3] Edouard Chavannes, *Le T'ai-chan, Essai de monographie d'un culte chinois*, with an appendix "Le Dieu du Sol dans la Chine antique," Ernest Leroux, Paris, 1910.

[4] Edouard Chavannes,"Le jet des dragons,"in Emile Senard and Henri Cordier,dir., *Memoires concernant l'Asie orientale*, vol.3, Editions Ernest Leroux, Paris, 1919, pp.53-220.

[5] 承施舟人（Kristofer Schipper）教授告，在台湾至今仍有以纸制投龙简沉海的实例。

搜集了不少材料，如南岳衡山发现的唐玄宗投龙简（铜简）[图3-1]，江苏苏州发现的吴越王投龙简（玉简和银简），以及岱庙、泰山、华山、嵩山和济源的投龙碑，等等。此外，他还对文献史料中所见五岳四渎和道教洞府的有关记载做了详细考察。尽管他的考证，涉及范围主要是唐以来的道教活动，但其材料足以表明，这类活动在古代是连贯的传统，不但祭祀频率高，而且分布范围广。我们估计，在中国的名山大川中必定还有许多遗物沉睡其中。例如50年代以来，江苏的太湖和浙江杭州的西湖，绍兴的鉴湖，曾陆续发现五代吴越王的投龙简（多为银简），[1]1981年武当山紫霄窝出土过明代投龙简（玉简），同出有金龙和玉璧，[2]1982年嵩山峻极峰出土过唐武则天的投龙简（鎏金铜简）[图3-2]。[3]这些都是很好的证明。它们因投放地点不同，而有"山简""水简""土简"之异，长度多在一尺左右（随历代尺度不同而有变化），形状类似秦汉的木牍。古人多称"简"，但少数也有称为"版"或"册"者。

另外，古代沉埋，除去投龙，还有封禅。封禅是国家大典。这种大典在历史上只有六次，即秦始皇、汉武帝、汉光武帝、唐高宗、唐玄宗、宋真宗的封禅。沙畹在他的《泰山》一书中对这类活动也有所探讨，并绘制过其坛墠的复原图。这六次封禅的遗物，唐代以前还没有发现，发现者都是比较晚的东西。如明成化十八年（1482年）和清乾隆十二年（1747年）泰山日观峰曾两次发现玉简或玉册（明查志隆《岱史》、清聂剑光《泰山道里记》）。明代所出，情况不明。清代所出，是宋真宗行封礼告天的玉册。1931年，在泰山脚下蒿里山顶，还出土过唐玄宗和宋真宗行禅礼告

---

[1] 王士伦《五代吴越王投简》，收入浙江省文物考古研究所编《浙江省文物考古研究所学刊，建所十周年纪念（1980–1990年）》，科学出版社，1993年，289–294页。
[2] 丁安民《武当山出土文物简介》，《江汉考古》1988年4期，137–138页；王育成《明武当山金龙玉简与道教投龙》，《社会科学战线》1994年3期，114–154页。
[3] 陈垣编，陈智超、曾庆瑛校补《道家金石略》，文物出版社，1988年，93页。

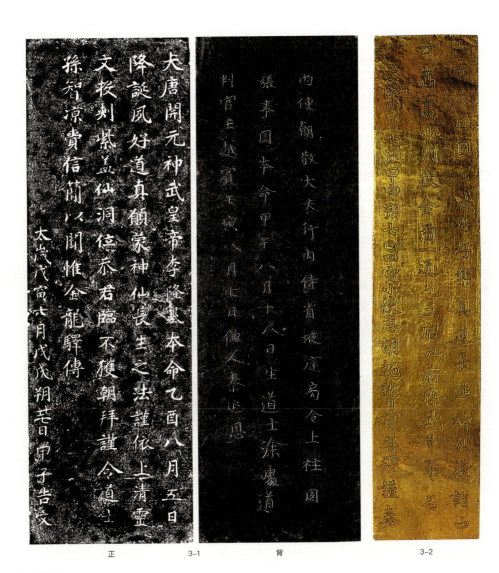

图 3 投龙简
3-1 唐玄宗衡山投龙简（贵州省博物馆藏） 3-2 武则天嵩山投龙简（河南博物院藏）

地的玉册。[1] 这两套玉册现藏于台北故宫博物院[图4]，非常宝贵。前者是用珉玉（汉白玉）制成，后者是用真玉制成，也是古代山川祭祀的见证。其长度也在一尺左右（也是按当时的尺度计算），但与投龙简不同，形状类似编联成册的竹简，古书多称"玉册"，但也有叫作"玉简"或"玉版"的。

上述两类发现，主要是唐代和唐代以后的出土物。它们都是道教历史范围内和与道教有关的发现。道教以前的出土物是什么样？过去我们不知道。最近有两件私人收藏的文物（后入藏上海博物馆）为我们提供了重要线索。[2] 这两件文物是用墨玉（玉质属蛇纹岩）制成，形状大小与汉代的木牍相似。这里为区别上面的"玉简"和"玉册"，不妨称为"玉版"[图5]。

这两件玉版是战国晚期秦人祭祀山川的遗物。其出土地点为华山。华山又分太华和少华，铭文"华大山"当指太华山，实际上也就是"华太山"或"华泰山"。其例与霍山之称"霍太山"同。它说明历史上的"泰山"不只一座。鲁泰山固称"泰山"，但其他国家也有自己的"泰山"（"泰山"是群山之尊，并非专名）。华山是秦地的"泰山"。霍山是晋地的"泰山"。嵩山是成周洛邑所依，古称"太室""少室"，情况与华山分"太华""少华"同，则是周地的"泰山"。玉版铭文是讲一个名叫"骃"的秦国贵族，他在"周世既没"后某年的冬天（秦灭东西周在前256年和前249年，此年在其后），因为染病不起，怎么也治不好，只好到华山祷神，求神释罪。铭文近300字，不仅对了解古代秦地祭祀山川的传统十分重要，而且也为研究其他早期的同类活动打开了一扇大门。

秦骃祷病玉版的发现，使我们重新注意到沙畹在90年前提出的问题。由于这两件玉版，其形制、功能与投龙简非常相似，可以视为道教投龙活

---

[1] 台湾《故宫文物月刊》106号（1992年）载那志良《唐玄宗、宋真宗的禅地玉册》（6—11页）、邓淑萍《唐宋玉册及其相关问题》（12—25页）、李继生《玉册出土地点》（60—63页）。
[2] 详见拙作《秦骃祷病玉版的研究》，《国学研究》第六卷，北京大学出版社，1999年，525—548页。

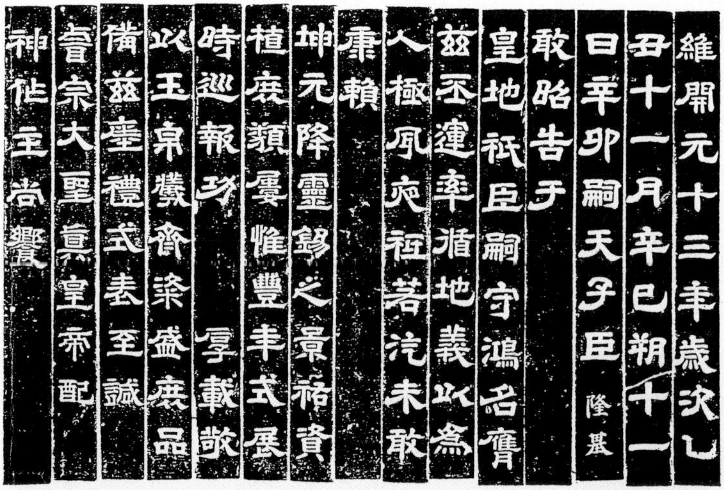
維開元十三年歲次乙
丑十一月辛巳朔十一
日辛卯嗣天子臣隆基
敢昭告于
皇地祇臣嗣守鴻名膺
茲丕運率循地義以為
人極夙夜祗若汔未敢
康賴
坤元降靈錫之景福資
植庶類屢惟豐年式展
時巡報功厚載敬
以玉帛犧齊粢盛庶品
備茲瘞禮式表至誠
睿宗大聖真皇帝配
神作主尚饗

4-1

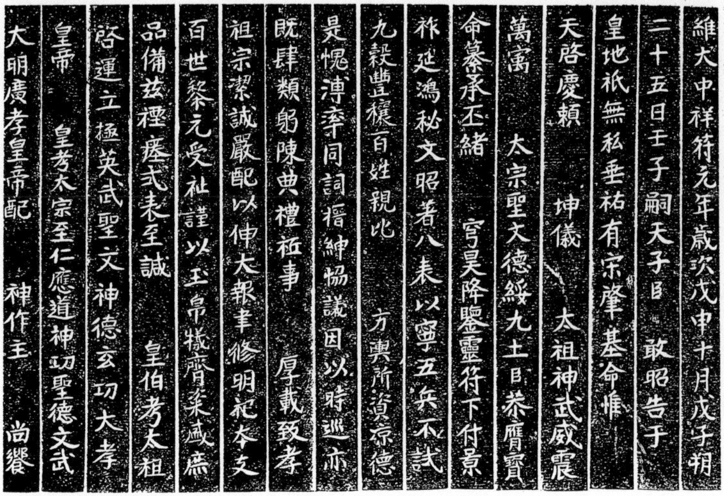
維大中祥符元年歲次戊申十月戊子朔
二十五日壬子嗣天子臣 敢昭告于
皇地祇無私垂祐有宋肇基命惟
天啓慶賴 坤儀 太祖神武威震
萬寓 太宗聖文德綏九土臣恭膺寶
命纂承丕緒 穹昊降鑒靈符下付景
祚延鴻祕文昭著八表以寧五兵不試
九穀豐穰百姓親比 方輿所資涼德
是愧溥率同詞搢紳協議因以時巡亦
旣肆類躬陳典禮祗事 厚載致孝
祖宗潔誠嚴配以伸大報率修明祀本支
百世黎元受祉謹以玉帛犧齊粢盛庶
品備茲瘞禮式表至誠 皇伯考太祖
啓運立極英武聖文神德玄功大孝
皇帝 皇考太宗至仁應道神功聖德文武
大明廣孝皇帝配 神作主 尚饗

4-2

图4 封禅玉册

4-1 唐玄宗玉册 4-2 宋真宗玉册

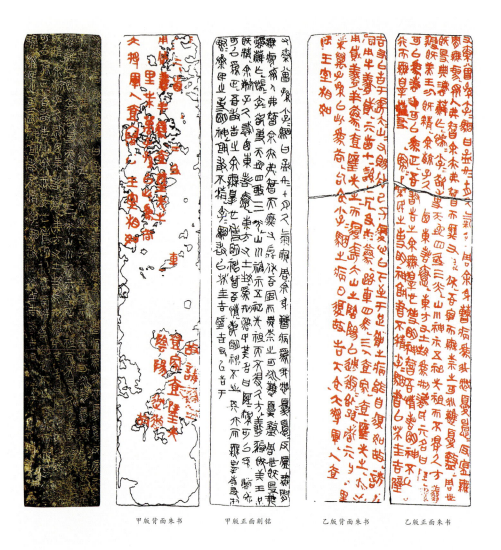

甲版背面朱书　　甲版正面刻铭　　乙版背面朱书　　乙版正面朱书

图5　秦骃玉版（上海博物馆藏）

动的前身或背景，它使我们再一次注意到，"入山"是个大有可为的领域。

在这篇短文里，我想讨论的第二个问题是考古发现的外来影响。这也是一个需要打开眼界的领域。

二

中国的"华夏地区"和"周边地区"都是历史变化的概念，这里不能详细讨论。在中国史学传统中，周边地区叫"蕃"。我们的正史，原来是把讲"蕃"的部分放在全书之末，冠以"戎""狄""蛮""夷"等名。由于我们总是习惯"从内向外"看问题，老是觉得"西出阳关无故人"，长期以来，我们对中国文化中的外来影响往往视而不见，或者虽然看见也拒绝承认或不能辨认。

对于我们的认识习惯，汉学研究是"解毒剂"。1999年是20世纪即将结束的时刻，学术界都在纪念上一个"世纪之交"的"五大发现"：（1）殷墟甲骨文字（1899年发现）；（2）敦煌塞上及西域各地之简牍（1901年发现）；（3）敦煌千佛洞之六朝唐人所书卷轴（1900年发现）；（4）内阁大库之书籍档案（1909年后始为世人所知）；（5）中国境内之古外族之遗文（1901年发现）。[1] 这"五大发现"，除（1）（4）是我们自己发现，其他都是由西人发现（敦煌卷轴的发现虽与王道士有关，但他没有研究能力，作为学术意义上的"发现"，还是与斯坦因的名字连在一起），都与"foreign devils"的丝路探险有关。[2] 20世纪上半叶的中国学术就是借上述发现拓宽其眼界才加入当时的国际讨论。西方的汉学传统和我们正好相

---

[1] 王国维《最近二三十年中国新发见之学问》，收入《王国维遗书》，上海古籍书店，1983年，第五册：《静庵文集续编》，65页正—69页背。
[2] 参看：Peter Hopkirk, *Foreign Devils on the Silk Road*, Amherst: The University of Massachusetts Press, 1980.

反,他们习惯的是"从外向内"看问题。他们是从与他们距离最近语言最了解的西亚、南亚和中亚来认识中国的"满蒙回藏",由中国的"满蒙回藏"来认识中国和远东。20世纪上半叶的欧美汉学就是立足于上述发现。这些发现不仅给西方提供了"第三只眼",也为中国提供了"第三只眼"。

近年来,西方汉学界对中国文化中的外来因素和其发展的多元性十分强调,并把前者当作理解后者的背景。他们对我们视为天经地义的"连续性"和"统一性"理解正好相反(以为无视考古发现和迷信传统史学),尤于我们津津乐道的"大一统"简直深恶痛绝(以为纯属狭隘民族主义或沙文主义之狂热表现),甚至拿"什么是中国人"大做文章,抹杀夏代,肢解商代,缩小西周。学者或称"解构永恒中国"。这类说法虽然颇多偏见,但对调整我们的认识还是大有好处。

中国的边疆地区对中国历史的影响是多方面的,但关系最大还是它的"北方地区"(东北、内蒙古、新疆)。从地理的角度看,中国的黄河流域从北到南分三条线。一条是长城线,大约在北纬41°左右;一条是南北推移线,大约在北纬38°左右;一条是王都线,大约在北纬35°左右。这是纵着看。横着看,从西到东,它又被倒U字形的黄河河道和太行山脉分为甘肃、陕西、山西、河北四块,全是西方影响东播、北方影响南下的敏感地带。过去鲁迅先生曾说汉唐"大有胡气",现在从考古发现看,商代西周和春秋战国又何尝不是如此。当时的黄河流域与魏晋南北朝颇多相似。"汉史"和"胡史"是同一个历史。

关于北方地区对中国文化的影响,近来讨论颇多。比如铜镬、短剑、铜镜、带钩、牌饰、有銎兵器和工具、金银器、石城、石冢、岩画,还有东北地区的玉器,以及冶金术的起源和马车的发明等等,它们的研究都为重新理解中国文明提供了不容忽视的背景。

除去考古研究,艺术史的研究也很重要。例如由"斯基泰艺术"的兴趣,西方学者对中国艺术中的动物主题一直非常关注,认为它们是受北方草原地区甚至中亚和西亚的影响。他们"由远及近",我们"由近及远",同样有互补的作用。下以神道石刻为例,试做探讨。

中国的神道石刻是个大传统,上可溯源于霍去病,下可延续到袁世凯,前后达两千多年。这个传统,表面看,似是"中国原装",其实却不然,它虽有自己的特点,但受外来影响很明显。例如:

(一)翁仲(即通常说的"石人",多作成对的文武官员)。一般印象,这类"石人"见于神道石刻是从唐代以来(如西汉和六朝帝陵都没有发现)。但从文献记载看,汉代已有墓前石人或神道翁仲是不成问题的。如《史记·卫将军骠骑列传》索隐引姚氏说谓西汉霍去病墓原来就有"石人",而《后汉书·光武纪》注引《水经注》也提到汉冯龙墓"枕道有两石翁仲,南北相对焉",《风俗通义·怪神》也提到汉彭氏墓"路头立一石人,在石兽后"。另外,早期实物虽经历代破坏,仍有个别保存,也可证明这一点。如:

(1)河南登封嵩山中岳庙前的一对石翁仲(高约2米,年代约在元初五年即118年左右);[1]

(2)山东曲阜孔庙收藏的汉乐安太守麃君墓前的一对石翁仲(高约2.54米和2.2米),有刻铭,一件自名"亭长",一件自名"府门之卒",年代约在本初五年(146年)后不久;[2]

(3)山东石刻艺术博物馆收藏的曲阜东汉鲁王墓前的一对石翁仲(高约2米);[3]

(4)山东邹县匡庄地面保存的一件石翁仲(高约1.2米);[4]

---

[1] 史岩《中国雕塑史图录》(一),上海人民美术出版社,1983年,200页;图二三四。
[2] 傅天仇主编《中国美术全集》雕塑编2,人民美术出版社,1985年,100页;图九七。
[3] 吕常凌《山东文物精粹》,山东美术出版社,1996年,189页;图174。
[4] 王思礼《山东邹县城东匡庄的古代石人》,《文物参考资料》1956年10期,49页。

(5) 山东邹县孟子庙收藏的一件石翁仲（高约1.48米）；[1]

(6) 河南洛阳邙山北魏静陵前的一件石翁仲（高约3.14米）。[2]

这些石人，有些是取汉地的名称和形象［如（2）（6）］，应即后世所本。但从各种迹象看，它们应与汉王朝的老邻居匈奴有关。因为第一，墓前立石（鹿石和石人）一直是草原地区的传统（鹿石约流行于前13世纪—前7世纪，石人约流行于前3千纪—前14世纪），在中国和中国以外的整个欧亚草原分布极广，我国墓前立石的突然出现是从霍去病北征匈奴后才开始，估计是他从草原地区带来的葬俗；第二，上述出土物的例（1）—（5），形象朴拙，与后来差距较大，与草原石人非常相像，过去黄文弼先生做西北调查，就曾把草原石人叫"翁仲"；[3]第三，"翁仲"一词原出匈奴金人（铜人），这类金人见于史籍凡六：（1）秦昭襄王金人；（2）秦始皇金人；（3）汉武帝金人（休屠金人）；（4）汉灵帝金人；（5）魏明帝金人；（6）赫连勃勃金人。它们或取之于胡［如（3），（1）可能也是］，或仿之于胡［如（2），（4）（5）是仿（3）］，或本来就是胡人的制品［如（6）］，不但金人本身是胡装胡貌（故亦称"金狄"），而且词汇本身可能也是外来（蒙古语称偶像为ongon，突厥语称鬼神为oŋžin）。[4]

（二）天禄辟邪。是中国的瑞兽，作有翼狮虎相。有翼神兽见于神道石刻当以六朝陵墓最突出，但六朝以前，这类石刻早就存在，只不过它们是出现于东汉大臣墓，很多都被破坏掉了。如过去金石学家常常提到南阳

---

[1] 夏广泰、郑建芳《邹城瑰宝》，山东友谊出版社，1996年，53—54页。
[2] 黄明兰《洛阳北魏景陵位置的确定和静陵位置的推测》，《文物》1978年7期，36—41页。
[3] 黄文弼《伊犁考古调查简记》，收入黄烈编《黄文弼历史考古论集》，文物出版社，1989年，275—283页。
[4] 关于这六种金人的关系，以及它们与汉代神道翁仲的关系，前人颇多误解，我有详细辩证。参看拙作《秦汉礼仪中的宗教》。

宗资墓和宋均墓的有翼神兽（带"天禄""辟邪"自铭），就是东汉以来的实例。有翼神兽本来是西亚流行的艺术主题。西亚的有翼神兽种类很多，特点是禽兽合一，特别是由鹰、狮两类变形。西人称为格里芬（griffin），狭义的格里芬是鹰首鹰翼狮身，广义的格里芬还包括带翼狮、带翼羊、带翼鹿，等等。中国的有翼神兽分两类，一类作禽首，如：

（1）上海博物馆收藏的"翼兽形提梁盉"（战国三晋）；[1]

（2）台北故宫博物院收藏的"鸟首兽尊"（战国三晋）；[2]

（3）河南辉县琉璃阁M75出土铜鉴上的花纹（战国三晋）；[3]

（4）曾侯乙墓出土的铜鹿角立鹤（战国曾）。[4]

它们并不见于神道石刻。还有一类作兽首，如：

（1）甘肃泾川出土的"翼兽形提梁盉"（战国三晋）；[5]

（2）陕西西安红庙坡出土的陶有翼神兽，作骆驼头或马头（西汉）；[6]

（3）陕西西安西北医疗设备厂福利区92号汉墓出土的陶有翼神兽，作狮虎类兽首（西汉）；[7]

---

[1] 李学勤、艾兰《欧洲所藏中国青铜器遗珠》，文物出版社，1995年，图版135。案：此器原藏伦敦戴迪野行，现藏上海博物馆。

[2] 台北故宫博物院联合管理处编《故宫青铜器图录》，中华丛书委员会，1958年，图上壹壹陆（上册上编，79页；下册上编，107页）。

[3] 郭宝钧《山彪镇与琉璃阁》，科学出版社，1959年，图版壹零零。案：除例（2）（3），李夏廷《关于图像纹铜器的几点认识》（《文物季刊》1992年4期，45—54页）一文认为三晋铜器纹饰［如浑源李峪村、太原金胜村（M251）所出铜器和侯马陶范上的纹饰］中的某些张翼大鸟纹也属这一类。

[4] 湖北省博物馆《曾侯乙墓》，文物出版社，上册，1989年，250页（图像见上册，251页：图一四七；下册，图版八三）。案：此书250页引郭德维说，认为这种动物形象就是古书中的"飞廉"。古书所记"飞廉"，有鸟头鹿身和鸟身鹿头两说，二者都是有翼神兽。《史记·秦本纪》提到嬴姓先祖大廉以"鸟俗"为氏，大廉玄孙孟戏、仲衍亦"鸟身人言"，仲衍玄孙中潏在西戎，其子飞廉为纣采石，居霍太山一带（今山西境内），"善走"，或与此有关。

[5]《中国青铜器全集》，文物出版社，1998年，第七卷，52页：图五〇。

[6]《中国美术全集》雕塑编2，34页：图32。

[7] 西安市文物管理处《西北医疗设备厂福利区92号汉墓》，《考古与文物》1992年5期，33—38页（图像见35页图二：7；36页图三：10）。

(4) 陕西西安十里铺汉墓出土和美国芝加哥艺术研究所博物馆藏陶有翼神兽，作狮虎类兽首（西汉）；[1]

(5) 西汉渭陵出土的玉有翼神兽（两件），作狮虎类兽首（西汉）；[2]

(6) 中山王墓出土的铜有翼神兽，作狮虎类兽首（战国中山）；[3]

(7) 曾侯乙墓承托磬架的铜有翼神兽，作长颈兽首（战国曾）；[4]

(8) 巴蜀铜兵器上的有翼神兽，作带翼虎（战国）；[5]

(9) 云南晋宁石寨山7号墓出土银带扣上的有翼神兽，作带翼虎（西汉）。[6]

后一类有翼神兽，其中作狮虎形象者才是神道石刻所采，习称"天禄"（义为天赐之福）、"辟邪"（义为祛除邪魅）。[7] 学者或以天禄、辟邪为中国自己的发明，[8] 但上述例（5）和同墓出土的虎食鹿器座是与草原地区有关的白狄之物，明显带有草原风格，[9] 其他出土物也多发现于草原邻近区，

---

[1] 前者见王九刚、孙敬毅《西安北郊出土陶辟邪等汉代文物》，《考古与文物》1992年5期，39—40页（图像见39页图一：3）；后者是1998年6月参观美国芝加哥艺术研究所博物馆库房所见。

[2] 张子波《咸阳市新庄出土的四件汉代玉雕器》，《考古》1979年2期，60页，无图。李宏涛、王丕忠《汉元帝渭陵调查记》，《考古与文物》1980年创刊号，38—41页（图像见图版柒，中、下）。

[3]《中国美术全集》雕塑编1，人民美术出版社，1985年，135页，图166。

[4]《曾侯乙墓》，上册，134—137页（图像见136页，图六一；下册，彩版五，图版四一）。

[5]《四川考古报告集》，文物出版社，1998年，138（图像图二五，4；141页：图二八，3；245页：图五〇，2—4；247页：图五一，7、8）。

[6] 见云南省博物馆《云南晋宁石寨山古墓发掘报告》，文物出版社，1959年，图版107。参看：孙机《东周、汉、晋腰带用金银带扣》，收入所著《中国圣火》，64—86页；张增祺《滇国与滇文化》，云南美术出版社，1997年，293—294页。案：西亚有狮无虎，此物主题为带翼虎，张书推测此物是从西亚传入，可商。我们怀疑，它是从北方草原地区传入或受草原地区影响在当地制造。

[7] 参看：朱希祖《天禄辟邪考》，收入朱希祖等《六朝陵墓调查报告》，中央古物保管委员会，1935年，183—199页。

[8] 杨泓《丹阳南朝陵墓石刻》，收入杨泓、孙机《寻常的精致》，辽宁教育出版社，1996年，150—157页。

[9] 参看李学勤《比较考古学随笔》，香港：中华书局，1991年，117—125页。

它们与草原地区的关系是十分明显的。[1]

（三）狮子。神道石刻有狮子当以唐代最突出，但狮子见于墓前也是始于汉代。如汉尹俭墓（《水经注·滍水》）和山东嘉祥武氏祠的狮子就都是东汉时期的例证。现在研究狮子，东汉以前的实例有没有是个问题。我们认为是有的。因为上面谈到的有翼神兽，它们中的兽首类，如果是大型猫科动物的样子，其原型应是狮子（它们都无雄狮的鬣，往往类似于虎）。我们理解，中国的天禄、辟邪尽管"虎头虎脑"，但已暗含狮子于其中。因为西亚有狮无虎，中国有虎无狮（狮虎的分布在地域上并不重合，有狮则无虎，有虎则无狮）。[2] 狮子原产非洲、西亚，本来不是中国动物。但它的传入可以上溯到战国时期。如《穆天子传》《尔雅·释兽》都提到"狻猊"，就是战国时代的名称，而汉代则称之为"狮子"。"狻猊""狮子"，不但动物本身是外来的，词汇也是外来语。[3]《尔雅·释兽》说"狻猊"是一种类似"虦猫"可以"食虎豹"的动物，而"虦猫"是一种短毛的虎。古人最初是以虎的形象来认识狻猊。他们认为狻猊是一种与老虎相像并比老虎还厉害的猛兽，并把"狻猊食虎豹"视为祥瑞。[4] 格里芬和狮子是西亚的艺术主题，虎、豹、熊、鹿是中亚和蒙古草原的艺术主题，狮子东传，与老虎易位或混同，是以欧亚草原为媒介。狮子在中国受宠，非常有趣。因为狮子本是外来动物，进入中国后，不但摇身一变有了新的风格，

---

[1] 值得注意的是，麒麟也是有翼神兽。其早期形象，可参看孙机《麒麟与长颈鹿》，收入孙机、杨泓《文物丛谈》，文物出版社，1991年，336–342页。该文指出麒麟与长颈鹿无涉，乃是神话动物，甚确。
[2] 学者认为虎的传播与分布是以中国为中心，参看马逸清《保护人类的共同财富——虎》，《地理知识》1982年2期，14–17页。
[3] 参看林梅村《狮子与狻猊》，收入《汉唐西域与中国文明》，文物出版社，1998年，87–95页。
[4] "狻猊食虎豹"是祥瑞，有出土线索可以证明，但有关材料尚未发表。关于狮子主题的传入和它对中国艺术的影响，可参看狄德（E. Dittrich）《古代亚洲狮子题材的传播》，收入《中国古代民族考古文化国际学术研讨会（前16世纪–前14世纪）》，内蒙古文物考古研究所，呼和浩特，1992年，页码自为起讫，附原文。

而且跃居正宗变成我们自己的东西。比如"舞狮"就被认为是标准的中国艺术。[1] 这是文化变形的典型例子。

（四）其他。在中国早期的神道石刻中，还有大象、犀牛、老虎，骆驼、马、羊，以及鸵鸟等动物。大象、犀牛是来自南方，老虎和骆驼、马、羊是草原艺术的特色，鸵鸟则来自西域。它们当中，除鸵鸟是唐陵所用，大部分都是汉代就已出现。作为艺术形象，大象、犀牛和老虎是商代西周就已流行，骆驼、马、羊与战国秦汉匈奴等族的影响有关，鸵鸟则是汉通西域的结果。它们也多与外来的影响有关。其中，有些今天很普通，但在古代却是新奇之物。比如骆驼，汉人说"少所见，多所怪，见橐驼曰马肿背"（东汉牟融《理惑论》），望山楚墓出土人骑驼灯、两汉魏晋流行驼纽印章，在当时都属于异国情调（就像18世纪洛可可艺术中的"中国情调"）。还有霍去病墓的马踏匈奴，马在中国很普通，但置于墓前，却有大漠之风，对比赫连勃勃（属匈奴族）的石马（原在汉长安城附近，不知是否属于神道石刻），我们不难发现其风格的相像。[2]

帝王陵寝是中国古代最高等级的建筑艺术。它们的主人对外来因素不但不加排斥，还欣然接受，拿它显示国威，这是真正的"中国气度"。仅此一例已足说明，我们常说的"中国特色"其实都是"大有胡气"。或者更准确地说，是对外来影响加以改造，面目全非，难分彼此，连我们自己都数典忘祖的"中国特色"。

---

[1]《汉书·礼乐志》孟康注"象人，若今戏虾鱼师子者也"是年代较早的舞狮记载，而出土实物则有新疆吐鲁番阿斯塔那古墓出土的一件舞狮俑，年代约当公元7—9世纪，参看穆舜英主编《中国新疆古代艺术》（新疆美术摄影出版社，1994年）156页：图版403。
[2] 李域铮《陕西古代石刻艺术》（三秦出版社，1995年）53页录有此马铭文。

补记：

（1）有翼神兽最早的例子还有日本泉屋博物馆藏青铜器饰，可能是春秋晚期晋国的器物。

（2）投龙简，是以金龙为通神使者，故原来每与告神的简册同时沉埋。这类遗物，除上所述武当山所出明代金龙，还有杭州西湖发现的五代金龙[图6]。唐代出土的小金龙，数量很多，或与这类活动有关。

（3）陕西西安红庙坡出土的西汉时期的陶有翼神兽，旧作误为秦代的铜有翼神兽，"秦代"是袭《中国美术全集》雕塑编2之误，"铜"则是我的疏忽，近承赵超先生告，此器是西汉时期的陶制品，后经曹玮先生代为核实，是西安北郊红庙坡西汉墓出土。今为更正。

1999 年 8 月 7 日写于上海博物馆

（原载《文物》2000 年 2 期，87—95 页）

6-1　　　　　　　　　　　　　　　　6-2

图6　与投龙简伴出的金龙
6-1　五代吴越国金投龙（浙江省博物馆藏）　　6-2　五代吴越国铜投龙（浙江省博物馆藏）

说"祭坛"和"祭祀坑"

在考古发掘和考古发现中,"祭坛"和"祭祀坑"是两个使用频率很高但概念界定不清的术语。人们不但把很多怀疑可能和礼仪、宗教活动有关的建筑遗迹笼统称为"祭坛",而且把很多瘗埋器物的坑穴笼统称为"祭祀坑"。例如,在新石器时代的发掘中,很多城址或聚落,据说都发现了"祭坛",就是应该甄别的现象。而广汉三星堆出土了大批青铜器和其他物品,其出土单位是墓葬或陪葬坑,窖藏或祭祀坑,或像有人说的,是"地下仓库",也是引起争论的问题。看来,这个问题是应该总结一下了。

一

我们先把"祭坛"和"祭祀坑"的概念清理一下。

"祭坛",是现代术语,古代只叫"坛"。它与英文的altar大致相当。英文的altar是指作为祭祀活动或其他礼仪活动的中心,高出于地面的某种建筑,人们可以在上面(或前面)焚香、礼拜、祈祷、献祭。中国的"坛"大致也是这个意思。只不过,我们应该考虑的问题是,在中国的词汇中,"坛"的确切含义到底是什么;在中国的考古发现中,什么样的东西才能叫作"坛";不同历史时期,不同的民族与文化,它们有什么差别。

在我国古代的典籍中,"坛"与"墠"和"场"是密切相关的概念。

许慎《说文解字》卷十三下土部对这几个字的解释是:

  埠,野土也。从土单声。

  坛,祭场也。从土亶声。("祭场也",小徐本作"祭坛场也",衍"坛"字)

  场,祭神道也。一曰田不耕,一曰治谷田也。从土昜声。("祭神道也",《广韵》卷二引作"祭神道处"。"一曰田不耕",小徐本作"一曰山田不耕",衍"山"字。"一曰治谷田也",《玉篇》卷二引作"一曰治谷处")

下面让我们做一点讨论。

案:在《说文》原书中,我们应当注意的是,"埠"和"坛""场"不是列在一起,它是夹在"垠""垮"两字之间,属于和土田有关的一组字;而"坛""场"则并举,是列在表示坟茔的一组字之后,为土部的最后两个字。我怀疑,许慎对"埠"字的解释主要是根据《诗经》《左传》(详下),强调的是,它是在城门以外,特别是"郊"以外的"野土",而他的"坛"字反而是当普通意义的"埠"字用,二者有所混淆。因为我们都知道,在古书中,"坛""埠"二字,它们的声旁经常换用,存在通假关系。比如《诗·大雅·板》"下民卒瘅",《礼记·缁衣》引,"瘅"作"癉";[1]《周礼·夏官·大司马》"暴内陵外则坛之",郑注谓"读如'同埠'之'埠'";"封禅"之"禅",《汉书》多作"襢"(《武帝纪》《异姓诸侯王表》《眭孟传》,颜师古注谓"襢"是"古禅字"),荀悦《汉纪·武帝纪》"襢高里",也是把"禅"写成"襢";还有最近汉长安城桂宫四号建筑遗址出土的

---

[1] 郭店楚简《缁衣》作"疸"。案:《玉篇》卷二土部:"坛,犹坦也,明坦皃也。""坦"与"坛"也有通假关系。

王莽玉版,它是把"封禅"写成"封墠"。[1]可见汉代的书写习惯是如此。《说文》所谓"坛,祭场也",并非解释通常意义上的"坛",而是解释古书中的"墠"。它和"场"列在一起,含义差不多。许慎对"场"字讲了三种含义,一是用来祭"神道"的地方(学者于"神道"无说,其实是指神祇),二是抛荒的空地,三是晒谷、打谷的空场。它们的共同含义是空地。

我们的印象,古书讲"坛""墠""场",它们是含义相关的一组字。"坛""墠"古音相近,都含有清理地基一类意思,和扫除、清除一类含义有关,似属同源字,但若同时出现,对文互举,含义则有区别。"坛"是突起的台子,"墠"是平面的场子。"坛墠"和"坛场"用法相同,"墠"和"场"是同义词。例如:

(1)《诗·郑风·东门之墠》"东门之墠,茹藘在阪",郑笺:"墠,除地町町者。"〔案:"除地町町",意思是说,除地之后,地面很平整。〕

(2)《书·金縢》"公乃自以为功,为三坛同墠。为坛于南方,北面,周公立焉,植璧秉珪,乃告太王、王季、文王",毛传:"因太王、王季、文王请命于天,故为三坛。坛,筑土;墠,除地。大除地,于中为三坛。"〔案:"三坛同墠",是指在同一块清除出来的场地上,为太王、王季、文王各修一坛。〕

(3)《左传》昭公元年"元年春,楚公子围聘于郑,且娶于公孙段氏。伍举为介。将入馆,郑人恶之,使行人子羽与之言,乃馆于外。既聘,将以众逆。子产患之,使子羽辞,曰:'以敝邑褊小,不足以容从者,请墠听命。'令尹使太宰伯州犁对曰:'君辱贶寡大夫围,谓围:"将使丰氏抚有而室。"围布几筵,告于庄、共之庙而来。若野赐之,是委君贶于

---

[1] 中国社会科学院考古研究所、日本奈良国立文化财研究所《汉长安城桂宫四号建筑遗址发掘简报》,《考古》2002年1期,3—15页(图像见图版一);刘庆柱《考古发现的惟一封禅重器》,《文物天地》2002年3期,11页。

草莽也，是寡大夫不得列于诸卿也。不宁唯是，又使围蒙其先君，将不得为寡君老，其蔑以复矣。唯大夫图之。'……"，杜注："欲于城外除地为墠行昏礼。"〔案：这里的"若野赐之""委君贶于草莽"是对应于"请墠听命"。所谓"墠"，是指在郊外野地里清除出来的一块空地。许慎的"野土"之释应该就是本之于此。〕

(4)《公羊传》庄公十三年"庄公升坛"，何注："土基三尺，土阶三等，曰坛。"

(5)《礼记·祭法》："天下有王，分地建国，置都立邑，设庙祧坛墠而祭之，乃为亲疏多少之数，是故王立七庙、一坛一墠，曰考庙，曰王考庙，曰皇考庙，曰显考庙，曰祖考庙，皆月祭之。远庙为祧，有二祧，享尝乃止。去祧为坛，去坛为墠，有祷焉祭之，无祷乃止。去墠曰鬼。……"郑注："封土曰坛，除地曰墠。"〔案：原文于王以下，还讲等级依次降低的庙制，即诸侯五庙、一坛一墠，大夫三庙二坛，适士二庙一坛，官师一庙。王有七庙和一坛一墠者，七庙是祭王的直系祖考，包括五座祭近祖的祢庙和两座祭远祖的祧庙。七庙以上和以外的先人，则只坛祭；更远，则只墠祭，而且是有事求告才祭，无事求告则止。如果坛、墠都不祭，则属于"鬼"〕

(6)《国语》佚文："屏摄之位曰场，坛之所除地曰场。"(《玉篇》卷二土部"场"字引)

(7)《汉书·文帝纪》"其广增诸祀坛场珪币"，颜师古注："筑土为坛，除地为场。币，祭神之帛。"

归纳上述引文，我有三点感想：

第一，"坛""墠"二字可能有同源关系（都有"坦"义），均指在城邑以外的开放空间里，清出一块空地，举行"野祭"，袒露而没有屋宇遮盖。但是，随着词义的分化，两者又有所区别。"墠"，专指清出来的场子。"坛",专指场子上的台子。"墠"上可以没有"坛",但"坛"下不能没有"墠"。段玉裁《说文解字注》讲"坛"字,说"场有不坛者,坛则无不场也",他是讲"坛"和"场"的关系,但用之"坛"和"墠",其实也一样。它们和"庙"不一样。"庙"是在清理过的地面上建筑台基,再在台基上加盖屋宇,不是露天的祭祀。

第二,古人祭祀神祖,后来是以"庙"为主,它是从"坛""墠"(或"场")发展而来,又凌驾于"坛""墠"(或"场")之上,地位比"坛""墠"(或"场")要高。朱骏声《说文通训定声》讲"墠"字,说"按扫除草秽曰墠,筑之坚实者曰场"。"墠"(或"场")最原始,只是扫除草秽,平整土地(但"墠"和"场"的区别并不一定在坚实不坚实,而是在于后者有其他用法,不像前者更专门);"坛"是在"墠"上堆土为台或垒石为台,比它高级一点;"庙"是在"坛"上再加盖庙宇,更高级。这是三者的关系。无论从哪一种意义讲,都是属于"后来居上"。

第三,"坛墠"和"封禅"有关。"封禅"的"封"是在山顶上垒土(或垒石)为祭,"禅"是在山脚下(其实是高山下的小山之顶)除地为祭。"坛"和"封"有关,"墠"和"禅"同源。它们都比"庙"更原始。但"庙"一旦出现,就占据了中心位置。"庙"多在城邑,离人较近;"坛""墠"多在郊野,离人较远,封禅更在名山大川,远离人群。但与人最疏远的封禅活动,它们却保留了人类更古老的纪念和回忆,因此在礼制上享有更崇高的地位。

现在我们说的"祭坛",主要就是和"坛""墠""场"有关的概念。

另外,我们再简单说说"祭祀坑"的概念。这也是个现代术语(sacrificial pit),古人是叫"坎"。考古发现的瘗埋祭物的"坎",从早到晚,例子很多。比如,从新石器时代以来,埋牲而祭的牛坑、狗坑,还有用人为牲,活埋和杀殉的坑,就是属于这种遗迹。它们才是"sacrificial pit"的本来含义。在殷墟卜辞中，古文字材料也反映了这类活动。比如它有很多从"凵"（表示陷阱）的字，"凵"内有鹿、牛、犬、人等字，既可用于田猎，指设坑坎，陷而获之；又可用于祭祀，指埋牲而祭，包括人。于省吾先生考证这类字，他指出，朱骏声以偏旁"凵"为"坎"的本字甚是，它们构形虽异，所陷所埋不同，但都应读为"陷"。"陷"所从的"臽"，写成人在"凵"上，本来也是指埋人而祭。[1] 大家说的"祭祀坑"，按古文字的来源，本来是叫"坎"，是用来埋牺牲的，但也是用来埋器物的。

《说文》卷十三下土部对"坎"字的解释是"陷也"，其最宽泛的意义是坑穴，可以指墓坑（如《礼记·檀弓下》"其坎深不及于泉"），也可以指埋祭牲、祭器的坑，特别是埋祭器的坑。后者在礼家有个专门术语，是叫"瘗坎"（《隋书·礼仪志》等）。它和墓坑不同，不是用来处理死者的尸体，而是埋牲（包括人牲）、埋器献给神。特别是商周以降，"器"比"牲"显得更突出。这是我国"祭坎"的特点。

所以，我的看法，现在称为"祭祀坑"的遗迹，也许改称"祭坎"更合适。词作两个字，和"祭坛"相配，也更简洁。

二

考古发现的早期"祭坛"（姑且这样叫），现在可以分为两大类，一类是北方地区的发现，一类是南方地区的发现，两者都叫"祭坛"，但"祭坛"和"祭坛"不一样，北方主要是石圈石堆类，南方主要是层级土台类，而且有趣的是，前者主要集中于长城一线，后者主要集中于长江一线，形成有趣的对比。而且，这些发现，很多都在华夏文化区的外面。

---

[1] 于省吾《甲骨文字释林》，中华书局，1979年，270–275页。

中国早期的"祭坛",北方地区的发现,多与石城遗址有关。[1] 这类遗址,主要集中于四个地区:一是内蒙古赤峰英金河、阴河流域,二是内蒙古凉城岱海的西北岸,三是内蒙古包头大青山的南麓,四是内蒙古准格尔旗与清水河之间的黄河两岸。前三个地区都有"祭坛"发现。[2]

北方地区的早期"祭坛",就目前所知,主要有:

(一)辽宁西部大凌河流域的红山文化"祭坛"(距今约6000—5000年)。

(1)喀左东山嘴"祭坛"[图1]。在遗址南部,作圆圈形,石圈是用白灰岩石片铺砌,圈内铺小河卵石。其北有一个大型的方形基址,南面有三个相连的圆形基址。[3]

(2)建平牛河梁"祭坛"[图2]。发现于遗址的第二地点,是由两道圆形石圈围绕一座圆形石堆而构成。其周围有四座积石冢。[4]

这两座"祭坛",一座是石圈,一座是石圈加石堆,共同特点是作圆形。

(二)内蒙古东南赤峰敖汉旗的夏家店下层文化"祭坛"(距今约4000—3500年)。[5]

这批材料现在有简单的消息报道,没有平面图,只有现场照片。

(1)城子山"祭坛"。遗址位于敖汉旗西北,共发现十个祭祀地点,均分布在山梁的顶端。其中一号地点规模最大,包括用石墙围砌的六个区域,

---

[1] 田广金《内蒙古长城地带石城聚落址及相关诸问题》,收入张学海、王树明编《纪念城子崖遗址发掘60周年国际学术讨论文集》,119–135页。

[2] 据上田广金文,在赤峰地区,与石城聚落群有关的祭祀遗址也有发现(据敖汉旗博物馆邵国田提供)。案:赤峰的英金河和阴河流域,南邻大凌河流域的喀左、建平等地,这两个地区既是红山文化的分布区,也是夏家店文化的分布区。

[3] 郭大顺、张克举《辽宁省喀左东山嘴红山文化建筑群发掘简报》,《文物》1984年11期,1–11页。

[4] 辽宁省文物考古研究所《辽宁牛河梁红山文化"女神庙"与积石冢群发掘简报》,《文物》1986年8期,1–17页;孙守道、郭大顺《牛河梁红山文化女神头像的发现与研究》,同上,18–24页;辽宁省文物考古研究所编《牛河梁红山文化遗址与玉器精粹》,文物出版社,1997年。

[5]《内蒙古敖汉旗城子山与鸭鸡山祭祀遗址》,收入国家文物局编《2000中国重要考古发现》,文物出版社,2001年,14–19页。

图1 东山嘴"祭坛"

图2 牛河梁"祭坛"

内有大量"祭坛"发现（232座）。其"祭坛"形制，据说可以分为四类：

（a）整个"祭坛"均用石块砌筑；

（b）内为隆起的土丘，外砌圆形或弧形的石墙；

（c）内为隆起的土丘，外砌方形的石墙；

（d）整个"祭坛"用较大的自然石块围砌，中心竖立长方形或三角形石块，石块正中或偏下有圆窝。

这四类"祭坛"，第二类最多。其他九个地点，也都发现了不少"祭坛"。

（2）鸭鸡山"祭坛"。遗址位于城子山遗址一号地点正南。其主峰北侧的缓坡上，有作三角形排列的三个"祭坛"，都属于上面的第二类"祭坛"。

案：内蒙古东南和辽宁西部，夏家店下层文化的遗址数量很大，仅敖汉旗境内就有2000多处。这些遗址，分居住遗址和祭祀遗址。据说，祭祀遗址中，以这两个遗址最大，2000年曾列为全国重大考古发现。它们的"祭坛"是以圆形石圈为主，和红山的发现相似，但也有作方形石圈，则和下述内蒙古中南部的发现有共同点。[1]

（三）内蒙古凉城岱海西北岸的"祭坛"（距今约4300年）。

这一带发现过老虎山、西白玉、板城和大庙坡四座龙山时期的石城，当地考古学家把这类遗址定名为"老虎山文化"（距今约4800—4300年）。其中板城遗址（距今约4300年），年代偏晚，在城址西北山梁上的第二区域，发现与城址同时期的"石方坛"五个，学者定为"祭坛"[图3]。[2]

---

[1] 田广金《内蒙古长城地带石城聚落址及相关诸问题》130页提到，敖汉旗金厂沟镇姜家沟沟里城址群，有四个较大的城址环绕一个台状遗址，可能也是祭祀遗址。
[2] 田广金、秋山进午编《岱海考古》（二），科学出版社，2001年，206—277页（图像见207页：图一；212页：图五；图版三二，2）。又田广金《内蒙古长城地带石城聚落址及相关诸问题》130页提到，"老虎山和西白玉石城遗址在山坡高台处突出的小方城，除有瞭望守卫功能外，亦可能是祭祀的地方"；许宏《先秦城市考古学》（北京燕山出版社，2000年）19-20页也说，老虎山山顶小方城内的石砌建筑基址"疑为祭坛遗迹"。

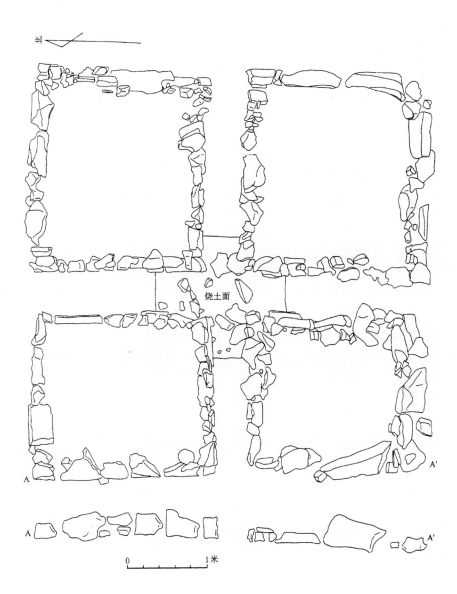

图3 板城"祭坛"

（四）内蒙古包头大青山南麓的"祭坛"（距今约4800年）。

这一带发现过阿善、西园、莎木佳、黑麻板、威俊五座龙山时期的石城，当地考古学家把这类遗址的性质定名为"阿善文化"。其中阿善、莎木佳、黑麻板和威俊都有"祭坛"发现。[1]

（1）阿善"祭坛"[图4]。在遗址西台地，形制比较特殊，平面图，自北往南看，好像一个敞口的瓶子（自南往北看，则类似风水家的"玄牝图"），瓶口朝北，瓶底朝南，瓶壁是一溜石围墙，围墙深处，靠南是一个圆形大石堆，大石堆的北面，自南迤北有14个小石堆，作直线排列，也都是圆形。这些小石堆的前面，距离分开一点，在同一直线上又有两个小石堆，它们的旁边还有一个小石堆，也都是圆形。

（2）莎木佳"祭坛"[图5]。是由南北排列的三座土丘围以石圈而构成，北边的土丘最大，顶部平铺一层石板，腰部和基部绕以石圈，石圈作方形，四角为弧形；中间的土丘次之，只绕一道类似的石圈；南边的土丘最小，只绕一道圆形的石圈。

（3）黑麻板"祭坛"。遗址东台地，靠近北墙有一座大型土筑台基，台基中心有两个"回"字形石圈，正中亦平铺石板；台基西侧也有一个方形石圈。形制与莎木佳"祭坛"最大者相似。

（4）威俊"祭坛"。遗址由东西排列的三个台地构成，其中第一台地有南北排列的三座"祭坛"（J1—J3），第二台地也有一座"祭坛"。形制与莎木佳"祭坛"最大者相似。这些"祭坛"，除阿善比较特殊，其他多作回字形。方形是这一地区的特点。

（五）甘肃永靖大何庄的齐家文化"祭坛"（距今约3600年）[图6]。

---

[1] 内蒙古社会科学院蒙古史研究所等《内蒙古包头市阿善遗址发掘简报》，《考古》1984年2期，97–108页；包头市文物管理所《内蒙古大青山西段新石器时代遗址》，《考古》1986年6期，485–496页；田广金《内蒙古长城地带石城聚落址及相关诸问题》。

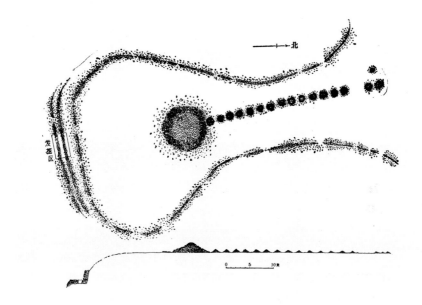

图4 阿善"祭坛"

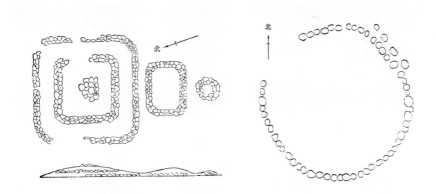

图5 莎木佳"祭坛"　　　　　图6 大何庄"祭坛"

除东北、内蒙古，沿长城西行，入甘肃境内，也有类似遗迹发现。如大何庄遗址，在探方F1、F6、F12的第二层，F3、F5的第三层发现过五个"石圆圈"遗迹。[1] 它们都是用天然的扁平砾石排列而成，附近有许多墓葬，圈的旁边有牛骨或牛羊的骨架。其中F3的南边和F6的东边还发现了卜骨。可见与祭祀活动有关。

下面，我们再谈谈南方的早期"祭坛"。它们主要是发现于长江一线，形制与北方的"祭坛"大不相同，如：

（一）浙江嘉兴南河浜遗址的崧泽文化"祭坛"（距今约5900—5300年）[图7]。

1996年发掘。"祭坛"是由多种土色分条块堆砌而成，在使用过程中有两次向南向东的扩建过程。位置作正南北方向，形状略呈长方形覆斗状，保留面积约10米×10米，垂直高度约1米。它为探讨良渚文化"祭坛"的渊源提供了重要资料。[2]

（二）浙江余杭的良渚文化"祭坛"（距今约5300—4000年）。

良渚文化主要分布于长江下游的杭州湾和太湖平原，即所谓杭嘉湖地区，但大型聚落遗址和规格最高的墓葬还是集中于浙江省杭州市余杭区良渚镇，即最初发现良渚文化的地区。当地的很多土墩，都是当时的墓葬和祭祀遗址。后者往往作层级式土台，上面没有柱洞，就是大家所谓的"祭坛"。如：

（1）瑶山"祭坛"[图8]。构筑于瑶山的西北坡，分三层，[3] 平面略呈长方形，座东南而朝西北，依山势而建。最初发掘（1987年），只清理它

---

[1] 中国科学院考古研究所甘肃工作队《甘肃永靖大何庄遗址发掘报告》，《考古学报》1974年2期，29—62页（图像见32页：图四；38页：图一二；图版贰，2；图版叁，1）。
[2] 刘斌、蒋卫东《嘉兴南河浜遗址发掘取得丰硕成果》，《中国文物报》1996年12月15日，第一版；浙江省文物考古研究所《浙江考古精华》，文物出版社，1999年，54—55页。
[3] 前几年，我在浙江省博物馆参观，见到其复原模型，是作三层台。

图7 南河浜"祭坛"

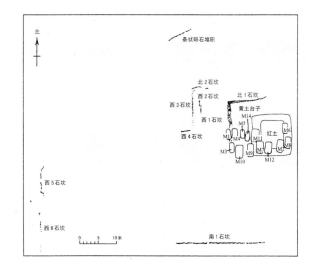

图8 瑶山"祭坛"

的上层，形状接近正方形，边长约20米，面积约400平方米。当时清理，主要是台顶的墓葬，以及回字形方框和石磡。回字形方框，中心为红土台，东壁长7.6米、北壁长5.9米、西壁长7.7米、南壁残长6.2米。红土台四周，是用灰色斑土挖沟填筑。围沟外是用黄褐色斑土，上铺砾石。墓葬11座，皆开口于台顶。台顶西北角有护坡石磡。[1] 台顶以下，是后来发掘的（1996—1998年）。[2] 发掘后，始知整个遗址，大部分区域为漫坡台形，顺依山势而下，修筑若干

---

[1] 浙江省文物考古研究所《余杭瑶山良渚文化祭坛遗址发掘简报》，《文物》1988年1期，32—51页；余杭县文物管理委员会办公室《浙江省余杭县安溪瑶山12号墓考古简报》，《东南文化》1988年5期，41—48页。案：《余杭瑶山良渚文化祭坛遗址发掘简报》认为，其墓葬所见陶器组合相当良渚四期的二期偏早，玉器年代约与反山墓地相当或稍早。反山墓地的年代距今约5000—4800年，见浙江省文物考古研究所反山考古队《浙江余杭反山良渚墓地发掘简报》，《文物》1988年1期，1—31页。

[2] 浙江省文物考古研究所《余杭瑶山遗址1996–1998年发掘的主要收获》，《文物》2001年12期，30—35页。

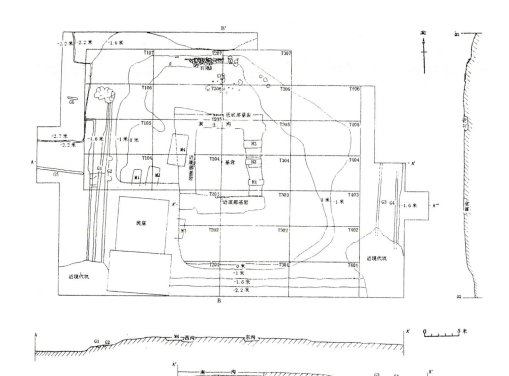

图9 汇观山"祭坛"

石礓,揭露面积达3000多平方米,控制范围逾5000平方米。

(2)汇观山"祭坛"[图9]。构筑于汇观山的山顶,坐北朝南,作长方形三层覆斗状。这一遗址,于1991年发掘,当时清理的是上面两层和第三层的一部分,了解到的情况是,整个建筑,东西长约45米、南北宽约33米。东西两侧各有两条排水沟。北侧第二层与第一层之间,有石礓护坡。自石礓至台顶,高度约8米。台顶中心,也有回字形方框,东西长约7—7.7米、南北宽约9.5—9.8米,方框系用青灰色黏土挖沟填筑。台顶西南

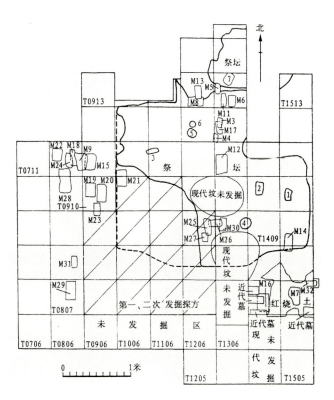

图10 含山"祭坛"

有四座墓葬,其中一座打破回字形方框。[1]1999年,为了复原展示,又清理第三层台面。发掘结果是,它的东、西、北三侧,台面较窄,南侧较宽,遗址面积在1000平方米以上。[2]

这两座"祭坛",都是修在山顶,台顶有回字形方框和随葬玉器的墓葬,遗址范围很大。

(三)安徽含山凌家滩的"祭坛"(距今约5300年)[图10]。

凌家滩墓地,位于长江中下游之间,是相当于崧泽文化晚期和薛家岗文化二期的墓地。"祭坛"位于墓地中部,是第三次发掘才发现,已无法复原其面貌。面积约为600平方米,分三层筑成。底层是用黄斑土铺垫,厚10—20厘米;中层是由

---

[1] 浙江省文物考古研究所《浙江余杭汇观山良渚文化祭坛与墓地发掘简报》,《文物》1997年7期,4—19页。
[2] 浙江省文物考古研究所《良渚文化汇观山遗址第二次发掘简报》,《文物》2001年12期,36—40页。案:简报说"祭坛"年代与M1、M2年代相当,上引《浙江余杭汇观山良渚文化祭坛与墓地发掘简报》说M1、M2的年代是在良渚文化中期偏早。

较大的石块、长约1厘米的石英、大粒黄沙及硅质岩类小石子,夹杂灰白色黏合物,夯筑而成,厚20—50厘米;上层是由小鹅卵石、小石英碎块,夹红烧土颗粒和少量碎陶片,与黏土搅拌,铺垫而成,厚度不详(原文未讲)。上层表面有三个长方形祭祀坑、三个积石圈,以及一些大石块。"祭坛"东南有一片约40平方米的红烧土遗迹。[1]

(四)湖南澧县城头山古城的"祭坛"(距今约6000—5800年)[图11]。

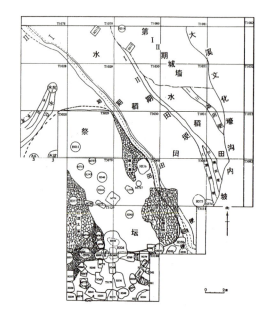

图11 城头山"祭坛"

城头山古城,位于长江中游地区,是一座大溪至屈家岭文化时期的古城。"祭坛"位于古城东,形状不太清楚,大体呈不规则的椭圆形,面积超过200平方米,上面有圆形浅坑瓮棺葬和土坑墓等遗迹。[2]

(五)四川成都羊子山的"祭坛"(战国时期)[图12]。

这一遗址发现于长江上游地区,最初以为是一座大墓,后因砖厂取土,只剩中心部分,仍未见主墓,才做补救性清理。最后了解到,这是一座用土坯建成,正方形三级递高的土台,底径约140米,高度在10米以

---

[1] 安徽省文物考古研究所等《安徽含山凌家滩遗址第三次发掘简报》,《考古》1999年11期,1-12页。

[2] 湖南省文物考古研究所《澧县城头山古城址1997-1998年度发掘简报》,《文物》1999年6期,4-17页。

50

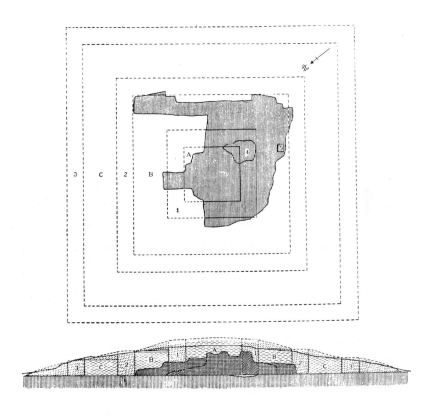
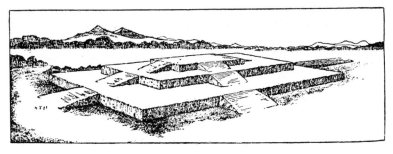

图12 羊子山"祭坛"

上。报告认为土台的用途可能是用来观望，或者为集会、祀典之所，年代上限为西周晚、春秋早，下限为战国末年。[1] 现在，承孙华先生告，还是以定在战国时期更合适。

此外，在其他一些遗址中，据说也发现过一些"祭坛"，但经过鉴定并不是，这里不再多谈。

三

考古发现的早期"祭祀坑"（姑且这样叫），埋牲、埋人情况还比较简单，比较复杂是埋器物。

比如四川广汉三星堆，它的一号坑和二号坑，都埋藏大量器物 [图13]，发掘报告本身，就是以"三星堆祭祀坑"为题。[2] 为了说明这种定名的合理性，作者在该书440至442页有专门讨论，把学者的不同意见归纳为五说：

（1）墓葬陪葬坑说；

（2）火葬墓说；

（3）厌胜说；

（4）器物坑说（又分亡国宝器掩埋说和古代国君神庙掩埋说）；

（5）祭祀坑说。

案：这五种说法，墓葬陪葬坑说，前提是旁边有墓葬，实际没有；火葬墓说，前提是坑中有人，实际也没有；[3] 厌胜说，是以埋器为巫术手段，要说用这么多器物驱邪避凶，亦不可信；而上面的两种器物坑说，则类似窖藏说（仓库说只是扩大了的窖藏说，可以归入这一类），恐怕也有问题。因为，这两坑器物都是宗庙重器，埋入时还伴有牺牲，并经过大火焚烧，

---

[1] 四川省文物管理委员会《成都羊子山土台遗址清理报告》，《考古学报》1957年4期，17–31页。

[2] 四川省考古文物研究所《三星堆祭祀坑》，文物出版社，1999年。

[3] 最近发掘的四川广汉金沙遗址，又有类似的发现。

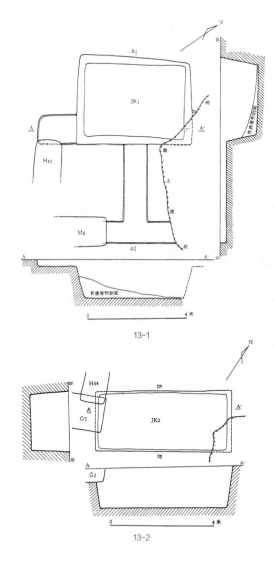

图 13 三星堆器物坑
13-1 一号坑平、剖面图   13-2 二号坑平、剖面图

和一般窖藏不一样。它们不是墓葬或陪葬坑,也不是窖藏,可以肯定。作者说,它们不是某些考古报告使用的随葬性质的"器物坑",这没问题。但作者推测,它们是"宗庙被毁之后,以一定的宗教祭祀仪式,将器物与宗庙一同焚毁,然后埋入坑中"(442页),似是折中最后两种说法。其所谓"祭祀坑",和通常理解的"祭祀坑"不太一样。这点,作者自己也注意到了。[1] 因为,通常意义上的"祭祀坑",其实都是直接埋物于坎,不是把举行仪式后的东西,先烧再埋。我觉得,在性质未明之前,"器物坑"倒是更中性的说法。

考古发现的"祭祀坑",或古人说的"瘗坎",我们说的"祭坎",从古人使用的实际情况看,大体有三个不同的类别,一是"埋牲类";二是"埋器类";三是除了埋牲或埋器(或两者都埋),还加上文字性的东西,如祷辞或盟誓诅咒之辞,可以称为"加书类"。关于第一类,这里不必多谈,我们只讲后面两类。

下面是几个例子:

(一)埋器类

(1)辽宁喀左的铜器。喀左是北方地区祭祀山川,埋藏铜器最多的地方。它包括上咕噜沟、马厂沟、北洞孤山、山湾子、小波汰沟、和尚沟六个地点。从1941年以来,这里就不断出土铜器。器物以瓿、罍、鼎、簋等大型容器为主,多具铭文,既有商代孤竹国和箕国的器物,也有西周初年燕国和当地风格的器物,来源不一,但祭坎本身是夏家店文化魏营子类型的遗存。它们多埋于大凌河沿岸的山顶或山腰,祭坎即开凿于岩石之

---

[1]《三星堆祭祀坑》,442 页,作者说,他所说的祭祀坑"也与商周时期一般祭祀坑的性质不完全相同"。

图 14　喀左祭坎

上〔图14〕。[1] 这类遗迹一向被称为"窖藏",但与常见的铜器窖藏(如周原遗址的窖藏)不同:第一,它不是发现于居住遗址内或居住遗址的附近,而是在古人崇拜的名山大川(恰好在东山嘴和牛河梁附近,无论红山文化时期,还是夏家店文化时期,这一带都是祭祀圣地);第二,它也不是躲避战乱,暂时埋藏,而是用于献祭山川。称为"窖藏",是不太合适的。

(2)湖南宁乡的铜器。宁乡是南方地区祭祀山川,埋藏铜器最多的地方。这里,自30年代以来,也是不断出土铜器。器物,也是既有外来的,也有本地的,埋藏者是属于越文化的居民。它们很多是动物造型,往往风格怪异,有些还有商代铭文。越氏大铙的发现也很多。最近,我到宁乡做过调查,对它的地理环境印象很深。该县位于长沙西,南北窄而东西长,北、西、南三面环山,如瓶侧卧口朝东。沩水横其中,汇瑕溪、黄材水和楚江,东流,入长沙,而注入湘江。人自长沙西行,入其境,越走越高,过黄材而尤高,众山如屏阻其西。其重要发现,多在山水形胜处,如月山铺转耳轮和老粮仓师古寨山,发现都在山腰、山顶;黄材炭河里,也是出于二水(黄材水、沩水)交汇处。这类遗迹,人多称为"窖藏",也不合适。

现在讨论古代"祭祀坑",有个发现很值得注意,这就是河南新郑郑韩故城的所谓"郑国祭祀遗址"〔图15〕。遗址在故城东城的西南,现已发

---

[1] 徐秉琨、孙守道《东北文化》,上海:远东出版社,香港:商务印书馆,1998年,52—57页。六个地点的分布,见该文53页;示意图4;郭大顺《试论魏营子类型》,收入苏秉琦主编《考古学文化论集》(一),文物出版社,1987年,79—98页。

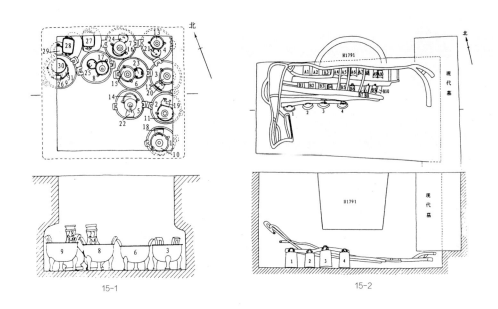

图15 新郑器物坑
15-1 2号铜器坑平、剖面图 15-2 14号铜编钟坑平、剖面图

掘春秋礼乐器物坑17座,马坑45座。前者,出土器物皆成套成组,但本身不是墓葬,附近也没有可匹配的墓葬,可以排除是陪葬坑。发掘者推测,它们是社稷祭祀的遗址,似缺乏可靠依据。[1]

这类遗址的性质到底是什么?我们应该怎么称呼它?问题还值得探讨。

(二)加书类

其典型例子是侯马盟书。盟书出于山西省侯马市春秋晚期晋都新田遗

---

[1] 河南省文物考古工作队《河南郑州市郑韩故城郑国祭祀遗址发掘简报》,《考古》2000年2期,61–77页。

址的东南,报告称为"盟誓遗址"。遗址共发现长方形竖坑400多个,它们被划分为甲、乙两区。甲区叫"埋书区",坑小而密集,埋书也埋牲,牺牲主要是羊,牛、马较少(大坑埋牛、马,小坑埋羊),其中六坑有书无牲。乙区叫"埋牲区",坑大而稀疏,不埋盟书,只埋牺牲,牛、羊、马都有,其中三坑出带卜辞的玉璧,所埋牺牲全是牛。这些竖坑[图16],多为南北向长方形小坑,北宽南窄,四壁垂直,一般只有1米多长,半米多宽,深度以容物多少伸缩之,没有一定。坑底放牲,上面加书,北壁近底有龛,放璋、璧。另外,作者还提到,遗址当中,有两个例子是椭圆坑,有两个例子是以人为牲,也值得注意。作者指出,《礼记·曲礼》"约信为誓,莅牲曰盟",疏:"盟之为法,先凿地为方坎,杀牲于坎上。"其中所说的"坎"就是上面讲的"竖坑",这非常正确。[1]《左传》曰"坎血加书"(僖公二十五年),"坎,用牲埋书"(昭公六年),"坎,用牲加书"(昭公十三年),就是指这类活动。

另外,和这类活动有关,我们还应补充的是,古代祭祀,形式很多,"沉""埋"是两种类似的祭祀方式,"沉"是把祭物投之于水,"埋"是把祭物埋之于土。上面的"坎"只涉及"埋",不涉及"沉",但两者其实是交叉并用。例如,宋代出土的,可能是刻

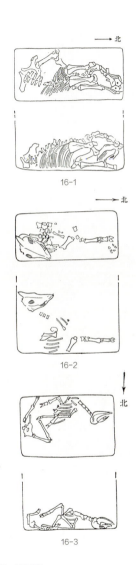

图16 侯马祭坎
16-1 埋马牲的坎　16-2 埋牛牲的坎
16-3 埋羊牲的坎

---

[1] 山西省文物工作委员会编《侯马盟书》,文物出版社,1976年,11—24页。

在石璋一类器物上的《诅楚文》，其中祭"巫咸"者，可能是埋之于土或藏之于山，但祭"湫渊""亚驼"（二者都是水名）者，则恐怕是投之于水。因为和这种活动类似，中国道教有所谓"投龙"一类活动，其祷告神祇的投龙简就有山简、土简、水简之分。比如唐玄宗祭衡山、武则天祭嵩山，发现的简，就是山简；五代吴越王祭太湖、西湖、鉴湖，发现的简，就是水简。"坎"并不是唯一的祭祀手段。

四

最后，我想把我们对"祭坛"和"祭祀坑"的印象做一总结：

（一）学界使用的"祭坛"一词，是现代术语，古书只叫"坛"。它是个概念比较模糊的词，在中国典籍中，常与"墠"字或"场"字连言，用指除地为场、堆土为台，有别于庙宇的露天建筑。在早期遗迹的辨认上，我们可以接受，至少是临时或勉强地接受这一概念。但我们应当清醒地认识到，这样的使用是有一定危险的。因为中国早期的发现，年代甚早，分布范围也在华夏文化圈外，未必合于这种概念；南方和北方差异很大，也未必就是同一种东西。比如长城一线的"祭坛"，无论是石圈还是石堆，都和古书的记载，在形式上不太一样，说"坛"不像"坛"，说"墠"不像"墠"。长江一线的"祭坛"，有些像西亚的坛庙、中南美的金字塔，倒是有平台式的外观，但我们也很难确认，它们一定就是祭坛，有些连形状都不太清楚。我们并不知道，它们和后世的祭坛或华夏文化的祭坛到底是什么关系，哪些是祭坛，哪些不是祭坛，原来的含义是什么。我们要想理解这些遗迹，最好还是从它们自己的文化传统寻求解释。比如，关于前一类遗迹，很多学者都已指出，草原、戈壁流行垒石习俗（山顶、路边随处可见，早期西方探险家，还有初到当地的旅游者，他们对这一点都有深刻印象），敖包和玛尼堆也许就是很好的线索。[1]

（二）中国早期的"祭坛"，其流行时间虽参差不齐，无论北方还是南方，都是早可以早到6000年前，晚可以晚到3500年前，甚至更晚，但高峰是在距今约4800—4300年这一段，即与龙山古城遍地开花大体是同步现象。由于这类问题与聚落形态的发展和城市化有关，所以应把它们纳入聚落考古的范畴来考虑。比如，北方地区，居住遗址和祭祀遗址基本上是分开的，墓葬也不在一起，[2]但红山遗址有"坛""庙""冢"共出的现象，良渚遗址也是"墓"在"坛"上，它们的关系就值得探讨。而且，这些问题还带有普遍性。不仅中国有这类问题，外国也有。虽然，从形制上讲，中国的"祭坛"不同于西亚的塔庙、美洲的金字塔，规模比它们小得多。但和它们一样，也有"坛""庙""冢"的关系，以及它们与居住遗址的关系。中国的"祭坛"，它的特点，不管大小，不管早晚，都是野祭，上面不盖房子。比如中国最晚的"坛"，今天北京的坛，无论城外的天坛、地坛、日坛、月坛、先农坛，还是城里的社稷坛和先蚕坛，它们的坛本身，都是没有屋顶的。有屋顶的都不能叫"坛"。"祭坛"的概念，和"庙宇"不同，关键就在它没有屋顶。没有屋顶，当然也就不会有柱洞和柱础。如果我们要使用"祭坛"的概念，至少要做这样的限定。[3]

---

[1] 包头市文物管理所《内蒙古大青山西段新石器时代遗址》，《考古》1986年6期，485–496页；又上引田广金《内蒙古长城地带石城聚落址及相关诸问题》文，122页。
[2] 但上引《内蒙古敖汉旗城子山与鸭鸡山祭祀遗址》一文提到，80年代中国社会科学院考古研究所在内蒙古赤峰敖汉旗敖吉乡肋条山夏家店下层文化祭祀遗址进行试掘，在肋条山顶部清理出一座连弧形分层式祭坛，祭坛正中埋葬一位死者。
[3] 如江苏常熟虞山西岭上的石室土墩，其中的一号土墩（D1），有墙壁、屋顶，简报既称石室（其实是墓葬），又定为祭坛，就是值得商榷的。现承曹锦炎先生告，这类遗迹都是墓葬。参看：苏州博物馆等《江苏常熟市虞山西岭石室土墩的发掘》，《考古》2001年9期，22–34页。

（三）学界使用的"祭祀坑"一词，也是现代术语，古书叫"坎"。虽然，古人也用"坎"称墓穴，偶尔这么讲，但这样的"坎"只是泛称，犹言"坑"，不是专门术语。它更多还是指埋物为祭的坑，专门术语叫"瘗坎"。我们要区别这类"坎"与其他出土单位，不但要看内容和形式，也要考虑目的和功用。它和墓葬或陪葬坑不一样，墓葬有人，它没有（即使以人为牲，它和有棺椁随葬物的墓也不同）；陪葬坑是埋东西，但要与主墓相配，它也没这个关系。特别是，它和窖藏也不一样，不是仓皇逃跑，暂时把东西埋起来，以便日后再来取用；更不是有意把东西储存于地下，像"地下仓库"。它是为了神而不是人才埋，埋下去的东西是献祭于神而不是人。这是它们的基本区别。过去，学者往往把我们讨论的"坎"误称为"窖藏"，是应该加以纠正的。即使称为"祭祀坑"，大家也有误解。我看，还是叫"祭坎"更好。

补记：

（1）研究长城沿线的所谓"祭坛"，我们还应考虑更大范围内的类似遗迹。如甘肃、青海、新疆和西藏。案：青藏高原，不仅有与敖包相似的玛尼堆，流行石冢和岩画，还有属于青铜时代的各种"大石遗迹"（分"独石""石圈"和"列石"三种）。最近，在西藏阿里地区的札达县，考古工作者在该县格林塘墓地（年代相当中原地区的秦汉时期）的东侧发现了一处长6.7米、宽4.3米的列石遗迹，推测可能与墓地祭祀有关。参看：甲央、霍巍《20世纪西藏考古的回顾与思考》（《考古》2001年6期，3—13页）和四川大学中国藏学研究所等《西藏札达县皮央·东嘎遗址古墓群试掘简报》（同上，14—31页，图像见23页；图二九；图版五，2）。录此备考。

（2）侯马古城的祭祀遗址，除上述盟誓遗址，还有北西庄、省地质水文二队、呈王路、晋田热电力公司、煤灰制品厂、庙寝、机运站、西高等10处。这些遗址都属"埋牲类"，没有发现盟书。参看：国家文物局主编《2000中国重要考古发现》，文物出版社，2001年，46—50页；《2001中国重要考古发现》，同上，2002年，62—67页。录此备考。

2002年7月14日写于北京蓝旗营寓所

北魏静陵石翁仲
(洛阳博物馆藏)

翁仲研究

翁仲考

"翁仲",本来是匈奴的祭天神像,早在秦代和西汉,就被汉族地区引入,当作宫殿装饰物。东汉以来,又专指陵墓前面,神道两侧,用作仪卫的石刻武士像或文武官员像(不同于其他种类的墓前石人)。两千多年来,前后概念不同,形象颇有变化,人多未详其来龙去脉,又颇掺杂误解与想象,下请条分缕析,试作初步考证。

一、铜翁仲

"翁仲"本来是匈奴人称呼其祭天神像的词汇,因为是用青铜铸造,所以又称"金人"或"铜人"。而且它们是着夷狄服装,形象非常高大,古人还称之为"金狄""长狄"或"遐狄"("遐"有长义,"长""遐"都是形容其高大)。

古书提到这类"金人",有下面六例:[1]

---

[1] 古书所谓"金人",还有其他几种,如佛道造像、厌胜铜人和医用铜人,以及其他人像和神像。《说苑·敬慎》提到周后稷庙金人,也是较早的例子。其"绵绵不绝,将成网罗。青青不伐,将寻斧柯"等句(《孔子家语·观周》"将成网罗"作"或成网罗","青青不伐"作"毫末不扎"),语出《逸周书·克殷》,并为《六韬·文韬·守土》、《战国策·魏策一》引用。近郑良树《〈金人铭〉与〈老子〉》(收入所著《诸子年代考》,北京图书馆出版社,2001年,12–20页)还指出《老子》与此铭也有语句相袭之处。

（一）秦昭王金人（传秦昭襄王所见）

《晋书·束皙传》："武帝尝问挚虞三日曲水之义，虞对曰：'汉章帝时，平原徐肇以三月初生三女，至三日俱亡，村人以为怪，乃招携之水滨洗祓，遂因水以泛觞，其义起此。'帝曰：'必如所谈，便非好事。'皙进曰：'虞小生，不足以知，臣请言之。昔周公成洛邑，因流水以泛酒，故逸诗云"羽觞随波"。又秦昭王以三月置酒河曲，见金人奉水心之剑，曰："令君制有西夏。"乃霸诸侯，因此立为曲水。二汉相缘，皆为盛集。'帝大悦，赐皙金五十斤。"

案："水心之剑"，见梁元帝《玄览赋》（"人要水心之剑，家给火耕之田"）、僧皎然《从军行》（"水心龙剑动，地肺雁山出"），即古人盛称的龙渊宝剑（自水心得之）。"西夏"，见《逸周书·史记》、《穆天子传》卷四，乃西域国家，于晋则专指河西一带。束皙说金人授剑，令有西夏，其辞虽出传说，但非向壁虚造，疑指昭王三十五年（前272年），秦灭义渠，北有陇西、北地、上郡，筑长城拒胡事。时义渠为西北强族，宣太后诈杀其王于甘泉，秦乃乘势灭之（《史记·匈奴列传》），这是始皇拒胡的前身。甘泉，据《汉书音义》，乃故"匈奴祭天处"，"匈奴祭天处本在云阳甘泉山下，秦得其地，后徙之休屠王右地，故休屠有祭天金人，象祭天人也"（《史记·匈奴列传》集解、索隐引），盖以义渠为匈奴之一部，当地本有祭天金人存焉，武帝获休屠金人，徙处甘泉，以立泰畤，乃是因袭故事。当地不仅是故义渠戎所奉祭天中心，且秦修直道，由此北通九原，还是汉胡往来之枢纽，汉朝天子往往于此避暑消夏，朝见诸侯，会见使节，处理蕃务（包括与单于会面），地位与清朝承德同。秦汉于此设胡越诸祠（有胡祠三，越祠三），亦同外八庙之设，深寓怀柔之义。后世金人之立，与此有微妙关系。

(二) 秦始皇金人（仿"临洮大人"而铸）

(甲) 秦在咸阳（今陕西咸阳东北）阿房宫宫门前

（1）贾谊《新书·过秦论上》："……堕名城，杀豪俊，收天下之兵，聚之咸阳，销锋镝，铸以为金人十二，以弱天下之民。"（《史记·陈涉世家》引同此，索隐："各重千石，坐高二丈，号曰'翁仲'"；《秦始皇本纪》引，末三句作"销锋铸镝，以为金人十二，以弱黔首之民"。）

（2）《淮南子·氾论训》："秦之时，高为台榭，大为苑囿，远为驰道，铸金人。"（高诱注："秦皇帝二十六年，初兼天下，有长人见于临洮，其高五丈，足迹六尺。仿写其形，铸金人以象之，翁仲君何是也。"）

（3）《史记·秦始皇本纪》："（二十六年）收天下兵，聚之咸阳，销以为钟镰，金人十二，重各千石，置廷宫中。"

（4）《汉书·五行志下之上》："史记秦始皇帝二十六年，有大人长五丈，足履六尺，皆夷狄服，凡十二人，见于临洮。天戒若曰，勿大为夷狄之行，将受其祸。是岁始皇初并六国，反喜以为瑞，销天下兵器，作金人十二以象之。遂自贤圣，燔《诗》《书》，阬儒士；奢淫暴虐，务欲广地；南戍五岭，北筑长城，以备胡越，堑山填谷，西起临洮，东至辽东，径数千里。故大人见临洮，明祸乱之起。后四十年而秦亡，亡自戍卒陈胜发。"

（5）《西京杂记》卷三"咸阳宫异物"："高祖初入咸阳宫，周行库府，金玉珍宝，不可称言。其尤惊异者，……复铸铜人十二枚，坐皆高三尺，列在一筵上，琴筑笙竽，各有所执，皆缀花彩，俨若生人。筵下有二铜管，上口高数尺，出筵后。其一管空，一管内有绳，大如指，使一人吹空管，一人纽绳，则众乐皆作，与真乐不异焉。……"

（6）谢承《后汉书》佚文："铜人，翁仲，翁仲其名也。"（《史记·秦始皇本纪》索隐引。正义作"铜人，翁仲其名也。"）

（7）卫恒《四体书势·序篆书》佚文："秦时李斯号为工篆，诸山及铜人铭皆斯书也。"(《三国志·魏书·刘劭传》注引。《晋书·卫恒传》引,"工"讹为"二"。《水经注·河水四》引,"时"作"之","山"下有"碑"字。)

(8)《三辅黄图》卷一:"(秦始皇)收天下兵聚之咸阳,销以为钟镰,高三丈。钟小者皆千石也。销锋镝,以为金人十二,以弱天下之人,立于宫门。坐高三丈,铭其后曰:'皇帝二十六年,初兼天下,改诸侯为郡县,一法度,同度量,大人来见临洮,其大五丈,足迹六尺。'铭李斯篆,蒙恬书。"(《初学记》卷十六引《三辅黄图》曰:"始皇造虡(古通镰)高二丈,钟小者千石",是其异文)。

(9)《水经注·河水四》:"案秦始皇二十六年,长狄十二见于临洮,长五丈余,以为善祥,铸金人十二以象之,各重二十四万斤,坐之宫门之前,皆铭其胸云:'皇帝二十六年,初兼天下,以为郡县,正法律,同度量。大人来见临洮,身长五丈,足六尺。'李斯书也。"

案:始皇金人是仿"临洮大人"而铸,事在蒙恬破匈奴,修长城之后(《史记·蒙恬列传》),正与昭王灭义渠,筑长城前后相因。其长城起临洮(今甘肃岷县),为秦西界(属陇西郡)。"临洮大人"者,疑即秦灭匈奴所遗祭天神像,同下汉武所获休屠金人。始皇金人,号称"翁仲",各书所记略同,惟《淮南子·氾论训》注作"翁仲君何是也"。顾炎武曰"今人但言翁仲,不言君何"(《日知录》卷二五"名以同事而晦"条),似以"翁仲""君何"为二名,然其含义终未可知,是否分读仍有待考证。[1] 又翁仲之作夷狄装,可知是仿匈奴而作。李斯铭,《汉书·王莽传下》《水经注·河水四》皆曰在胸(原文作"膺"),而《三辅黄图》独言在背(原文作"后"),其说不同(且以蒙恬为书者)。原物高五丈,合今11.5米;足

---

[1] 汉人私名多取翁仲,疑以金人为祥瑞,而非反之。林梅村先生怀疑,"翁仲"可能是匈奴之称鬼神(参看:林梅村《古道西风》,三联书店,2000年,152–153页)。如此说可靠,则"君何"或是其名。

六尺,合今1.4米,甚高大,《水经注》称为"长狄"(长狄是古人所称身材高大的一支狄人)。[1] 始皇仿制,尺度略小,高三丈,合6.9米(或说二丈,则合4.6米);重千石,合今30吨;二十四万斤,合今60吨。如果保留至今,堪称世界奇迹。销兵铸器,各书多笼统说,惟《三辅黄图》分别之,曰钟鐻出"天下兵"(戈矛剑戟之属),金人出"锋镝"(矢镞之属)。始皇金人与钟鐻,旧多分为二事,近有学者考证,形制当与曾侯乙墓所出同,亦以铜人承托钟鐻。[2] 而《西京杂记》之描述又复不同,似为仿真乐队,有机关操纵,可以自动演奏。《汉书·五行志》以"临洮大人"为亡国之征,乃汉代观念。汉初天下苦秦久矣,出言批评,有如民初訾议清政,几乎一无是处(贾谊、刘安议秦政之失,正是举此为证)。其实,易地而观之,实与汉徙休屠金人同,当时以为祥瑞之不暇,何言乎凶。

(乙)汉在长安(今陕西西安市西北)长乐宫大夏殿

(1)《汉书·郊祀志下》:"(甘露元年)其夏,黄龙见新丰,建章、未央、长乐宫钟虡、铜人皆生毛,长一寸所,时以为美祥。"

(2)班固《西都赋》:"列钟虡于中庭,立金人于端闱。"

(3)张衡《西京赋》:"高门有闶,列坐金狄。"(李善、李周翰注俱云:"金狄,金人也。")

(4)《三辅旧事》佚文:"秦王立二十六年,初定天下,称皇帝。大人见临洮,身长五丈,迹长六尺,作铜人以厌之,立在阿房殿前。汉徙长乐宫大夏殿前。"(《后汉书·董卓传》注引。《史记·秦始皇本纪》索隐引,作"铜人十二,各重三十四万斤。汉代在长乐宫门前";正义引,作"聚天下兵器,铸铜人十二,各重二十四万斤。汉世在长乐宫门",

---

[1] "长狄",见《左传》文公十一年、襄公三十年。《说苑·辨物》载孔子答"骨何者为大""防风式何守",谓周有长狄,"今谓之大人"。
[2] 汪受宽《"钟鐻金人十二"为宫悬考》,《文史》第40辑(中华书局,1994年),43—49页。

"三十四万"是"二十四万"之误。)

（5）《水经注·渭水下》："明渠又东径汉高祖长乐宫北，本秦之长乐宫也，周二十里。殿前列铜人，殿西有长信、长秋、永寿、永昌诸殿。"

（6）《水经注·河水四》："……汉徙阿房，徙之未央宫前，俗谓之翁仲矣。……"

案：张衡称金人为"金狄"，下引《西征记》同。汉徙始皇金人于长安，其置所，古书多作长乐宫（下《汉书·王莽传下》亦云"长乐宫铜人"），惟《水经注·河水四》作未央宫（未央宫在长乐宫西），盖一时笔误。《汉书·郊祀志下》则笼统说在建章、未央、长乐诸宫（建章宫在长安城西上林苑内）。《三辅旧事》说金人在长乐宫大夏殿。"大夏"，古有三说，一指今山西南部之夏，即"夏代"之"夏"；一指甘肃、宁夏一带，即赫连勃勃与元昊立国所在；一指张骞所通大夏，古书或作"大厦"。魏明帝于洛阳造门，亦有大夏门。

（丙）第一次破坏：王莽镌灭始皇铭文

（1）《汉书·王莽传下》："莽梦长乐宫铜人五枚起立，莽恶之，念铜人铭有'皇帝初兼天下'之文，即使尚方工镌灭所梦铜人膺文。"

（2）《水经注·河水四》"又东过陕县北"注："……地皇二年，王莽梦铜人泣，念铜人铭有'皇帝初兼天下'文，使尚方工镌灭所梦铜人膺文。……"

案：此地皇二年（21年）事。传言铜人起立，似已仆倒。莽恶者，以铜人仆而复起，口中念念有词，令人恐怖。

（丁）第二次破坏：董卓椎破铜人以铸钱

（1）王粲《英雄记》佚文："昔大人见临洮而铜人铸，临洮生卓而铜人毁。"（《三辅黄图》卷一引。《史记·秦始皇本纪》正义引，作"昔大人见临洮而铜人铸，至董卓而铜人毁也"。）

(2)《后汉书·董卓传》:"(董卓)又坏五铢钱,悉取洛阳及长安铜人、钟虡、飞廉、铜马之属,以充铸焉。故货贱物贵,谷石数万。又钱无轮郭文章,不便人用。时人以为秦始皇见长人于临洮,乃铸铜人。卓,临洮人也,而今毁之。虽成毁不同,凶暴相类焉。"

(3)《三国志·魏志·董卓传》:"(董卓)悉椎破铜人、钟虡,及坏五铢钱。更铸为小钱,大五分,无文章,肉好无轮郭,不磨鑢。于是货轻而物贵,谷一斛至数十万。自是后钱货不行。"

(4)《三辅黄图》卷一:"董卓悉椎破铜人、铜台,以为小钱。"

(5)《水经注·河水四》:"……后董卓毁其九为钱,其在者三。……"

案:此初平元年(190年)事。董卓毁铜人铸钱,各书所记略有不同,《水经注·河水四》以为毁九余三,《关中记》《西征赋》以为毁十余二(详下)。《英雄记》佚文谓"昔大人见临洮而铜人铸,临洮生卓而铜人毁",非常巧合,但《后汉书·董卓传》把"临洮大人"与董卓视为"凶暴相类",却是汉代的偏见。这里值得注意的是,董卓所毁,除"长安铜人、锺虡、飞廉、铜马之属",还有洛阳之物。洛阳有东汉金人,详下"汉灵帝金人"节。"铜台",不详,或即上《西京杂记》所说"坐""筵"等物。

(戊)魏明帝徙金人于霸城(今陕西西安市东北)南

(1)潘岳《关中记》佚文:"秦为铜人十二,董卓坏以为钱,余二枚,魏明帝欲徙诣洛,载到霸城,次道南。铜人即金狄也。"(潘岳《西征赋》李善注引);"董卓坏铜人,余二枚,徙清门里。魏明帝欲将诣洛,载到霸城,重不可致。后石季龙徙之邺,苻坚又徙入长安而销之。"(《史记·秦始皇本纪》正义引)

(2)潘岳《西征赋》:"禁省鞠为茂草,金狄迁于霸川。"(刘良注:"秦铸铜人十二以象长狄,董卓坏以为钱,余二枚,魏明帝欲徙诣洛阳,到霸城,重不可致,便留之,故云迁霸川。")

(3)《水经注·河水四》:"……后董卓毁其九为钱,其在者三。魏明帝欲徙之洛阳,重不可胜,至霸水西,停之。……"

(4)《后汉书·方术列传》:"蓟子训者,不知所由来也。……后因遁去,遂不知所止。……后人复于长安东霸城见之,与一老翁公共摩挲铜人,相谓曰:'适见铸此,已近五百岁矣。'……"

(5)《水经注·渭水下》:"魏明帝景初元年,徙长安金狄,重不可致,因留霸城南。人有见蓟子训与父老共摩铜人曰,正见铸此时,计尔日以近五百年矣。"

案:秦始皇金人共十二件,从秦始皇二十六年(前221年)铸造至魏明帝徙霸城(237年),历时约四百五十八年,故曰"已近五百岁矣"。此金人遭董卓破坏,劫余之物原在长安清门里,魏明帝欲徙洛阳,重不可致,留于霸城,蓟子训见之,后来下落不明。清门里,疑在长安东出第二门即霸城门附近。此门,正当长乐宫东门,又名青城门或青门(《三辅黄图》卷一),疑金人由此而徙霸城。《关中记》载故老传闻,合石虎、苻坚所徙述于此,造成混乱。据下可知,二氏所徙,其实是魏明帝金人,而非秦始皇金人。

(三)汉武帝金人 [原为休屠祭天金人,汉武帝获之,置于云阳甘泉宫(在今陕西淳化县西北)]

(1)《史记·匈奴列传》:"其明年(元狩二年,前121年)春,汉使骠骑将军去病将万骑出陇西,过焉支山千余里,击匈奴,得胡首虏八千余级,破得休屠王祭天金人。"(集解:《汉书音义》曰:'匈奴祭天处本在云阳甘泉山下,秦得其地,后徙之休屠王右地,故休屠有祭天金人,象祭天人也。'索隐:"韦昭云:'作金人以为祭天主。'崔浩云:'胡祭以金人为主,今浮图金人是也。'又《汉书音义》称'金人祭天,本在云阳甘泉山下,秦得其地,徙之于休屠王右地,故休屠有祭天金人,象祭天人也。'

事恐不然。"〔案：得休屠金人，后置之于甘泉也。〕正义："《括地志》云'径路神祠在雍州云阳县西北九十里甘泉山下，本匈奴祭天处，秦夺其地，后徙休屠右地。'"〔案：金人即今佛像，立以为祭天主也。〕

（2）《史记·卫将军骠骑列传》："元狩二年春，以冠军侯去病为骠骑将军，将万骑出陇西，有功。天子曰：'骠骑将军率戎士逾乌盭，讨遬濮，涉狐奴，历五王国，辎重人众慑慴者弗取，冀获单于子。转战六日，过焉支山千有余里，合短兵，杀折兰王，斩卢胡王，诛全甲，执浑邪王子及相国、都尉，首虏八千余级，收休屠祭天金人，益封去病二千户。'"（集解："如淳曰：'祭天为主。'"索隐："案：张婴云'佛徒祠金人也'。如淳云'祭天以金人为主也'。屠音储。"）

（3）《汉书·地理志上》："云阳，有休屠、金人及径路神祠三所，越巫觡䴖祠三所。"

（4）《汉书·金日磾传》："金日磾字翁叔，本匈奴休屠王太子也。武帝元狩中，骠骑将军霍去病将兵击匈奴右地，多斩首，虏获休屠王祭天金人。其夏，票骑复西过居延，攻祁连山，大克获。于是单于怨昆邪、休屠居西方多为汉所破，召其王欲诛之。昆邪、休屠恐，谋降汉。休屠王后悔，昆邪王杀之，并将其众降汉。封昆邪王为列侯。日磾以父不降见杀，与母阏氏、弟伦俱没入宫，输黄门养马，时年十四矣。……日磾母教两子，甚有法度，上闻而嘉之。病死，诏图画于甘泉宫，署曰'休屠王阏氏'。日磾每见画常拜，乡之涕泣，然后乃去。……金日磾夷狄亡国，羁虏汉廷，而以笃敬寤主，忠信自著，勒功上将，传国后嗣，世名忠孝，七世内侍，何其盛也！本以休屠作金人为祭天主，故因赐姓金氏云。"

（5）扬雄《甘泉赋》："金人仡仡，其承钟虡兮，嵌岩岩其龙鳞。扬光耀之燎烛兮，垂景炎之炘炘。配帝居之县圃兮，象泰壹之威神。"

（6）《汉武故事》："雄（公孙雄，即公孙弘）尝谏伐匈奴，为之小止。雄卒，乃大发卒数十万，遣霍去病讨胡，杀休屠王，获祭天金人，上以为大神,列于甘泉宫。人率长丈余,不祭祝,但焚香礼拜。天祭长八尺,擎日月,祭以牛。上令依其方俗礼之,方士皆以为夷狄鬼神,不宜在中,因乃止。"(《世说新语·文学》引,作"昆邪王杀休屠王,以其众来降。得其金人之神,置之甘泉宫。金人皆长丈余,其祭不用牛羊,唯烧香礼拜。上使依其俗事之",并谓"此神全类于佛。岂当汉武之时,其经未行于中土,而但神明事之耶?")

(7)《魏书·释老志》:"案:汉武元狩中遣霍去病讨匈奴,至皋兰,过居延,斩首大获,昆邪王杀休屠王,将其众五万来降,获其金人,帝以为大神,列于甘泉宫,金人率长丈余,不祭祀,但烧香礼拜而已,此则佛道流通之渐也。"

案:汉武帝金人是得于元狩二年(前121年),其铸造年代和最后下落均不明。《括地志》佚文:"云阳宫,秦之林光宫,汉之甘泉,在雍州云阳县西北八十一里。秦始皇作甘泉宫,去长安三百里,望见长安,秦始皇以来祭天圜丘处"(《史记·匈奴列传》引。《史记·外戚列传》引末句作"黄帝以来圜丘祭天处","去长安"等三句,又见《三辅黄图》卷二)。当地是汉人的祭天中心("黄帝以来"乃出附会,"秦始皇以来"也有待证实,但武帝以来确实如此),也是匈奴的祭天中心(原来是义渠的祭天中心),汉人的祭天中心是承匈奴的祭天中心之后,而且包含匈奴的祭天中心在内。汉武帝设泰畤于甘泉,并设胡越诸祠,实与蕃务有关。《汉武故事》记匈奴祭天之俗,金人"皆长丈余",似较始皇所铸为小(只有两米多高);"其祭不用牛羊,唯烧香礼拜",则不同于中原。甘泉金人(休屠金人),与始皇金人无涉,非仿制品,为战利品,崔浩、张婴以为佛像,是佛教盛行后的宣传。考汉末佛教之入,其金铜造像,无论大小,皆称"金人"（如汉明帝所梦金人就是这种佛像）。[1] 两种金人虽使用同一名词，但性质大不一样。[2] 金日磾，据《汉书·霍光金日磾传赞》，"本以休屠作金人为祭天主，故因赐姓金氏"；日磾，或是胡名；字翁叔，为汉代人名用字。《史记·酷吏列传》有"鱼翁叔"（武帝时人），汉印有"蒍翁叔"（罗福颐《汉印文字征》，文物出版社，1978年，卷四，4页背），《三国志·魏书六·袁术传》有马日磾，字翁叔（注引《三辅决录注》谓是马融族子），更与之名字俱同。"翁叔"之名，不知是否与"翁仲"有关。

（四）汉灵帝金人 [在洛阳（今河南洛阳市）南宫玉堂殿]

（1）《后汉书·孝灵帝纪》："（中平三年）复修玉堂殿，铸铜人四，黄钟四，及天禄虾蟆，又铸四出文钱。"

（2）《后汉书·陆康传》："时灵帝欲铸铜人，而国用不足，乃诏调民田，亩敛十钱。而比水旱伤稼，百姓贫苦。康上疏谏曰：'……岂有聚夺民物，以营无用之铜人；捐舍圣戒，自蹈亡王之法哉！……'书奏，内倖因此谮康援引亡国，以譬圣明，大不敬，槛车征诣廷尉。侍御史刘岱典考其事，岱为表陈解释，免归田里。复征拜议郎。"

（3）《后汉书·张让传》："明年，遂使钩盾令宋典缮修南宫玉堂。又使掖庭令毕岚铸铜人四列于苍龙、玄武阙。又铸四钟，皆受二千斛，悬于玉堂及云台殿前。又铸天禄虾蟆，吐水于平门外桥东，转水入宫。又作翻车渴乌，施于桥西，用洒南北郊路，以省百姓洒道之费。又铸四出文钱，钱皆四道。"

案：汉室东迁，包括文物迁徙，能搬的搬，搬不动就铸。如汉明帝

---

[1]《史记·大宛列传》"（大夏）其东南有身毒国"，正义："明帝梦金人长大，顶有光明，以问群臣。或曰：'西方有神，名曰佛，其形长六尺而黄金色。'帝于是遣使天竺问佛道法，遂至中国，画形像焉。"此事又见《魏书·释老志》。

[2] 休屠金人绝非佛像，学者多有考证，参看：汤用彤《汉魏两晋南北朝佛教史》，中华书局，1983年，上册，7–10页。

徙长安金马、飞廉于洛阳，估计就是件小易搬之物。[1] 金人需要新铸，原因是长安金人太重，搬不动。汉灵帝金人共四件，铸于中平三年（186年）。据《后汉书·董卓传》，董卓毁铜人铸钱，也包括洛阳铜人，疑其毁亡在初平元年（190年），前后仅五年。汉室东迁，铸作金人或不止于此。如汉章帝建初七年（82年），王景作《金人论》，"颂洛邑之美，天人之符"（《后汉书·循吏列传》引），如所颂为洛阳金人，则在灵帝之前。[2] "玉堂殿"，据《元河南志》载后汉宫城图（《永乐大典》卷九五六一引），在南宫西北。

（五）魏明帝金人

（甲）在许昌景福殿

何晏《景福殿赋》："爰有遐狄，镣质轮菌，坐高门之侧堂，彰圣主之威神。"李善注："遐狄即长狄也，以镣为质，轮菌然也。《尔雅》曰：'白金谓之银，美者谓之镣。'郭璞曰：'音辽。'《广雅》曰：'质，躯也。'轮，音伦。菌，其殒切。""言为金狄，坐于高门侧堂之中，以明圣主之有威神。晏子曰：'景公坐于堂侧。'"李周翰注："遐狄，长狄也，古之长人，以银铸之，其形质轮菌然而高，皆坐于门侧堂上，以明帝主威神，能臣伏异类。镣，银也。"

案：景福殿有二，一在永宁宫，一在许昌宫（《洛阳宫殿簿》佚文）。李善注引《三国典略》佚文，谓何晏此赋是为许昌景福殿落成而作。其金人，何晏称"遐狄"，"遐狄"即"长狄"；质地，李周翰说是"以银铸之"，似与其他金人不同。据《三国志·魏书·明帝纪》，许昌景福殿作于太和六年（232年），可见其铸比下为早。"能臣伏异类"云，说明此类金人皆有象征对异族征服的意义。

---

[1]《汉书·武帝纪》注引应劭说："明帝永平五年至长安，迎取飞廉并铜马，置上西门外，名平乐馆，董卓悉销以为钱。"
[2] 当然，这里的"金人"也有可能是指佛教造像，因为此时已有佛教造像。

(乙）在洛阳司马门外南屏中

（1）鱼豢《魏略》佚文："（景初元年）是岁，徙长安诸钟虡、骆驼、铜人、承露盘。盘折，铜人重不可致，留于霸城。大发铜铸作铜人二，号曰翁仲，列坐于司马门外。又铸黄龙、凤凰各一，龙高四丈，凤高三丈余，置内殿前。起土山于芳林园西北陬，使公卿群僚皆负土成山，树松竹杂木善草于其上，捕山禽杂兽置其中。"（《三国志·魏书·明帝纪》裴松之注引）

（2）《晋书·五行志上》："景初元年，发铜铸为巨人二，号曰翁仲，置之司马门外。〔案：古长人见，为国亡。长狄见临洮，为秦亡之祸。始皇不悟，反以为嘉祥，铸铜人以象之。魏法亡国之器，而于义竟无取焉。盖服妖也。〕"

（3）习凿齿《汉晋春秋》佚文："帝徙盘，盘折，声闻数十里，金狄或泣，因留霸城。"（《三国志·魏书·明帝纪》裴松之注引）

（4）《水经注·谷水》："自铜驼街东，径司马门南。魏明帝始筑阙，崩，压杀数百人，遂不复筑。故无阙。门南屏中旧有置铜翁仲处，金狄既沦，故处亦褫，惟坏石存焉。"

案：此景初元年（237年）事。"司马门"，魏洛阳城南、北宫皆有司马门，两门都是正门（南门）。明帝金人乃新铸，与长乐金人无涉。长乐金人，各书皆云"重不可致"，留于霸城，应与明帝发铜所铸者不同。《三国演义》第一百五回也讲了魏明帝"徙长安诸钟虡、骆驼、铜人、承露盘"的故事，但误系于青龙三年（235年）。

（丙）石勒徙襄国（今河北邢台市）永丰门

《晋书·石勒传下》："（太兴四年）勒徙洛阳铜马、翁仲二于襄国，列之永丰门。"

案：此太兴四年（321年）事。石勒所徙，疑是明帝金人。

(丁) 石虎徙邺城（今河北临漳县西南）东、西太武殿

(1)《晋书·石季龙传上》："咸康二年，使牙门将张弥徙洛阳钟虡、九龙、翁仲、铜驼、飞廉于邺。钟一没于河，募浮没三百人入河，系以竹絙，牛百头，鹿栌引之乃出。造百斛舟以渡之，以四轮缠辋车，辙广四尺，深二尺，运至邺。……于襄国起太武殿，于邺造东西宫，于是皆就。太武殿基二丈八尺，以文石綷之，下穿伏室，置卫士五百人于其中。东西七十五步，南北六十五步。皆漆瓦、金铛、银楹、金柱、珠帘、玉璧，穷极伎巧。"

(2) 戴祚《西征记》佚文："(陕县)城南倚山原，北临黄河，悬水百余仞，临之者咸悚惕焉。西北角河水涌起，方数十丈，有物居水中。父老云：铜翁仲所投处。又云：石虎载经，于此沉没。二物并存，水所以涌，所未详也。或云：翁仲头髻常出，水之涨减，恒与水齐。晋军当至，髻不复出，今惟见水异耳。嗟嗟有声，声闻数里。"(《水经注·河水四》"又东过陕县北"注引。《御览》卷三七三引，比此简略，"异"作"黑"，"声闻数里"下有"翁仲本在大司马门外，为贼所徙，至此而没"。)

(3)《水经注·浊漳水》："石氏于文昌故殿处，造东、西太武二殿，于济北谷城之山，采文石为基。一基下五百武直宿卫，屈柱跌瓦，悉铸铜为之，金漆图饰焉。又徙长安、洛阳铜人，置诸宫前，以华国也。"

案：此咸康二年（336年）事。《晋书·石季龙传上》说石虎"于襄国起太武殿，于邺造东西宫"，邺之"东西宫"，即下《水经注·浊漳水》所说在魏文昌殿旧址上新起的"东、西太武二殿"。魏邺城有文昌、听政二殿，在城北居中，文昌在西，听政在东。这里有两点值得注意，第一，据《晋书·石季龙传上》，石虎所徙，亦云得自洛阳，然景初所铸，铜人惟二，似洛阳铜人不止此数，二氏所徙，孰为景初之物，已不可知；第二，据《水经注·浊漳水》，石虎所徙，还包括长安铜人，或即《西征记》

所说"石虎载经"(读为"经过"之"经")沉于陕者,然长安铜人,除留霸城者,未有所闻。此皆可疑之处。

(戊)苻坚徙长安而毁之

(1)《资治通鉴》卷一〇四:"(太元七年,382年)秦王坚徙邺铜驼、铜马、飞廉、翁仲于长安。"

(2)习凿齿《汉晋春秋》佚文:"或言金狄泣,故留之。石虎取置邺宫,苻坚又徙之长安,毁二为钱,其一未至而苻坚乱,百姓推置陕北河中,于是金狄灭。"(《水经注·河水四》引)

(3)潘岳《关中记》佚文:"董卓坏铜人,余二枚,徙清门里。魏明帝欲将诣洛,载到霸城,重不可致。后石季龙徙之邺,苻坚又徙入长安而销之。"(《史记·秦始皇本纪》正义引)

案:魏明帝金人,史料记载是分在两处,在景福殿者,件数不详,铸于太和六年(232年),下落不明,或在石氏所迁物中;在司马门者,共两件,铸于景初元年(237年),则先后迁于襄国、邺、长安,估计亡于苻坚卒年(385年)的前后,历时一百四十九年。苻坚所徙,据《汉晋春秋》,至少有三件,两件迁于长安,被销毁铸钱(在385年之前);一件未至,则沉于陕县河中(可能在385年)。这些铜人,皆石虎迁于邺者,据上可知,当是明帝新铸,而非始皇故物。又据《汉晋春秋》、《关中记》、《水经注·河水四》,魏晋之际,世人或将明帝欲徙与明帝自铸加以混淆,即石氏、苻坚所徙,也多有沉河传说,且集中于陕县。盖当地父老相传,未必尽为史实。

(六)赫连勃勃金人 [在统万城(今陕西靖边县东北)]

《晋书·赫连勃勃传》:"(赫连勃勃)乃赦其境内,改元为凤翔。以叱干阿利领将作大匠,发岭北夷夏十万人,于朔方水北、黑水之南营起都城。勃勃自言：'朕方统一天下，君临万邦，可以统万为名。'阿利性尤工巧，然残忍刻暴，乃蒸土筑城，锥入一寸，即杀筑者而并筑之。勃勃以为忠，故委以营善之任。又造五兵之器，精锐尤甚。既成呈之，工匠必有死者：射甲不入即斩弓人；如其入也，便斩铠匠。又造百炼刚刀，为龙雀大环，号曰'大夏龙雀'，铭其背曰：'古之利器，吴楚湛卢。大夏龙雀，名冠神都。可以怀远，可以柔迩。如风靡草，威服九区。'世甚珍之。复铸铜为大鼓、飞廉、翁仲、铜驼、龙兽之属，皆以黄金饰之，列于宫殿之前。凡杀工匠数千，以是器物莫不精丽。"

案：赫连勃勃金人是铸于凤翔元年（413年）前后，下落不明。赫连勃勃乃匈奴右贤王去卑之后，其将作大匠叱干阿利盖亦匈奴工匠，铸作金人或即沿用该族旧俗。匈奴好以黄金饰物，此云"皆以黄金饰之"，正是其特点。

上述金人，都是作为宫殿装饰物的铜人，和墓葬没有直接关系。[1] 它们大多毁于战乱，真正的实物还迄无发现。这是非常可惜的。

二、石翁仲

这里，我们要谈的石翁仲，主要是指东汉以来与陵寝制度有关的一种石刻装饰物。文献记载也叫"石人"。[2]

翁仲是古代陵墓石刻群中的一种。[3] 这种石刻，主要在墓前神道（汉

---

[1]《三国志·吴书·孙休传》引《抱朴子》佚文，谓吴景帝时，戍将于广陵发大冢，内有铜人数十枚，"长五尺，皆大冠朱衣，执剑列侍于灵座，皆刻铜人背后石壁，言殿中将军，或言侍郎、常侍。似公主之冢"。这是文献提到与墓葬有关的铜人。

[2] 古书所见"石人"，也包含许多不同种类，如神道翁仲、镇水石人（如秦渭桥石人、秦都江堰石人、北魏千金堰石人）、释道造像，以及其他神像或人像（如汉昆明池牵牛、织女像）。这里我们讨论的是第一种石人。

[3] 杨宽先生对此有专门讨论，参看其所著《中国古代陵寝制度史研究》，上海古籍出版社，1985年，72–94页。

代也叫"隧")的两侧,一般包括:

(1)石柱。也叫望柱,在神道入口处,夹神道而立。[1]

(2)石兽。指各种石刻的动物,有些是现实存在的,有些是神话想象的,多列于石柱后,夹神道而立,但天禄、辟邪或狮子多在阙门的两侧(六朝陵墓是在石柱前)。

(3)石人。指各种石刻的人像,主要是武士像或文、武官员像,有时也包括其他种类,如蕃酋像、蕃臣像或宫人像,多列于石兽后,夹神道而立。

(4)石碑。多在神道后,陵园前或坟冢前。

翁仲即"石人"一项中的武士像或文、武官员像。

对这类遗物,现在大家印象较深的主要是南京、北京的明帝陵(孝陵和十三陵)和沈阳、遵化、易县的清帝陵(北陵、东陵和西陵)。它们的神道两侧,除有作文、武大臣形象的石人(4对)外[图1],还包括石刻的狮子、獬豸、骆驼、大象、麒麟和马(各1对)。当时丧礼规定,墓前有石刻是五品以上待遇,公侯和一、二品大臣,有石人、石马、石羊、石虎;三品去石人,有石马、石羊、石虎;四品去石羊,有石马、石虎;五品去石虎,有石马、石羊,六品以下无石刻(《大明会典》卷二〇三、《清史稿》卷九三)。有没有石人,地位差别很大。[2] 明代的翁仲是汉服,清代的翁仲是满服[图2]。辛亥革命后,这套制度被废,但袁世凯恢复帝制,他死了,墓前还有这类石刻,包括文武大臣像[图3]。只不过,文官是着袁氏祭孔的礼服,武官是着欧式的将军服。这是最后的标本。

明清以来的墓前石刻,向上追溯是唐宋的制度。唐代的墓前石刻,

---

〔1〕汉魏时期也叫望柱和华表,但宋以后分望柱、华表为两种,望柱是立于神道入口处,华表是立于碑亭旁。华表和望柱的不同是,它还加了横阑,两者都是从古代路标发展而来。

〔2〕"墓上树柏,路头石虎",是缘于"罔象畏虎与柏"的习俗,参看《封氏闻见记》卷六、《太平御览》卷九五四引《风俗通》佚文。石虎是起辟邪作用,类似狮子或天禄、辟邪,但地位较低。马、羊是普通家畜。它们的地位也比较低。唐代是以人、虎、马、羊为尊卑,宋以后是以人、羊、虎、马为尊卑,人都比其他三种为尊。

图1 明十三陵石翁仲　　　　　　　　　图2 清东陵石翁仲

图3 袁世凯墓石翁仲（罗泰摄）

特点是宣扬武功，并以表现骏马和蕃酋最突出，其用意与霍去病墓的马踏匈奴有类似之处。其帝陵，如昭陵前的石刻，主要是十四蕃酋像、"昭陵六骏"（浮雕）和一对石狮，它们都是表现唐帝国对天下四方的征服。这类表现对后来的帝陵有一定影响，但在唐陵中，更具代表性的作品是乾陵，因为从乾陵以后，唐陵的石刻，从种类到数量，才形成定制。乾陵的墓前石刻包括：石柱（1对）、翼马（1对）、鸵鸟（1对）、马（5对，其中3对有控马人）、仗剑武士像（10对）、石碑（1对）、蕃酋像（61尊），以及门前石狮（四门各1对）。〔案：东汉魏晋南北朝墓前的天禄、辟邪是其原型。〕它的石刻也有很多骏马和蕃酋像，这是唐代的特点。鸵鸟是西域动物，也是只有唐陵才有。狮子，虽然汉代就有，但它与汉代的狮子不同，带有吐蕃狮子的特点。这些都是为了突出异国情调，表现万邦来朝的大国气象（其他唐陵，或将鸵鸟换作獬豸）。当时的皇族墓，也有石柱、石人和石狮，人臣墓则以石人、石羊、石虎为主，三品以上有石人、石虎、石羊（各1对），五品以上有石人、石羊（各1对），六品以下无石刻。其翁仲，泰陵（唐玄宗的陵寝）以前，是作挂剑武士像，同于汉魏以来的翁仲；泰陵始分为文武官员像[图4]。[1]

宋代的墓前石刻，和唐代大体相似，但数量较少。其帝陵定制是，有石柱（1对）、石马（并控马人，1对）、石虎（1对）、石羊（1对）、文武官（2对）[图5]、宫人（1对）。但实际情况是，它还往往多出獬豸（1对）、大象（并驯象人，1对）和蕃臣，以及刻有瑞禽的石屏。人臣墓也是以石人、石羊、石虎（各1对）为主。与唐代的制度相比，其主要不同点是，石人分文、武官，没有鸵鸟，但多出大象。[2]

明清的制度和唐代有共同点，但更接近的还是宋代的制度。

---

〔1〕陈安利《唐十八陵》，中国青年出版社，2001年，74—82页。
〔2〕河南省文物考古研究所编《北宋皇陵》，中州古籍出版社，1997年。

图 4 唐陵石翁仲（张建林提供）

图 5 宋陵石翁仲

现在，我们关心的是，唐宋制度和明清制度，它们更早的来源是什么。

唐封演《封氏闻见记》卷六"羊虎"条说："秦汉以来帝王陵前有石麒麟、石辟邪、石象、石马之属，人臣墓则有石羊、石虎、石人、石柱之属，皆所以表饰坟垄如生前之仪卫耳。"他说的"秦汉以来"，只是模糊印象，其实更准确地说，是汉以来的制度。而且汉代的制度从什么时候开始，也还是一个值得讨论的问题。

现在讲墓前石刻的起源，学者多推测，它是来源于霍去病墓。

霍去病墓，在陕西兴平县汉武帝陵即茂陵的东侧，其墓前刻石包括：

（1）石马。有马踏匈奴和跃马、卧马。

（2）石人。有力士搏熊、残石人、残野人。

（3）其他。有幼象、伏虎、野猪、卧牛、卧羊、怪兽食羊，以及鱼、鳖和蟾蜍。

这些石刻都是单件，它的某些种类已开后世先河。如石人、石马，就是唐宋以来的基本种类。《史记·骠骑将军列传》索隐引姚氏说，谓霍去病墓"冢上有立石，前有石马相对，又有石人"（《汉书·霍去病传》颜师古注略同），就是强调这两种。此外，石虎、石羊，也是后世制度最常见的两种。石象，也见于汉光武帝陵（《水经注·阴沟水》）和宋以来的帝陵。但值得注意的是，西汉虽有神道（考古工作者多称为"司马道"，但古书只有"司马门"，没有"司马道"），然未有神道石刻。霍去病墓虽有石刻，然种类繁杂，位置散乱（其原来的位置已难以判断），形象与后来差距较大，似乎还没有形成两两相对，夹侍神道的制度。况且，在西汉时期，它还是孤例。

就目前的考古遗迹和文献记载看，真正的神道石刻，似乎是从东汉以来才形成制度。

东汉墓前的石刻群，很多都已从地面上消失，但它们在文献中还是留下了不少记载。如：

（1）汉汝阳彭氏墓（在今河南商水西北）。"谨按汝南汝阳彭氏墓，路头立一石人，在石兽后。"（《风俗通义·怪神》"石贤士神"条）

（2）汉桂阳太守赵越墓（在今河南新乡西）。"（获嘉县）城西有汉桂阳太守赵越墓，冢北有碑。越字彦善，县人也，累迁桂阳郡、五官将、尚书仆射，遭忧服阕，守河南尹，建宁中卒。碑东又有一碑，碑北有石柱、石牛、羊、虎，俱碎，沦毁莫记。"（《水经注·清水》）

（3）汉弘农太守张德墓（在今河南密县西北）。"（洧水）东南流，迳汉弘农太守张伯雅墓，垒石为垣，隅阿相降，列于绥水之滨。庚门，表二石阙，夹对石兽于阙下。冢前有石庙，列植三碑，碑云：德字伯雅，河南密人也。碑侧竖两石人，有数石柱及诸石兽矣。旧引绥水南入茔域，而为池沼。沼在丑地，皆蟾蜍吐水，石隍承溜。池之南又建石楼。石庙前又翼列诸兽。"（《水经注·洧水》）

（4）魏御史大夫袁涣家族墓（在今河南太康西北）。"（大扶城）城之东北，悉诸袁氏旧墓，碑宇倾低，羊虎碎折，惟司徒滂、蜀郡太守腾、博平令光碑字，所存惟此，自余殆不可寻。"（《水经注·阴沟水》）。〔案：滂为涣父。〕

（5）汉太尉曹嵩家族墓（在今安徽亳县南）。"（谯城）城南有曹嵩冢，冢北有碑，碑北有庙堂，余基尚存，柱础仍在。庙北有二石阙双峙，高一丈六尺，榱栌及柱，皆雕镂云矩，上罘罳已碎。阙北有圭碑，题云'汉故中常侍长乐太仆特进费亭侯曹君之碑'，延熹三年立。碑阴又刊诏策，二碑文同。夹碑东西，列对两石马，高八尺五寸，石作麤拙，不匹光武隧道所表象马也。有腾兄冢。冢东有碑，题云'汉故颍川太守曹君墓'，延熹九年卒，而不刊树碑岁月。坟北有元子炽冢，冢东有碑，题云'汉故长水校尉曹君之碑'，历太中大夫、司马、长史、侍中，迁长水，年三十九卒，熹平六年造。炽弟胤冢。冢东有碑，题云'汉谒者曹君之碑'，熹平六年立。"（《水经注·阴沟水》）

（6）汉睢阳县襄阳坞某君墓（在今河南商丘东北）。"汳水又东径梁国睢阳县故城北，而东历襄乡坞南，《续述征记》曰'西去夏侯坞二十里'，东一里即襄乡浮图也。汳水径其南，汉熹平中某君所立，死因葬之，其弟刻石树碑，以旌厥德。隧前有狮子、天鹿，累砖作百达柱八所。荒芜颓毁，凋落略尽矣。"（《水经注·汳水》）

（7）汉太尉桥玄墓（在今河南商丘县北）。"（睢阳）城北五六里，便得汉太尉桥玄墓，冢东有庙，即曹氏孟德亲酹处。……冢列数碑，一是汉朝群儒，英才哲士，感桥氏德行之美，乃共刊石立碑，以示后世。一碑是故吏司徒博陵崔烈、廷尉河南吴整等，以为至德在己，扬之由人，苟不皦述，夫何考焉？乃共勒嘉石，昭明芳烈。一碑是陇西抱罕次陌砀守长鹭为左尉汉阳獂道赵冯孝高，以桥公尝牧凉州，感三纲之义，慕将顺之节，以为公之勋美，宜宣旧邦，乃树碑颂，以昭令德。光和七年，主记掾李友字仲僚作碑文。碑阴有《右鼎文》，建宁三年拜司空。又有《中鼎文》，建宁四年拜司徒。又有《左鼎文》，光和元年拜太尉。……庙南列二石柱，柱东有二石羊，羊北有二石虎，庙前东北有二石驼，驼西北有二石马，皆高大，亦不甚凋毁。"（《水经注·睢水》）[1]

（8）汉刘表部将蔡瑁墓（在今湖北襄阳东南）。"沔水西又有孝子墓。……其南有蔡瑁冢，冢前刻石为大（天）鹿，状甚大，头高九尺，制作甚工。"（《水经注·沔水》)

（9）"文将军"墓（在今湖北谷城县西北）。"粉水至筑阳县西而下注于沔水，谓之粉水口。粉水旁有文将军冢，墓隧前有石虎、石柱，甚修丽。……"（《水经注·粉水》）

（10）汉安邑长尹俭墓（在今河南鲁山县东南）："彭水径其西北，汉

---

[1]《水经注·汳水》："（睢阳）城南二里，有《汉太傅掾桥载墓碑》。载字元宾，梁国睢阳人也，熹平五年立。城东百步有石室，刊云'汉鸿胪桥仁祠'，城北五里，有石虎、石柱而无碑志，不知何时建也。"所述"石虎、石柱"，可能也是桥氏家族的墓地。

安邑长尹俭墓东。冢西有石庙，庙前有两石阙，阙东有碑，阙南有二狮子相对，南有石碣二枚，石柱西南有两石羊。中平四年立。"（《水经注·滍水》、又《后汉书·灵帝记》李贤注有类似记载）

（11）汉中常侍州苞（州辅）墓（在今河南宝丰）："（滍水）水南有汉中常侍、长乐太仆吉成侯州苞冢，冢前有碑，基（墓）西枕冈城，开四门，门有两石兽，坟倾墓毁，碑兽沦移。人有掘出一兽，犹全不破，甚高壮，头去地减一丈许，作制甚工，左膊上刻作辟邪字。门表堑上起石桥，历时不毁。其碑云：六帝四后，是谘是諏，盖仕自安帝，没于桓后。"（《水经注·滍水》）[1]

（12）汉汝南太守宗资墓（在今河南南阳）。"今邓州南阳县北有宗资碑，旁有两石兽，镌其膊，一曰天禄，一曰辟邪。"（《后汉书·灵帝纪》李贤注）[2]

从上述记载，我们可以了解到一些基本情况：

第一，这种制度似乎是从汉光武帝起，才形成制度，如上第五条提到，汉光武帝墓，其墓前石刻已包括石象、石马等物。

第二，上述石刻是以东汉晚期即汉灵、献帝之际到三国时期的大臣墓为主，主要种类包括石柱、石人、石兽和石碑，石兽又包括石虎、石马、石羊，以及守阙的天禄、辟邪或石狮。赵越墓并有石牛，桥玄墓并有石驼。

第三，其墓前排列，一般是墓前有碑，碑前有庙，庙前有阙，阙前有圭碑和神道，神道两侧列石柱、石兽、石人（从前到后排列），这是后世制度所本。

---

[1] 此墓的天禄、辟邪，见欧阳修《集古录跋尾》卷三、沈括《梦溪笔谈》卷二一、赵明诚《金石录》卷一五等书著录。

[2] 此墓的天禄、辟邪，亦见欧阳修《集古录跋尾》卷三、沈括《梦溪笔谈》卷二一、赵明诚《金石录》卷一五等书著录。其实物犹存，原在河南南阳市北郊尚庄村东南（见国家文物局编《中国文物地图集》河南分册，中国地图出版社，1991年，529页），现存南阳汉画馆。

第四，其等级之分，我们还不太清楚，有待进一步研究。如果按后世制度推论，有没有天禄、辟邪或石狮，可能是较高的待遇；石虎、石马、石羊，则是比较一般的待遇。但这里上至公卿、郡守，下至县令长，好像都可使用这些种类，当时还没有形成后世制度的那种区别。

第五，其分布主要集中在今河南地区（洛阳、鲁山、南阳、商丘、太康、商水），以及与河南临近的河北（柏乡）、湖北（襄阳、谷城）、安徽（亳县）等地。〔案：从下面的出土发现看，其分布范围还应包括今山东济宁和枣庄地区，以及其他地区，河南只是中心地区。〕

另外，值得注意的是，汉代的石翁仲，除"表饰坟垄如生前之仪卫"，有些也用于坛庙类的建筑。如：

（1）汉广野君郦食其庙（在今河南偃师西）。"阳渠水又东流，径汉广野君郦食其庙南，庙在北山上，成公绥所谓偃师西山也。山上旧基尚存，庙宇东面，门有两石人对倚。北石人胸前铭云：'门亭长。'石人西有二石阙，虽经颓毁，犹高丈余。阙西即庙故基也。基前有碑，文字剥缺，不可复识。子安仰澄芬于万古，赞清徽于庙像，文存厥集矣。"（《水经注·谷水》）

（2）汉光武帝鄗南千秋亭五成陌坛场（在今河北柏乡县）。"亭有石坛，坛有圭头碑，其阴常山相陇西狄道冯龙所造。坛之东，枕道有两石翁仲，南北相对焉。"（《后汉书·光武纪》"光武于是命有司设坛场于鄗南千秋亭五成陌"，李贤注引《水经注》佚文。案：此条应在《水经注·浊漳水》内。）[1]

---

[1] 除上各条，还有许多材料可附录于后。如：（1）容城县石虎山石虎（《水经注·易水》）；（2）代城北石人（《水经注·㶟水》引《魏土地记》）；（3）泰山庙石虎（《水经注·汶水》引《从征记》）；（4）湖阳隆山石虎（《水经注·比水》）；（5）郴县"义帝冢"石虎；（6）庐山三宫石羊马（《太平御览》卷一七三引《郡国志》）；（7）终南山张丞相墓石马（《西京杂记》卷五"哀王冢"）；（8）"哀王冢"墓中石人（《西京杂记》卷六）。

图 6　中岳庙前石翁仲　　　　　　　　　　　图 7　麃君墓前石翁仲

研究早期的石刻翁仲，与文献记载可以相互印证，有以下遗物：

（一）成对的汉魏石翁仲（下面是按年代先后粗作排列）。

（1）河南登封嵩山中岳庙前的石翁仲 [图6]。[1]

1对。在河南登封嵩山中岳庙前，原暴露于野，现建亭保护之，高约2米，风化严重，头部大，顶平，双手拄剑，身体下部埋在土中。其年代难以确定，学者从周围的人文环境考虑，估计应与中岳汉三阙的年代相近。[2] 中岳汉三阙，太室阙有延光四年（125年）刻款，记此阙作于元初五年（118年）〔案：这对石翁仲是立于中岳庙前，庙是历代重修，但位置可能没有太大变化。其性质可能同于上郦食其庙门外的石翁仲，不是墓前

---

〔1〕史岩《中国雕塑史图录》（一），上海人民美术出版社，1983年，200页：图二三四。
〔2〕吕品《汉中岳庙三阙》，文物出版社，1990年。

图8　鲁王墓前石翁仲（罗泰摄）

翁仲。其形式是作双手拄剑状，乃武装侍卫形象，当时尚无文臣、武臣之分。这是汉魏翁仲的特点〕。

（2）东汉乐安太守麃君墓前的石翁仲［图7］。[1]

1对。原在山东曲阜西南五里的一座汉墓前，清乾隆五十九年（1794年）被阮元移置曲阜西侧瞿相圃内，1953年又移置孔庙圣时门院内，建亭保护之。左石人高约2.54米，双手在胸前，铭"汉故乐安太守麃君亭长"；右石人高约2.2米，铭"府君之卒"，双手侧夋杖类器物。元杨奂《东游记》已著录，据铭文定为汉乐安太守麃君墓前之物，学者更推定墓主入葬约在本初五年（146年）后不久〔案：这是墓前翁仲。左石人以"亭长"

---

[1] 傅天仇主编《中国美术全集》雕塑编2，人民美术出版社，1985年，100页：图版九七。又可参看宫衍兴《济宁全汉碑》，齐鲁书社，1990年，33页，又图版二八至三十。

名，例同上郦食其庙石人。汉代除称乡亭之长为"亭长"，亦称太守衙署的门亭之长为"亭长"，此"汉故乐安太守麃君亭长"是太守门亭之长。右石人，汉人以"府君"称太守，此"府君之卒"也是指太守的守门之卒〕。[1]

（3）东汉鲁王墓前的石翁仲 [图8]。[2]

1对。现存山东济南石刻艺术博物馆内，高约2米，一件作袖手状，类似麃君墓带长铭的石人，一件侧拄殳杖类器物（姿势相同），类似麃君墓带短铭的石人〔案：这也是墓前翁仲，其出土地点与麃君墓相近，形式亦相似〕。

（4）北魏景陵前的石翁仲。[3]

1991年，中国社会科学院考古研究所洛阳汉魏城队和洛阳古墓博物馆发掘北魏宣武帝（500—515年）景陵。发掘结束，整修陵墓时，在墓冢南约10米处墓道延长线的西侧，发现俯卧于地的石刻武士像一躯，头部残失，颈部以下基本完好，残高（连座）2.89米，身穿广袖长袍，双手拄剑，形象同下静陵前方发现者。从遗迹看，其倒伏处即是当初放置的位置〔案：这也是墓前翁仲，作双手拄剑，是袭汉代翁仲〕。

（5）北魏静陵前的石翁仲 [图9]。[4]

1976年，洛阳市郊区邙山公社上砦大队在村南北魏孝庄帝（528—529年）静陵大冢前挖出石人一躯，身高3.14米，底部有榫，估计原来是插在石座上，同出还有一石人头，与此像头部相同，可见原来是两件。石人在冢南12米，推测是静陵前方神道两侧的翁仲〔案：这也是墓前翁仲〕。

---

[1] 杨宽《中国古代陵寝制度史研究》，上海古籍出版社，1985年，93页。
[2] 吕常凌《山东文物精粹》，山东友谊出版社，1996年，189页；图174。
[3] 中国社会科学院考古研究所洛阳汉魏城队、洛阳古墓博物馆《北魏宣武帝景陵发掘报告》，《考古》1994年9期，801–814页（图像见804页，图四）。
[4] 黄明兰《洛阳北魏景陵位置的确定和静陵位置的推测》，《文物》1978年7期，36–41页，正文至39页转22页（图像见41页，图六、七、八）。

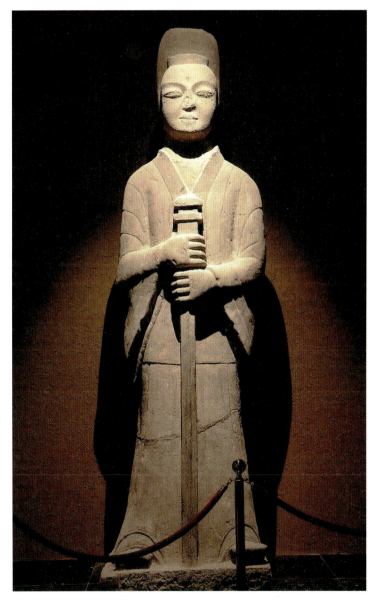

图 9 北魏静陵石翁仲（洛阳博物馆藏）

（二）其他可能与翁仲有关的石人。

（1）山东邹县（现为邹城市）匡庄发现的石人。[1]

一件，1954年在邹县城东20里的匡庄东头发现，收藏不详。石人高1.2米，用砂岩雕刻，造型粗犷。头上似有冠帻包裹；上身，双手合抱于腰际；下身，与上身断折，不刻双腿。像前有一带孔可插树杆柱的石座。发现地点距所谓"匡衡墓"（据说是一座画像石墓）约半里。这件石人，消息发布者推测是汉代的作品。

（2）山东邹县（现为邹城市）西关发现的石人[图10]。[2]

一件，1972年山东邹县文物管理局在城关镇西关居委会院内征集，现藏山东邹城市南关孟子庙内。石人高1.48米，用灰白色砂岩雕刻，造型粗犷。头上似无冠帻，眉骨突出，眼窝内凹，鼻梁细直而隆起，面部形象和山东石刻艺术博物馆藏胡庲像（原在山东青州市）有几分相似；上身，双手持一棍状物，不能确指为何物；下身，浑然一体，不刻双腿，原来可能是插入土内，故四面削刻如楔状。这件石人，消息发布者推测是东汉中晚期的作品。

（3）山东枣庄市藤楼、小石楼和张古堆发现的石人。[3]

五件。大约70年代末80年代初，山东枣庄市文物管理委员会在该市南部发现过一批"石人"，分别编号为ZS1—ZS7。这七件"石人"，其中ZS3、ZS4是发现于台儿庄区泥沟公社藤楼村，不是圆雕，而是阴刻，与其他五件明显不同，和我们的讨论没有直接关系。[4] 其他5件，ZS1、ZS2是发现于台儿庄区涧头公社桥上村，前者残高0.85米，后者残高0.6

---

[1] 王思礼《山东邹县城东匡庄的古代石人》，《文物参考资料》1956年10期，49页。
[2] 夏广泰、郑建芳《邹城瑰宝》，山东友谊出版社，1996年，53—54页；郑建芳《邹城发现汉代石雕人像》，《文物》2000年7期，84页。
[3] 李锦山《枣庄市近年发现的一批古代石人》，《文物》1983年5期，42—44页。
[4] 前者可能是早期的佛教画像。后者与一般所见石刻翁仲不同，简报称"裸身无饰，头顶刻六道阴线直发，头大身小，双臂交于胸前，拄剑而立，两足外撇"，但从照片看，此像并非"裸身无饰"，而是身穿交襟之衣，是否"拄剑而立，两足外撇"，从照片也看不清楚。

图 10 山东邹城西关石人

米,估计原来应有1米多高,与下面几件高度相近,石质呈暗红色,形制相似,皆作穿戴甲胄的武士像,甲胄胸部有圆形装饰,因为缺失下身,不知是否挂剑;ZS5是发现于峄山区吴林公社小石楼村,高0.95米,系青石圆雕,身着甲胄,挂剑而立;ZS6、ZS7是发现于峄山区棠阴公社张古堆村,前者高1.1米,后者高1.2米,也是青石圆雕,身着甲胄,挂剑而立。这5件石人,消息发布者推测,ZS1、ZS2和ZS6、ZS7年代不晚于东汉,ZS5是魏晋时期的作品。

(4)山东兖州金口坝发现的石人 [图11]。[1]

图11 山东兖州金口坝石人

1件。1993年,山东兖州城东泗河金口坝段水枯,当地群众于河床挖沙,先后发现石人三躯。其中两躯形制相同,出土时头部残损,作跪跽状,尺寸不详,背部刻有相同的铭文,分别编号为S2、S3;另一躯无铭文,与前者明显不同,编号为S5。此外,清咸丰年间,当地还出土过一躯与S2、S3铭文相同的石人,50年代亡佚,尚有拓片传世,简报编号为S1。S1、S2、S3的背铭是记北魏宣武帝延昌三年(514年)兖州刺史元匡疏浚洙水事,其中提到"书于四石人背",简报未提S4,疑即可能仍深埋河底的第四件石人。这四件石人都是镇水石人。S5,残高约1.35米,双手挂剑,与上中岳庙前及景陵、静陵前翁仲相似。它与S1—S4明显不同,不知是否为镇水石人,也有可能是神道翁仲或坛庙翁仲。这件石人头戴尖帽,与

---

[1] 樊英民《山东兖州金口坝出土南北朝石人》,《文物》1995年9期,48—49页。

图12　北京丰台永定河石人

山东青州出土的石人相同,[1]似乎是借胡人武士为守卫。[2]消息报告者把这三躯石人都称为"南北朝石人",前者是北魏石人,可以这样讲,但后者没有对比,只能笼统说,可能是东汉到南北朝的石人。

(5) 北京丰台永定河发现的石人[图12]。[3]

一件。出土于北京丰台县永定河河床内,现存北京石刻艺术博物馆,是用青石雕刻,头戴网状帻,身穿交领宽袖长袍,双手拱于胸前。消息报告者把它定为东汉石人。此件是镇水石人还是神道翁仲、坛庙翁仲,也值得研究。

东汉以后,魏晋时期,陵寝制度一度被破坏,恢复是在南北朝时期。北朝翁仲已见上述。南朝石刻,主要是宋、齐、梁、陈的遗物。但南朝石刻,特点是墓前有碑(一对)、碑前有柱(一对,带神道碑),柱前有天禄、辟邪(一对),没有翁仲,也没有其他种类的墓前石刻。

这是我们对石翁仲的基本印象。

---

[1] 参看郑岩《汉代艺术中的胡人图像》,中山大学艺术学研究中心编《艺术史研究》第一辑,中山大学出版社,1999年,133–150页。案:据郑文,此石人是1980年出土于山东青州市瀑水涧一条古河道边,高3.05米,现存山东省石刻艺术博物馆,从出土地点看,它也许是镇水石人;从帽子和腰带的花纹看(有东汉流行的菱形穿钱纹),应是东汉石人,并且近年来,在山东淄博也出土过形象相似的石人。又邢义田《古代中国及欧亚文献、图像与考古资料中的"胡人"外貌》(《台湾大学美术史研究集刊》第九期,台湾大学艺术系,2000年9月,15–100页)也讨论到这件石人。

[2] 上引郑岩文讨论过汉画像石中的胡奴守门形象。案:古代战争,常以俘虏为奴,看门养马。如西周金文即有以夷人任守门之职,汉金日磾最初是为武帝养马。此翁仲作胡装胡貌,不仅与早期的匈奴翁仲和始皇翁仲符合,而且可能包含这类寓意。

[3] 《北京市文物精粹大系》编委会《北京市文物精粹大系》石雕卷,北京出版社,2000年,图版5、6。

三、神道翁仲的起源，兼论汉代宫室的雕刻和绘画

秦汉魏晋南北朝的铜翁仲，从文献记载看，应是胡装胡相的翁仲，本来的含义是借夷狄为守卫。但东汉魏晋南北朝的石翁仲，一般都是作挂剑武士像，除个别例外，完全被中国化。这种形象也沿用于唐代。唐泰陵始分文、武臣，形成后世的形象。这个发展脉络已经比较清楚。

最后，我想做一点总结，试对神道翁仲的起源，提出两点看法。

第一，上文已经谈过，中国古代的墓前石刻，包括翁仲在内，其实是到东汉才形成种类、组合比较固定，布局、排列比较规范的制度。这种制度后来虽有变化，但基本上是一个连续的传统，从东汉到清代，一直延续下来。它的源头，如果单就墓葬本身看，我们比较容易猜想，它是从霍去病墓发展而来。但是，上述材料证明，铜翁仲的出现比石翁仲早，不仅可以上溯到西汉，而且可以延伸到秦代。它说明霍去病墓的石刻虽然可能对后来的墓前石刻有某些影响，但它只是孤例，和当时的墓葬制度并无衔接。可见，它并不是东汉翁仲的直接源头。

第二，中国的神道翁仲，它的源头，我们认为，是作为宫殿装饰物的翁仲，即第一节介绍的铜翁仲。它们是从帝王日常生活的宫室移用于他们死后安息的墓葬（即使明清故宫，其殿宇内外的雕刻也仍然是以铜铸为主）。这种移用不是孤立的，而是成套成组的，不仅翁仲是来源于宫室，其他墓前石刻也往往如此（即使是明清帝陵，其墓前雕刻也仍然是以石刻为主）。它们是中国建筑艺术中之纪念性（monumentality）的真正体现。这些建筑，因属土木结构，多毁于兵燹水火，早就彼黍离离，湮没在庄稼地里，在地面上什么也看不到。但我们读《史记》《汉书》《后汉书》《三国志》，还有《三辅黄图》《水经注》等书，犹可想见其辉煌。

从古书的记载看，秦汉时期的宫室建筑，和世界其他文明的纪念性建筑（monument）一样，也是雄伟而高大，并且有很多雕塑、绘画作装饰（实物肯定比记载还多）。如：

（1）铜翁仲。秦阿房宫有铜翁仲十二，汉移长乐宫，是以异族神像作承托钟鐻的巨人，类似西方建筑上的阿特拉斯柱（Atlas）。又汉甘泉宫有休屠金人，亦翁仲类神像。东汉、魏晋、南北朝均有仿制，说详上文，这里不再重复。这些作品都是巨型雕刻，所以魏明帝想把长乐宫劫后余存的两枚铜人搬走，没有成功，只好留在霸城。

（2）金马。汉高祖作未央宫（汉高祖八年，即前199年），其北门曰金马门，为待诏宦者署（即宦者令丞办公的地方）。汉代的待诏之臣有一种是由宦者令丞管，当时有所谓"待诏金马门"。如东方朔喝醉酒，在殿上小遗，犯不敬之罪，贬为庶人，待诏金马门。他说古人是避世深山，他是"避世金马门"（《史记·滑稽列传》、《汉书·东方朔传》、《三辅黄图》卷三《未央宫》），就是指这个地方。金马门，原名鲁班门，"武帝得大宛马，以铜铸像，立于署门，因以为名"（《三辅黄图》卷三《未央宫》）。可见金马是仿大宛马而作。大宛马，也省称"宛马"，出大宛贰师城，即今吉尔吉斯斯坦的Ura-tepe，乃西域良马。东汉马援"好骑，善别名马，于交阯得骆越铜鼓，乃铸为马式，还上之"，奏表引汉武故事，谓"孝武帝时，善相马者东门京铸作铜马法献之，有诏立马于鲁班门外，则更名鲁班门曰金马门"（《后汉书·马援传》）。武帝金马，西汉以后还在长安。汉明帝永平五年（62年），"至长安迎取飞廉并铜马，置上西门外，名平乐馆。董卓悉销以为钱"（《汉书·武帝纪》应劭注。《三辅黄图》卷五《观》作"平乐观"），先是搬到洛阳，后被董卓销毁。此马搬到洛阳后，是放在洛阳城的西北门外。马援金马，"高三尺五寸，围四尺五寸，有诏立于宣德殿下，以为名马式焉"（《后汉书·马援传》）。宣德殿在洛阳南宫的西北（据《永乐大典》卷九五六一引《元河南志》载后汉宫城图），与武帝金马方位相似，但一在城外，一在宫内，不在一处。后者是因袭故事，造型当与前者相似。我们怀疑，武帝金马可能体积和重量不大，否则不容易搬走。另外，除去这两件金马，汉魏洛阳城南宫东面的宫殿群也有金马门和铜马殿（据《永乐大典》卷九五六一引《元河南志》载后汉宫城图），可见金马在当时是一种很重要的装饰。

（3）天禄像。汉未央宫有天禄阁，传萧何造（《三辅黄图》卷六《阁》引《汉宫殿疏》），是西汉皇家收藏典籍、储备人才的地方，扬雄、刘向、刘歆曾校书其中（《汉书·扬雄传》、《三辅黄图》卷六《阁》、《隋书·经籍志》）。汉人所说"天禄""辟邪"，多指带翼的狮子，并常常与麒麟混称。疑天禄阁亦图绘天禄于内（或立其像于外），同麒麟阁。

（4）麒麟像和功臣图。汉未央宫有麒麟阁，亦传萧何造（《三辅黄图》卷六《阁》引《庙记》），但《汉书·苏武传》"甘露三年（前51年），单于始入朝。上思股肱之美，乃图画其人于麒麟阁"（所绘功臣像为霍光、苏武等十一人），张晏注说"武帝获麟时作此阁，图画其像于阁，遂以为名"。又未央宫有麒麟殿，建于文帝之后（《汉书·翼奉传》和《佞幸传》），可能也有类似装饰。

（5）苍龙、白虎、朱雀、玄武像。汉未央宫有苍龙、白虎、朱雀、玄武四阙，其遗址多四灵纹瓦当出土。又有白虎殿（《汉书·杜周传》等），在未央前殿之西；朱鸟堂（《汉书·王莽传中》、《三辅黄图》卷二《汉宫》、《太平寰宇记》卷二五引汉辛氏《三秦记》），在未央前殿之南，或有造像、图画，所谓"天之四灵，以正四方，王者制宫阙殿阁取法焉"（《三辅黄图》卷三《未央宫》）。又汉魏洛阳城的南、北二宫也有苍龙、白虎、朱雀、玄武四阙（《水经注·谷水》引《洛阳故宫名》），并有白虎殿（《后汉书·孝明八王传》《魏书·赵逸传》）和白虎观（《后汉书·章帝纪》），亦两京宫观沿袭之迹。

（6）金凤（或铜凤凰，或铜雀）。汉武帝作建章宫（太初元年，即前104年），在未央宫西，长安城外，比前者更高大。其东阙叫"凤阙"，"上有金凤，高丈余"；北阙叫"别凤阙"（或"别风阙"，或"折风阙"，或"圆阙"），阙顶若"两碣之相望"，高五十丈（或说二十五丈，或说七丈五尺），上有铜凤凰一对，也叫"双铜雀"；又有玉堂殿，"铸铜凤高五尺，饰黄金，栖屋上，下有转枢，向风若翔"，类似后世相风乌或西人所用风向标。这三组金凤，以北阙上的一对最大，西汉灭亡后，繁钦等人曾往凭吊，东西还在，最后是被赤眉破坏（《三辅黄图》卷二《汉宫》）。[1]又未央宫有凤凰殿，疑有类似装饰。[2]这类装饰对汉魏洛阳城有一定影响，如：其南宫东面的宫殿群有黄龙、凤凰二殿（《永乐大典》卷九五六一引《元河南志》载后汉宫城图），又魏明帝于洛阳司马门外除立铜翁仲二，又立铜黄龙、凤凰各一（《三国志·魏书·明帝纪》）。〔案：汉魏洛阳城，其南北宫皆有司马门，或一立翁仲，一立龙凤。〕汉建安十五年（210年），曹操于邺城筑铜雀台，所谓"铜雀"可能也是凤凰。

（7）巨象、大雀、狮子、宛马像。汉建章宫旁有奇华殿，"四海夷狄器服珍宝，火浣布、切玉刀、巨象、大雀、师子、宫（宛）马，充塞其中"（《三辅黄图》卷三《建章宫》），类似后世博物馆。其所谓"巨象、大雀（驼鸟）、师子（狮子）、宫（宛）马（大宛马）"，恐非活物，疑是艺术品或标本。又《史记·封禅书》说建章宫有"玉堂、璧门、大鸟之属"，"大鸟"也是指鸵鸟类的雕刻或绘画。

（8）承露仙人掌（或仙人承露盘）。汉建章宫有神明台，"武帝造，祭仙人处，上有承露盘，有铜仙人，舒掌捧铜盘玉杯，以承云表之露"

---

[1]《三辅黄图》所记建章宫，是杂据《三辅旧事》《庙记》、繁钦《建章凤阙赋》、魏文帝《古歌》、《关辅古语》等书，彼此不尽一致。其布局似乎是：其正门（南门）曰阊阖门（或璧门），门内东有凤阙，西有神明台，北有别凤阙、嶕峣阙和井干楼（或井干台），南有建章宫前殿，前殿西为承中殿，南为玉堂殿。案：《艺文类聚》卷六二引繁钦《建章凤阙赋》还提到"华钟金兽，列在南庭"，也是雕刻类作品。

[2]汉宫以禽鸟名殿，还有未央宫鸳鸯殿和右扶风属玉观，见《三辅黄图》卷三《未央宫》、卷五《观》。

(《三辅黄图》卷三《建章宫》引《庙记》）。这组雕刻非常巨大，"高三十丈，大七围，以铜为之"（《史记·孝武本纪》索隐引《三辅故事》），是高达70米的巨型雕刻，魏文帝想把它搬到洛阳，没有成功，"盘折，声闻数十里"（《三国志·魏书·明帝纪》裴松之注引习凿齿《汉晋春秋》佚文）。又汉甘泉宫有通天台（亦名"候神台"或"望仙台"），"上有承露盘。仙人掌擎玉杯，以承云表之露"（《三辅黄图》卷五《台榭》），是类似雕刻。〔案：北海琼华岛山北有乾隆所作承露仙人盘。〕

（9）画堂。汉北宫太子宫有甲观画堂，"画堂，谓宫殿中彩画之堂"（《三辅黄图》卷二《汉宫》、卷三《北宫》、《太平寰宇记》卷二五引汉辛氏《三秦记》）。

（10）休屠王阏氏像。武帝于甘泉宫图绘休屠王阏氏像（《汉书·金日磾传》）。

（11）牵牛、织女像。汉武帝作昆明池（元狩三年，即前120年），在长安城西南（今陕西长安县内），"池中有二石人。立牵牛、织女于池之东西，以象天河"（《三辅黄图》卷四《池沼》引《关辅古语》），后人立祠祭之，曰"石父、石婆神祠"（《三辅黄图》卷四《池沼》）。这两尊石像就是靠这种祭祀活动保留下来，现藏陕西历史博物馆。

（12）石鲸、石鳖。汉武帝昆明池，"池中有豫章台及石鲸，刻石为鲸鱼，长三丈，每至雷雨，常鸣吼，鬣尾皆动"（《三辅黄图》卷四《池沼》引《三辅故事》）。又汉建章宫北有仿北海而挖的太液池，中有渐台，高二十余丈。池中有瀛洲、蓬莱、方丈三山，以及鱼鳖一类石刻。其中石鲸，长三丈（或二丈）；石鳖，长六尺（《汉书·郊祀志》、《三辅黄图》卷四《池沼》）。1973年西安市高低堡子村出土的石鱼（长4.9米，径1米），可能是其遗物。

（13）铜飞廉。汉武帝作飞廉观（元封二年，即前109年），在上林苑中（《史记·孝武本纪》），"武帝命以铜铸置观上，因以为名"（《三辅黄图》卷五《观》)。此飞廉可能重量较小。汉明帝永平五年,迎取长安飞廉、铜马,放在洛阳上西门外平乐馆,后被董卓销毁,已见上述。飞廉也是东汉洛阳城的装饰物。

(14) 铜驼。魏洛阳城南、北宫之间有铜驼街,其得名是因为在这条街道和南北宫通道的交会处有两件铜驼,"东西相对,高九尺"(《初学记》卷八引《洛阳记》,又《太平御览》卷一五八、《太平寰宇记》卷三引陆机《洛阳记》)。它们是魏明帝景初元年从长安搬来(《三国志·魏书·明帝纪》裴松之注引《魏略》佚文,同时要搬的还有钟虡、铜人和承露盘,因为太大太重,没有成功),可见西京原有铜驼,惟不知所在耳。

(15) 铜柱。汉武帝作柏梁台(元鼎二年,即前115年),在未央宫北门内,"高数十丈",台上有殿,并有铜柱(《史记》的《孝武本纪》和《平准书》)。

上述各物,西汉之后,命运不一。汉明帝和魏明帝两次想把它们搬走,搬走的都是小东西。前者所徙为飞廉、铜马,后者所徙为铜驼,皆可于洛阳城内指认其位置。凡不能搬走者,如钟虡、铜人、承露盘和铜凤,都是比较大的东西。它们或毁于战乱(如赤眉毁铜凤,董卓毁铜人),或弃于途中(如留在霸城的金人)。东汉灭亡,也有类似搬迁。两汉之后,长安故物散亡殆尽,但其基本设计却长驻人心(这是"纪念性"的原始含义),影响不仅及于宫室,也及于陵墓,流泽被于后世,即使晚至明清,也留下了它们的痕迹。我们归纳其种类,似不难发现,中国古代墓前石刻的品种,差不多都已包含在这十五类艺术品当中,严格讲,所缺者惟羊(因为四灵中有白虎)。另外值得注意的是,这些艺术品,凡入选墓前石刻,要么是带有异国情调,令人陌生和比较神秘的东西;要么是司空见惯,非常普通的东西。如翁仲、天禄、辟邪、西域良马、大象、狮子、鸵鸟、骆驼,就是属于前者,而马、羊、虎则属于后者(虎是中国极常见的动物,马、羊乃家畜)。前者构成葬仪的较高等级,后者构成葬仪的较低等级。我们熟悉的龙、凤、麒麟和四灵，位虽尊显，反而不能入围。

为什么在中国古代的神道石刻中，更有中国特色的龙、凤、麒麟和四灵被排除在外，这是一个值得思考的问题。

补记：

（1）关于义渠戎的性质，学者多有争论，可参看余太山《古族新考》（中华书局，2000年）125—134页。案：古代部族，大族多为混称（以一族为主包含很多小族），如胡、戎、匈奴、蒙古者皆是。汉人视义渠为匈奴，盖义渠旧地后来多为匈奴所据，人民亦融入其中，风俗相近耳。

（2）出土石人，还有作裸体状，如1985年河北石家庄市西北郊小安舍村出土一对男女石像。见河北省石家庄市文保所《石家庄发现汉代石雕裸体人像》，《文物》1988年5期，91—92页。发表者认为"可能是汉墓前的遗物"（出土地点距西汉南越王赵佗先人墓仅3公里）。

（3）出土石人，除80页注〔2〕所说的那些种类，还有一种是镇墓石人。如1999年7月山东烟台市牟平区发现一座汉代墓葬，在墓葬东南6—10米处出土三件石人，身上均刻镇墓文，并有东汉桓帝建和元年（147年）的纪年。参看：张凌波《牟平出土刻镇墓文石人》，《中国文物报》2000年3月19日第一版。

2002年2月5日写于北京蓝旗营寓所

补充资料

石家庄小安舍村汉代镇水翁仲

石家庄小安舍村汉代镇水翁仲

华阴西岳庙汉代翁仲

临淄古城镇汉代水翁仲

读《丝绸之路草原石人研究》[1]
——兼谈欧洲石人

我买这本书，算来也有五六年了，翻来覆去看过好几回，印象总不深。1999年夏，我去新疆访古，到过阿勒泰地区，对当地的鹿石和石人，石棺墓和石堆墓，还有当地的地理环境，终于有了一点切实感受。那种车行千里，漫无人烟的戈壁荒凉，"一川碎石大如斗"，溪流宛转，忽见碧野蓝天，遍地牛羊埋头吃草的景象，真让我毕生难忘。及返乌鲁木齐，又见繁华，对比很强烈。我觉得很有必要重读此书，再次感受欧亚草原对历史的重要。最初，我的想法很实用，就是想和汉族地区的翁仲做点比较，看看两者是不是有什么关系。这和专门写书评不太一样。我不认识作者，也没受出版社委托，更非专家内行，一切感想都是即兴而发。我在《入山与出塞》一文谈两者的比较，议论非常肤浅。后来作《翁仲考》，还想说这个话题，但最后放弃了。因为我对这方面的资料很不熟悉，感觉还是分开讲，借人家的研究，写自己的感想，也许更好。这篇笔记，明确结论很少，提出问题很多，完全是普通读者，想到哪里是哪里，知道多少讲多少，态度非常业余。我希望这些门外谈，对专业研究也有一点帮助，至少是把各种可能性，尽量考虑一下吧。

---

[1] 王博、齐小山《丝绸之路草原石人研究》，新疆人民出版社，1995年。

一

研究中国古代的石刻艺术，过去是以佛道造像，特别是佛教造像为主。这些造像，往往开凿于山崖，形体巨大，规模宏伟，给大家留下深刻印象。研究中国艺术史，谈石刻，大家总是以这类材料为主。但认真讲，这只是中国石刻艺术的一个方面。其实比它更早，还有一个很大的传统，是中国的墓前石刻。一般印象，这些前佛教时期就有的东西，它们都是本土艺术，和其他文化没关系。我觉得这个问题仍有商讨的必要。因为事实上，中国艺术大量使用石材，这件事来得太突然，新石器时代和商代、西周，几乎没有什么发现，建筑上不用，零散的作品也少；春秋、战国和秦代开始有一点，但主要是秦石鼓、秦刻石，还有中山国的守丘刻石；[1] 石刻的大量出现，还是到西汉，特别是东汉。[2] 西汉，自武帝以来，开始流行石室墓和石椁墓（霸陵的"因山为藏"是其先声），出现石祠、石阙和画像石，以及墓前雕刻（如霍去病墓），东汉以来更出现制度完善的神道石刻，包括石柱、石兽、石人、石阙、石碑，等等。其早期发现，主要是在陕西。东汉以来，以洛阳为中心，这类发现更遍布各地（如山东、江苏、陕北、晋西、豫南、鄂北、四川、云南）。[3] 这些都使我们不能不考虑，它们的突然出现，很可能是受了外来影响。因为中国最早的石刻是出在秦地，而秦多戎胡，又当西域往来的东端；汉承秦制，最初也是以这一地区为核心；还有，汉武帝伐匈奴，同样是继承秦始皇；中国的墓前石刻首先是出在汉征匈奴的大将霍去病墓前。当时，不光是石刻，或一点两

---

[1] 李零《秦汉礼仪中的宗教》，收入《中国方术续考》，东方出版社，2001年，131—186页。
[2] 参看林梅村《古道西风》，三联书店，2000年，第二编《秦汉大型石雕艺术源流考》。
[3] 参看信立祥先生关于汉画像石分布情况的讨论，见所著《汉代画像石综合研究》，文物出版社，2000年，13—21页。作者所论虽为画像石，但可以大致反映其他石刻的分布。

读《丝绸之路草原石人研究》　107

点，有些偶然的发现，其实，从整个文化的气氛，我们都能感受到四面来风，特别是西边和北边，我们接受的文化馈赠很多，情况和唐代相似。

正如大家知道的情况，在中国之外，使用石头为建筑材料、装饰雕刻、墓前石刻和大型神像，以旧大陆而论，年代最早也最高大雄伟还属西亚和北非，其次是受其影响的地中海沿岸，以及伊朗高原和伊朗高原以东的阿富汗。印度并不是最突出的地方。印度和中国发生关系，主要还是通过阿富汗和中亚。佛教艺术从印度出发，向北再向东传播，发展出大型的石窟寺艺术，主要是通过巴基斯坦、阿富汗，经过今新疆、甘肃一带，最后到达长安、洛阳。[1]研究中国石刻艺术的外来影响，过去，大家关注较多，主要是石窟寺艺术的传播路线，比如巫鸿教授在他的《中国早期艺术和建筑中的纪念性》中就是这样考虑的。[2]现在，我想提供的是另外一条思路。因为中国的北方，还有很大一块是欧亚草原。那里的居民，他们对石头也是情有独钟。不仅喜欢用石头修城堡和房屋，[3]修祭祀用的坛场、石冢和石棺，在山岩上作画，还有在墓前立石的传统，年代很长，分布很广。特别是，如果考虑到中国的石刻艺术传统，其早期主要还是表现在陵墓建筑上，这一点就更值得注意。因为中国的陵墓建筑，无论是土坑竖穴墓，还是木椁墓和洞室墓，它们和周围的葬俗可能都有一定关系。特别是墓前立石（包括鹿石和石人），其实正是草原地区的传统。

虽然在《翁仲考》中，我们已论证，墓前翁仲，即石翁仲，它的名称和设计理念来源于秦汉宫殿中的铜翁仲，但用于陵墓，作为神道石刻的一种，恐怕还是和草原地区的影响有关。更何况，即便是铜翁仲，据我们考证，来源也是匈奴艺术。外来影响的问题，无论如何，我们是无法回避的。

---

[1] 晁华山《佛陀之光——印度与中亚佛教胜迹》，文物出版社，2001年。
[2] Wu Hung, *Monumentality in Early Chinese Art and Architecture,* Stanford: Stanford University Press 1995, pp.121–142.
[3] 亚欧大陆的北部，纬度再高，则流行木构建筑，如俄国和北欧，极地还流行冰屋。

二

在该书中，首先值得注意的问题是石人分布的范围。这个范围，作者叫"亚欧草原和草原丝绸之路"。"亚欧草原"，即Eurasia steppes，一般多译作"欧亚草原"（Eurasia是"欧洲"和"亚洲"的合成词，steppes是指干旱草原）。它原来是以欧洲为起点，从西往东看，所以这么叫。作者和这种观察角度不同，他们是从东往西看，而且是以亚洲的材料为主，称为"亚欧草原"也是可以的。"草原丝绸之路"，是指从天山以北，沿阿尔泰山，走欧亚草原的路线，即有别于从天山以南，走沙漠绿洲的路线。它和南线不同，是以阿尔泰山的黄金贸易为枢纽，不光贩运丝绸，所以也叫"黄金之路"。作者说，这条狭长的幅带，是亚欧大陆的中纬度地区（大约在北纬40°—50°之间），地势呈东高西低，南高北低。北边是森林草原区，以狩猎为主。南边是平原丘陵区，以农业为主。它介于二者之间，则以畜牧为主（但与其他生态区邻近的地方，也有半猎半牧、半农半牧的过渡型经济）。欧亚大陆两边的居民就是通过这一走廊，在旧石器时代中期即细石器出现后开始接触，而且一直有密切往来。他们把"亚欧草原"分为三段："亚洲草原东段"是俄国的南西伯利亚和蒙古，中国的内蒙古和新疆；"亚洲草原西段"是中亚五国（哈萨克斯坦、吉尔吉斯斯坦、乌兹别克斯坦、土库曼斯坦、塔吉克斯坦）；"南俄草原段"是指乌拉尔山以东，俄国欧洲部分的南半，特别是黑海北岸的乌克兰一带。这是作者涉及材料的范围。实际上，通常讲的"欧亚草原"，它的范围可以更大。比如最近出版的《欧亚草原金鹿》一书，[1] 它前面有张地图 [图1]，上面用色块表示"欧亚草原地带"，东起蒙古草原和阿尔泰山，西经额尔齐斯河、伊希姆河、

---

[1] The State Hermitage, Saint Peterburg, and the Archaeological Museum, Ufa, *The Golden Deer of Eurasia*, The Metropolitan Museum of Art, 2000.

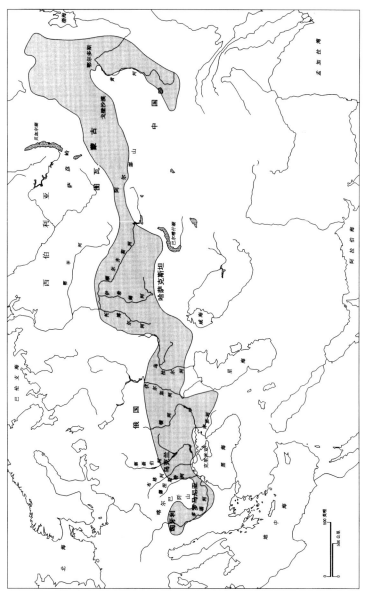

图 1 欧亚草原（钟焓 绘）

乌拉尔河、伏尔加河，然后至黑海北岸的顿河、苏拉河、第聂伯河、布格河、德涅斯特河，最后可以推进到喀尔巴阡山以南、多瑙河以北的罗马尼亚和匈牙利一带。可见这个范围很大，已经进入欧洲的腹地。但作者没有讲它最西的这一部分。

作者对草原石人的研究，境内是以新疆的材料为主，内蒙古的材料为辅。新疆的材料，主要是靠50年代以来的文物普查；境外的材料，则主要是取自俄文书刊，调查工作比国内起步早，范围包括蒙古、南西伯利亚、中亚和南俄草原。作者先讲外，后讲内，对它们做分区分地的类型比较，让我学到很多东西。作者所论分两种，一种是"墓地石人"，立于墓前的地表，形体较大，与真人接近；一种是"随葬石人"，类似于俑，或认为是护身符，体积很小。在每一地区下，两者都是放在一起谈。作者所论主要是前一种石人，但对后一种石人也有所涉及。我们关心的主要是前一种石人。下面先说"墓地石人"，然后再谈"随葬石人"。

<h2 style="text-align:center">三</h2>

书中讲"墓地石人"，材料很多，我们关心的，首先是出土情况和型式差异，其次是年代问题和族属问题。

这里把书中的结论简单摘录一下（按原书顺序，从东往西，从外向内讲）：

（一）蒙古石人（外蒙境内的石人）。墓葬为石棺墓。石人立于石棺东，面向东。作者把它分为五种类型：第一、二种，作阴刻圆脸（原书无图）；第三、四种，腰间系带，佩刀剑，或右手持杯，或双手捧杯，有些还戴尖帽或其他形式的帽子 [图2-6]；第五种为坐式石人。它们主要是6—8

世纪的突厥石人,但也有9—10世纪的晚期石人。该书17页说,蒙古和南西伯利亚石人延续时间比较长,如蒙古石人可以延续到13—14世纪,但该书只介绍到9—10世纪。

(二)南西伯利亚石人(俄国境内的石人)。分为三区:

(1)米努辛斯克盆地石人。缺乏墓葬关系。其早期石人,即塔兹明、乌斯奇叶斯和阿索恰科夫类型的石人,是属于青铜时代的石人,特点是脸的周围有放射状纹饰[图2-3]。年代为前2千纪上半叶,族属还有待研究;晚期石人是突厥石人,年代为7—8世纪。

(2)图瓦盆地石人。墓葬为石棺墓。石人立于石棺东,面向东。作者把它们分为六种类型,主要是6—8世纪的突厥石人,但也有9—10世纪的晚期石人。

(3)阿尔泰边疆区石人。情况与图瓦石人和蒙古石人非常相似。作者把它们分为四种类型,也是既有6—8世纪的突厥石人,也有9—10世纪的晚期石人。

(三)中亚石人(哈萨克斯坦、吉尔吉斯斯坦、乌兹别克斯坦、土库曼斯坦、塔吉克斯坦境内的石人)。出土情况不详。作者把它们分为六种类型,也是既有6—8世纪的突厥石人,也有9—10世纪的晚期石人,甚至还有晚到11世纪的石人。

(四)南俄草原石人(黑海北岸,乌克兰境内的石人)。

(1)青铜时代的石人。出于亚速海沿岸的竖穴墓,属于前斯基泰石人,年代约为前3千纪—前2千纪初。我们从发表的唯一图像(原书图版145-D-6)看,它只表现头、肩,脸很小,位于立石顶端,下面有很多横线[图2-1]。

(2)早期铁器时代的石人。多数缺乏墓葬关系。男像为武士像,腰

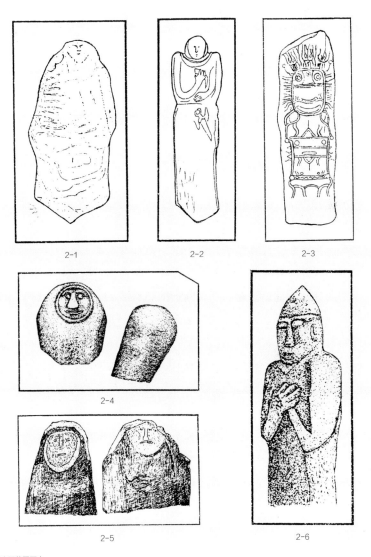

图 2 欧亚草原石人
2-1 南俄草原石人(青铜时代) 2-2 南俄草原石人(铁器时代) 2-3 南西伯利亚石人(青铜时代)
2-4 新疆石人(青铜时代) 2-5 新疆石人(铁器时代) 2-6 蒙古石人(突厥石人)

间系带，佩短剑或弓韬，右手（或左手）持来通［图2-2］；女像，标双乳。它们属于斯基泰石人。作者把它们分为两大类，每类各分三种类型。前者分布于高加索山地，年代为前7—前5世纪。后者分布于黑海沿岸和附近，年代为前7—前4世纪。

（3）年代较晚的石人。其年代分早、中、晚三期，早期为11世纪，中期为11世纪末—12世纪末，晚期为13世纪。作者把13世纪的石人定为钦察石人。

这三类石人，它们的年代互不衔接。

（五）新疆石人（中国境内的石人）。

（1）喀伊纳尔类型和萨木特类型。前者是以阿勒泰地区青河县的喀伊纳尔石人为代表，墓葬以茔院式为主，但也有石棺墓和石堆墓。后者是以阿勒泰地区青河县的萨木特石人为代表，墓葬为石棺墓和石堆墓。它们的特点是在立石顶部刻圆形的头和圆形的脸［图2-4］，类似俄国玩具中那种套装的娃娃，族属不详，年代为作者所定的第一期（前1200—前700年），属于青铜时代的石人。

（2）喀腊塔斯类型和切木尔切克10、11号石人类型。它们是以阿勒泰地区阿勒泰市的喀腊塔斯石人和切木尔切克10、11号石人为代表，作男左女右一对，并列立于石堆墓或石棺墓前，雕刻手法与前两种类型相似［图2-5］，族属不详，年代为作者所定的第二期（前700—前6世纪中叶），属于早期铁器时代和相当两汉、魏晋南北朝的石人。

（3）阿勒帕布拉克类型和塔勒德布拉克类型。前者是以阿勒泰地区布尔津县的阿勒帕布拉克石人为代表，墓葬为石棺墓，石人立于石棺西，面向西。后者是以阿勒泰地区阿勒泰市的塔勒德布拉克石人为代表，墓葬为环石围绕的石堆墓，石人为环石之一，面向西。雕刻手法与前两种类型相似，族属不详，年代为作者所定的第二期，也属于早期铁器时代和相当两汉、魏晋南北朝的石人，但作者认为前者可能属于早期铁器时代的晚期。

（4）乔夏类型、波什屋博类型和托干拜类型。乔夏类型是以阿勒泰地区青河县的乔夏石人为代表，墓葬主要是石棺墓，其次是石堆墓，以及长方形土石堆墓。波什屋博类型是以阿勒泰地区哈巴河县的波什屋博石人为代表，墓葬是石堆墓。托干拜类型是以阿勒泰地区哈巴河县的托干拜石人为代表。它们主要是突厥石人，年代为作者所定的第三期（6世纪中叶—9世纪中叶），但波什屋博石人，作者认为，有些可以推到第二期的晚期。

（5）森塔斯湖1、2号石人类型和库鲁斯1号石人类型。前者是以阿勒泰地区吉木乃县的森塔斯湖1、2号石人为代表，立于一座长方形土石堆墓东面，一尊向西，一尊向东，雕刻风格差异较大：1号石人，作者定为第二期的晚期；2号石人，作者暂定为第三期，也是属于突厥石人。后者是以伊犁地区霍城县的库鲁斯1号石人为代表，作者定为克马克汗国时期石人的代表，年代为作者所定的第四期（9世纪中叶—11世纪）。

（6）乌鲁肯达巴特类型和阿尔卡特1号石人类型。前者是以阿勒泰地区青河县的乌鲁肯达巴特石人为代表，墓葬为组合式石棺墓和石堆墓。后者是以博尔塔拉蒙古自治州温泉县的阿尔卡特1号石人为代表，墓葬为矩形石堆加矩形石围。这些石人也主要是突厥石人或后突厥石人，前者，作者定为第三期的晚期；后者，作者定为第四期的早期。

（7）伊斯塔斯2号石人类型和喀让托海类型。前者是以阿勒泰地区布尔津县的伊斯塔斯2号石人为代表，墓葬为石堆墓和土墩墓。后者是以阿勒泰地区青河县的喀让托海石人为代表，墓葬主要是石堆墓，其次为石棺墓，再次为石围墓。这些石人，前者，作者定为第四期；后者，作者说，少数是第二期，多数是第四期。

（六）内蒙古石人（中国境内的石人，附述于新疆石人后）。主要是突厥石人，但也不排除有柔然石人和回鹘石人，年代为5—8世纪。[1]

归纳上述石人，我们不难发现，其年代早者（属于青铜时代和早期铁器时代的石人）数量少，主要是发现于俄国的米努辛斯克盆地和乌克兰的库班草原，年代大体相当我国的新石器时代晚期，商代和西周，还有春秋。年代晚者（主要是突厥石人或与突厥有关的石人）数量很大，分布也很广，主要是集中在蒙古草原、阿尔泰山的南北，以及中亚地区，年代大体相当我国的唐宋和元代。就发现而言，好像是早的东西偏西偏北，晚的东西偏东偏南。战国秦汉到魏晋南北朝这一段，按作者分期，主要是放在新疆石人的第二期。作者讲新疆石人，它的第一期是青铜时代的石人，大体相当商末和西周，比俄国和乌克兰地区青铜时代的石人要晚；第三、四两期，主要是突厥石人和后突厥石人，它们和四周的南西伯利亚、蒙古和中亚的突厥石人和后突厥石人是一批东西。第一期和第三、四两期，好像差别较大。夹在中间的第二期，既包括年代相当春秋战国的东西，也包括年代相当秦汉魏晋南北朝的东西，前后跨了将近1300年，但从风格上看，它更接近第一期。这里的问题是，在这四期里，第二期拉得这么长，究竟是为什么，原因是分期有问题，还是定年有问题。我把问题提出来，渴望作者给予解答。我的感觉是，中间一段，在它与三、四期之间，好像有缺环，而这个缺环，肯定很重要。因为这一段，正好是我们关心的一段。中国的墓前石刻，特别是翁仲和石碑，恰恰是在这一段的后期才突然出现，

---

[1] 原书图版部分，似乎应做进一步调整和补充。有些重要类型没有图版，给理解造成困难，如47—48页讲蒙古石人的类型，其中前两个类型没有图版。还有一些，排列比较混乱，如113—116页是内蒙古石人的图版，但其中只有113页的283-F-1是内蒙古石人的图版，其他全是新疆石人的图版。我们希望此书能够出新的增订本或修订本。

而且一旦出现，就特别发达，正好和后来的佛教石刻接了起来。[1]

<h2 style="text-align:center">四</h2>

在此书介绍的早期石人中，年代最早，位置最西，是乌克兰出土，据学者推测，可能与斯基泰人和前斯基泰人有关的石人。这种石人和欧洲发现的石人比较相似，是值得注意的问题。因为原书没有涉及欧洲石人，我想讲一点很不成熟的看法。

欧洲，我是说真正的欧洲，它并不等于希腊、罗马。事实上，很多历史学家早已指出，希腊、罗马，与其说是欧洲文明，不如说是地中海文明（误会是由文艺复兴以来的错觉而产生）。因为希腊、罗马以北，欧洲本土的大部分地区，其实是日耳曼人、凯尔特人和斯拉夫人，这些中世纪蛮族，他们和他们的祖先活动的天下。那里有年代很早、水平很高的青铜文化和铁器文化，并且与其东部的其他蛮族一直有密切来往。欧亚草原的存在，不仅是打开亚洲历史之门的钥匙，也是打开欧洲历史之门的钥匙。

我对欧洲历史懂得很少，但我相信，"他山之石，可以攻玉"（比如"昆山之刀"就是这样的东西）。2001年春天，我在法国参观过一些考古发现和文物古迹，特别是凯尔特人的东西。我发现，他们的东西和欧亚草原有很多相似，而且值得注意的是，在这些部族的文化里，"石文化"也

---

[1] 另外，正如作者所说，草原地区的民族分化、民族融合、民族迁徙，情况非常复杂，讨论草原石人的族属，有时很困难。比如219页，作者说匈奴、月氏、坚昆无墓地立石人的习俗，这种说法还值得斟酌。因为第一，现在与匈奴时期相当的石人，其实还是空白；第二，匈奴和鲜卑、蒙古一样，在历史上都是融合很多不同部族的大族群。考古发现的匈奴墓葬，或鄂尔多斯铜器，不一定能代表历史概念的所有匈奴部族。同样，大家说的"突厥石人"和"后突厥石人"，恐怕也有解构的必要。

特别发达。他们不仅有石屋、石城、石墓、石棺和岩画的传统,而且还有很多巨型立石(menhir),[1] 有些是单独的,有些是成群的。后者,或排列成行,或环绕如林,有些还在环列的立石上面加盖横梁,构成悬石阵(stonehenge),前者在法国和英国很多,后者则只限于英国。不仅如此,这里我想指出的是,他们和欧亚草原一样,也有很多石人。比如,只是偶尔参观,偶尔翻书,我就发现了几个例子:

(1)法国石人一[图3-1]。现藏法国巴黎的人类学博物馆。石头的正面是上窄下宽,身佩长剑和匕首,脸在立石的顶端,很小,双眉作横线,鼻子作竖线,两者交叉,呈T形,双目作圆点,悬于眉下,好像北京童谣说的"丁字不出头,两边挂小球",年代约为前3000年。(参见[图3-2、3-3])

(2)法国石人二[图4]。发现于Filitosa村(位于地中海中的Corse岛上,属法国),风格与上相近,年代约为前2000年。[2]

(3)意大利石人一[图5-1]。发现于Cauria村,头戴双角盔,身佩长剑,年代为前3000—前2000年。[3]

(4)意大利石人二[图5-2]。发现于Pontevecchio村,身佩匕首,可见是男性,年代为前3000—前2000年。[4]

(5)意大利石人三[图5-3]。发现于Moncigoli村,雕刻双乳,可见是女性,年代为前3000—前2000年。[5]

这些石人的年代都在公元前3000—前2000年,即所谓铜石并用的时代。它们与南俄草原青铜时代的石人相似,不仅男佩长剑、匕首,女雕双乳,与后者同,而且它们当中的法国石人,就连面部表现也很相似,年代

---

[1] Louis Lagrost-Pierre Buvot, *Menhirs de Bourgogne*, La Physiphile, Montceau-Les-Mines, 1998.
[2] Jean Guilaine et Jean Zammit, *Le sentier de la guerre, Visages de la violence prehistorique*, Paris: Le Seuil, 2001, plate 2.
[3] Jean Guilaine et Jean Zammit, *Le sentier de la guerre, Visages de la violence prehistorique*, p.30, figure 5.
[4] Ibid, p.226, figure 41.
[5] Ibid, p.226, figure 41.

图 3-1 巴黎人类学博物馆藏法国石人（青铜时代）

图 4 发现于 Filitosa 村的法国石人（青铜时代）

图 3-2 发现于 Saint-Sernin 的法国石人（公元前 6000—前 3500 年）

图 3-3 发现于 Jasse du Terral 的法国石人（公元前 3200—前 2500 年）

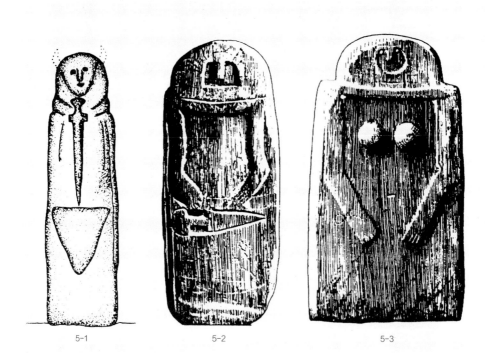

图5 意大利石人
5-1 发现于 Cauria 村 5-2 发现于 Pontevecchio 村 5-3 发现于 Moncigoli 村

也接近。这似乎说明,我们对石人起源的研究,还应该向西,向欧洲,做进一步探索。石人的源头可能在欧洲。

五

在《丝绸之路草原石人研究》一书中,作者讲"随葬石人"(amulet),只有七个例子。它们是:

(一)蒙古地区
瑙罗布林山石人。发现于蒙古东方省瑙罗布林山,高22.5厘米,作细长小石棒,刻人脸于石棒上,为新石器时代晚期的石人。

(二)南西伯利亚的米努辛斯克盆地
(1)贝依石人。发现于贝依河流域的贝依村,高33厘米,利用砾石的自然形状,刻人脸于石头的上端,为青铜时代的石人。
(2)塔什布提石人。发现于塔什布提河附近,高4.25厘米,形式与上略同,也是青铜时代的石人。

(三)新疆地区
(1)古墓沟石人。1979年出土于巴音郭楞蒙古自治州若羌县孔雀河古墓沟墓地,高27.5厘米,面部的眉眼是用横竖线条示意,躯干略呈倒三角形,宽肩,有浮雕的双乳,明显是女性,为青铜时代的石人(碳-14测定年代为距今约3800年)。
(2)切木尔切克21号墓石人。1963年出土于阿勒泰市切木尔切克21号墓(石棺墓),高26厘米,作细长小石棒,刻人脸于石棒的上端,为早期铁器时代的石人。

（3）呼图壁石人。从昌吉回族自治州呼图壁县收集，高31.5厘米，形式与上略同，但头戴圆形小帽，有双耳和双手，为早期铁器时代的石人。

（4）西地石人。从昌吉回族自治州奇台县西地墓地收集，残长12厘米，刻人脸于石棒的上端，为早期铁器时代的石人。

这些石人，与早期墓地石人年代相当，但体形较小，在地下，不在地上。这种人小的石人，我们在红山文化的遗址里也时有发现，但两者的造型很不一样。它在风格上更接近的还是草原地区只刻人脸的早期墓地石人，系统很不一样。

六

此外，作为相关发现，在该书的最后一章和附录里，作者还讨论了鹿石和铜鍑。这里也做一点摘录：

鹿石（olennye kameni）也是墓前立石，往往用砾石或片石，雕刻加工，立于墓前地表的东面，作者称为"碑状石刻"。它分三种，一种是刻图案化的鹿纹，鹿纹的原型是草原艺术常见的"大角鹿"，鹿角多作枝杈盘绕如树状，有时还有鹰式的钩喙，作者称为"典型鹿石"；一种是刻牛、马、羊、猪、驴、虎、豹，作者称为"写实性动物图案鹿石"；一种是刻圈、点类纹饰，腰带和武器（刀、剑、弓、斧、盾牌、弓形器），作者称为"非典型鹿石"。鹿石的分布范围与石人大体相近，但分布最广还是"非典型鹿石"。作者所寓目的材料，蒙古所出最多，主要是"典型鹿石"；其次是南西伯利亚，主要是"写实性动物图案鹿石"；其次是中国新疆，主要是"非典型鹿石"（但也有其他两种）；其次是南俄草原，主要是"非典型鹿石"。鹿石的年代，学者多倾向于青铜时代，即前13—

前6世纪左右，大体相当中国的商代、西周和春秋战国时期。但具体到每个地区，其早晚却颇有争论。作者说，南俄草原的"非典型鹿石"可能是从亚洲的"典型鹿石"发展而来，证据主要是南俄草原的"非典型鹿石"和亚洲草原的"典型鹿石"特征相近。但我的感觉是，"非典型鹿石"是以草原西段为主，并见于草原中段；"写实性动物图案鹿石"，特别是"典型鹿石"主要还是在草原东段。谁影响谁，好像也可以有相反的解释：即西边的东西传到东边，但东边的东西没有传到西边。由于鹿石的分布范围和墓地石人大体重合，和早期墓地石人的年代也大体相当，很多鹿石还有拟人的倾向（上刻人脸，中有腰带和佩挂武器），这对研究"石人"肯定非常重要。

铜鍑（cauldron），是草原地区流行的青铜炊食器。作者对蒙古草原的鄂尔多斯式和南西伯利亚式铜鍑，南俄草原的斯基泰、萨尔马特和塞人的铜鍑，以及新疆出土的铜鍑做了简要介绍。他们把新疆出土的铜鍑分为四型，通过与前几类铜鍑比较，把Ⅰ型定为2—4世纪，推测是匈奴铜鍑；ⅡB型定为前5—前3世纪，推测是塞人铜鍑；ⅡA型定为2—4世纪，推测是乌孙铜鍑；Ⅲ型定为前2世纪，推测是月氏铜鍑（接近南西伯利亚式），Ⅳ型定为前5—前3世纪，推测是丁令铜鍑（接近南西伯利亚式）。关于铜鍑，最近有一篇新的论文可参看：郭物《青铜鍑的起源及其在欧亚大陆的传播》（北京大学考古文博院硕士研究生学位论文，1999年5月），这里不再多谈。

七

关于草原石人的研究，我想指出的是，过去，很多汉族地区的人，他们到西北旅行，对这类东西的第一印象是，它们和汉族地区的翁仲非常相似。如该书79页提到的，清徐松《西域水道记》卷五，其中就记录了他在今中亚吉尔吉斯斯坦伊塞克湖沿岸（当时尚在清帝国的版图之内）看到的这类石人。当时，他把这些"着巾佩剑，右手抚剑，左手当胸，若捧物状"的石人称为"石翁仲"。1958年，黄文弼先生到伊犁调查，也是把草原石人称为"翁仲"。[1]

今天，当读过上面的研究，然后返回头来考虑这些印象，我们应当承认，过去的"翁仲"说只是抓住了两者的相似，而没有理解它们之间的年代关系，认识的出发点也是汉文化的单向视角。因为现在，我们已经知道，徐松也好，黄文弼也好，他们见到的"翁仲"，都是年代较晚的草原石人，即突厥石人或与突厥有关的石人，年代比汉地最早的石翁仲至少要晚四五百年。不过，尽管如此，我们也不必放弃这种自然而然的联想。因为，欧亚草原的石人是个很大的传统，佩剑武士形象的石人，虽然在草原东段出现较晚，但在草原西段和欧洲范围内却出现较早，如上所说，可以早到前3000年。它们和草原东段，无论墓葬传统还是艺术形象，中间都有明显的联系，不可能一空就是1300年。更何况，在草原石人的研究上，无论是材料，或者是方法，可能都还存在不少问题。在问题没有完全弄清之前，我们还是多留一条思路好。

中国的石翁仲，虽然可能是受秦汉宫殿中的铜翁仲启发，但原来的名称当与秦始皇金人和汉武帝金人有关。值得注意的是，东汉和魏晋南北朝，还有隋唐时期的翁仲，在唐泰陵分文臣、武臣像之前，它们的造型一直都是以挂剑武士像为主。这点和欧亚草原的大传统毕竟是有惊人的相似。

---

[1] 黄文弼《伊犁考古调查简记》，收入黄烈编《黄文弼历史考古论集》，文物出版社，1989年，275—283页。

补记：

（1）草原石人的最后标本是元代石人[图6]，这种石人分"座椅式""蹲坐式"和"盘坐式"等多种。其中第一种是出于祭祀遗址内，在祭坛前，面向东，为显贵人物像，雕刻最为精美。它们与突厥石人仍保持着继承关系，也是以右手持杯为特点，但改立式为坐式，佩刀的形式也不同。参看：内蒙古文物考古研究所等《正蓝旗羊群庙元代祭祀遗址及墓葬》、魏坚《正蓝旗羊群庙石雕像研究》（收入李逸友、魏坚主编《内蒙古文物考古文集》，中国大百科全书出版社，1994年，610–621、622–629页）。

（2）近得马克（Marc Kalinowski）教授赠书：*Statues–Menhirs*, Éditions du Rouergue, 2002（作者为Annie Philippon等15人），是专门介绍法国石人，可参看。

2002 年 6 月 26 日写于北京蓝旗营寓所

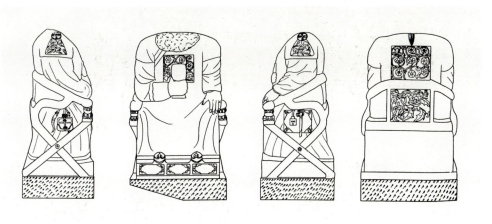

图6　元代石人

河南孟津油磨坊村出土石翼狮（洛阳博物馆藏）

有翼神兽研究

论中国的有翼神兽

一、引　言

　　有翼神兽在中国古代文物中是一种使用材料很广、流行时间很长的艺术主题。这一主题包括若干不同种类（如带翼的狮、虎、鹿、羊等），其中尤以天禄、辟邪最引人注目。在一般人的印象里，它主要流行于东汉以来，并以南朝陵墓的神道石刻最引人注目（形体巨大，雕刻精美），[1] 因此其讨论多围绕于南朝的神道石刻。如30年代出版的《六朝陵墓调查报告》（中央古物保管委员会，1935年）就是这方面的代表作。在这部报告中，学者曾对天禄、辟邪做专门探讨，为后来的研究提供了基础。关于天禄、辟邪的起源，他们有两种观点：一种比较大胆，见于滕固《六朝陵墓石迹述略》（71—90页）；一种比较谨慎，见于朱希祖《天禄辟邪考》（183—199页）。滕固的看法是，这类主题于六朝时期虽已"十足的中国化"，但出现当更早（不但可以追溯到汉代，而且可以提早到战国），[2] 渊源是古代

---

[1] 这类主题也见于同一时期的其他文物，如六朝时期的青瓷水注和虎子。
[2] 其"早至战国说"是据徐中舒对杕氏壶的考证。参看徐氏《古代狩猎图像考》，收入《徐中舒历史论文选辑》，中华书局，1998年，上册，225–293页（原载《中央研究院历史语言研究所集刊》外编《蔡元培先生六十五岁纪念论文集》下册）。但徐氏此文只说该器"上镂鸟兽奔腾与人持戈矛剑盾追逐刺击之形"，并没有说该器有表现翼兽的花纹。当时，滕氏还没有找到真正的证据。

亚述地区的艺术，类似主题也见于塞种和大夏，以及希腊和印度的艺术，西人或称 winged chimera。[1] 这是受西方学者影响。[2] 而朱希祖的看法则颇有保留。他引中国古书中的"如虎添翼"说，引《山海经》中讲带翼神怪的话，以为这类形象在中国非常古老，它们究竟"是吾国固有之遗风，抑外国传来之新范"，很难肯定。尽管"外来说"在当时的学术界还是一种"海外奇谈"，长期以来并没有被国人接受，[3] 但笔者却认为，这是一个值得认真对待的想法。特别是70年代，在白狄国家中山王墓的出土物中，人们再次见到这种神兽，它们是与不少带草原风格的器物共出，这一想法被再度激活。有些学者认为，我们应放开眼界，对习惯的想法做重新思考。[4]

现在因为整个讨论还不够深入和系统，国内学者对境外的材料很不熟悉，国外学者对境内的材料也了解不够，无论哪一种想法，片言孤证，都难以定论，故本文汇集有关材料，试就这一想法进行探讨，希望对问题的研究能有所推进。

---

[1] 西人所说 chimera 有宽狭二义，狭义是指希腊神话中特有的一种神兽，宽义则指任何想象的和用不同动物拼凑而成的神兽。滕固说，西人尝称六朝陵墓上的有翼神兽为 winged chimera，但他在意大利曾亲见其物，"前身是狮子，背脊的中部昂起一头山羊，其尾为一长蛇，乘势折回而咬住山羊之角。审其体制，似和六朝实物无干，西伦云云，乃亦暂定之称谓"（85—86 页）。案：滕固所说雕刻是佛罗伦萨考古博物馆的藏品，此器与中国的天禄、辟邪确实相差甚远，但西人以此为名，多取宽义，即其表示混合动物的含义，所谓 winged chimera，只是泛指"有翼神兽"。
[2] 滕固所据是法国学者格罗塞的说法，见 René Grousset, *The Civilization of the East (the Near and Middle East)*, New York, 1931, pp.80—86, 126—133.
[3] 如：姚迁、古兵《南朝陵墓石刻》，文物出版社，1981 年，1—5 页；管玉春《试论南京六朝陵墓石刻艺术》，《文物》1981 年 8 期，61—64 页；杨泓《丹阳南朝陵墓石刻》，收入杨泓、孙机《寻常的精致》，辽宁教育出版社，1996 年，150—157 页。
[4] 如：李学勤《比较考古学随笔》，香港：中华书局，1991 年，117—125 页；李零《入山与出塞》，《文物》2000 年 2 期，87—95 页。

二、出土发现的有翼神兽

有翼神兽在出土发现中材料很多,笔者眼界有限,难以搜罗齐全,下面仅就目前所知,以时(春秋到东汉)为经,以地(出土地和国别)为纬,把其中年代较早也比较典型的例子列举如下(汉以后的材料暂不讨论)。

(一)春秋时期

主要有两个例子,都是属于青铜饰件:

1. 河南新郑李家楼郑国大墓出土的立鹤方壶。[1] 原出为一对,一藏故宫博物院,一藏河南省博物馆。它们除有两兽耳,器腹四隅的下方还各饰爬兽,与一般方壶上的爬兽相似,但不同点是背竖双翼,翼尖朝后。其造型比较简率,缺乏细部描写。它们究竟是偶然的艺术变形,还是外来的艺术主题,尚需进一步证明〔案:爬兽的身体作180度旋转,顾首,这是草原地区常见的表现风格),但对问题的讨论还是不容忽视。从墓葬年代考虑,其制作时间约在春秋中期(前6世纪前后)〕。

2. 日本泉屋博古馆藏青铜器饰[图1]。[2] 相传是1930年河南新乡附近的古墓出土,包括装配在一圈状物上的翼兽四件,及散置的鸟形饰和兽形饰各两件[图2]。前者类似东周流行的兽纽器盖,后者类似东周流行的铺首衔环,因此梅原末治推测它们是一件硕大圆壶(从复原图推测,高度约70—80厘米)的器饰,并画了复原图[图3]。其所谓器盖上的兽形饰作侧首蹲伏状。它们既有狮虎类的兽首,张口露齿,兽口两侧有翼,又在头上立一小鸟,口衔兽首的肉冠(瘤状突起),双翼平举;既有狮虎类的兽身,

---

[1] 《中国青铜器全集》,文物出版社,1998年,第7卷,22页:图版22。案:此条是承法国科学研究中心的杜德兰(Alain Thote)教授提示。

[2] 《泉屋清赏新编》,京都:便利堂,1962年,11—13页:图版12—15。

图 1　日本泉屋博古馆藏青铜器饰（泉屋博古馆提供）

图2 泉屋博古馆藏青铜器饰（泉屋博古馆提供） 2-1 翼兽

图 2 泉屋博古馆藏青铜器饰（泉屋博古馆提供） 2-2 兽形饰 2-3 鸟形饰

图 3　泉屋博古馆藏青铜器饰复原图（泉屋博古馆提供）

又背竖双翼，略呈S形，翼尖朝后，作垂鳞状叠羽（两排）；[1]四足也作鸟爪：前足是钩爪，后足是尖爪，腿后有距（类似鸟爪后面的突出物）。其纹饰，兽身为云纹，兽口为S纹，口侧的翼为简化羽纹（作篦齿状），铜圈为绳索纹。而所谓器腹上的神物，二兽有狮虎类的头和鸟类的双翼，二鸟（头上有隆起的肉冠）有相同的云纹在身，相同的羽纹（作篦齿状）在翼，衔环则饰重环纹，显然是前一种饰件的另一种表现形式，即同样是翼兽和神鸟的组合。其纹饰与侯马陶范中的纹饰相似。从纹饰判断，年代似可定为春秋晚期。战国时期的狮首翼兽或即由此发展而来，鸟首（由鹰首变形）翼兽也与此或有关联，因此它是最有代表性的一件。

（二）战国时期

（甲）铜器

1. 甘肃泾川出土的"翼兽形提梁盉"[图4-1]。[2] 现藏甘肃省博物馆。其特点是以兽首为器流，兽身为器身，兽足为器足，并饰双翼于器腹。兽首，从发表照片看，不太清楚（未见原物）。双翼，是以凸起的阳线（上面的细纹是阴线）表现翅脊，细密的阴线表示羽毛（从下故宫博物院藏器看，阳线的前端是一钩喙的鸟头），翼尖朝后，四足作鸟爪，腿后有距。此器年代，估计在战国早期；国别不详，但从下述器物看，应是三晋制造。

2. 故宫博物院、广东省博物馆和上海博物馆藏"翼兽形提梁盉"[图4-2]。[3] 它们和上器的不同点是器流作鸟首，盖纽和提梁也不太一样，但明显属于同一类造型。故宫所藏（见于陈列），是1946年入藏，出土不

---

[1] 中国古代翼兽的羽毛有两排和一排之分，这种特点一直延续到汉魏时期。
[2]《中国青铜器全集》，第7卷，52页：图版50。
[3] 故宫博物院编《故宫青铜器》，紫禁城出版社，1999年，288页：图版286；广东省博物馆《广东省博物馆藏品选》，文物出版社，1999年，188页：图版17；李学勤、艾兰编《欧洲所藏中国青铜器遗珠》，文物出版社，1995年，图版135-A-B。

详,其头部与上博所藏不尽相同,鸟嘴较尖,双目填金(疑是后做)。广博所藏,出土亦不详。上博所藏,原在伦敦戴迪野行(Deydier),据云是从山西太原金胜村盗出。[1] 由这一线索判断,我们怀疑,上述各器都是三晋制造。

3. 台北故宫博物院藏"鸟首兽尊"[图5]。[2] 这件器物与上述2相似,也是属于鸟首类。其双翼在身侧,用阴线表示,作平面装饰,翼尖朝后,呈S形;足作鸟爪,爪侧有距。年代,估计为战国早期;国别,应属三晋系统。其鸟首的装饰与浑源李峪村出土的铜器相近,身上的S形纹则见于下述侯马铸铜遗址出土的"鸟形模"和"虎形模"〔注意:此兽的双肩和双髋作涡纹装饰,与下文图57-1巴泽雷克(Pazyryk)出土鞍鞯的图案有相似处,类似装饰也见于上述2、下述4等器,但多为浮雕〕。

4. 湖北随县(今湖北随州市)曾侯乙墓出土编磬承托磬虡的有翼神兽[图6]。[3] 两件,皆作兽首长颈(长颈是为了承托磬虡)。其身口各有双翼,可与泉屋博古馆所藏相比,是类似特点;四足作鸟爪,后足腿后有距。年代为战国早期。值得注意的是,河南淅川徐家岭楚墓出土过两件镶嵌绿松石的神兽器座[图7]〔案:原器作大兽背上起小兽,也是草原地区常见的表现风格〕。[4] 该器没有明显的翼,但从造型看,与曾侯乙墓所出颇为

---

[1] 出土来源承罗泰(Lothar von Falkenhausen)教授告。
[2] 台北故宫博物院联合管理处编《故宫青铜器图录》,中华丛书委员会,1958年,图上壹壹陆(上册上编,79页;下册下编,107页)。案:李夏廷先生已指出这是一件格里芬式的铜器,见所著《关于图像纹铜器的几点认识》,《文物季刊》1992年4期,45—54页;又,参看山西省考古研究所《侯马陶范艺术》,普林斯顿大学出版社,1996年,第一章"侯马陶范艺术概论"3—17页(李夏廷、梁子明撰)。
[3] 湖北省博物馆编《曾侯乙墓》,文物出版社,1989年,上册,134—137页。图像见该书136页:图六一;下册,彩版五和图版四一。
[4]《中国青铜器全集》,第10卷,84页;图版84。案:这类器座(包括下文所说中山王墓出土的器座)在汉代有进一步发展,天禄、辟邪正是器座常用的造型。

4-1　　　　　　　　　　　　　　　　　4-2

图 4　翼兽形提梁盉
4-1　甘肃泾川出土　4-2　上海博物馆藏

图 5　台北故宫博物院藏"鸟首兽尊"

图 6 曾侯乙墓出土的有翼神兽

图 7 河南淅川徐家岭楚墓出土的神兽器座

相似（特别是头、耳、口、舌）。[1]曾、楚二国，互为姻娅，器物、文字本来就相近，二者都是战国早期的器物，共同点多，自在情理之中。它使我们联想，从今山西到河南、湖北，可能存在一条南北的传播渠道。又，曾侯乙墓还出土过一件"鹿角立鹤"鼓座[图8]，[2]也是鸟兽复合的器物。

5. 河北平山中山王墓出土的有翼神兽。分三种：（1）错银双翼神兽[图9]。[3]共四件，可能是镇物，其造型与泉屋博古馆的藏品相似，也有狮虎类张口露齿的兽首，背竖双翼，翼尖朝后，羽毛作垂鳞状，足作鸟爪，前后足的掌外侧皆有距。（2）中山王方壶[图10]。[4]其四隅爬兽背竖双翼，与上述立鹤方壶相似，但头向相反。（3）错金银四龙四凤铜方案[图11]。[5]所谓"四龙"也是背竖双翼（头生双角，长颈有鳞，四足为鸟爪，腿后有距）。中山是与三晋（特别是魏国和赵国）有关的白狄国家（类似十六国时期汉化的外族国家），出土物既有三晋特点，又有草原风格。如该墓出土的虎食鹿器座就有斯基泰风格，而该国遗址出土的虎形饰也是草原地区所习见（见河北省博物馆陈列）。

---

[1] 汉代墓前使用的成对石狮，无翼者和有翼者一样是作"天禄""辟邪"（详下）。这件器物与曾侯乙墓所出是类似情况。
[2]《曾侯乙墓》，上册，250页（图像见上册，251页：图一四七；下册，图版八三）。案：1991年江苏徐州后楼山西汉墓出土过一件玉枕，其四角神兽与此相似，但没有明显的翼。参看：徐州博物馆《徐州后楼山西汉墓发掘报告》，《文物》1993年4期，29–45页（图像见43–44页：图三三、三四）。
[3] 河北省文物研究所《䗪墓——战国中山国国王之墓》，文物出版社，1995年，上册，139–141页（图像见上册，143页，图五一；下册，彩版一六，图版九四、九五）。
[4] 同上，上册，118–119页（图像见119–120页，图三九（A）（B）；下册，彩版七，图版七九、八○）。
[5] 同上，上册，137–138页（图像见139页，图四九（A）（B）（C）；下册，彩版一四，图版九一、九二）。

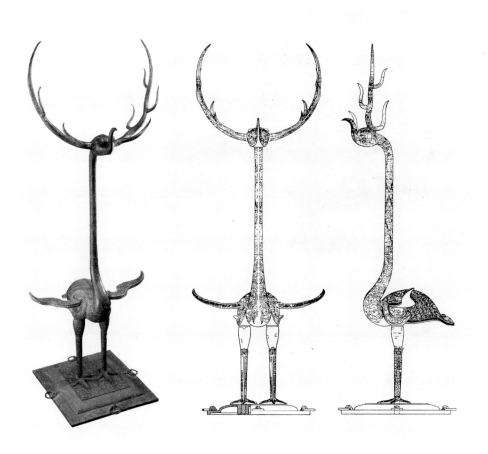

图8 曾侯乙墓出土的"鹿角立鹤"

图 9 中山王墓的有翼神兽

图10 中山王方壶上的爬兽　　　　图11 中山王墓出土的错金银四龙四凤铜方案（张守中提供）

（乙）铜器陶范

春秋战国时期，三晋境内多戎狄，北部（代地）并与草原地区邻近，所出器物或杂草原风格，侯马铸铜遗址出土的陶范是其集中体现。如：

（Ⅰ）1959—1964年的发掘品。[1] 典型标本是：

Ⅱ号遗址出土的钟纽范［图12-1］。[2] 编号：ⅡT13⑤:6，钟纽是由一对龙首翼兽组成。翼的表现极富写实感，三晋花纹多有之。

（Ⅱ）1992年的发掘品。[3] 典型标本是：

---

[1] 山西省考古研究所《侯马铸铜遗址》，文物出版社，1993年，上册，134页（图像见上册，135页：图六七，1；下册，图版七二，3）。

[2] 河北省文物研究所《𬭚墓——战国中山国国王之墓》，上册，134页（图像见135页：图六七，1；下册，图版七二，3）。

[3] 山西省考古研究所《1992年侯马铸铜遗址发掘简报》，《文物》1995年2期，29–53页。

1. "鸟形模"［图12-2］。[1] 编号：T9H79：17，头部残缺，报告称"鸟形模"，大概是从其足作鸟爪来判断，其颈部花纹同下"虎形模"，翼的装饰也与下"虎形模"有翼者相似。未必就是鸟形模。

2. "兽擒蛇模"［图12-3］。[2] 编号：T9H79：18，头部亦残缺，但有翼，从身上的花纹看，似是豹类。

3. "虎形模"［图12-4］。[3] 编号：T9H79：19，两件，皆为半模：一件有翼，作垂鳞状叠羽；一件无羽。足为鸟爪，腿后有距。其虎纹作双钩阴线S纹，是三晋铜器的特点。

（丙）铜器纹饰

1. 山西浑源李峪村出土铜壶上的麒麟纹［图13-1］。[4] 此器是故宫博物院收藏。麒麟在汉代图像中极为常见［图13-2］，形象多作带翼鹿，头带一角，角端有肉（前端起节，如肉瘤状）。孙机先生指出，李峪村出土铜壶上的花纹与之相似，应是较早的实例。此器也是出自三晋系统。

2. 山西侯马铸铜遗址出土陶范上的兽面纹［图14-1］。[5] 是由变形的鸟首翼兽组成。这类花纹在三晋铜器中极为常见，往往正视可见其耳，侧视可见其冠，而

---

［1］前页注释〔3〕（图像见40页：图二一，1；47页：图四二）。
［2］前页注释〔3〕（图像见37页：图一六，4；46页：图三六）。
［3］前页注释〔3〕（图像见42页：图二六；49页：图四八）。
［4］参看：孙机《几种汉代的图案纹饰》，《文物》1982年3期，63—69页（图像见65页：图二，1、9）。
［5］《侯马铸铜遗址》，上册，140—141页间的插页：图七二。

12-1

12-2

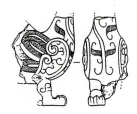
12-3

12-4

图12 侯马铸铜遗址出土陶范上的有翼神兽
12-1 钟纽范上的对兽　12-2 鸟形模
12-3 兽擒蛇模　12-4 虎形模

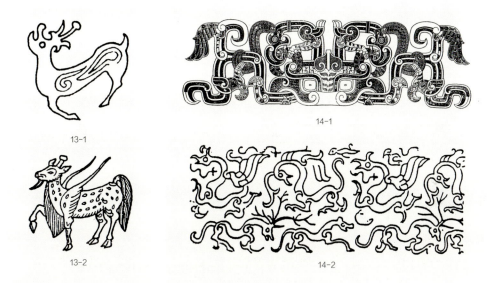

图 13　麒麟纹
13-1　山西浑源李峪村出土铜壶上的麒麟纹
13-2　汉代的麒麟纹

图 14　三晋的鸟首翼兽纹
14-1　山西侯马铸铜遗址出土陶范上的兽面纹
14-2　河南辉县琉璃阁战国魏墓 M57 出土铜鉴上的动物纹

且有如同鹰翼的鸟羽和类似泉屋博古馆藏器的简化羽纹。

3.河南辉县琉璃阁战国魏墓M57出土铜鉴上的动物纹[图14-2]。[1]分上下两层，上层是鸟首翼兽和蛇，下层是马、鹿。其鸟首翼兽，皆长颈带冠，翼或上举，或下垂。[2]

4.巴蜀兵器上的纹饰[图15-1]。[3]巴蜀流行虎纹，虎纹多作带翼虎，用

---

[1] 郭宝钧《山彪镇与琉璃阁》，科学出版社，1959 年，图版壹零零。
[2] 关于 2、3 两类纹饰，参看：李夏廷《关于图像纹铜器的几点认识》。
[3]《四川考古报告集》，文物出版社，1998 年，138 页：图二五，4；141 页：图二八，3；245 页：图五〇，2-4；247 页：图五一，7、8。

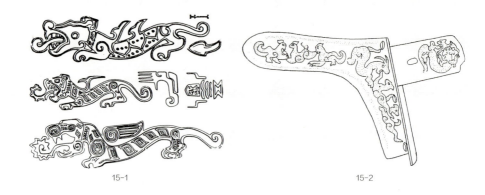

图15 巴蜀兵器上的有翼神兽
15-1 巴蜀铜矛上的带翼虎　15-2 四川广元市文物管理所藏铜戈上的花纹

以装饰兵器。[1]这种纹饰虽有当地特点,但与其南的滇文化和其北的草原地区可能有渊源关系。如:(1)四川广元市文物管理所藏铜戈(60年代在昭化宝轮院收集),器形属巴蜀式,但纹饰是鄂尔多斯式,上面不但有虎噬羊(或鹿)的场面,还有一兽很像是狮虎类的有翼神兽[图15-2];[2] (2)四川南部的石棺墓和云南滇文化的墓葬经常出土所谓"三叉格式铜剑",这种铜剑也流行于内蒙古、宁夏一带;(3)翼虎也见于云南晋宁石寨山7号墓出土的银带扣(详下)。这三点都暗示出,从内蒙古西部到云贵高原一直有一条南北的传播渠道。

---

[1] 其剑、矛上的纹饰比较明显。戈上的纹饰分两种:横置式,身首被栏隔断,看不清是否有翼;竖置式,在栏左,可以看出是背上有翼。
[2] 广元市文物管理所《四川广元收藏的一件兽纹铜戈》,《文物》1992年7期,86页(图像见86页:图一、二)。

图 16　西汉早期的兽形铜饰
（江苏徐州西汉宛朐侯刘埶墓出土）

图17　鎏金镶嵌西汉翼兽镇："虾蟆式"翼兽
（泉屋博古馆提供）

图 18　鎏金镶嵌西汉翼兽镇：雌雄双兽
（泉屋博古馆提供）

（三）西汉

（甲）铜器

1. 江苏徐州西汉宛朐侯刘埶墓出土的"兽形饰"[图16]。[1] 其造型是作驼、马类形象，但头上有向后弯曲的双角（作羊角式），并且双翼朝后。同出有类似动物形象的金带扣一组。其年代不晚于公元前155年，属西汉早期。战国翼兽有不少是背竖双翼，这种特点在汉器中比较少见。汉代翼兽的特点是，它们的翼多作长条形或叶片形，翼尖朝后，贴于身侧，羽毛则有两排和一排之分。

2. 江苏苏州虎丘农机厂出土的"辟邪形铜座"。[2] 原物未见，器形不详，器底有铭文"尚方作，河平元年五月甲子造"。此器是公元前28年的作品，属西汉晚期。翼兽形器座在两汉时期非常流行。

3. 日本泉屋博古馆藏鎏金镶嵌翼兽镇。[3] 两件：（1）"虾蟆式"翼兽[图17]。狮首，独角，状如虾蟆，器底有男根，浑身镶嵌红宝石、绿松石、蓝宝石和水晶，即采用所谓"青碧玫瑰式"装饰。[4]（2）雌雄双兽[图18]。作上下二兽，上兽为独角，下兽无角，身上亦镶嵌绿松石。这两件器物，日本学者均断为

---

〔1〕徐州博物馆《徐州西汉宛朐侯刘埶墓》，《文物》1997 年 2 期，4—21 页（图像见 14 页：图二六，11；13 页：图二五）。

〔2〕消息见管玉春《试论南京六朝陵墓石刻艺术》，《文物》1981 年 8 期，61—64 页。

〔3〕泉屋博古馆《仏教美術・金工品》，1989 年，9、37、38 页。又樋口隆康《泉屋博古》，京都：便利堂，1994 年，44 页：图 67。

〔4〕孙机《先秦、汉、晋腰带用金银带扣》，《文物》1994 年 1 期，50—64 页。

西汉之物,但它们也有可能是东汉的器物。

(乙)陶器

1.陕西西安市北郊红庙坡出土的翼兽器座(用承小型的钟虡)[图19],[1]共4件,现藏西安市文物保护考古所(原西安市文物管理委员会)。其特点是,兽首与猫科动物不类,而更像是骆驼或马,有尖耳和长尾,背竖双翼是配装。

2.陕西西安龙首原西北医疗设备厂福利区92号西汉墓出土[图20-1]和美国芝加哥艺术研究所博物馆收藏的翼兽器座[图20-2]。[2]两件基本相同,皆彩绘,大嘴尖耳,双翼朝后,足三分,颈后有方形插孔。其头部造型也与驼、马有类似之处,并且双翼在侧。此器是西汉早期的器物。

3.陕西西安十里铺西汉墓出土的翼兽器座[图21]。[3]亦彩绘,颈后也有方形插孔,但不同点是作昂首挺胸的带翼狮。昂首挺胸也是后来天禄、辟邪的特点。此器年代也在西汉早期。

(丙)玉器

1.陕西咸阳汉渭陵(汉元帝陵)出土的带翼狮。[4]两件,现藏咸阳市博物馆,一件作昂首挺胸式,头上有双角,贴头顶向后弯[图22];一件作

---

[1] 傅天仇主编《中国美术全集》雕塑编2,人民美术出版社,1985年,34页;图版三二。
[2] 前者,见西安市文物保护考古所编《西安龙首原汉墓》甲编,西北大学出版社,1999年,120–122页(图像见上册,143页,图九四,7;下册,图版二和图版三八)。后者,是承美国芝加哥艺术研究所博物馆的潘思婷(Elinor Pearlstein)女士提供照片。该器是由Stanley Herzman女士捐献,Robert Hashimoto先生摄影,尺寸:22.2厘米×43.8厘米,编号:1997.337。
[3] 高曼《西安地区出土汉代陶器选介》,《文物》2002年12期,32–36页(图像见33页;图二)。
[4] 张子波《咸阳市新庄出土的四件汉代玉器》,《考古》1979年2期,60页;李宏涛、王丕忠《汉元帝渭陵调查记》,《考古与文物》1980年创刊号,38–41页;李绥成、王晓谋《咸阳出土珍品一览:西汉玉雕群》,《鉴赏家》,no.5,26–32页(图像见29页)。

图 19 西汉的翼兽陶器座（陕西西安红庙坡出土）

图 21 西汉早期的翼兽陶器座（陕西西安十里铺出土）

图 20 西汉早期的翼兽陶器座
20-1 陕西西安龙首原 92 号墓出土　20-2 美国芝加哥艺术研究所博物馆藏

低首匍匐状，头上也有双角，双角并合，角端向左右分开[图23]。其年代大约在西汉晚期（前33年之前）。前者与东汉神道石刻中的天禄、辟邪相似，已具备其特点；后者作"虾蟆式"。同出有骑马羽人（注意：马是有翼的天马）、鹰、熊等玉器，可以让人感受到一种草原艺术的气息。[1]

2. 故宫博物院藏带翼狮[图24]。[2] 清宫旧藏，与渭陵所出作"虾蟆式"者大同小异，当是时间相近的作品。[3]

3. 美国华盛顿弗利尔－赛克勒美术馆藏带翼狮[图25]。[4] 狮首似龙，亦昂首挺胸，头上有双角，背上有羽人为御，与上骑马羽人意匠同，可能也是时间相近的作品。

4. 汉长安城武库遗址出土浮雕饰件上的带翼山羊[图26-1]。[5] 作独角山羊。汉代艺术形象中的麒麟，多数是作带翼鹿，一角，角端有肉，这是中国风格的麒麟，但也有作这种形象，即与西亚风格更为接近。例如东汉以来的"五灵纹"，其中的"麒麟"，很多就是山羊式。[6] 此器与广西西林普驮铜鼓墓出土铜牌饰[图26-2]上的动物酷为相似，不同点只是后者没有翼。[7] 前者是西汉遗址所出，后者是西汉墓葬所出，时代相近，但它们一

---

[1] 故宫博物院有两件汉代的玉天马（皆清宫旧藏），也有双翼，见周南泉主编《故宫博物院藏文物珍品全集》40《玉器》（上），北京：三联书店和香港：商务印书馆，1996年，235页：图版196；236页：图版197。羽人是中国式的艺术主题（大洋洲商代墓葬已有玉羽人发现），但战国以来的神仙思想常与西王母的传说有关，羽人骑天马或羽人骑天禄辟邪，也不能排除是受外来影响。

[2] 《故宫博物院藏文物珍品全集》40《玉器》（上），240页：图版201。

[3] 清宫旧藏还有几件玉辟邪，不知是西汉晚期还是东汉时期的器物，见《故宫博物院藏文物珍品全集》40《玉器》（上），242页：图版202；243页：图版203（有乾隆御款）；266页：图版222。

[4] 这里的照片是承华盛顿弗利尔－赛克勒美术馆的苏芳淑博士提供。该器编号是S.1987.26 vw2。

[5] 中国社会科学院考古研究所汉城工作队《汉长安城武库遗址发掘的初步收获》，《考古》1978年4期，261–269页。图像见该文265页：图六。

[6] 孙机《几种汉代的图案纹饰》，《文物》1982年3期，63–69页。

[7] 广西壮族自治区文物工作队《广西西林县普驮铜鼓墓葬》，《文物》1978年9期，43–51页（图像见45页：图三）。

图 22　西汉晚期的带翼狮：昂首式（陕西咸阳渭陵出土）

图 23　西汉晚期的带翼狮：俯首式（陕西咸阳渭陵出土）

图 24　西汉晚期的带翼狮：俯首式（清宫旧藏）

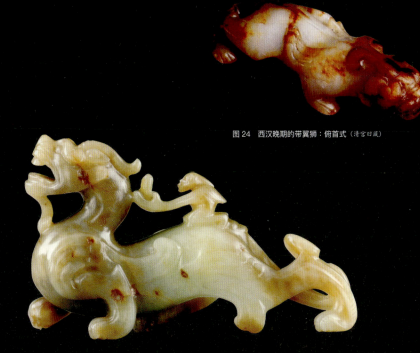

图 25　西汉的带翼狮：昂首式（华盛顿弗利尔美术馆藏，苏芳淑提供）

 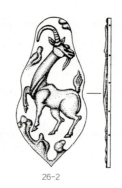

26-1　　　　　　　　　　　　26-2

图 26　西汉的带翼山羊
26-1　汉长安城武库遗址出土的玉器　26-2　广西西林普驮铜鼓墓出土的铜牌饰

出北方，一出南方，可以反映文化传播的广泛。

(丁) 金银器

云南晋宁石寨山7号墓出土的银带扣[图27-1]。[1] 主题是翼虎。其形式与朝鲜乐浪遗址出土的虎纹带扣相似[图27-2]，但后者没有明显的翼。我国早期带扣有些是草原地区的制品，也有些是模仿这类风格的汉地制品。二者的关系值得探讨。[2] 在出土发现中，类似出土物很多，主题往往是龙，

---

[1] 云南省博物馆《云南晋宁石寨山古墓发掘报告》，文物出版社，1959年，图版107。
[2] 这件带扣的来源，学者有不同看法：(1) 发掘者认为是从希腊传入，纹饰与"亚述式"翼兽相似，见《云南晋宁石寨山古墓发掘报告》；(2) 张增祺先生认为是斯基泰在云南的移民所造，见所著《战国至西汉时期滇池区域发现的西亚文物》，《考古》1989年9期，808—820页；(3) 王仁湘先生认为是本土制造，见所著《带扣略论》，《考古》1986年1期，65—75页；(4) 孙机先生也认为是本土制造，见所著《先秦、汉、晋腰带用金银带扣》，《文物》1994年1期，50—64页；(5) 童恩正先生认为是印度传入，见所著《古代中国南方与印度交通的考古研究》，《考古》1999年4期，79—87页。案：诸说以本土说较为合理。

27-1　　　　　　　　　　　　　　27-2

图 27　西汉的翼虎纹带扣
27-1　云南晋宁石寨山 7 号墓出土　27-2　朝鲜平壤乐浪遗址出土

但石寨山所出和平壤所出却是虎纹。这样的虎纹，按当时理解，似可归入四灵系统的中国纹饰，但加翼却是受外来影响。现已出土的金银带扣，此种类型多见于汉地和与汉地邻近的地区（东见于朝鲜、日本，西见于新疆，南见于云南和广东），当然不一定都是外来物，也有可能是仿制品，但其审美趣味还是受到外来影响。

（四）东汉

东汉时期，上述翼兽中的带翼狮开始定型，形成固定形象的天禄、辟邪（下文按惯例，称成对者为"天禄""辟邪"，单出者为"辟邪"）。因为发现太多，这里只能择要做简短介绍。

（甲）铜器

1. 美国赛克勒美术馆藏辟邪式器物。[1] 共三件：（1）弗利尔—赛克勒美术馆的藏品（F1961.3），背部开口，长36.6厘米、宽13.7厘米、高19.3厘米，双角存 [图28]；（2）赛克勒基金会借存（MLS1779），器形与上器相似，但

---

[1] 承苏芳淑博士寄赠照片（8月13日）。

尺寸略小：长24.2厘米、宽11.6厘米、高13.3厘米，双角失[图29]；[1]（3）赛克勒基金会借存（MLS1778），器形与上面两器相似，但头部不同，背部有方筒、圆筒各一，尺寸介于上述二器：长25.6厘米、宽15.3厘米、高16.5厘米，双角存[图30]。此类辟邪的一个特点是往往足掌上翻。这样的铜器曾在安徽阜阳南郊红旗中学发现过，是被定为西汉铜器[图31]。[2]

2. 江苏徐州汉彭城王刘恭墓出土鎏金镶嵌辟邪式砚盒[图32]。[3] 这是典型的"虾蟆式"翼兽，头上有双角。此器装饰豪华，器表鎏金，镶嵌红珊瑚、绿松石和青金石，亦属"青碧玫瑰式"装饰。其年代约在东汉明帝时（58—75年）。

3. 日本泉屋博古馆藏鎏金辟邪镇[图33]。[4] 造型与东汉常见的辟邪相似，身上有类似豹纹的花纹。

4. 铜镜。[5] 孙机先生提到，浙江出土的一面汉镜上有独角翼龙式花纹，旁注铭文"辟邪"[图34]。

(乙) 陶器

1. 陕西咸阳市出土的翼兽器座[图35]。[6] 陕西历史博物馆藏。兽首似驼、马类动物，与上西安北郊和龙首原所出西汉器座似为一系，而与东汉

---

[1] Jenny F.So, *Eastern Zhou Ritual Bronzes from the Arthur M.Sackler Collections*, Arthur M.Saekler Foundation, 1995, p.57, fig.95.
[2] 刘海超《阜阳博物馆藏品简介》，《文物天地》2000年1期，32–36页。又参看 Gisèle Croë, n.30(13–21 March 1993), p.18, 42 所收的两件辟邪器座。
[3] 夏鼐《无产阶级文化大革命中的考古新发现》，《考古》1972年1期，29–42页（图像见33页：图六）。
[4]《仏教美術·金工品》，39页。
[5] 见孙机《汉镇艺术》，《文物》1983年6期，69–72页（图像见71页：图二，1）。又孙机《汉代物质文化资料图说》，文物出版社，1991年，420页。
[6]《中国美术全集》雕塑编2，132页：图版一二九。

图 28 东汉的辟邪铜器座(华盛顿弗利尔美术馆藏,F1961.3,苏芳淑提供)

图 29 东汉的辟邪铜器座(赛克勒基金会藏,MLS1779,苏芳淑提供)

图 30 东汉的辟邪铜器座（赛克勒基金会藏，MLS1778，苏芳淑提供）

图31 东汉的辟邪铜器座（安徽阜阳南郊红旗中学出土，韩自强提供）

图32 东汉的辟邪砚盒（江苏徐州汉彭城王刘恭墓出土）

图 33　东汉的鎏金辟邪镇（泉屋博古馆提供）　　　图 34　东汉铜镜上的辟邪纹（孙机绘）

图 35　东汉的翼兽陶器座（陕西咸阳市出土）

图 36　东汉的彩绘辟邪（美国洛杉矶县立艺术博物馆提供）

常见的辟邪器座不同。东汉的辟邪器座，多与下器相似。[1]

　　2. 美国洛杉矶县立艺术博物馆藏东汉彩绘辟邪[图36]。[2]头上有双角，前后足的上方皆有四条前端弯曲如钩状的羽翼。这件辟邪是东汉辟邪的典型式样，当时的陶制器座很多都是采取这种形式。[3]

---

[1] 上文所记战国秦汉时代的翼兽形器座，它们原来是干什么用，很多情况还并不清楚。但汉代的这类器座，有些是承小型的钟虡，有些是插"摇钱树"的（除辟邪式，也有作带翼马或带翼羊式）。参看：Susan N. Erickson, "Money Trees of the Eastern Han Dynasty," *Bulletin of the Museum of Far Eastern Antiquities*, no.66(1994), pp.5-115. 案：四川出土的带翼羊是绵羊。

[2] 此器照片是承洛杉矶县立艺术博物馆提供，编号：AC1997.1.1，名称：东汉辟邪25-220, 42.6厘米×39厘米×26厘米，捐献：Elly Nordskog and family in memory of Bob Nordskog, 版权：Photograph ©2000 Museum Associates / LACMA.

[3] 这类陶器在各地博物馆中多有收藏，如1997年参观济宁市博物馆就见到过一对。

图37 承虞玉翼兽（东汉，陕西宝鸡市北郊东汉墓出土，宝鸡青铜器博物馆藏）

（丙）玉器

陕西宝鸡市北郊东汉墓出土的辟邪式器座[图37]。[1]头顶有一方形插孔，背部有一圆形插孔。[2]

（丁）金银器

河北定县汉中山穆王刘畅墓出土的天禄、辟邪[图38]。[3]镶嵌红、绿宝石，一件作双角，一件作独角，皆有翼。同出还有金龙、金羊和各种金饰片多种。墓葬年代约在174年。

---

[1]《中国文物精华》编辑委员会编《中国文物精华》1992，文物出版社，1992年，图版78。

[2] 又台北故宫博物院有一件玉辟邪，造型与下奈尔逊—阿特金斯艺术博物馆藏天禄、辟邪石刻相似，见《中华五千年文物集刊·玉器篇（汉代）》，中华五千年文物集刊委员会，1991年，46页；图79。原器有乾隆御款，苏芳淑博士认为是明清时代的仿古艺术品。

[3] 见定县博物馆《河北定县43号墓发掘简报》，《文物》1973年11期，8—20页（图像见图版叁：2）。

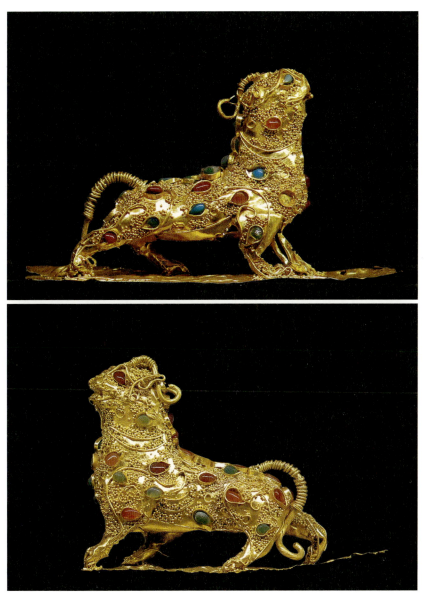

图38 东汉的金天禄、辟邪（河北定县汉中山穆王刘畅墓出土）

(戊) 神道石刻

头上或无角，或一角，或两角。东汉时期的标本，现在有十几对（但有些只剩一件），除四川地区的发现，似以河南，特别是帝都洛阳和豪族云集的南阳最集中。20世纪以来流散各国博物馆的藏品，很多也是出自河南。南阳所出，一角者铭刻"天禄"，两角者铭刻"辟邪"（皆刻于翼上）；四川所出，则没有铭文。以天禄、辟邪守护阙门和神道是东汉以来的风气，常例是以一角者居左，两角者居右（六朝则是以一角者居右，两角者居左），[1] 形体不算太大（一般在1—1.6米左右）。它们是魏晋南北朝这

图39 东汉神道石刻的天禄、辟邪（原在河南南阳汉宗资墓前）

类石刻的前身（形体不如后来巨大，但基本特征相同）。魏晋时期，这类石刻未见，南北朝才重新流行（但南北朝以后衰落）。北朝所刻不精，制作精美者多是南朝的作品（集中于南京、丹徒一带）。它们的共同源头还是河南，雕刻工艺也是沿袭汉代，彼此非常相似。其实物有：

（Ⅰ）河南的标本。

1. 南阳宗资墓前的天禄、辟邪。据宋以来的金石著录，[2] 河南出土的天禄辟邪石刻是以南阳、宝丰二地最集中。南阳所出主要有汉宗资墓前的一对，汉宋均墓前的一对，以及麒麟岗汉墓前的一对。宝丰所出则有州辅墓前的一对。[3] 这些石刻，现在只有宗资墓前的一对（或说只有一件属宗资墓，另一件不是）还在，现藏南阳汉画馆 [图39]。[4]

---

[1] 朱希祖《天禄辟邪考》，198页引其子朱偰《六朝陵墓总说》。
[2] 见欧阳修《集古录跋尾》卷三、沈括《梦溪笔谈》卷二一、赵明诚《金石录》卷一五等书。
[3] 朱希祖《天禄辟邪考》，185–187、192–194页。州辅墓前的一对，朱氏认为是四对（193页）。
[4]《中国美术全集》雕塑编2，88–89页：图版八七。又上引 Barry Till 文，p.271, fig.9。

2. 河南洛阳涧西孙旗屯出土的天禄、辟邪[图40]。[1] 一藏洛阳关林石刻艺术馆，一藏中国历史博物馆，其造型与上相似，下有方座，颈部有铭，曰"缑氏蒿聚成奴作"。

（Ⅱ）四川的标本。

1. 雅安高颐墓的天禄、辟邪[图41]。[2] 一对。造型粗犷，不如河南所出者精细。

2. 芦山樊敏墓的天禄、辟邪。[3] 一对。造型也比较粗犷。

（Ⅲ）散藏于西方博物馆中的藏品。[4]

1. 美国费城：宾州大学博物馆的藏品。一对。传出河南内丘县（实为河北内丘县）。

2. 法国巴黎：吉美博物馆的藏品。一对。传出河南内丘县（实为河北内丘县）。

3. 美国布法罗：阿尔布莱特—诺克斯美术馆的藏品。一件。

4. 瑞士苏黎世：莱特堡博物馆的藏品。一件。

5. 美国堪萨斯：奈尔逊—阿特金斯艺术博物馆的藏品[图42]。一对。此器下有方座，与涧西所出同。

6. 美国旧金山：亚洲艺术博物馆的藏品。一件。

7. 瑞典斯德哥尔摩：远东古物博物馆的藏品。一件。

此外，应当指出的是，东汉时期的天禄、辟邪，有些无翼，学者或称

---

[1]《中国美术全集》雕塑编2，96页，图版九三。
[2] 徐文彬等编《四川汉代石阙》，文物出版社，1992年，113页；图版一一七。
[3] 同上，117页；图版一三二、一三三。
[4] Barry "Till, Somie observations on stone winged chimeras at ancient Chinese tomb sites," *Artibus Asiae*, vol.42, pp.261–281. 案：作者把上述器物分为两大类，第一类是下述1—4，第二类是下述5—7。另外，该文还收有一件下落不明的私人藏品，照片见 p.277, fig.21。该器是盖特格雷氏（Mr. Category）于解放前获自洛阳，然后迁到北京，器形与旧金山亚洲艺术博物馆的藏品相似，作者怀疑是一对。

图 40　东汉神道石刻的天禄、辟邪（河南洛阳涧西孙旗屯出土）

图 41　东汉神道石刻的天禄、辟邪（原在四川雅安高颐墓前，王睿摄）

图 42　东汉神道石刻的天禄、辟邪（美国奈尔逊—阿特金斯艺术博物馆藏）

图 43 东汉神道石刻的天禄、辟邪（陕西咸阳西郊出土，碑林博物馆藏）

"狮子",如:(1) 四川芦山杨君墓前的一对,[1] (2) 山东嘉祥武氏祠前的一对,[2] (3)1959年陕西咸阳西郊出土的一对[图43],[3] 它们在墓地的位置和功能（看守阙门）,它们的造型和姿态均与有翼者无别,其实仍应视为天禄、辟邪。

---

[1]《中国美术全集》雕塑编 2,92–93 页：图版九〇。
[2]《中国美术全集》雕塑编 2,94–95 页：图版九一。
[3]《中国美术全集》雕塑编 2,94–95 页：图版九二。

图 44　东汉沂南画像石上的有翼神兽

(己) 画像石

在东汉时期的画像石中,有翼神兽是常见主题。其中既有格里芬式的鸟首神兽和天禄、辟邪,也有翼虎、翼豹、翼马、翼鹿和人首(九头、三头和两头)兽身的带翼神物,例子极多,不胜枚举。这里可举两个例子:

1. 山东沂南画像石中的例子 [图44]。[1]

2. 山东嘉祥画像石中的例子 [图45]。[2]

图 45　东汉嘉祥画像石上的有翼神兽

---

[1] 引自 Käte Finsterbusch, *Verzeichnis und Motivindex der Han-Darstellungen*, Wiesbaden: Otto Harrassowitz, 1971, Abbildung 335, Tafel 99(原出曾昭燏《沂南古画像石墓发掘报告》,上海,1956 年)。
[2] 济宁地区文物组、嘉祥县文管所《山东嘉祥宋山 1980 年出土的汉画像石》,《文物》1982 年 5 期,60–70 页(图像见 68 页:图二三至二五,模糊不清)。

图46　东汉的辟邪器座（四川雅安点将台汉墓出土）

图47　东汉的石天禄承盘（河南淮阳县北关纱厂汉墓出土）

（庚）其他石刻

1. 四川雅安点将台汉墓出土的"辟邪器座"[图46]。[1] 现藏四川省博物馆，颈后有圆形插孔。

2. 河南淮阳县北关纱厂汉墓(M1)出土的"石天禄承盘"[图47]。[2] 也是比较小的石刻（长22厘米、高46厘米），同出有石俑、虎形座、狮形座、双兽座等其他石刻。

（辛）丝织品

在新疆出土的汉地织锦中，我们经常可以见到一种鸟兽纹夹汉字的图案。其中的兽类，除狮、虎外，辟邪也是常见之物。如民丰县尼雅遗址出土的"五星出东方利中国"锦、"讨南羌"锦、"延年益寿长葆子孙"锦、"宜子孙"锦、"文大"锦、"安乐绣"锦[图48]，上面就有这类图像。[3]

---

[1]《中国美术全集》雕塑编2，98页：图版九五。

[2] 周口地区文物工作队、淮阳县博物馆《河南淮阳北关一号汉墓发掘简报》，《文物》1991年4期，34—46页（图像见39页：图九，1）。

[3] 新疆文物考古研究所《新疆民丰县尼雅遗址95MN1号墓地M8发掘简报》，《文物》2000年1期，4—40页（图像见28页：图六〇；34页：图七〇、七一）。

论中国的有翼神兽　169

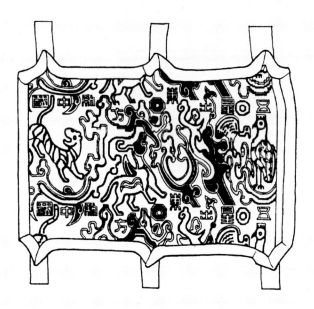

图 48　新疆尼雅遗址出土丝织品上的辟邪纹

图49 汉墓出土的"系臂辟邪"
49-1 金辟邪（洛阳晋墓出土，梁鉴摄） 49-2 水晶辟邪（临沂市博物馆藏）

图50 辟邪镇（广西合浦西汉墓出土）

（六）其他

1. 汉墓出土的"系臂辟邪"[图49][1]。是一种用琥珀、炭精、黄金、水晶、琉璃、骨头制作的无翼小狮，一般大小只有1厘米多长，主要流行于两汉和魏晋南北朝时期的墓葬，孙机先生推测，当是系臂用来辟邪的用品。

2. 广西合浦西汉墓出土的"辟邪镇"[图50][2]。作三兽环立，也没有明显的翼。[3]

---

[1] 如：(1) 贵州清镇平坝东汉墓出土（琉璃和骨制），见《考古学报》1959年1期，101页；图十七；(2) 河北定县汉中山穆王墓出土（琥珀制），见《文物》1973年11期，12页；图五；(3) 咸阳马泉西汉墓出土（琥珀制），见《考古》1979年2期，130页；图六；(4) 湖北宜都陆城东汉墓出土（黄金制），见《考古》1988年10期，图版陆：6。参看孙机《汉镇艺术》，《文物》1983年6期，69—72页。案：孙机先生引《急就篇》卷三"系臂琅玕虎魄龙，璧碧珠玑玫瑰瓮，玉玦佩玺从容，射魃辟邪除群凶"，似以诸物皆可避邪，因称此物为"系臂辟邪"。

[2] 广西壮族自治区文物考古写作小组《合浦西汉木椁墓》，《考古》1972年5期，图版陆：3。参看：孙机《汉镇艺术》。

[3] 还有一些材料可附记于此：(1) 四川合川东汉墓出土辟邪石座，见《文物》1977年2期，67页：图一九，68页；图二二；(2) 居延甲渠侯官遗址（EP）出土木版画上的带翼虎，见《文物》1978年1期，图版叁：1。

三、传世文献中的有翼神兽

中国古代艺术中的动物形象可分两大类，一类是写实的动物，一类是用不同种类的动物（特别是飞禽和走兽）夸张变形、混合而成，即纯属想象的动物。后者又可分为随意想象、不太著名的动物和经过长期筛选被人视为"祥禽瑞兽"的动物。这里为了讨论的方便，我们对"有翼神兽"的讨论仅限于最后一种，而并不包括前两种。如朱希祖提到的"如虎添翼"说，或《山海经》中的毛神杂怪，这里都不再讨论。

从文献记载看，中国最重要的"有翼神兽"是：

（一）麒麟

是以鹿类动物为依托的有翼神兽。中国早期的祥禽瑞兽是以"龙""凤"或"麒麟""凤凰"最出名。但值得注意的是，"龙""凤"虽是商周铭刻中早就出现的名称，但"麒麟"和"凤凰"却并不见于早期铭刻。《春秋》经传记鲁哀公十四年"西狩获麟"，《诗经·周南》有《麟之趾》，它们提到的都是"麟"而不是"麒麟"。"麒麟"作为瑞兽而与"凤凰"对举，似乎只是从战国文献才出现。[1]"麒麟"称"麟"，一般认为是省称，就像"凤凰"称"凤"也被认为是省称。但我们从词汇发展的顺序看，情况却毋宁相反。它们也许反而是"麟""凤"二字的扩展。据《尔雅》《说文》等书，"麒""麟"和"凤""凰"都是同一种动物的雌雄二体。但我们怀疑，"麟"（亦作"麐"）在未被神化之前大概只是一种鹿类的动物。[2] 这

---

[1] 如《大戴礼·易本命》《礼记·礼运》《孟子·公孙丑上》《管子·封禅》《吕氏春秋·应同》《楚辞》的《惜誓》和《九叹》。案：《礼记·礼运》也把麟、凤、龟、龙称为"四灵"。

[2] 旧说麒麟即长颈鹿，孙机先生已正其误，见所著《麒麟和长颈鹿》，收入孙机、杨泓《文物丛谈》，文物出版社，1991年，336—342页。又学者或说麒麟即狷羚（hartebeest, *Alcelaphus*），也不可信，见郭郛、李约瑟、成庆泰《中国古代动物学史》，科学出版社，1999年，21、63、64、103、533页。

种动物被神化，是因为历史上的两个著名事件：(1) 鲁哀公十四年（前481年）"西狩获麟"（注意：其获是在西方），它的被擒曾引起孔子的哀悯，传说孔子竟因此而绝笔《春秋》；(2) 汉武帝于公元前122年西祠五畤，据说也曾猎获"白麟"（注意：其获也是在西方，所获之兽色白，正是西方的象征），因之改元元狩，为作麒麟阁。孔子见到的"麟"是什么样？《春秋》《左传》没有讲，《公羊传》说是"非中国之兽"或"仁兽"，"麇而有角"（麇即獐，Chinese water deer, *Hydropotes inermis*，只分布于中国和朝鲜）。[1] 孔子见了这样的动物为什么会大哭？原因是他自己就是一位仁者，在他看来，这种仁兽的被擒正是其道不行的象征。武帝所获"白麟"，据说是"一角而五蹄"，在当时是作为汉征四夷、武功全盛的象征，特别是与他对匈奴的征服有关（《汉书·终军传》）。汉以来，学者多谓麒麟是一种麇身、牛尾、狼额、马蹄的神物，雄曰麒而无角，雌曰麟而一角，并且角端有肉。[2] 但因为麒麟单称只叫"麟"，所以更多是以"一角"而为人所知。其出土形象，上文已说，是以一角而角端有肉者为多，但也有作山羊形象，头带尖长角或两角并合者。西汉以后，"麟"还常常加入由青龙、朱雀、白虎、玄武代表四方的"四灵纹"[图51-1、2]，进一步构成四方加中央的"五灵纹"[图51-3]。[3] 可见"麟"是一种形象明确的主题。但这里值得注意的是，古人对"麒麟"和下面要讲的"桃拔""符拔""扶拔"或"天禄""辟邪"有时会混淆。如朱希祖就曾指出，古人往往把汉魏六朝陵墓前的天禄、辟邪称为"麒麟"，并把此类陵墓呼为"麒麟冢"和以"麒麟"命名石刻所在的地点。[4] 可见它们是形象相似（有翼）、性质接近的神

---

[1]《汉书·宣帝纪》说元康四年（前62年）"九真（在今越南）献奇兽"，据说也是"麟"，《论衡·讲瑞》说宣帝所获是："状如獐而两角"。
[2] 如《尔雅·释兽》《广雅·释兽》《左传》哀公十三年杜预注、《国语·鲁语》韦昭注、《汉书·武帝本纪》颜师古注等。
[3] 孙机《几种汉代的图案纹饰》。
[4] 朱希祖《天禄辟邪考》。

51-1

51-2

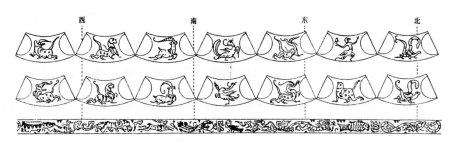

51-3

图 51　四灵纹和五灵纹
51-1　四灵纹　51-2　四灵纹　51-3　五灵纹（孙机绘）

兽。"麒麟"的上古音，"麒"是群母之部字（giə），"麟"是来母真部字（lien）。我们怀疑，它也许是一种借助中国概念和中国词汇（麟）的外来译词（其读音与下节所论griffin相近），引入中国的年代要相对早一点。[1]

---

[1] 何莫邪（Christoph Harbsmeier）教授怀疑，"凤凰"既与"麒麟"并称，也有可能是按同样方法创造的外来语。

中国的有翼神兽最初就是在这一概念下发展起来。

(二) 桃拔、符拔、扶拔

一般认为是与"天禄""辟邪"有关的一种外来动物的名称。它的出名要比麒麟晚，主要是汉通西域以来，并且明显是与古称西域的今中亚和西亚各国有关。其有关记载是：

(1)《汉书·西域传》："乌弋山离国（在今阿富汗一带），王〔案：下脱表示其首都的'治某某城'，〕[1]去长安万二千二百里，……乌弋地暑热莽平，其草木、畜产、五谷、果菜、食饮、宫室、市列、钱货、兵器、金珠之属皆与罽宾同，而有桃拔、师子、犀牛。"孟康注曰："桃拔一名符拔，似鹿，长尾，一角者或为天鹿，两角者或为辟邪。师子似虎，正黄有髯耏，尾端茸毛大如斗。"

(2)《后汉书·章帝纪》："章和元年（87年），……是岁，西域长史班超击莎车，大破之。月氏国（在今新疆和新疆以西）遣使献扶拔、狮子。"注："扶拔，似麟无角。拔音步末反。"

(3)《后汉书·和帝纪》："章和二年（88年），……安息国（在今伊朗和伊拉克一带）遣使献狮子、扶拔。"注："解在《章帝纪》。"

(4)《后汉书·班超传》："初，月氏尝助汉击车师有功，是岁贡符拔、狮子。"注："《续汉书》曰：'符拔，形似麟而无角。'"

在上述材料中，我们应当注意的是，"桃拔""符拔"和"扶拔"应是同一外来词汇的不同写法。它们的第一字，似是表示该词的辅音部分或靠前的音节，略如后世的反切上字。在中国的上古音中，"桃"是定母宵部字，"符"是並母侯部字，"扶"是並母鱼部字，第一字与后两字声母不同，

---

[1] 林梅村先生说缺文当作"治乌弋山离城"，见他的《天禄辟邪与古代中西文化交流》，收入所著《汉唐西域与中国文明》，文物出版社，1998年，96–101页。但《汉书·西域传》和《后汉书·西域传》，它们的国名和首都也有不同名者。

显然有误。我们怀疑,"桃"字其实是"排"字之误(详下)。"排"是並母字。它们都是以b或p为声母。而"拔"是並母月部字,则以at为韵尾。

对上述材料,过去有两种理解,一种是以"桃拔"(或"符拔""扶拔",下不再注)和"狮子"为两种动物,比如认为它是麒麟的别名或无角的麒麟(即麒),[1]或者猜测它是西亚或中亚的某种其他动物。[2]因为孟康对"桃拔"和"狮子"的解释是分开的,李贤也是但释"符拔"。这种解释似乎比较合理。但值得注意的是,在上引各句中,"桃拔"类的词汇和"狮子"虽偶尔倒置,但所有句例都是连在一起,它们也有可能是连读。例如朱希祖就是采用连读。

这里我们希望指出的是,尽管古书记载比较模糊,学者理解颇多分歧,但有两点比较一致。第一,"桃拔"是与天禄、辟邪相同或有关(即天禄、辟邪的统称,或无角的天禄、辟邪);第二,天禄、辟邪,见于出土发现,一律都是以成对的带翼狮或狮子的形象出现,而与出土麒麟的形象有别。如果我们以"桃拔"指麒麟或其他动物,则与出土形象不合;如果我们以它们指狮子,又嫌语义重复。因此,上面的后一种读法也值得考虑。这里有两种可能:

第一种可能,"桃拔狮子"是指具有某种神力的狮子或以狮子为化身的某种神物。也就是说,"桃拔狮子"或"狮子桃拔"都是狮子的神秘说法。孟康说"符拔"似鹿,一角者或称"天鹿",与麒麟相似,可能是依托"麒麟"的形象或概念来理解,是以比较熟悉的东西来解释不太熟悉的东西(就像古人以肿背马解释骆驼,以短毛虎解释狮子,都是属于语言学家称为"catachresis"的现象)。如果这种理解正确的话,那

---

[1] 如:杨宽《中国古代陵寝制度史研究》,上海古籍出版社,1985年,152页。
[2] 如:林梅村《天禄辟邪与古代中西文化交流》以"桃拔"为误,"符拔"或"扶拔"为正,并把"符拔"或"扶拔"理解为"天禄"。按沙畹的考证,解释为西域叉角羚(antelope,古希腊文作boubalis),把"辟邪"解释为犀牛。

么它就可以解释朱希祖提出的问题，即古人为什么会用"麒麟"代指神道石刻的天禄、辟邪。在这个意义上，我们甚至可以说，"桃拔狮子"或"狮子桃拔"也就是一种麒麟式的狮子或狮子式的麒麟。但这种可能似不如第二种可能更有说服力。

第二种可能，"桃拔狮子"是说"桃拔"出产的"狮子"。也就是说，"桃拔"是表示狮子的产地（但如果是这样，那么"狮子扶拔"就肯定是倒误）。比如说，我们可以考虑的是，它是不是与《汉书·西域传》所说出产狮子的乌弋山离国或邻近国家属于同一地区。据《汉书·西域传》，乌弋山离是汉通西域，在丝路南道的终点首先碰到的大国。《后汉书·西域传》说，东汉时乌弋山离改名叫"排特"。"排特"，不但字形与"桃拔"相近，读音也与"符拔""扶拔"相近。其领土，东面是罽宾（在今克什米尔地区），北面是扑挑［即巴克特利亚（Bactria），在今兴都库什山和阿姆河上游之间］，西通犁靬（埃及的亚历山大城）和条支（在今叙利亚），范围在今阿富汗境内。乌弋山离（古书多简称"乌弋"），古音与亚历山大（Alexandria）接近。其首都（《汉书·西域传》脱去其名）当是今阿富汗境内以亚历山大为名的很多城市中的一个。[1] 我们怀疑，上文"桃拔"是"排拔"之误，实即乌弋山离的别名"排特"。

当然，这两种考虑都仅仅是猜测。我们的用意，只是在于说明，大家对文献的解释必须符合出土实物的形象。

---

[1] 乌弋山离究竟是哪一座亚历山大城，学界主要有四说：Herat, Kandahar, Farah, Ghazni. 参看：余太山《塞种史研究》，中国社会科学出版社，1992年，168–181页。

(三) 天禄、辟邪

什么是"天禄"？什么是"辟邪"？学者争论很大。[1]但无论怎么看，有两点不能怀疑：（1）它们是从西域传入，是外来之物（从汉代文献看）；（2）它们应与"狮子"有关（从出土实物看）。从上述理解出发，我们的看法是，"桃（排）拔狮子"乃"天禄""辟邪"的外来名称，"天禄""辟邪"乃"桃（排）拔狮子"的中国名称，两者是一回事。"桃（排）拔狮子"易名"天禄""辟邪"，其实是一种"中国化"的改造：一是形象的改造，二是词汇的改造。下面不妨做一点解释。

第一，上面我们已经说过，这类神物的引入是参照"麒麟"的概念，它被说成成对的神物，这是模仿麒麟。"麟"而分称"麒""麟"，据说是以有角无角而定：麒无角而麟一角。同样，"天禄""辟邪"也是按这样的方法来划分。它们的形象，验之出土发现，情况比较复杂：有时是单出，有时是双见；有时带角，有时不带角；有时一角，有时两角，最初并无严格区分。我们怀疑，"桃（排）拔狮子"的一分为二和以"天禄""辟邪"成对出现，这很可能是后起的说法。孟康说"一角者或为天禄，两角者或为辟邪"，李贤说"扶拔，似麟无角"，都可说明这并不是截然的划分。截然划分只是在成对出现类似麒麟的情况下。如果单出，大家就很难叫，根本无法按一角两角而定，更何况它们还往往无角。学者把单出者叫"辟邪"（比如上节提到的很多"辟邪"），其实只是一种习惯，真实根据并没有，我们把它称为"天禄"也无妨（比如下面考证的"天禄虾蟆"就是两角）。

第二，"天禄""辟邪"是中国词汇。它们是中国人为了表示祥瑞的

---

[1] 一说独角者为天禄，双角者为辟邪，无角者为符拔，见朱希祖《天禄辟邪考》；一说独角者为麒麟，双角者为天禄，无角者为符拔，见朱偰《建康兰陵六朝陵墓图考》，商务印书馆，1935年；一说无论独角、双角，都是麒麟，见杨宽《中国古代陵寝制度史研究》，上海古籍出版社，1985年，152页；一说独角者为辟邪，双角者为天禄，见孙机《汉代物质文化资料图说》，420页。

图 52 标"辟卯(邪)""除凶"铭文的老虎(四川出土的画像石)

套话。"天禄",见《孟子·万章下》,本来是指上天所赐的福禄,但因为"麒麟"也叫"天鹿",正好谐音"天禄",所以也指类似麒麟的神兽,其实是一种吉语。同样,"辟邪"见《急就篇》卷三,是与"除群凶"连言,本来是祛除邪魅的意思,古人认为狮虎凶猛,可除凶祟(详第五节),所以用这种神兽来看守阙门。在四川出土的汉代画像石上,我们曾见过一对老虎,作用类似天禄、辟邪(虎在当地很流行,上已提到),一件标"辟卯(邪)"("卯"是笔误),一件标"除凶"[图52],[1] 同样的词,既可用于成对的狮子,也可用于成对的老虎,可见是类似的吉语,使用并不严格。

与文献比较,我们认为,上述考古发现主要都是属于这一类。但种类却不限于此,除兽首类,还有鸟首类,兽首类中也有不同类别。特别是它们的年代,其中有不少属于西汉以前,当时的狮子叫狻猊。所以我们还不能以"桃(排)拔狮子"或"天禄""辟邪"来为所有发现命名,东汉以前,还是称为"有翼神兽"或"翼兽"。

汉代以瑞兽名殿,有天禄阁和麒麟殿,据说乃萧何所建(见《三辅黄

---

[1] 照片见Cheng Te-K'un, *Archaeological Studies in Szechwan*, Cambridge University Press, 1957, pl.33(图画和文字都是用红色表示)。这里的摹本是据Käte Finsterbusch, *Verzeichnis und Motivindex der Han-Darstellungen*, Wiesbaden:Otto Harrassowitz, 1971, Abbildung 256, 257, Tafel 61.

图·未央宫》引《汉宫殿疏》），其中或即陈有这类神物的铜像或石像，可惜它们都已湮没无闻。

(四) 天禄虾蟆

也是与天禄、辟邪有关的一种神物。关于这种神物，文献记载是：

(1)《后汉书·灵帝纪》："中平三年（186年）二月，复修玉堂殿，铸铜人四，及天禄虾蟆，又铸四出文钱。"注："天禄，兽也。时使掖庭令毕岚铸铜人，列于苍龙、玄武阙外，钟悬于玉堂及云台殿前，天禄虾蟆吐水于平门外，事具《宦者传》。……"

(2)《后汉书·张让传》："明年，遂使钩盾令宋典缮修南宫玉堂，又使掖庭令毕岚铸铜人四，列于苍龙、玄武阙。又铸四钟，皆受二千斛，悬于玉堂及云台殿前。又铸天禄虾蟆，吐水于平门外桥东，转水入宫。又作翻车渴乌，施于桥西，用洒南北郊路，以省百姓洒道之费。……"

这两条文献是讲同一事情。其所谓"铜人""钟""天禄虾蟆""翻车渴乌"都是殿宇陈设的豪华物品。类似之物也见于两汉魏晋南北朝的很多记载。如所谓"铜人"，实即翁仲，史凡六见，都是取自匈奴或仿自匈奴的殿宇装饰；"钟"往往就是以铜人承镶。"天禄""辟邪""麒麟""飞廉"之属也是这类东西。它们多是富有异国情调的作品。文中的"天禄虾蟆"，过去一般都是分读。如果照此读法，则文中吐水者就不是同一物品，而是两种形象不同的东西。我们以为还是以连读为好。因为从考古发现看，上文所述两汉时期的翼兽，它们中的一种往往作青蛙匍匐状，或为镇物，或为砚盒，或为器座，我们怀疑就是"天禄虾蟆"。如上节提到的汉彭城王刘恭墓所出就非常像是"虾蟆"。[1]

---

[1] 它们与内蒙古阿鲁柴登出土的金"虎形饰片"姿态相似（同墓出土"鹰形冠饰"和"镶宝石饰牌"上也有类似的卧兽）。参看：田广金、郭素新《内蒙古阿鲁柴登发现的匈奴遗物》，《考古》1980年4期，333–338转364页（图像见334页：图一；335页：图三、5、6、11）。

（五）飞廉

见《楚辞·离骚》《淮南子·俶真训》等书，是一种能致风气的神物。《三辅黄图·观》说："飞廉观在上林，武帝元封二年作。飞廉，神禽能致风气者，身似鹿，头如雀，有角而蛇尾，文如豹。武帝命以铜铸观上，因以为名。"[1]值得注意的是，古书说秦人的祖先有一位叫"飞廉"，大约在商代，他曾住在今山西一带的北方，为商王养马。这似乎暗示，"飞廉"也可能是与北方民族有关的艺术主题（疑即下节所述"鹰首鹿"）。上文说曾侯乙墓曾出土一件"鹿角立鹤"，有学者认为就是古书中的飞廉。[2]情况是否如此，还要研究。[3]

四、西亚、中亚和欧亚草原的有翼神兽

上文是讲中国的有翼神兽，这里要谈的是它是否与外来影响有关。这个问题牵涉广泛，要靠比较才能解决，但笔者所见不广，缺乏深入研究，这里只能讲点粗糙的想法，抛砖引玉，请大家来讨论。

首先，我们都知道，有翼神兽在欧亚各地的艺术中有许多种类，[4]其中与上述问题关系最大，恐怕要算格里芬（griffin）。[5]这种艺术主题起源

---

[1]武帝作飞廉观，又见《史记·封禅书》和《汉书·武帝纪》。
[2]《曾侯乙墓》，上册，250页。
[3]这种立鸟也可能是外来。如巴泽雷克出土过一件挂毯，图案左边的神物是头带鹿角的鸟，右边是头带鹿角的人，就有这种形象。
[4]如：（1）司芬克斯（sphinx，人面狮身），埃及有（前3千纪的埃及已有），希腊也有；（2）格里芬（griffin，鹰首狮、带翼狮等），起源于两河流域（前3千纪已有），传播极广；（3）齐美拉（chimera，是一种背生鹿头，尾为龙蛇的狮形怪物），希腊有；飞马（pegasus，带翼马），希腊有；（4）飞龙（dragon，带翼龙），希腊有。此外，亚述、波斯还有拉马苏（lamassu，人首带翼兽）、森莫夫（senmurv，一种兽首的鸟形怪兽）和各种翼人、鸟人。
[5]"格里芬"是闪语的词汇，并被所有欧洲语言共同使用。

很早，几乎和地中海地区的司芬克斯一样古老。早在公元前3千纪，它已出现于两河流域，并向世界各地广泛传播。[1]这类主题在北非、南欧、南亚、西亚、中亚和欧亚草原都有发现（前三个地区的格里芬，见［图53］；后三个地区的格里芬，见［图54-图60］），是古代世界最有国际性的艺术主题。但它们有很多变种，在早期宗教和神话中的含义并不是很清楚，在不同时期和不同地区有不同表现，彼此的文化关系非常复杂。

图53　北非、南欧、南亚的格里芬
53-1　埃及的格里芬　53-2　以色列的格里芬　53-3　希腊的格里芬　53-4　印度的格里芬

　　研究格里芬的传播，有三点值得注意：第一，它是以西亚为中心向四面传播的：地中海和近东是南系，中亚和欧亚草原是北系，印度介于两者之间，前者有狮无虎，后者有虎无狮，印度则两者都有，它

---

[1] L. Legrain, *Ur Excavations, Seal Cylinders X*, Publication of the Joint Expedition of the British Museum and the University Museum, University of Pennsylvania to Mesopotamia, London/Philadelphia, 1951, pl.42, nos.805–806.

图 54　亚述带翼狮
54-1　卡拉宫墙上的装饰　54-2　苏萨宫墙上的装饰

图 55　基维耶(Ziwiye)胸饰上的有翼神兽：拉马苏、格里芬、翼狮（梁鋆 摄）

们代表了动物生态分布的两个区域；[1]第二，西亚艺术向北和向东传播，它的进入黑海北岸、进入南西伯利亚和阿尔泰地区是以中亚为枢纽，进入新疆、蒙古草原和中国腹地也是以中亚为枢纽；第三，中国对格里芬的接受可能有不同渠道，既可能从新疆方向接受中亚和西亚的影响（大致沿所谓"丝路"的走向），也可能从内蒙古和东北接受来自欧亚草原的影响。[2]

我们先谈亚述、波斯和中亚地区的格里芬，即前9—前4世纪当地流行的这类主题。[3]它们可以分为三大类型：

（一）鹰首格里芬或鸟首格里芬（eagle griffin或bird griffin，见图55最上一排的左起第一种）。如图所示，它是以鹰首加狮身混合而成。这是本来意义上的格里芬或狭义的格里芬（世界各地的格里芬都是以这一种为主）。它对广义格里芬贡献最大是它的翼（后两种的翼都是借自这一种），

---

[1] 狮子的分布区是非洲大陆、两河流域、西亚和印度西北。欧洲有史时期没有狮子，但希腊可能有过。老虎的分布区是亚洲大陆：北到阿穆尔河，南到苏门答腊，西到格鲁吉亚，东到萨哈林群岛，很多地方都有。亚洲的老虎是以中国为中心：东北有东北虎，华南有华南虎（野外已灭绝），新疆有伊犁虎（60年代后灭绝），西藏有与印度东北孟加拉虎同种的老虎，但中亚高原没有老虎。

[2] 除年代较早的亚述、巴比伦艺术，这些地区的艺术往往是相互影响（其中还包括希腊艺术的影响），年代关系和风格关系极为复杂，学者对其年代早晚和传播关系有各种不同的猜测和分析，参看S.J.Rudenko, "The Mythological eagle, the gryphon, the winged lion, and the wolf in the art of northern nomads," *Artibus Asiae*, vol.21(1958), pp.101–122; Guitty Azarpay, "Some classical and Near Eastern motifs in the art of Pazyryk," *Artibus Asiae*, vol.22(1959), pp.313–339;Michelle Chiu Wang, "Variations on a Wing:The Transmission of the Griffin Motif from the Ancient Near East to China," *Art History* M262A, April 16, 2000（未刊）。

[3] 亚述艺术是以亚述王阿舒尔那西尔帕二世（Assur-nasir-paiⅡ，公元前883–前859年）在卡拉（Calah, 今Nimrud）所建宫殿的浮雕壁画为代表，波斯艺术是以波斯阿契美尼德王朝（Achaemenid Dynasty, 前559–前330年）在波斯波利斯（Persepolis）和苏萨（Susa）的建筑及各种艺术品为代表。中亚，这里指阿富汗和土库曼斯坦、乌兹别克斯坦、吉尔吉斯斯坦、塔吉克斯坦、哈萨克斯坦一带，其艺术是以阿姆河宝藏为代表。此外，与亚述、波斯系统的艺术有关，而又带有草原地区的影响，还有吉维耶（Ziwiye）和卢里斯坦（Luristan）的发现。

图56　羊角鹰首格里芬（奥克苏斯宝藏中的金手镯，不列颠博物馆藏）

但它的身体却是借自下一种。这种格里芬一般都无角，但奥克苏斯宝藏（Oxus Treasure）的一件金手镯，它上面的格里芬却有双角，而且角端有结，作圆饼状［图56］，显然是与下述第三类的混合。

（二）狮首格里芬或带翼狮（lion griffin或winged lion，见图54-1、2和图55每排中间的一种）。是前一种格里芬的变种。它与前者的区别是以狮首代替鹰首或鸟首。此类最初无角,加角是波斯、中亚、南西伯利亚和阿尔泰艺术的特点,亚述艺术未见,黑海地区的艺术也少见。它们主要是仿野山羊角,即借自下一种。野山羊的角有两种,一种是尖角,一种是末端上卷。

(三)羊首格里芬或带翼羊(ibex griffin或winged ibex,见图56。其形象是以西亚和中亚地区的亚洲野山羊(Asiatic ibex, *Capra sibirica*)为原型而添加翅膀。这种格里芬是偶蹄有角的格里芬:偶蹄可与狮身别,有角是自身特点。它的角,既有按真实形象作两角者,也有作两角并合或一角者,形状一般是向后弯曲,但也有作其他形状者。上面两种格里芬本以无角为常,但与此种混合,也有加角的形象。

此外,我们应该注意的是,亚述、波斯系统和中亚系统的格里芬是以青铜装饰、石刻雕像、瓷砖壁画、金银首饰和滚筒印为主,在复杂的表现场面里,它们往往会与其他带翼神物(如司芬克斯、拉马苏,以及鸟人、羽人)一起出现(如图55)。上述格里芬,因为往往是施于金石雕刻,所以对鹰首和鹰翼,狮首和狮身,羊首和羊角,特别是它们的肌肉,刻画很细致,有强烈的写实感。特别是它们还有三个装饰特点:(1)双翼多上举,略呈S形,翼尖朝前(头的方向);(2)兽足(鹰首格里芬和狮首格里芬的足)或作鸟爪,特别是后足,更往往是如此;(3)其臀部或有形状作"("或"·"的装饰(所谓"apple and pear"或"bow and dot"),翼下的腹部有时还伸出一块条形的羽纹。这三个特点,也见于欧亚草原的出土物。

下面,我们再简单说说欧亚草原的格里芬。

通常所说的欧亚草原,是指(1)黑海北岸高加索以北的南俄草原(所谓"塞种"和"斯基泰艺术",主要就是指这一地区的居民和他们的艺术);(2)南西伯利亚和阿尔泰地区;(3)我国的新疆和蒙古草原。在这一范围内，古代部族十分复杂，既有希腊人叫Scythian或波斯人叫Saka的部族（即中国史籍所说的"塞种"），也有中国文献称为"月氏""匈奴"和"鲜卑""东胡"的部族。这些地区不但流行格里芬，而且有趣的是，照希腊古典时代的传说，在Scythian人的东面（似指阿尔泰地区）住着Arimaspi人，他们杀死了"看守黄金的格里芬"，而夺走了黄金（阿尔泰山正是欧亚草原最著名的黄金产地，其名称本身就是"金山"的意思）。

从考古材料看，前7—前4世纪，南俄草原、南西伯利亚和阿尔泰地区曾流行所谓斯基泰艺术，即一种与波斯系统的艺术、中亚系统的艺术，以及希腊殖民地系统的艺术都有关系，也反过来影响它们的艺术。其出土物多为小件饰品，装饰于马具、毡毯、金银带扣和牌饰，以及用来文身。这种艺术以丰富的动物纹饰和表现其搏斗场面为特点。在这些场面中，充当杀手的是鹰、虎、狼、熊，皆属食肉动物；而被杀者则是驼、马、羊、鹿，皆属食草动物。它们虽兼有上述三种格里芬，但以角色互换的规律看，鹰首格里芬是代替鹰，狮首格里芬是代替虎（以及豹、熊和狼）。它们的鹰、虎写实性较强，但鹰首格里芬和带翼狮则完全是想象，即使在当地的艺术中也是一种"异国情调"。[1]

在这类艺术中，与我们的讨论有关，主要有下面几种主题：[2]

（一）神鹰（mythological eagle，[图57]）。特点是大耳，短额，钩喙，头带肉冠，颈项和胸脯饰垂鳞纹。

（二）格里芬。又可分为：

1. 鹰首格里芬[图58]。它的特点是，其鹰首往往采用上述"神鹰"的形式，并且有S形的双翼，翼尖朝前（朝向头部）。这种翼形与中亚及波斯

---

[1] 参看：169页注[1]引 Guitty Azarpay 文。
[2] 参看：169页注[1]引 S.J.Rudenko, Guitty Azarpay 文。

图 57 神鹰
57-1 巴泽雷克 (Pazyryk) 出土的鞍鞯　57-2 七兄弟石冢 (Seven Brother Kurgan) 出土的银鹰头

图 58 鹰首格里芬
58-1 图克丁石冢 (Tuektin Kurgan) 出土的木雕　58-2 巴泽雷克出土的铜牌饰

图59 带翼狮（彼得大帝藏品中的金项圈）

图60 带翼虎（图克丁石冢出土的木雕）

的格里芬是一样的，但值得注意的是，它还带有希腊艺术的特点。如它们的鹰首往往都是背上有鬣（mane），早期作锯齿状，晚期作鱼鳍状，这种特点就是受公元5世纪希腊艺术的影响（亚述和希腊有这种特点，波斯没有）。

2. 狮首格里芬或带翼狮［图59］。它与波斯和中亚的带翼狮在总体特点上是一样的，但也有一些不同。一是因为所用材料不同（如刻画于木材、皮革或毡毯），有些只是表现其轮廓，缺乏立体感和细部描写，写实性不如前者；二是有"虎化"的趋势，很多"带翼狮"被改造，去其雄狮之鬣，如同母狮，或者干脆和老虎一样，学者常以表示猫科动物的feline一词称之，并把此类和下一类混称为feline griffin；三是多半有角（或一角，或两角），角端有结，或作圆纽状，或作圆饼状，同于中国文献描写麒麟所说的"角端有肉"。前者是从上面提到的卷角发展而来，后者则与上述阿姆河宝藏金手镯上格里芬的角是一样的。

3. 带翼虎（winged tiger，［图60］）。是带翼狮的一种变形。欧亚草原是老虎活动的舞台，虎在当地艺术中占有中心地位，往往是搏斗场面的"第一杀手"。它与前者角色相似，往往互相代替，但带翼虎的特点是有条形虎纹，并且没角。这是我们可以把它们勉强分开的标志。

4. 鹰首鹿（winged stag,［图61］）。鹿嘴作钩喙，如同鹰首格里芬，但蹄是偶蹄。这是格里芬的又一变种。鹿在草原艺术中也是流行主题。特别是有些鹿（stag, *Cervus yarkandensis*），它们的角很大，分叉也很多，常常被夸张表现。它和西亚艺术流行的带翼羊（winged ibex）大体对应，但不同点是变羊为鹿，与鹰首格里芬混合，而且无翼。

最后，我们还应提到的是，前4—前2世纪，与斯基泰艺术有关，在我国的新疆、宁夏和甘肃地区，蒙古草原和与蒙古草原邻近的我国东北地区，黄河流域的陕西、山西和河北的北部，很多北方民族的出土物，其中也有类似的艺术表现，可作研究上述主题如何传入中国的背景参考。如：

（一）新疆地区

1. 新疆新源县出土的翼兽铜圈［图62］。[1] 是以一对带翼狮为装饰，年代相当中原地区的战国时期。此器是西亚风格的器物。[2]

2. 新疆吐鲁番交河故城沟北1号台地1号墓出土的"鹰嘴怪兽搏虎金牌

图61　鹰首鹿（巴泽雷克石冢二出土的文身图案）

图62　西亚风格的翼兽铜项圈（新疆新源出土）

---

［1］新疆维吾尔族自治区文物事业管理局等编《新疆文物古迹大观》，新疆美术摄影出版社，1999年，371页：图1055。

［2］参看：Michelle Chiu Wang, *Variations on a Wing: The Transmission of the Griffin Motif from the Ancient Near East to China.*

图 63　鹰虎搏斗
63-1　新疆吐鲁番交河故城出土的金牌饰
63-2　内蒙古赤峰市翁牛特旗出土的铜牌饰
63-3　彼得大帝藏品中的金带扣

饰"[图63-1]。[1] 墓地是车师墓地,年代相当中原地区的西汉早期。此器是表现"神鹰"(即上所说斯基泰式的"神鹰")与老虎搏斗的场面。这类主题在草原地区极为常见,如俄国爱尔米塔什美术馆的彼得大帝藏品中有一件金带扣,上面有完全相似的场面[图63-3]。

(二) 匈奴系统

1. 内蒙古准格尔旗西沟畔匈奴墓出土的"怪兽纹"金饰片。[2] 其所谓"怪兽"分两类,一类是钩喙大角鹿[图64-1],一类是草原艺术流行的狼[图65-1, 2]。前者是以神鹰式的头部和鹿的身体混合而成,头上的角纠结缠绕,有如树冠(注意:其中作卧姿者,背上还有一神鹰式小头)。对比斯基泰艺术中的同类作品:如伊塞克(Issyk)王墓出土金带扣上的钩喙大角鹿[图64-3],[3] 我们不难看出,此类应属斯基泰艺术流行的鹰首鹿式的格里芬。后者则见于狼、虎搏斗的场面(注意:其中第一件有鹰首鹿见于画面上方)。俄国艾尔米塔什美术馆的彼得大帝藏品中有一件金带扣,上面也有同样的主题

---

[1] 新疆文物考古研究所《吐鲁番交河故城沟北 1 号台地墓葬发掘报告》,《文物》1999 年 6 期, 18—25 页(图像见彩插)。
[2] 伊克昭盟文物工作站、内蒙古文物工作队《西沟畔匈奴墓》,《文物》1980 年 7 期, 1—10 页(图像见 2 页;图三, 2—4、6; 3 页;图四, 1、2、3; 6 页;图九, 2)。
[3] 孙机《先秦、汉、晋腰带用金银带扣》。

论中国的有翼神兽　191

64-1

64-2

64-3

图 64　鹰首鹿
64-1　内蒙古准格尔旗西沟畔匈奴墓出土的金饰片　64-2　陕西神木县纳林高兔匈奴墓出土的金饰物
64-3　伊塞克（Issyk）王墓出土的金带扣

65-1　　　　　　　　　　　65-2　　　　　　　　　　　65-3

图 65　虎狼搏斗
65-1、65-2　内蒙古准格尔旗西沟畔匈奴墓出土的金饰片
65-3　彼得大帝藏品中的金带扣

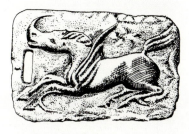

图 66　飞马纹鎏金铜牌饰（吉林榆树老河深鲜卑墓出土）

[图63-3]。这些饰片的年代可能相当中原地区的战国晚期。

2. 陕西神木县纳林高兔匈奴墓出土的"鹿形怪兽"[图64-2]。[1]与西沟畔所出的钩喙大角鹿相似，也是属于鹰首鹿式的格里芬。其鹿角和尾部都是由神鹰式的鸟首而变形。其年代可能相当中原地区的战国晚期。

3. 内蒙古赤峰市翁牛特旗牧民捐献的"虎鹰夺羊"铜牌饰[图63-2]。[2]它与交河故城出土的金牌饰为同类主题。其所谓"鹰"者也是上面所说的"神鹰"。其年代可能相当中原地区的两汉时期。

（三）鲜卑系统

内蒙古扎赉诺尔和吉林榆树老河深鲜卑墓出土的飞马纹铜牌饰[图66]。[3]其形象是头带尖角，背竖双翼，这是鲜卑民族的典型牌饰，[4]类似形象在中原地区还没有发现。

同上述材料比较，我们的印象是，中国的有翼神兽，其主题类型和装

---

〔1〕戴应新《陕西神木县出土匈奴文物》，《文物》1983 年 12 期，23—30 页（图像见图版肆，1）。
〔2〕庞昊《翁牛特旗发现两汉铜牌饰》，《文物》1998 年 7 期，42—43 转 78 页（图像见 43 页：图五，7、8）。
〔3〕郑隆《内蒙古扎赉诺尔古墓群调查记》，《文物》1961 年 9 期，16—19 页；内蒙古文物工作队《内蒙古扎赉诺尔墓群发掘简报》，《考古》1961 年 12 期，673—680 页；吉林省文物工作队等《吉林榆树县老河深鲜卑墓群部分墓葬发掘简报》，《文物》1985 年 2 期，68—82 页（图像见 73 页：图七，1、2）。
〔4〕宿白先生把它与《魏书·帝纪·序纪》所说"其形似马"的"神兽"联系起来，见所著《盛乐、平城一带的拓跋鲜卑——北魏遗迹》，《文物》1977 年 11 期，38—46 页。

饰风格与西亚和欧亚草原流行的格里芬在各方面都很相似。如：（1）他们有鹰首、狮首、虎首、羊首、鹿首等各式格里芬，我们也有类似的各类翼兽；（2）他们的鹰首格里芬或狮首格里芬，西亚早期风格，羽毛比较写实，侯马铸铜遗址陶范上的鸟首翼兽，其羽毛也是如此；（3）他们的狮首格里芬，足爪或作鸟爪，头上或有角，或无角，或一角，或两角，角端有结，我们的狮首翼兽也是如此（并且为了表示是鸟爪，我们还在腿上或掌侧加距）；（4）他们的

图 67　泉屋博古馆藏青铜器饰和巴泽雷克出土项圈的比较（上为泉屋博物馆所藏；下为巴泽雷克所出）

羊首格里芬或鹿首格里芬，头上有时作一角，有时作两角，我们的麒麟也是如此。[1]此外，除了这些细节，它们在姿态和神态上也颇为相似。比如我们不妨拿泉屋博古馆所藏的青铜卧兽和巴泽雷克出土的项圈［图67］做一对比，就不难发现二者的相似。这是它们相同或相似的地方。但另一方面，我们也要看到，中国的有翼神兽对外来影响并不是被动接受，而是既有吸收，也有改造，甚至还有输出（如三晋铜器向代地的输出，以

---

[1] 麒麟应属格里芬，而与西方艺术中的 unicorn（独角兽）不同，unicorn 无翼，而麒麟则有翼，它们的角也不同，西人或以 unicorn 译之，不妥。

及汉代牌饰和带扣在周边的流传)。此外，在艺术手法上，它也有自身的特点。如：(1) 它的翼形，往往是翼尖朝后，而不是朝前；(2) 它的狮首，往往与龙、虎和麒麟有类化的趋势。

五、有关的动物主题

(一) 鹰

是草原地区流行的艺术主题。它在中国艺术和与中国邻近的地区虽时有发现，如兴隆洼陶器纹饰上的鹰首，红山玉器中的玉鹰，楚幽王墓出土的铜鹰，汉渭陵出土的玉鹰，都是非常精美的艺术品，但真正与上述"神鹰"类似的形象还比较少见，[1] 除泉屋博古馆所藏的鸟形饰可能是这类主题，其他发现主要是鹰首翼兽或鸟首翼兽。如上述"翼兽形提梁盉"和三晋铜器纹饰中的某些即属这一类。它们在战国时期曾一度流行，但战国以后逐渐衰微。

(二) 狮

狮子本来是西亚地区的重要动物，因此在它们的艺术中占有重要地位，但草原地区没有狮子，中国也没有狮子，它们的进入，从一开始就带有神秘色彩和异国情调。狮子在中国艺术上的表现似乎可以分为三个时期：

1. 战国时期的狮子。

当时，中国人对狮子有两种叫法，一种是"狻猊"或"狻麑"，见

---

[1] 有些类似形象可附记于此。如：(1) 陕西宝鸡益门春秋墓出土的鹰形带钩，见《文物》1993年10期，11页：图三，1；(2) 安徽舒城秦家桥西汉墓出土玉佩上的神物，见《考古》1996年10期，40页：图一二，3；(3) 故宫博物院藏春秋玉双鸟纹嵌件（清宫旧藏），见《故宫博物院藏文物珍品全集·玉器（上）》，138页：图版115；(4) 故宫博物院藏战国玉龙鸟纹佩（清宫旧藏），同上，185页：图版154（注意：其表现手法与西沟畔所出卧式大角鹿有相似处，也是背上起一钩喙鸟头。案：上图四的器座也是背上另起一小兽）。

《穆天子传》卷一和《尔雅·释兽》；一种是"貚貎"，则是从新出楚简获得的知识。前者可能是西域方言的一种叫法，[1] 后者则与希腊、罗马对狮子的叫法有关。[2] 从材料对比，我们得到的印象是：（1）"狻猊"或"狻麑"就是汉代的狮子；（2）古人把狻猊的发现归之穆天子西游，这在汉通西域以前是重要记录（其所游所历不必实有其事，但所记所述必资辗转传说）；（3）当时人对狮子的理解是借助老虎，他们把狮子说成是短毛虎（见《尔雅·释兽》），认为它比老虎还厉害，不但可以吃老虎，而且还以"狻猊食虎"为祥瑞。狮子在艺术上的表现是狮首翼兽，写实的狮子还未发现。这样的狮子都是"神化"的狮子或"虎化"的狮子。

2. 汉代和魏晋南北朝的狮子。

狮子的传入和被称为"狮子"是在汉代。它的传入地点很明确，全部都是在西亚或邻近的中亚地区。当时的狮子也是被视为神秘的瑞兽，而不是一般的动物。它的传入，最初是依托麒麟，取其有翼和有角，当作狮首格里芬的化身。两汉的狮子仍然是以神化的狮子即天禄、辟邪为主。东汉以来有写实性的狮子，但数量有限，而且无论天禄、辟邪，还是写实性的狮子，其形象都被"虎化"。

3. 隋唐以来的狮子。

趋势是上述两种狮子分化：天禄、辟邪式的狮子，其形象被固定，逐渐排除于狮子之外，不再作为狮子；而写实性的狮子则因佛教艺术的影响而获得普及，成为新的造型。这类狮子的特点是：（1）受印度和吐蕃影响，往往作卷发；（2）形象较为可爱，有"狗化"的趋势。后世所见狮子，无论是看门的狮子（从汉代守阙的狮子发展而来），还是由狮子舞表

---

[1] 林梅村《狮子与狻猊》，收入《汉唐西域与中国文明》，文物出版社，1998年，87—95页。
[2] "貚貎"，上字是来母字，此名与希腊、罗马表示狮子的词汇发音相近。狮子，希腊语作 leōn，拉丁语作 leo，今英语作 lion。

现的狮子，基本都是采用这类形象，由此才确立所谓"中国式的狮子"。[1]

(三) 虎

上面说过，狮子是从西亚地区引入的艺术主题，但引入后被"虎化"。"狮子"被"虎化"，原因很简单，这是因为狮子本来是西亚、北非的动物，欧亚草原和中国没有狮子，只有老虎。老虎在欧亚草原和中国都有广泛分布，在艺术上是流行主题。草原地区有翼虎，中国也有翼虎。它们对狮子艺术形象的改变无疑有重大影响，但写实的翼虎无论在草原艺术还是中国艺术中都不是主流。

(四) 鹿

也是草原地区的流行主题。它为麒麟、飞廉类的有翼神兽所依托，在中国艺术中也有一定重要性。但中国的鹿多半是小型的鹿，麒麟所依托，主要是梅花鹿（Cervus nippon）一类小型鹿，而不是草原地区流行的大角鹿（stag），鹰首鹿式的格里芬在中原地区的艺术品中还从未发现。

(五) 羊

我们在上面说过，中国的麒麟有两种，一种是鹿首式，一种是羊首式。后者是以野山羊为原型。这两种风格，前者与草原艺术接近，后者与西亚艺术接近。但应当补充的是，中国艺术中的鹿不是草原流行的大角鹿，而是本地常见的鹿，真正有外来风格的反而是羊。

---

[1] 很多中国人认为狮子是我们自己的动物，舞狮子是我们自己的艺术。例如新盖的上海博物馆，它的门口有八个仿古狮子或天禄辟邪，记者问过路行人"狮子象征什么"，他们说"象征中国精神"。但狮子不仅本身是外来，而且狮子舞也未必是我们创造。《汉书·礼乐志》孟康注"象人，若今戏虾鱼师子者也"，是年代较早的舞狮记载，而出土实物则有新疆吐鲁番阿斯塔那古墓出土的舞狮俑，年代约当公元7—9世纪。参看：穆舜英主编《中国新疆古代艺术》，新疆美术摄影出版社，1994年，156页，图版403，我们怀疑，它很可能是从西域传入。

（六）龙

本来是中国艺术的典型主题，但汉代以来，却与狮首翼兽相互影响，同时改变着它们各自的形象：一方面是天禄、辟邪的"龙化"，一方面是"龙"的添加羽翼。这种相互影响的结果是，在东汉魏晋时期的艺术表现中，我们很容易把两者看混。如果要仔细分辨，往往要看它们的整体组合。比如在"四灵纹"和"五灵纹"中，我们就比较容易认出，但单独出现，就有点困难。

此外，应当指出的是，狼、熊在草原地区的艺术中虽很重要，但它们脱离西亚艺术的主流比较远，对草原地区的有翼神兽没有太大影响，中国的情况也一样。

六、结论

综上所述，我们对"中国的有翼神兽"有下述印象：

1.中国的有翼神兽，无论就文献记载看（如《汉书·西域传》的记载），还是从文物形象看（如依托狮子的形象），都与西亚、中亚和欧亚草原的艺术有不解之缘。它在中国艺术中的出现似可上溯到春秋中期或至少是晚期，是从那时突然出现，逐渐发展为中国艺术的重要主题。其流行时期主要是从公元前6世纪到公元6世纪这一段。春秋中期到战国时期（前6—前3世纪），即与格里芬在波斯、中亚和欧亚草原的流行期大致同步而略晚，中国也有很多类似发现，它们是以铜器和铜器纹饰为主，即主要是小件青铜器或青铜器的装饰物。主题，最初是以典型的格里芬即鹰首类最突出（战国以后逐渐衰亡），但带翼鹿（麒麟）、带翼狮和带翼虎也已出现，主要类型都已齐全。它们的风格与西亚等地流行的格里芬在主体特征上是一致的，比后来更有外来特点。秦代和西汉前期（前221—前87年），这类主题曾被用于某些宫观的装饰手段（注意：不仅在古代，而且在今天，外来艺术常常是身份高贵的象征），某些小型器物，在形式特点上已经具备后来的许多要素。西汉晚期到东汉（前86年—220年），随着汉平匈奴和开通西域，这类主题十分活跃，它们被广泛用于各种材质，除铜器、陶器和石器，还包括贵重材料（金银和玉器），既用于精巧的装饰品（器座、砚盒和镇），也用于人型雕刻（神道石刻和画像石）。这一时期，鹰首类只是偶尔还见于画像石，已不再流行；鹿首类形成固定风格的麒麟；狮首类形成固定风格的天禄、辟邪。后者自东汉以来地位十分突出，不仅流行程度高，还被用于陵寝装饰，成为魏晋南北朝时期中国纪念艺术的重要组成部分。其泛称是"麒麟"，专名是"桃（排）拔狮子"（前者可能是译自griffin，后者则是借用西域出产的一种狮子）。

2.中国的有翼神兽，出土地点很多，但较早似乎是集中于黄河流域，即与西域相通也与草原相邻的今甘、陕、晋、冀四省，特别是它们的北部，三晋地区的铜器是其代表。它的产品不仅与周、郑等地的铜器型式有关，也与陕北、晋北、冀北和内蒙古草原的南部，以及白狄中山国的铜器型式有关，既受草原地区影响，又向草原地区输出，是文化融合的典型。当时的有翼神兽主要是三晋系统的有翼神兽，楚、曾和中山的有翼神兽或即从其派生（春秋时代的晋楚争争可能是有翼神兽南传的背景）。此外，中国的有翼神兽不仅在北方流行，在长江流域和长江以南也有不少发现，东可及于江苏、浙江，南可及于两广、云南，西可至于四川。它们当中，有些年代还很早，可以早到战国早期，说明古代的传播与交流远比想象得要发达。其传播路线，除与古代丝路有关的东西通道值得重视，还有很多南北通道也值得考虑。如：（1）从内蒙古东部、辽宁西部到河北北部，经山东，进入江、浙的路线；（2）从内蒙古草原中部，经山西到河南，走洛阳、南阳、淅川、襄樊到江汉平原的路线；（3）从内蒙古草原中西部，经宁夏、甘肃和陕西，入四川、云南的路线。汉代文化，是南北文化、中西文化大交流的结果。秦汉以来，有翼神兽逐渐成为普遍的主题。

3.中国的有翼神兽是受外来影响，但它们与中国的艺术主题长期共存，又受后者影响，二者是互动关系。中国古代艺术，自商周以降，是以龙、凤为主。战国以来，并形成由青龙、白虎、朱雀、玄武构成的"四灵"，后来麒麟加入其中，也叫"五灵"，但天禄、辟邪不在其中。天禄、辟邪在中国艺术中的地位很微妙，它不仅是以外来的狮子作为依托，从一开始就与外来艺术有不解之缘，而且还经常与其他表现异国情调的动物一起构成中国古代的"纪念艺术"。中国古代的"纪念艺术"以秦汉特别是汉代最辉煌（以疆域广大的统一帝国为背景），其典型表现有三，一是汉代的宫观，二是汉代的祠畤，三是汉代的陵墓。这些建筑往往都有大型的铜器和石刻作装饰。它们包括：翁仲、麒麟、天禄、辟邪，以及各种表示域外珍奇和大漠风情的动物（大象、鸵鸟、骆驼，等等）。天禄、辟邪主要就是属于这类主题。它对中国艺术的影响，不仅是各种动物的"翼化"，而且对本土艺术中的龙和外来艺术中的狮子也有很大影响，使它们彼此的形象都得到很大改观。但最终，它并没有取代龙的地位，而是以一种虽经改造仍留神秘的色彩，长期地保留在我们的艺术之中。

【后记】

本文写作过程中，曾得到挪威奥斯陆大学何莫邪（Christoph Harbsmeier）教授和美国加州大学洛杉矶分校罗泰（Lothar von Falkenhausen）教授的指点与帮助，并参考过Michelle Chiu Wang女士的新作（见190页注〔2〕引，内容是讨论格里芬从西亚向欧亚草原和中国传播的途径与方式）。此外，日本泉屋博古馆、美国芝加哥艺术研究所博物馆、奈尔逊-阿特金斯艺术博物馆、华盛顿弗利尔-赛克勒美术馆和洛杉矶县立艺术博物馆也为本文提供了珍贵图片，均此致谢。

补记:

（1）陕西西安红庙坡出土的西汉陶有翼神兽，旧作误为秦铜有翼神兽，"秦代"是袭《中国美术全集》雕塑编2之误，"铜"是我的疏忽，近承赵超先生告，他去西安参观，曾见此器于西安市文物保护考古所，是西汉时期的陶制品。后来我以此器询之曹玮先生，请他代为核实，始知此器是西安北郊红庙坡西汉墓出土。今为更正。

（2）有翼神兽是否分雌雄，是个值得注意的问题［图68］。上文说泉屋博古馆藏鎏金翼兽，状如虾蟆，器底有男根，是可断定为雄性者。其他各器，情况不明，有待检验。2001年8月，我去美国弗利尔－赛克勒美术馆研究楚帛书的揭剥工作，有机会目验该馆收藏的三件汉代铜辟邪，发现皆有男根在两腿间。其中F1961.3，现在弗利尔美术馆陈列，MLS1779和MLS1778，现在赛克勒美术馆库房。F1961.3和MLS1779，其背部开口，从照片看不清，看过原物才知道，与MLS1778形状相同，原来也有方筒、圆筒插其中，现已脱佚，看来都是器座。

（3）东汉时期的陶辟邪器座，很多是四川出土，如戴迪野收藏的一件就很精美［图69］。该器高42.4厘米，长37厘米。参看 Christian Deydier, *XVI*^{e} *Biennale des Antiquaires*, Paris 1992。

（4）陕西宝鸡市北郊出土的辟邪器座，各书著录，多称玉器，旧作袭之，近承苏芳淑教授告，经她目验，此器是用滑石雕刻。今为更正，并志谢忱。

（5）宾州大学博物馆和吉美博物馆收藏的石辟邪，旧作据Barry Till文，说是"传出河南内丘县"，近承邢台市美术家协会姚卫国先生来信指出，"河南内丘县"实为"河北内丘县"之误，确切出土地，据随信寄来的王鲁豫《河北内丘石雕神兽考察小记》（《美术研究》1987年4期，86–87页），宾州大学博物馆的一对是出自该县吴村，吉美博物馆的一件（拙作误为一对）是出自该县十方村。1999年十方村搬迁，地下出土了一件石辟邪，和吉美博物馆所藏为一对，姚先生也寄来珍贵照片。今为更正，并志谢忱。

图 68 河南孟津油磨坊村出土石翼狮

图 69　东汉的辟邪陶器座

图70 香港中文大学文物馆藏战国金箔（林业强提供）

（6）关于石麒麟（可能指天禄、辟邪），可参看《西京杂记》卷三"五柞宫石麒麟"条，曰："五柞宫有五柞树，皆连抱，上枝荫覆数亩。其宫西有青梧观，观前有三梧桐树。树下有石麒麟二枚，刊其胁为文字，是秦始皇骊山墓上物也。头高一丈三尺。东边者前左脚折，折处有赤如血。父老谓其有神，皆含血属筋焉。"

（7）上文提到出产狮子或入贡狮子的地点有乌弋山离国（在今阿富汗一带）、月氏国（在今新疆和新疆以西）和安息国（在今伊朗和伊拉克一带），主要在今中亚、西亚一带。其中乌弋山离国，东汉改名叫"排特"。冯承钧、陆峻岭《西域地名》（中华书局，1980年）74页Partava条云："古波斯语安息国名，中世纪波斯语作Partu，《希腊古地志》作Parthyaea，梵语作Pahlava。《前汉书·安息传》'安息国王治番兜城'，又《乌弋山离传》'北与朴桃接'，北宋本《三国志》有排特（诸书皆作持），兹三名疑其对音。"我怀疑，"排特"是源于安息的古国名帕提亚（Parthia），"桃拔（或"符拔""扶拔"）狮子"本来是指西亚出产的狮子，后来也指分布扩展于中亚的狮子。

（8）2000年春天，我在香港中文大学文物馆见到该馆收藏的一片战国金箔[图70]，金箔表现的是双头兽，一头为鹰，一头为兽，鹰首与台北故宫藏乌首兽尊相似。承林业强馆长寄示照片和有关研究资料，谨致谢忱。

（9）承荣新江先生告，日本学者林俊雄有三篇文章对格里芬图像在西亚、中亚和东亚的传播作专门讨论，即《スキタイ時代におけるリフイン図像の伝播》，《創価大学人文論集》10（1998）：219–249；《グリフインの役割と図像の発展（前五世紀）まで》，《西嶋定生博士頌寿紀念 東アヅア史の展開と日本》，山川出版社，1999年（页码不详）；《東アヅアのグリフイン》，《シルクロード研究》創刊号（1998年3月）：13–25，请参看。

2000年4月4日—5月18日写于挪威奥斯陆科学院，6月6日—7月16日改定于北京

（原载《中国学术》第五辑，2001年1月，商务印书馆，62—134页）

再论中国的有翼神兽
（演讲稿）

女士们，先生们，我很感谢《中国学术》杂志安排我到国家图书馆演讲，也很感谢各位前来，听我介绍我的研究。[1] 为了活跃思路，我想放一点幻灯片，对有关概念做一点说明，对有关实例做一点概括。

一、开场白

（一）我们今天的话题是一种中国古代流行的艺术主题，即所谓"有翼神兽"。什么叫"有翼神兽"？这是比较笼统的一个词，也是比较模糊的一个词。在我之前，李学勤先生已使用过这个词。[2] 他说的"神兽"，西人叫mythological animal，或fantastic animal，或fabulous creature，等等。这样的动物，世界各国都有，但不是在现实中有，而是在神话传说和艺术想象中有。例如，埃及和两河流域有司芬克斯（sphinx，人面狮身）和格里芬（griffin，鹰首狮身），希腊有飞马（Pegasus，人首马身）和齐美拉（chimera，狮身，背起羊头，还带蛇尾巴），亚述、波斯有拉马苏

---

[1] 李零《论中国的有翼神兽》，《中国学术》第五辑（2001年1月），商务印书馆，62–134页。
[2] 李学勤《比较考古学随笔》，香港：中华书局，1991年，117–125页。

(lamassu，人首狮身或人首牛身）和森莫夫（senmurv，兽首鸟身），我国也有龙凤、麒麟和天禄、辟邪，它们都属于这种动物。这种动物，现实世界没有，它是利用真实的动物，经夸张变形，混合而成，特别是把飞禽、走兽（甚至包括人）捏在一块儿。所以这类动物往往都有翅膀。我们常说"让想象插上翅膀"，翅膀在艺术上是很有想象力的东西。中国的有翼神兽有很多种，狮、虎、鹿、羊都有长翅膀的形象，但我们讨论的有翼神兽主要是古人说的祥禽瑞兽，即有固定名称、固定形象，在艺术上比较流行的动物，如天禄、辟邪和麒麟。偶尔出现的艺术变形，我不讨论。

（二）研究这样的问题，我们用的材料是考古材料，但眼光是艺术眼光。我们是用艺术眼光阅读考古材料（研究者是考古材料的"读者"，而不是"作者"）。有些学者把这类研究叫"美术考古"。美术考古，顾名思义，当然是把美术和考古结合在一起。但它和狭义的考古，和正宗的考古不太一样。比如最近，姜伯勤教授主编的《艺术史研究》，上面登了巫鸿教授的访谈，[1] 他也谈到这个问题。[2] 他说国内学者认为，石窟寺研究是考古研究，但在美国，却不算考古。因为在美国，考古是属于人类学系，石窟寺研究是属于艺术史系。这是两个领域。我体会，现在的美术考古，其实是提高了的古物学研究或金石学研究（后者偏重铭刻，和西方的古物学还不太一样），国内叫"文物研究"，国外叫"艺术史研究"。过去，它们的研究对象是失去考古线索，有如珠子离线的公私藏品（中国的藏品是来自宫廷的征集和古董商的买卖，西方则还包括从他国抢来或买来的东西），还有留在地面上的建筑，包括石窟寺这样的东西。大家把文物古迹当艺术品来玩赏，不漂亮的东西不要，当然有局限性。但它的加盟有一个好处，

---

[1] 巫鸿《何为变相？》，郑岩译，附一：巫鸿教授访谈录，中山大学艺术学研究中心编《艺术史研究》（第二辑），中山大学出版社，2000年，53—109页和110—123页。
[2] 西方讲中国考古的专家，很多都是做艺术史的教授，如巫鸿、罗泰、贝格利、苏芳淑和罗森都是如此。

就是可以把地上和地下,传世品(及流散文物)和发掘品,艺术品(精品)和日用品结合起来。过去,我在考古所受教育,头一堂课,就是讲和"文物研究"划清界限。这当然有它一定的合理性,但也有它的局限性,讲过头了,就是偏见。现在我已离开考古学界,在想法上早就没有顾忌。我认为,考古学不应拒绝这种研究。拒绝,不只是浪费资源,也是数典忘祖。因为为了印证经典和传说的探险寻宝和古器物研究,在中国,在西方,都是考古研究的先声。比如大家讲的,现在的文物研究或艺术史研究,国内国外,都是结合着考古研究,大家都是用发掘品去解释它,串联它,借以复原和推测它已失去的总体面貌(我戏称为"死马当作活马医")。考古对它有帮助,它对考古也有帮助。比如,就拿隋唐考古来说吧,因为近代研究的背景使然(它和丝路探险分不开),大家都很重视石窟寺和金银器。这些研究就和艺术史的研究分不开,大家尝到甜头,欣然接受,已经承认它在考古学里占有一席之地。特别是在这段时间里,石窟寺是佛教艺术;金银器,也有不少是波斯、粟特制造,或受波斯、粟特影响,外来影响,谁也无法否认。这对扩大考古学的眼界很有帮助。

(三)鲁迅先生说汉唐大有胡气。"胡气"的表现,首先是在奢侈品。而古代能够享用奢侈品,又首先是统治阶级。人类财产分化的当初就是这样,现代社会也是这样。隋唐时期大有胡气,情况比较明显。魏晋南北朝大有胡气,也没有问题。问题是更早有没有?这是我们要探讨的问题。我个人的看法是,中国早期,华夏或汉族,主要控制区在黄河流域,三代王都都在这一线,我叫"王都线"。长城只是秦汉帝国的新边疆,不是原来的汉胡之界。早期的汉胡推移不在北边这道线,也不在南边那道线,而是在北纬38°,即延安、太原、石家庄一线,我叫"三八线"。汉盛胡衰,我们的势力可以推到北边那条线("不教胡马度阴山"是我们的理想);汉衰胡盛，他们的势力可以推到南边那条线。拉锯战是长期的。当时的局面和南北朝差不多，内部和外部的环境很复杂。所以我们要考虑的一个问题是，隋唐时期的这类研究，在早期是不是也有必要？甚至我们可以问一下，是不是真的有那么一条时间界线，在此之前，我们特别"本土"，"本土"到一点外来影响都不受？去年，我写过一篇文章，登在《文物》杂志上，叫《入山与出塞》，其中就讨论过这类问题。我讲"出塞"，举了两个例子，一个是有翼神兽，一个是翁仲。这两个问题都牵涉考古学的眼界问题（时间范围上延，空间范围扩大）。但因为篇幅有限，我的讨论很简单，毕竟留下遗憾。所以，后来我把这两个问题拿出来做专门探讨。这里是对前一种研究的介绍。

二、概括和补充

（一）中国的有翼神兽有很多种，其中尤以天禄、辟邪最引人注目，如南京一带，至今还保留在地面上，六朝陵墓的石刻，就是很好的标本。它们硕大无朋，昂首挺胸，十分壮观。30年代，前中央古物委员会对这批石刻做过调查，调查结果和有关论文发表在《六朝陵墓调查报告》（中央古物委员会，1935年）一书中。当时学者有两种意见，一种认为这类主题是从域外传入（如滕固），一种认为是我国固有（如朱希祖）。前一种意见本身就是外来，西方学者早就有人这么说。比如有人认为，我们的天禄、辟邪和西方艺术中的格里芬（griffin）比较相似。当时存在争论，后来也有不同意见。很多人都认为，长翅膀不一定是外来特点，我们自己也可以有这种想象。"外来说"再度引起重视，是70年代。当时发现了战国中山王墓，墓中出土了一些奇怪的东西。中山在战国是个被诸夏包围的白狄国家（和燕国正好相反）。它的器物既有三晋影响，又有草原风格，或者更准确地说,是有些器物三晋风格浓,有些器物草原风格浓。比如墓中出土的虎食鹿器座,还有遗址出土的小金虎,就是后一种风格的典型。在中山王墓出土的铜器中,有四件可能是用来镇席的有翼神兽,李学勤先生推测,也是草原风格,是从草原传入的格里芬。我觉得,这个想法很有意思。现在的讨论就是沿着滕固、李学勤,还有很多西方学者的思路。顺便说一句,我国的天禄、辟邪,西人往往译为winged chimera;麒麟,往往译为unicorn(独角兽),这些都是很古怪的译法,很像汉代用"马肿背"解释骆驼,其实是用他们熟悉的神兽解释我们的神兽(特别是chimera,形象完全不同,西人借它翻译,只是取其宽义)。我们用中文讨论,可以免去这类麻烦。

(二)中国的有翼神兽是不是外来,这个问题要靠比较研究。我们应把两方面的材料都摆出来,即使观点不对,也可提供讨论基础,让别人踩着走。考虑范围,也最好宽一点,先把可能有关的东西尽量找来,然后再筛选,将问题聚焦,提出更明确的想法。比如下面是几个较早的例子:

(1)带翅膀的怪兽,西周时期有一个例子,我在文章中没有提到,这就是1984年陕西长安张家坡出土的邓仲牺尊[图1],年代属西周中期。[1]它身上有两对翼,一对是以夔龙为翼,在前足的髋部,夔身已经断失,只有龙头留下来,不看原物很难发现;一对是在腹部,像鱼的划水,有鳞纹装饰。这件铜器最近在世纪坛国宝展上展出,罗泰(Lothar von Falkenhausen)教授看了,告我说好像是有翅膀,我去看了,果然。但它和天禄、辟邪在造型上差距较大,两者不一定有什么关系。

(2)比上面这件铜器晚,还有杜德兰(Alain Thote)教授告给我的一个线索,这就是李家楼郑伯墓出土立鹤方壶上的器饰[图2],年代属春秋

---

[1] 中国社会科学院考古研究所《张家坡西周墓地》,中国大百科全书出版社,1999年,彩版6。

图1 陕西长安张家坡出土的邓仲牺尊　　　　　　图2 河南新郑郑伯大墓出土的立鹤方壶

中期。[1] 这件方壶是以夔龙为主要装饰,器腹四隅,靠下有四条龙,乍看和东周器饰常见的顾首夔龙相似,但特点是有翅膀。中国的顾首夔龙(玉器也常见)和草原地区的动物纹饰有一定相似性,也是作转体180度,但它和下面那件器饰还不太一样,恐怕也不是天禄、辟邪的源头。它更接近的还是中山王墓出土的方壶。

(3)研究天禄、辟邪式的艺术主题,我认为,泉屋博古馆收藏的器饰才最关键。此器和中山王墓出土的四件翼兽镇非常相似,但年代较早,估计在春秋晚期。据说,它是出在新乡,也在河南,即我们说的"王都线"上。当时的河南,是古代意义上的"中国",南来北往,东传西播,

---

[1] 中国青铜器全集编辑委员会《中国青铜器全集》7,文物出版社,1998年,图版22。

再论中国的有翼神兽　　211

奢侈品的传出传入,这里都是枢纽。晚期如此,早期也如此。很多外国商旅和戎狄部族就住在这里或附近。

(三)中国的有翼神兽,主要流行于战国秦汉和魏晋南北朝。其前后演变有一些特点,可以总结如下:

(1)战国时期。有翼神兽的主题开始广泛流行。它的传播主要有三条路线,北线是以三晋系统的铜器和中山国的铜器为代表,材料最典型。它不但有酷似狭义格里芬的动物造型,也有麒麟、翼狮和翼虎,种类比较齐全,草原地区的影响也比较明显。秦汉时期的翼兽,很多都是器座的装饰,中山王墓也有以动物为装饰的这类器座,值得注意。南线是以曾、楚系统的铜器为代表,如擂鼓墩和徐家岭所出。曾、楚和北方有联系,除去翼兽类的造型,典型表现是江陵出土的两件人骑驼灯。器物虽然是当地制造,但动物造型是取自北方(即使到汉代,骆驼也是外来动物)。西线是巴、蜀系统的铜器,其特点是以翼虎为装饰。这种特点也延续到汉代。翼虎类的装饰甚至也影响到滇系统的器物(如石寨山7号墓所出的带扣)。

(2)秦代。材料缺如。

(3)西汉。秦代以后,有翼神兽大流行,以前是以青铜器为主,现在则是铜、陶、金、玉并用。西汉翼兽,武帝以前是一个时期,以后是一个时期。早期为驼、马式(也可能是麒麟的变形),晚期为天禄、辟邪式。趋势是驼、马式变狮子式,蹲伏式变昂首挺胸式,垂直翼变平行翼,嘴下开始有髯(但不是西方式的络腮胡,而是中国式的山羊胡),并分化出低首匍匐,我称为"天禄虾蟆"的器形。后一时期的风格是东汉所本。

(4)东汉。在各方面是继承西汉晚期。它也是东、南、西、北都出,铜、陶、金、玉并用。但不同点是,它除用于玩赏型的小件器物,还用于神道石刻，出现大型化的趋势。此外，新疆出土的带翼兽装饰的丝绸，也是流行于这一时期或更晚。

（四）中国的有翼神兽，种类很多，见于典籍记载，主要有以下五种：

（1）麒麟。在中国很重要，地位仅次于龙凤。它的出名是因为鲁哀公获麟和汉武帝获麟，据说都是西方来的外国动物。麟的形象，见于战国秦汉出土物，非常明确，是一种独角而角端有肉（柱状有瘤在其端）的鹿（其汉代变形，也有作羊者）。它的角和獬豸很不一样。西人常以unicorn翻译麒麟，但西方的unicorn是作长直前锐的尖角，它更接近的反而是东汉魏晋南北朝的獬豸。旧说麒麟是长颈鹿或捐羚，都不可信。值得注意的倒是，在古人心目中，它与天禄、辟邪有关，名称常混淆。我们怀疑，麒麟也可能是借中国词汇中的"麟"（一种小鹿）为名的外来语，最初是有翼神兽的泛称，当时鹰首和狮首的有翼神兽可能都包括在内。当然，这只是推测，也不一定对。

（2）桃拔（或符拔、扶拔）狮子。"桃拔"当是"排特"之误。汉代的狮子来源于西域的乌弋山离（排特）、月氏和安息，即西亚地区。阿富汗是狮子传入中国最北边的地区。

（3）天禄、辟邪。是狮子的中国名称。狮子在中国艺术中的最初形象是借助老虎，往往没有雄狮之鬣，并且据说可以吃老虎，除凶辟邪，带来祥瑞。它们虽然有双翼在身，具有神秘色彩，但原型是狮子。这不仅可以从古人对天禄、辟邪的解释中反映出来，而且在形象上也有证据。因为同样是在墓前守阙，这些成对出现的天禄、辟邪，也有少数不带翼，很明显是狮子。另外，还有一些成对的老虎，也是起同样的作用。

（4）天禄虾蟆。是从前者分化出来，作俯身式，如同青蛙。

（5）飞廉。我们怀疑是像草原鹰首鹿那样的动物。

（五）同西方的材料比较，我们不难发现，他们特别喜欢老鹰和狮子，以及老鹰和狮子的混合物。比如他们的格里芬就是典型。格里芬原是闪语词汇,后来被所有欧洲语言采用。它起源于两河流域,然后向四面扩展,西传欧洲,东传印度,并东行而北上,经伊朗高原,扩散到中亚和欧亚草原,是古代最国际化的艺术主题。希罗多德说塞人的东面住着Arimaspi人,他们把格里芬杀死,抢走它们看守的黄金,所以西人是以格里芬看银行,或当建筑守护神,和看门狮子的作用一样。狭义的格里芬是鹰首狮身,带翼狮和带翼羊(山羊)是其变形。西亚流行主要是这三种。欧亚草原流行神鹰、带翼虎和鹰首鹿。当地没有狮子,狮子和翼狮属于异国情调。这些类型,中国都有,并且手法相似(如爪作鸟爪),但有自身特点(如翼尖朝后,狮首类虎)。特点是比较的结果。比较有两种结果,一种是你有我没有,我有你没有,比较简单;一种是你有我也有,但形式不同,结构不同,配方不同,即使同样有,有和有的程度不一样。比如,中国有龙凤,西方也有龙凤,但他们的龙凤和我们的龙凤不一样(根本不是同一种东西,现在在西方,有人认为龙是来源于古人见到的恐龙化石)。他们的龙是凶龙,不像我们会说,我们是龙的子孙。还有西方很重视鹰,草原也很重视鹰,但鹰在我们这里地位不突出,狮子则根本没有,见于艺术,完全是异国情调(我比喻为洛可可艺术)。格里芬是鹰狮的混合物,这不是我们的传统。我们的神兽,主要是龙凤。这就像西方和我们都喜欢金、玉,但仔细比较,你会发现,爱玉是中国传统,爱金是西方传统。[1] 现在关于格里芬类的主题如何传入中国,很多问题还有待研究。其传播路线分南北两路,北路是走欧亚草原,南路是走中亚、新疆。两条路,我的感觉,南路比北路更重要。它们和狮子传

---

[1] 新疆既出黄金又出玉,对我们和西方都很神秘。战国秦汉以来,因为神仙家起,我们是金、玉都爱。金、玉是服食求仙的上药,所以我们有很多关于新疆地区的神秘想象(围绕昆仑山和西王母的想象)。但仔细分析一下更早的传统,他们还是更爱金,我们还是更爱玉。新疆本地的传统也是爱金胜过爱玉。

入中国,可能是同一路线。

(六)有关艺术主题。中国最重要的动物主题是龙凤。麒麟也比较重要,但有可能是外来,只不过中国化的程度比较早也比较高。天禄、辟邪,我认为是外来,但也被中国化(与同时期的龙容易混淆),让我们忘掉其来源。草原地区的动物主题是鹰、虎、狼、熊(以及被它们猎杀的驼、马、羊、鹿)。虎是东亚地区的典型动物,在中国艺术中很突出,但鹰、狼、熊不突出,在祥禽瑞兽中没有地位,主要是凶兽。真正的外来动物其实是狮子和从狮子变形的天禄、辟邪。

三、余论

(一)在艺术史的研究上,有一种现象很值得研究,这就是古代宏伟高大,巍然耸立,让后人大发思古之幽情的东西,比如残存的遗址和废墟。巫鸿先生把礼器的概念引进"纪念物",原因是中国早期的纪念物在地面上已看不到,凭吊者看到的是"彼黍离离"的庄稼地。很多批评者对此不满,认为这是牵合西方艺术概念又糟蹋西方艺术概念,但这种概念颠覆,其实并不始于巫鸿,后现代的艺术研究已经采用。[1] 有翼神兽作为艺术主题,可施用于各种材质,既包括大型石刻(用于开放空间的神道石刻),也包括铜、陶、金、玉制作的小件饰物(可以放进小盒子里)。过去,考古管的主要是地下,地上的东西是另一套研究(岩画、建筑和石窟寺,都不能用地层学),奢侈的装饰品,虽然也可纳入类型学研究,但不是考古学的关注点(考古关心的不是艺术品,而是有统计学意义的大量日

---

[1] 李零《学术"科索沃":一场围绕巫鸿新作的讨论》,《中国学术》第二辑(2000年夏),商务印书馆,202—216页。

用品）。这种大小并用对考虑"纪念艺术"的概念很重要（小有小的象征意义，比如微缩艺术），对考虑地下地上的结合很重要。

（二）外来影响是八面来风，问题不在哪个方向有风，而在哪个时期，哪个方向，风力更大。关于汉代大量使用石头，巫鸿先生也做过讨论，他以为是来源于印度。[1]这是石窟寺研究给人造成的印象。特别是关于翁仲的来源，古书记载凡六，有秦昭襄王金人、秦始皇金人、汉武帝金人、汉灵帝金人、魏明帝金人、赫连勃勃金人（三星堆也出土了金人），古人尝以佛像比金人，所以研究佛教史的或以翁仲为佛像。1997年，我在英国的演讲中，早已做过考证，指出这是误解。大型石刻固然是南亚，特别是北非、西亚的传统，但北方草原也一样喜欢石头。历史上对中国特别是中国北方有持续影响，主要还是中亚和草原地区，即使佛教艺术，也是通过丝绸之路才形成其风格。更何况，佛教传入是后来的事，翁仲和有翼神兽才是更早的外来艺术。

（三）对于辨认文化传播，动物主题是很好的线索（孙机先生和杨泓先生都很重视这类主题的研究）。但有些动物，进入历史时期，到处都有，恐怕不能作为标准。我们说中国的有翼神兽可能是外来的艺术主题，关键就在，它是鹰、狮的混合物（并有以带翼狮为主体的趋势），狮子肯定是外来的艺术主题。

最后，我想说的是，关于有翼神兽，因为眼界有限，肯定还有很多材料可以补充，很多问题可以商讨，我只是勾画了一个大概的轮廓。前不久，罗泰教授来信说，材料真是越看越多，"有翼神兽遍天下"。我看是"友谊神兽遍天下"。因为狮子在古代艺术的传播上意义太大，借助翅膀的

---

[1] Wu Hung, *Monumentality in Early Chinese Art and Architecture*, Stanford:Stanford University Press, 1995, pp.121—142.

想象,它飞得很远。这样的跨文化研究,我们最需要国外同行的帮助。在本文写作中,我不但得到罗泰、何莫邪教授的帮助,还得到日本、美国、瑞典等国博物馆同仁的协助。西方人写书写文章,都是一上来先申谢,我是好话说在后面。

谢谢他们,也谢谢你们。

2001 年 3 月 31 日写于北京蓟门里寓所
次日在《中国学术》讲座(北京,中国国家图书馆,4 月 1 日)演讲

补充资料

西周早期的青铜牺尊(陕西宝鸡石鼓山西周墓地 4 号墓出土,宝鸡青铜器博物馆藏)

狮子与中西文化的交流

在中国古代的艺术作品中，狮子是非常流行的主题。凡有中国人的地方，比如华侨聚居的唐人街，几乎都有节庆之日舞狮子的习俗。很多中国人都以为，这是咱们地地道道的中国习俗，甚至以为狮子是中国固有的动物。比如上海博物馆新馆落成典礼前，电视台的记者指着它门前蹲坐的八件仿古狮子（多属天禄、辟邪），采访过路行人，问它们代表了什么。他们说，拿破仑说过，中国是一头睡着的狮子，狮子象征的是中国人的勇敢。但他们并不知道，狮子乃是外来动物，狮子舞也非中土固有。

在中国艺术中，狮子最初是以"有翼神兽"的一种，即"翼狮"（winged lion）的形象而出现。在西亚，如亚述和波斯，以及中亚和欧亚草原的艺术中，这是流行主题，虽然在欧亚草原，这也是外来艺术（当地没有狮子，只有老虎）。因为缺乏直接的经验，其中国形象实与老虎更相似。翼狮的较早实例，可以追溯到春秋末年和战国时期。当时的"有翼神兽"，除去这一种，还有很多种，其中也包括与西亚、北非、欧洲，以及中亚和欧亚草原流行的"鹰首狮"（griffin）相似的艺术主题（这是古代世界最具国际性的艺术主题）。鹰、狮是广义西方世界最受欢迎的动物主题，多见于欧洲的徽章（coat of arms），"翼狮"和"鹰首狮"是这两种动物的混合。但后者远不如前者更受中国欢迎，流传也更为长久。早在战国时期，文献就已提到狮子。比如西晋出土的《穆天子传》，它向我们讲述了周穆王到西域旅行的故事，书中便提到这种相貌与老虎相似，但据说更为凶猛，足以吃掉老虎和豹子的动物，当时叫"狻猊"。据学者考证，"狻猊"（读tʃúanŋie）是借自西域方言，在汉语中是外来语（即转译其音的外来语）。另外，还有一部年代也很古老，专讲古代训诂和名物知识的典籍，即《尔雅》，它也提到这种叫"狻猊"的动物，说它是一种短毛的老虎。而更有趣的是，最近，在上海博物馆收藏的战国楚简（年代约在前300年左右）中，我们又发现了一种类似的名称和几乎完全相同的描写，它的名字是"豺貌"（读liwatŋie）。这一名称，从读音考虑，更接近希腊文的leon，拉丁文的leo（今英语作lion）。

狮子的传入中国和改用新名，从此称为"狮子"（读ʃieitsiə，也是西域方言中的外来语），是在汉代。我们都知道，狮子和老虎虽同属大型猫科动物，但它们的生态分布却互不相涉。狮子的故乡是非洲，其分布区沿地中海南岸，延伸于伊朗高原和印度西部，最北可达阿富汗。而老虎的分布，则是以中国为中心，北可到达俄国的远东地区，南可到达苏门答腊，西南可达西藏和印度半岛的东部和南部，最西可达格鲁吉亚。特别是与中国邻近的欧亚草原的东部，更是老虎经常出没的地方（老虎在草原地区的艺术中是流行主题，有些也带翅膀）。据《汉书》和《后汉书》等古书记载，狮子输入中国，是来源于月氏、安息等西域国家。特别是与老虎分布区最接近的阿富汗地区，有个出产狮子的地方，叫乌弋山离（或排特），其位置正当丝绸之路南道的出口，应该就是狮子进口中国的必经之地。当时，中国人慑于狮子的威猛，还特意给它起了个中国自己的名称，叫"天禄"（指上天降福）和"辟邪"（指驱避凶邪）。这一时期，狮子在艺术上更为流行，除用于铜、陶、金、玉等不同材质的小件饰物，也出现于纪念性的大型墓前石刻，用于守护阙门，作用与西方的看门狮子和鹰首狮相似，西人多称之为winged chimera。由于陌生和神秘，狮子的形象往往是故作狰狞。写实性的狮子，在早期比较缺乏，只是因佛教艺术的传入，才逐渐为中国人所熟悉。南北朝和隋唐以来，狮子往往不再身带双翼，变得身材短粗，鬣毛卷曲（如烫发状），和印度、吐蕃系统的狮子比较相似，并最终发展为我们今天熟悉的那种看门狗式的卷毛狮子（如故宫博物院、颐和园的狮子）。

刚才谈到的狮子舞，在中国文献中也出现很早，如《汉书·礼乐志》的孟康注就是较早的记录。[1] 孟康是三国魏人。比他晚一些的北魏杨衒之，作《洛阳伽蓝记》，其卷一讲当时的佛事游行，也提到"辟邪师子导引于前"。[2] 另外，《旧唐书·音乐志》还提到一种"五方狮子舞"，狮子是"缀毛为之，人居其中"，戏狮者"服饰作昆仑像"。[3] "昆仑"者，是我国古代对肤色深黑者的泛称，既包括印度支那和南洋群岛的居民（甚至也包括我国西南地区的少数民族），也包括贩自非洲的黑人奴隶。但舞狮的"昆仑"当是来自狮子出产地的黑人，或至少是模仿化装的这类黑人。[4] 有趣的是，新疆阿斯塔那古墓也出土过年代相当唐代的舞狮 [图1][5]，形象正是"缀毛为之，人居其中"，与今天的狮子舞非常接近，同出有作卷发黑人形象的昆仑俑 [图2]，也与记载相合。而且，不只新疆，在西藏地区，从古

---

[1]《汉书·礼乐志》孟康注："象人，若今戏虾鱼师子者也。"
[2]《洛阳伽蓝记》卷一"长秋寺"条："……（寺）中有三层浮图一所，金盘灵刹，曜诸城内。……四月四日，此像常出，辟邪师子，导引其前。吞刀吐火，腾骧一面；采橦上索，诡谲不常。奇伎异服，冠于都市。像停之处，观者如堵，迭相践跃，常有死人。"又《魏书·乐志五》"（天兴）六年冬，诏太乐总章鼓吹，增修杂伎，造五兵、角觝、麒麟、凤凰、仙人、长蛇、白象、白虎及诸畏兽、鱼龙、辟邪、鹿马、仙车、高絙、百尺、长趫、缘橦、跳丸、五案，以备百戏，大飨设之于殿庭，如汉、晋之旧也"，"百戏"之中有"辟邪"。
[3]《旧唐书·音乐二》："《太平乐》，亦谓之五方师子舞。师子鸷兽，出于西南夷天竺、师子等国。缀毛为之，人居其中，像其俯仰驯狎之容。二人持绳秉拂，为习弄之状，各立其方色。百四十人歌《太平乐》，舞以足，持绳者服饰作昆仑像。"
[4]"昆仑"，早在三国时期已有此名。孙机先生曾讨论过唐俑当中的"黑人"形象。他把泛称为"昆仑"的"黑人"形象区分为两种，一种是"南海昆仑"，即东南亚和南洋群岛肤色较深的黄种人；一种是"僧祇"或"层期"（皆"桑给巴尔"之译音，后者也叫"昆仑层期"），则是来自非洲的黑奴，指出阿斯塔那古墓出土的昆仑俑属于后者。见他的《唐俑中的昆仑和僧祇》一文（收入所著《中国圣火》，辽宁教育出版社，1996年，251—259页）。
[5] 穆舜英等编《中国新疆古代艺术》，新疆美术摄影出版社，1994年。

图 1　新疆阿斯塔那古墓出土的舞狮俑

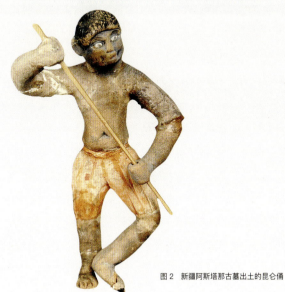

图 2　新疆阿斯塔那古墓出土的昆仑俑

图3 西藏古格王国都城遗址红殿壁画上的舞狮场面

格王国的壁画上,我们也发现了舞狮的场面[图3]。[1]可见,舞狮的并不一定都是汉族,这种舞蹈也流行于与中亚邻近的新疆,以及与印度邻近的西藏。我们的舞狮习俗很可能正是从这些地方传入。

今天,当狮子在中国艺术中经反复变形,形成中国特点(类似18世纪洛可可艺术中的中国形象,难免滑稽和怪诞),让我们备感亲切,以至数典忘祖时,我们以狮子为例,想说明的一点是,即使在张骞凿通西域之前,中国艺术就已经受到很多外来影响。我们应该把唐代考古的眼界(如关于石窟寺艺术和金银器中外来影响的研究)推广到更早的时间范围里。

特别有趣的是,最近,当阿富汗饱受战火,喀布尔动物园的一头瞎眼

---

[1] 西藏自治区文物管理委员会《古格故城》,文物出版社,1991年,44—45页。

老狮子不幸去世之际，中国提出向阿富汗赠送一头狮子。我猜，无论是赠送狮子的提议者，或是其他与闻其事的中国人，恐怕都不会想到，这竟是一次时隔两千年的回报。

补记：

关于狮子舞，唐段安节《乐府杂录·龟兹部》也有记载，作"乐有觱篥笛、拍板、四色鼓、揩羯鼓、鸡娄鼓。戏有五方狮子，高丈余，各衣五色。每一狮子有十二人，戴红抹额，衣画衣，执红拂子，谓之狮子郎舞。《太平乐曲》《破阵乐曲》，亦属此部，秦王所制。舞人，皆衣画甲，执旗旆。外藩镇，春冬犒军，亦舞此曲，兼马军，引入场，尤甚壮观也。《万斯年曲》，是朱崖李太尉进，此曲名，即《天仙子》是也"。

2002 年 4 月 25 日写于香港城市大学中国文化中心

(原载 Ex/Change, Newsletter of Centre of Cross Cultural Studies, Issue No. 4, May 2002, City University of Hong Kong, Trans. by Ronald Egan，现在用中文发表，又略有修改)

说中国古代的镇墓兽，
兼及何家村银盘上的怪鸟纹和宋陵石屏

在中国早期艺术的研究中，有翼神兽是值得开掘的问题，但也是非常复杂的问题。它的种类很多，变形很多，不同历史时期，有不同的变化。我对这个问题做过一点讨论，[1] 主要是讲天禄、辟邪类的发现，挂一漏万的地方很多。这些讨论，既不全面，也不细致，错误更在所难免，很多问题还应做进一步探讨。这里作为补充，我想谈几个我过去没有讨论过的问题。

一

在古代墓葬的研究中，学者使用的"镇墓兽"一词，是个非常笼统、含混不清的词。它所涵盖的出土物，早可以推到春秋战国，晚可以延至隋唐宋元，使用时间很长，形象变化很大。它们是不是同一种东西？这要搜集材料，做具体分析。可惜的是，对这一问题，过去缺乏系统研究，大家只是按习惯这么叫。由于隋唐以来的镇墓兽，一般都有翅膀，讲有翼神兽，大家会想，它到底是什么东西。我想先把这个问题讨论一下。

这里只能讲点粗糙的印象，供大家参考：

---

[1] 李零《论中国的有翼神兽》，《中国学术》第一辑 2001 年第二卷，商务印书馆，62-134 页。

（一）春秋战国的镇墓兽

这类器物，大家比较熟悉，主要是湖北、湖南和河南等地战国楚墓大量出土的镇墓兽。[1] 它们多出于墓室外椁的前室，少数也有在后室或侧室发现，一般为漆木制作，下面是盝斗形器座，上面是怪兽之头，竖于立柱之上。这类器物有两大类型，一种，兽头作抽象表现，只有一个瘤状的突起物或眉目不清的脸，器座四面倾斜度较大 [图1]；[2] 一种，兽头作生动刻画，眉目清晰，口吐长舌，并且有直颈或曲颈，单头或双头之分，器座近于四方，花纹比较复杂 [图2]。[3] 它们的头顶一般都开孔，孔内插鹿角，但有些已缺失。前者年代较早，主要流行于战国早期；后者年代偏晚，战国早期也有（如浏城桥所出），但主要流行于战国中期和晚期。[4] 学者或把后一类型再分为人面和兽面两种。其实，它们是同一种东西，人面、兽面的

---

[1] 参看：王瑞明《"镇墓兽"考》，《文物》1979年6期，85—87页；吴荣曾《战国汉代的"操蛇神怪"及有关神话迷信的变异》，《文物》1989年10期，46—52页。

[2] 其典型器物有：（1）湖北当阳赵家湖JM239：5和JM229：7，见湖北宜昌地区博物馆等《当阳赵家湖楚墓》，文物出版社，1992年，158页（图像见157页：图一一四，1、2）；（2）湖北江陵雨台山M142：5，见湖北省荆州地区博物馆《江陵雨台山楚墓》，文物出版社，1984年，107—108页（图像见110页：图八八，1）。

[3] 其典型器物有：（1）长沙浏城桥一号墓所出，见湖南省博物馆《长沙浏城桥一号墓》，《考古学报》1972年1期，59—72页（图像见图版拾：2）；（2）河南信阳长台关一号墓所出，见河南省文物考古研究所《信阳楚墓》，文物出版社，60—61页（61页，图四一；图版五八、五九）；（3）江陵天星观一号墓所出，见湖北省荆州地区博物馆《江陵天星观一号楚墓》，《考古学报》1982年1期，71—116页（图像见104页：图二八；图版贰三，7）；（4）湖北江陵望山一号墓和二号墓所出，见湖北省文物考古研究所《江陵望山沙冢楚墓》，文物出版社，1996年，95页（96页：图六七；150页：图九九）；（5）湖北荆门包山一号墓所出，见湖北省荆沙铁路考古队《包山楚墓》，文物出版社，39页（图像见42页：图二六）。

[4] 参看：湖北宜昌地区博物馆等《当阳赵家湖楚墓》，文物出版社，1992年，158页（图像见157页：图一一四）；湖北省荆州地区博物馆《江陵雨台山楚墓》，文物出版社，1984年，107—108页（图像见110页：图八八，111页：图八九，图版六七：1—4，图版六八：1、2）；湖北省文物考古研究所《江陵九店东周墓》，科学出版社，1995年，299—304（图像见299页：图一九六；300页：图一九七，301页：图一九八，303页：图一九九，304页：图二〇〇；305页：图二〇一；306页：图二〇二，307页：图二〇三、二〇四，308页：图二〇五；图版九一：2—4；图版九二：2—4，图版九三：1、2）。

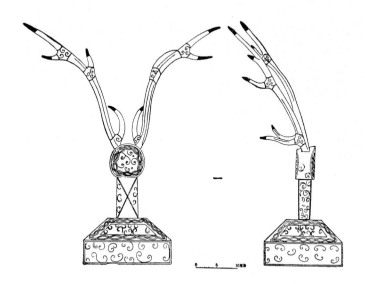

图1 战国时期的楚国漆木镇墓兽（雨台山楚墓M142出土）

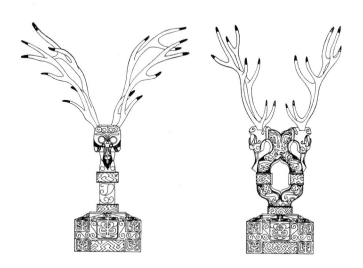

图2 战国时期的楚国漆木镇墓兽（雨台山楚墓M142出土）

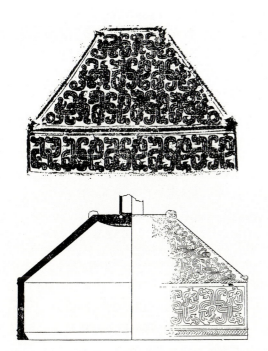

图3 春秋时期的楚国铜镇墓兽（河南淅川下寺M1出土）

划分很勉强（我怀疑，这类印象可能是受隋唐镇墓兽分人面、兽面的影响）。[1] 这类镇墓兽是以战国最流行，但更早的来源是春秋。例如：

（1）河南淅川下寺一号墓所出（M1: 19）。报告称为"器座"，铜制，出土于椁室西部，即墓主脚所朝的方向上，仅存盝斗形器座，通体饰蟠螭纹，上面的立柱已断折[图3]。作者说"此器座形制与江陵雨台山M142: 5木镇墓兽之座完全相同，此器座上恐亦置镇墓兽"，所谓"完全相同"，主要是说，两者的器座，四面倾斜度都比较大。雨台山M142: 5是我们说的第一种类型，年代属战国早期。此墓是蒍子冯夫人的墓，墓葬年代约在公元前548年左右，相当春秋晚期的早段，比它要早。[2]

（2）河南淅川和尚岭二号墓所出（M2: 66）。报告称为"铜镇墓兽座"，出土于椁室中部，其盝斗形器座，四角作弧线内收，花纹系镶嵌，

---

[1] 如《江陵九店东周墓》就是把镇墓兽分为人面镇墓兽和兽面镇墓兽两类，并把后者再分为单头和双头两种。
[2] 河南省文物考古研究所等《淅川下寺春秋楚墓》，文物出版社，1991年，93—94页（图像见93页：图七八）。又十号墓出土鹿角一件，可能也是镇墓兽所用。）

分上下两层，上层的两组为鸟纹，下层的两组为虎纹，中间为涡纹，立柱为完整的管状物，上部为八棱形，管内有朽木柄残痕，疑在管内插漆木制的兽头，头上再插鹿角。座顶四周有铭文，作"曾仲化君膧之且埶"。[1] 1991年4月3日，我在河南省文物考古研究所参观，曾目睹过原物，承发掘者曹桂岑先生告，出土时，上面有漆片发现，并有鹿角一对（据笔者日记）。我理解，"曾仲化君"是曾国女子行辈为仲者嫁于化氏所称，"君"即《左传》等古书的"君氏"或"小君"，是古人对夫人的称呼，化氏即楚贵族蔿氏。其私名为"膧"。[2] 器名"且埶"，是器物的本来名称，上字可读为"祖"，下字的读法还值得推敲。其墓葬年代约在公元前500年左右，比下寺楚墓要晚，但和下寺楚墓同属蔿氏，只不过是不同的分支。

（3）湖北当阳曹家岗五号墓所出（M5: 38）。漆木制，出土于前室的南部，并在附近发现鹿角（M5: 1）。头顶开口，无眉目鼻口，颈有小弯，器座四面倾斜度较大。墓葬年代约在春秋晚期。[3]

（4）湖北当阳赵巷四号墓所出（M4: 32）。漆木制，出土于椁室的西南（此墓早年被盗，位置可能被移动），形制与上相似。简报说，此墓和曹家岗五号墓皆属春秋中期偏晚，[4] 但前者原来是定为春秋晚期，这里何以定为春秋中期，恐怕有误，似以春秋晚期更合适。

上述镇墓兽，年代都在春秋晚期，铜器与漆木器年代相近，特点亦相近。战国漆木镇墓兽的第一种类型只流行于战国早期，是春秋晚期漆木镇墓兽的延续。第二种类型是战国早期发展出来的新类型，与第一种类型有时间交叉，但延续时间长，主要流行于战国中期和晚期。这种器物在楚国以外比较少，但不是绝对没有。例如，河南光山县黄君孟夫妇墓出土的

---

[1] 河南省文物考古研究所《淅川县和尚岭春秋楚墓的发掘》，《华夏考古》1992年3期，114–130页。
[2] 李零《化子瑚与淅川楚墓》，《文物天地》1993年6期，29–31页。
[3] 湖北宜昌地区博物馆《当阳曹家岗5号楚墓》，《考古学报》1988年4期，455–499页。
[4] 宜昌地区博物馆《湖北当阳赵巷4号春秋墓发掘简报》，《文物》1990年10期，25–32页（图像见31页：图八）。

所谓"器座"[图4],就是属于同类发现[出土于南椁(G2)的侧室(椁室的南面)]。这件器物,也只有器座和断折的立柱,方座饰窃曲纹和倒置的垂鳞纹,立柱饰云纹。座顶四周有铭文,作"黄子作黄甫(夫)人孟姬器,则永"。从铭文看,也是属于夫人之器。其墓葬年代约在春秋早期偏晚接近春秋中期的时候,比上述所有楚系统的镇墓兽年代都早。[1]另外,安徽屯溪弈棋公社机场春秋晚期墓也出土过一件四壁略呈弧形的类似器物;[2]浙江绍兴306号墓(春秋末期墓,墓中有三件徐器),也出土过与和尚岭二号楚墓所出非常相似的器座[图5]。[3]可见这不是楚国独有。它

图4 春秋时期的黄国铜镇墓兽（河南光山黄君孟夫妇墓出土）

图5 春秋时期的徐国铜镇墓兽（浙江绍兴306号墓出土）

[1] 河南信阳地区文管会等《春秋早期黄君孟夫妇墓发掘报告》,《考古》1984年4期,302–332页转348页(图像见318页:图一九,4;320页:图二一,2;322页:图二三,7、8)。
[2] 殷涤非《安徽屯溪周墓第二次发掘》,《考古》1990年3期,210–213页转288页;安徽省博物馆《安徽省藏青铜器》,上海人民美术出版社,1987年;图版四二、四三。
[3] 浙江省文物管理委员会等《绍兴306号战国墓发掘简报》,《文物》1984年1期,10–26页。

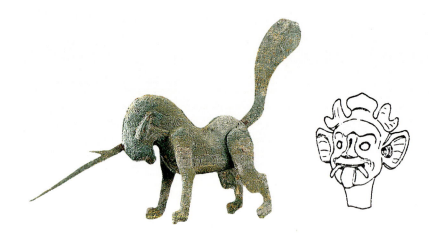

图 6 汉代的镇墓兽和镇墓俑

的来源很可能还在淮水流域。[1]

另外,过去新郑李家楼郑公大墓也出土过一件双足践蛇,头上和嘴上各有弯曲物的所谓"镇墓兽",[2] 形象有点类似淮阴高庄出土铜器纹饰上的神物图像。[3] 这恐怕是另一类器物。

这些早期"镇墓兽"都没有翅膀,也没有人面、兽面的划分,形象和后来的镇墓兽差别较大。

(二)汉代的镇墓兽和镇墓俑 [图6]

这一时期,在考古发现上,可以称为"镇墓兽"的东西,其实很少。

---

[1] 郭德维先生把镇墓兽列为"楚墓所出的典型楚器"。他说:"这是楚人特有的,不是和其他地域、其他民族共有的。因除楚地外,其他地方发现极少。"见所著《楚系墓葬研究》,湖北教育出版社,1995年,197—198页。

[2] 河南省博物馆、台北历史博物馆《郑公大墓青铜器》,大象出版社,2001年,142—145页。案:此器原来传说是王子婴次炉的器座,恐不可信。

[3] 李零《琉璃阁铜壶上的神物图像》,《文物天地》1998年4期,20—22页。

学者受后世镇墓兽的分类影响,多把动物造型的称为"镇墓兽",人物造型的称为"镇墓俑"。如:

(1)湖南长沙马王堆二号汉墓,墓坑北面的墓道,出土了用木块、草绳制作,外敷草泥,东西对坐,头插鹿角的两个偶人,分别高1.18和1.05米。三号汉墓也有类似发现,其中西侧的偶人失头,左臂断折。由于这类偶人和楚镇墓兽同样是头插鹿角,学者也把它们称为"镇墓兽"或"镇墓俑"。[1]

(2)河南淮阳平粮台西汉墓也在墓道内发现过类似的偶人,只有一件,高1.2米。学者把这类偶人也称为"镇墓兽"或"镇墓俑"。[2]

(3)东汉墓葬有时会出独角兽(獬豸),学者也称"镇墓兽"。[3]

(4)四川汉墓常见头上簪花的坐俑,其中有龇牙吐舌者,学者也称"镇墓俑"。[4]

此外,学者还把汉墓出土的掐丝金辟邪、鎏金铜虎和各种动物形镇也称为"镇墓兽",恐怕不妥。[5]

这些所谓"镇墓兽"或"镇墓俑",除(1)(2)两例,和早期镇墓兽有某些相像(都头插鹿角),(3)和下一时期的背起三鬣的镇墓兽有些相像,无论和早期还是晚期,好像都不太一样,中间变化很大。它们也都没有翅膀。

(三)魏晋南北朝的镇墓兽和镇墓俑 [图7]

这一时期的镇墓兽,大体可以分为两类。一类作抵触状,类似上述独

---

[1] 湖南省博物馆等《长沙马王堆二、三号汉墓发掘简报》,《文物》1974年7期,39—48页转63页。
[2] 曹桂岑、冯忠义《淮阳发现西汉镇墓兽》,《文物报》1985年9月18日,第3版。
[3] 参看:孙机《汉代物质文化资料图说》,文物出版社,1991年,405页,图版102—117(甘肃酒泉下河清东汉墓所出)。
[4] 参看:孙机《汉代物质文化资料图说》,405页,图版102—104(四川成都站东乡西汉墓所出)。
[5] 参看:李如森《汉代丧葬制度》,吉林大学出版社,1995年,181—184页。

图7 南北朝的镇墓兽和镇墓俑

角兽,但没有独角,主要流行于西晋、南朝或西魏、北周;一类可能受同一时期蹲狮的形象影响,也作蹲式,但背起三鬣,同前者,主要流行于北魏、东魏和北齐(年代晚一些,还在头上加"冲天戟")。镇墓俑,从西晋以来,则逐渐形成持盾武士的形象。此外,在后一类型里,还分化出人面的镇墓兽,逐渐形成人面、兽面成对共出的现象。后者才是隋唐镇墓兽的祖型,但当时的镇墓兽还没有翅膀。[1]

(四)隋唐时期的镇墓兽和镇墓俑

一般分为两种,一种作人面,一种作兽面,两者都是蹲式,但与上不同处,是它们的足都作偶蹄,下有立座。它们往往与一对武士俑(或天王俑)共出,出土位置在墓门口,形象比较统一,一律有翅膀。[2]

隋唐墓葬出土的武士俑(或天王俑)和镇墓兽,就是唐代文献《大唐六典》《通典》和《大唐开元礼》所说的"明器四神",武士俑(或天王俑)

---

[1] 参看:顾丞峰《镇墓俑兽形制演变析》,《文物天地》1988年4期,41–43页。
[2] 同上书。

即"当壙""当野",镇墓兽即"祖明""地轴"。北宋时期,又分"祖明"为"祖思""祖明"(《宋会要辑稿》礼三一之三至四、《宋史·礼志》的二十五和二十七、《宋朝事实》仪注三),金元时期,除"祖思""祖明",还分"地轴"为"天关""地轴"(《大汉原陵秘葬经》)。虽然宋元时期的名称,它们和实际发现如何对应,还有问题,但唐代的对应关系可以成立。[1]

唐代的"明器四神"和宋元以来的明器诸神,来源可能是东汉以来的逐疫十二神。这套神名还保留在《续汉书·礼仪志》中。原文说:

> 先腊一日,大傩,谓之逐疫。其仪:选中黄门子弟年十岁以上,十二以下,百二十人为侲子。皆赤帻皂制,执大鼗。方相氏黄金四目,蒙熊皮,玄衣朱裳,执戈扬盾。十二兽有衣毛角。中黄门行之,冗从仆射将之,以逐恶鬼于禁中。夜漏上水,朝臣会,侍中、尚书、御史、谒者、虎贲、羽林郎将执事,皆赤帻陛卫。乘舆御前殿。黄门令奏曰:"侲子备,请逐疫。"于是中黄门倡,侲子和,曰:"甲作食凶,胇胃食虎,雄伯食魅,腾简食不祥,揽诸食咎,伯奇食梦,强梁、祖明共食磔死寄生,委随食观,错断食巨,穷奇、腾根共食蛊。凡使十二神追恶凶,赫女躯,拉女干,节解女肉,抽女肺肠。女不急去,后者为粮!"因作方相氏与十二兽舞。嚾呼,周遍前后省三过,持炬火,送疫出端门;门外驺骑传炬出宫,司马阙门门外五营骑士传火弃雒水中。百官官府各以木面兽能为傩人师讫,设桃梗、郁櫑、苇茭毕,执事陛者罢。苇戟、桃杖以赐公、卿、将军、特侯、诸侯云。

同样仪式,也见于《隋书·礼仪志三》所记"齐制""隋制"和"后齐"(北齐)、"后魏"(北魏)之制,还有《新唐书·礼乐志六》。时间正与典

---

[1] 王去非《四神、巾子、高髻》,《考古通讯》1956年5期,50–54页;徐苹芳《唐宋墓葬中的"明器神煞"与"墓仪"制度》,《考古》1963年2期,87–106页。

型镇墓兽的出现和流行,大致吻合。各书所记,"祖明"皆在其中。可见"祖明"是驱鬼逐疫之神。

上面,我们曾提到,中国最早的镇墓兽,即春秋时期的镇墓兽,它的自名是"且(祖)埶",这一名称是不是与唐宋以来的"祖明""祖思"有关,耐人寻味。另外,这种镇墓兽与汉魏六朝墓前石刻中的天禄、辟邪相似,也是起守护作用,而且本身是由墓前的蹲狮发展而来。我们怀疑,它是受这类影响,才加有翅膀。还有,它的镇墓俑也类似汉魏六朝墓前石刻中的翁仲。中国的翁仲,自东汉到唐泰陵,一直是以挂剑武士像为主,尚无文、武之分,两者比较一致,不同点惟持盾、挂剑不同耳。看来,地下是受地上影响。它们基本上是魏晋南北朝艺术潮流影响下的发明,最后定型于隋唐。此外,在艺术风格上,它还受到佛教艺术的影响。

二

谈有翼神兽,我们还应提到何家村唐代银盘上的一种纹饰,这种纹饰也是有翼神兽,但它是以鸟为主,以兽为辅,下面只有两只脚,不是四只脚,这是它和很多有翼神兽不同的地方。

1970年,陕西西安南郊何家村出土过两窖唐代文物,内有金银器205件,其中一件是所谓"翼牛纹六瓣银盘"[图8],[1] 前不久还在世纪坛的国宝展上展出过。此器纹饰怪异,所谓"翼牛纹",其实是一只怪鸟,头类似驼、马一类动物,上面有独角,双翼内卷(注意:翼尖内卷是西亚、中亚和草原艺术的特点),尾巴如花苞状,在后面高举,足也是偶蹄类动物的足。

---

[1] 陕西省博物馆等《西安南郊何家村发现唐代窖藏文物》,《文物》1972年1期,30—42页。

图 8　陕西西安南郊何家村出土的怪鸟纹银盘

关于这种怪鸟,它是中国纹饰,还是外国纹饰,学者有不同意见。孙机先生认为,这种纹饰应称"飞廉纹",完全是本土创造。[1] 赵超先生有不同意见,他说"然而与何家村银盘上的异兽纹完全相同的纹样曾多次出现在中亚地区出土的被确认为萨珊波斯器物的银盘、银执壶等金银器上。

---

[1] 孙机《关于西安何家村出土的飞廉纹小银盘》,收入中国考古学会编《中国考古学会第七次年会论文集》,文物出版社,1992 年,328–335 页。

这种异兽被解释为伊朗神话中的龙-孔雀（dragon-peacock）"。[1]赵先生所指的标本，承他转告，正是骆驼头和偶蹄的大鸟。后来，孙机先生写文章，批评赵先生，主要是两点：第一，他认为，此器是唐代借鉴粟特工艺而推陈出新，另辟蹊径，不是从波斯直接传入，也不是模仿其风格在中国制造，而是地地道道的中国制品。第二，他认为，银盘上的纹饰是中国特有的飞廉纹，而不是赵先生以为的塞穆鲁纹。[2]

图9　萨珊波斯银盘上的森莫夫

案：孙、赵二说，一为"本土说"，一为"外来说"，前者立足"相似"，后者立足"不同"，看法相反，实可互补，对我们都有启发。我查了赵先生的原文，已经引在上面，他并没有说何家村银盘上的怪鸟纹就是孙先生说的"塞穆鲁纹"，而只是说它类似萨珊波斯器物上的纹饰。孙先生说的"塞穆鲁"，通常译为"森莫夫"。"森莫夫"是波斯古老传说中的鸟王。据早期祆教文献 *Avesta*（成书于前1400—前1200年），在波斯的古老传说中，有所谓Vourukasha海，为众水之源。海中有树，叫Saena

---

[1] 赵超《略谈唐代金银器研究中的分期问题》，《汉唐与边疆考古研究》第1辑，科学出版社，1994年，178—187页。
[2] 孙机《七驼纹银盘与飞廉纹银盘》，收入所著《中国圣火》，辽宁教育出版社，1996年，156—177页。

图10　粟特银盘上的森莫夫（孙机绘）

树，上面长着天下所有药物和谷物的种子。树上有巨鹰，叫Saena。它一扇翅膀，树上的种子就会四处飞散，借风雨之势，撒满大地。这种巨鹰，可能就是森莫夫的原型。在年代较晚描写波斯列王传说的伊朗史诗*Shahnameh*（Firdowsi作）中，森莫夫是波斯列王的守护神，巴拉维语（Pahlavi，3—8世纪的伊朗语）叫senmurv，波斯语叫simurgh，其典型形象是由狗或狮子的脑袋加鸟的身子而构成。[1] 这种纹饰，不仅萨珊波斯的器物上有［图9］，[2] 粟特也有，孙机先生在文中画了图［图10］，大家可以比较。它们之间有明显的相似性。[3] 这里的问题，似乎可以分解一下：第一，何家村银盘上的怪鸟纹是不是受到萨珊波斯或粟特的影响？影响是直接的还是间接的？第二，中国更早的艺术是不是有类似形象？它们完全是本土创造，还是也受外来影响？我想，孙先生不同意赵先生的看法，原因主要是：第一，他注意到，何家村的银盘，它的怪鸟，头上长

---

［1］Vesta Sarkhosh Curtis, *Persian Myths*, The British Museum Press, 1993, pp.15, 19—22, 37—39, 43, 47—49, 77。
［2］同上，22页的插图。
［3］孙机《七驼纹银盘与飞廉纹银盘》，170页：图一一，1。

角，足作偶蹄，更接近他所绘粟特银胡瓶上的有翼骆驼[图11]，形象与典型的森莫夫纹还不完全一样。第二，他有一个看法，唐代的器物，特别是金银器，它们主要是受粟特影响，而不是萨珊影响。他认为，何家村银盘上的纹饰是从年代更早的中国自己的飞廉纹（三国魏晋南北朝以来，见原文图一〇，有6个例子）发展而来。

不过，孙先生虽主张何家村银盘上的纹饰是属于中国自己的飞廉纹，强调"在何家村的飞廉纹银盘上，闪烁着的是唐代艺术的风貌和中国神话的色彩，外来因素被消化得如此彻底，从表面上看已几乎无迹可寻了"，[1]但他还是承认，"无论塞穆鲁或有翼骆驼，其前半身为兽后半身为鸟

图11　粟特银壶瓶上的有翼骆驼（孙机绘）

的形象都和我国的飞廉相似。如果认为粟特匠师用有翼骆驼纹取代了塞穆鲁纹，那么也可以说，唐代匠师是用飞廉纹取代了有翼骆驼之类纹样"。这也就是说，何家村银盘上的纹饰，它所代替的还是森莫夫的变形，只不过，其变形是波斯影响粟特，粟特影响中国，中间隔着一层，变化比较曲折。外来因素是被"消化"掉了，但不是没有。

其实，我更倾向孙先生的后一看法。当然，这种纹饰是不是飞廉纹，我们还可以讨论。

---

[1] 孙机《七驼纹银盘与飞廉纹银盘》，172页。

中国古代的飞廉是什么样,我想从孙先生提供的线索做一点讨论。

案:古书所见"飞廉",亦作"蜚廉",文献记载有三种用法,一是人名,为秦、赵之祖,商纣之臣,见《史记·秦本纪》等古书;二是风神兼神兽名,见《楚辞·离骚》等古书;三是药名,见《神农本草经》等古书。这里,我要谈的是第二种"飞廉"。

古人对"飞廉"的描述非常有限,主要是三条:

(1)《淮南子·俶真训》:"骑蜚廉而从敦圄",高诱注:"蜚廉,兽名,长毛有翼。"

(2)《史记·孝武本纪》"于是上令长安则作蜚廉桂观",《集解》:"应劭曰:'飞廉神禽,能致风气。'晋灼曰:'身如鹿,头如雀,有角而蛇尾,文如豹文也。'"

(3)《史记·司马相如传》"推蜚廉",《集解》:"郭璞曰:'飞廉,龙雀也,鸟身鹿头者。'"《索隐》:"郭璞曰:'飞廉,龙雀也,鸟身鹿头,象在平乐观。'"

这里有两种说法,一种是晋灼的"鹿身鸟头"说,一种是郭璞的"鸟身鹿头"说。

过去,郭德维先生曾提出,曾侯乙墓出土的铜"鹿角立鹤"和楚墓常见的漆木"虎座飞鸟",就是古书中的飞廉。[1] 但这类器物,严格说,都属于"鹿角鸟身",而不是"鹿身鸟头",也不是"鸟身鹿头",它们是不是飞廉,还值得研究。

"鹿身鸟头"兽,目前在中原地区的文物中还没有发现。我们曾指出,欧亚草原流行的"大角鹿"(格里芬的变形),很多都有鸟嘴,倒是比较

---

[1]《曾侯乙墓》,文物出版社,1985年,上册,250页引郭德维说。又郭德维《楚系墓葬研究》,207—214页。

符合"鹿身鸟头"[1]，但草原地区的"大角鹿"没有翅膀，和高诱的说法不合，而且是否传入中原，也有疑问（在陕北有发现）。

"鸟身鹿头"兽，孙先生认为是飞廉，这个说法很有启发，但还值得进一步推敲。

第一，孙先生举的三国魏晋南北朝的例子，其中形象接近"鸟身鹿头"，主要是原文图一〇的3—6，其中有些作独角，有些作双角。这些例子确与何家村银盘上的怪鸟纹比较相似，但它们是否就是古书中的"飞廉"，似乎还要做进一步证明。孙先生引用的宋沈括《梦溪笔谈·器用篇》，亦见元陶宗仪《南村辍耕录》卷十七，其所谓"黄目""飞廉"，乃宋代金石学的花纹名称。沈括的原话本来是讲"黄目"，顺便讲到"飞廉"。他说：

> 又予昔年在姑熟王敦城下土中得一铜钲，其底曰："诸葛士全荅鸣钲"，"荅"即古"落"字也，此"部落"之"落"。士全，部将名。其钲中间铸一物，有角，羊头，其身亦如篆文，如今时术士所画符，傍有两字，乃大篆"飞廉"。篆文亦古怪。则钲间所图，盖"飞廉"也。飞廉，神兽之名，淮南转运史韩持正亦有一钲，所图飞廉及篆字，与此亦同。以此验之，则"黄目"疑亦是一物。"飞廉"之类，其形状如字非字，如画非画，恐古人别有深理。

沈括说的"黄目"，见于宋聂崇义《三礼图》，从所绘图像看，为出土发现所无，似出宋人虚构。他所描述的铜钲，既不详其时代，也难知其形状，铭文又很古怪，所谓"其身亦如篆文，如今时术士所画符，傍有两字，乃大篆'飞廉'。篆文亦古怪"，所谓"如字非字，如画非画"，都让人感到可疑，似乎还不能说是坚强证据。

---

[1] 李零《论中国的有翼神兽》，《中国学术》第五辑（2001年1月），商务印书馆，62–134页。

图12 敦煌本《乾符四年具注历》上的飞廉

第二,《旧唐书·音乐志二》提到"饰簨以飞龙,饰趺以飞廉",唐代仍用飞廉纹是没有问题的。但问题是,唐代的飞廉纹还是不是"鹿身鸟头"或"鸟身鹿头",和汉代一样,这很难说。事实上,飞廉在唐代历书上是个神煞,后世历书亦有之(参看《三命通会》卷三),我们从敦煌发现的唐代历书上还能看到它的形象。例如斯坦因收藏的敦煌本《乾符四年具注历》(Stein-printing 6),上面就有飞廉神的画像[图12],形象好像一头长毛牛(类似牦牛)。[1] 另外,敦煌莫高窟的壁画上也有类似的飞廉神。[2] 它们都和古书描述的飞廉差别很大。

第三,过去,我们曾指出,秦代和西汉,中国的有翼神兽一度是作带翼的驼、马,这类形象对孙先生举的早期各例是不是也有影响?森莫夫是Avesta等祆教文献中的大神,它们的年代比萨珊波斯(226—651年,相当中国的魏晋南北朝和隋唐)更早,中国较早的类似形象是不是也受到西亚和中亚的影响?这些问题还应做进一步调查。

最后,从何家村的银盘,我还想到一个问题,就是在中国的考古发现中,类似的主题,可能还有其他发现,应该加以留心。

近年来,北周安伽墓和隋代虞弘墓的发掘,引起学术界的很大关注。大家都注意到,这两座墓葬,它们有粟特或波斯风格的雕刻装饰,反映出

---

[1] 感谢马克(Marc Kalinowski)教授为我提供这条资料。
[2] 感谢邓文宽先生为我提供信息。

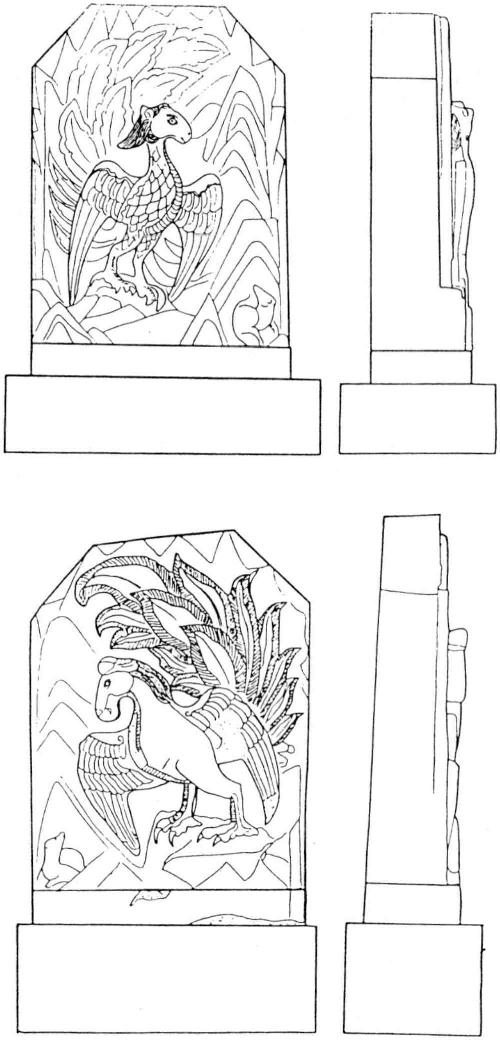

图13　宋陵神道石刻中的"瑞禽石屏"

祆教在中国的影响。[1] 这种影响一直延续到宋代。[2] 与这种影响有关，森莫夫类的艺术主题自然备受关注。除上所述，与森莫夫相像，我还想提到的是北宋皇陵神道石刻中的"瑞禽石屏"。

案：北宋皇陵位于河南省巩义市（原巩县）西南，共有八陵。其神道石刻，在望柱和石像之后，照例有所谓"瑞禽石屏"[图13]。宋陵的"瑞禽石屏"，一般是一对，与唐陵所见的石屏有点类似[3]，但动物形象不同，代替鸵鸟的是另一种大鸟。报告描写其形制，是"石屏平顶，两面斜杀。正面浮雕一只瑞禽，背景衬以山石，侧、背为素面。瑞禽似马头，禽身，凤尾，面南立于山石上。在南下角雕有一只小兽，兽头向上探望，兽身龟缩于石洞内"。[4] 我们不难发现，石屏上的"瑞禽"，正是类似的艺术主题。和鸵鸟一样，也是表现异国情调的东西。

2002 年 7 月 5 日写于北京蓝旗营寓所

---

[1] 陕西省考古研究所《西安发现的北周安伽墓》，《文物》2001 年 1 期，4–26 页；山西省考古研究所等《太原隋代虞弘墓清理简报》，同上，27–52 页。

[2] 姜伯勤《山西介休祆神楼古建筑装饰的图像学考察》，《文物》1999 年 1 期，56–66 页。

[3] 陈安利《唐十八陵》，中国青年出版社，2001 年，58、72、80、86、101、115 页。

[4] 河南省文物考古研究所《北宋皇陵》，中州古籍出版社，1997 年，35 页（图像见 43 页：图二五；彩版六；图版五，1、2）。这是举永昌陵为例，其他各陵也有类似的石刻。

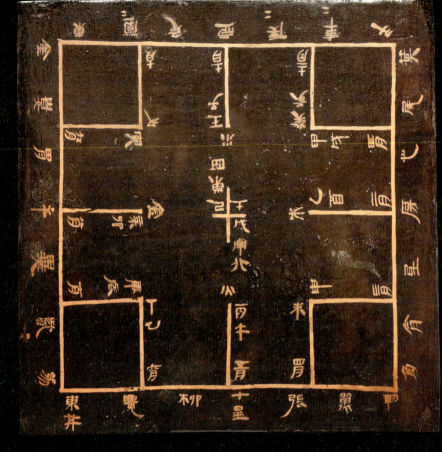

早期艺术中的宇宙模式

楚汉墓葬中的帛画和
中国壁画墓的起源

子弹库楚墓除出土了一批帛书外，1973年重掘此墓，还发现了一件珍贵的帛画[图1]。类似这件帛画，过去还有蔡季襄旧藏的一件长沙陈家大山出土的帛画[图2]，[1] 也很出名。因为这是仅有的战国帛画，美术史的研究者都很重视，中国邮电部还发行了印有这两件帛画的邮票。另外，近年湖北江陵马山一号楚墓也发现过一幅帛画[图3]。[2] 因残损严重，图像不清，注意的人比较少。

子弹库帛画出土时是平放于椁盖板和下面的隔板之间。陈家大山帛画，一说是出土于陶敦内，[3] 一说是出土于竹笥内，[4] 不一定可靠。而马山帛画则是发现于内棺的盖上。[5] 其形式一般作长方形（但马山帛画残），并有上竿和悬绳（但陈家大山帛画失之），所绘人物，推测皆墓主形象。类似的晚期例子，还有马王堆一号、三号汉墓和金雀山九号汉墓发现的帛画[图4]，前者作T形，后者作长条形。[6] 汉代的这类帛画，皆发现于内棺盖上，位置同马山帛画，也有上竿和悬绳，也是墓主"肖像"，但画幅作

---

[1] 据高至喜先生说帛画是由蔡捐献。
[2]见《江陵马山一号楚墓》，文物出版社，1985年，9页，10页：图12，图版肆贰。
[3] 郭沫若《关于晚周书画的考察》，《人民文学》1953年11期，113页。
[4] 夏鼐《关于晚周帛画的补充说明》，《人民文学》1953年12期，298页。
[5] 同本页注〔2〕。
[6]《长沙马王堆一号汉墓》，文物出版社，1973年；《马王堆二、三号墓发掘简报》；临沂金雀山汉墓发掘组《山东临沂金雀山九号汉墓发掘简报》，《文物》1977年11期，24—27页。

图 1　陈家大山帛画

图 2　子弹库帛画

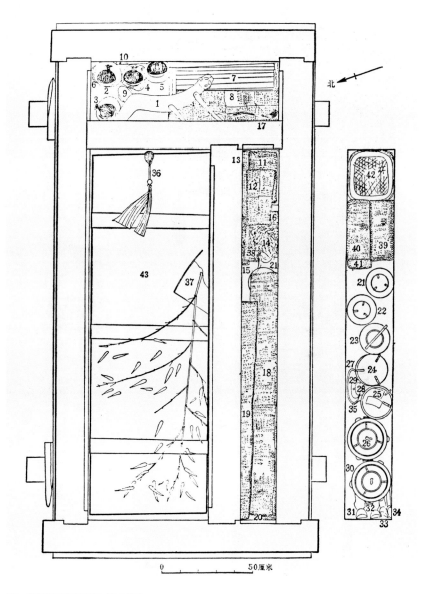

图 3 放在棺盖上的马山帛画（37 为帛画）

图 4 马王堆一号墓帛画（4-1）和金雀山九号墓帛画（4-2）

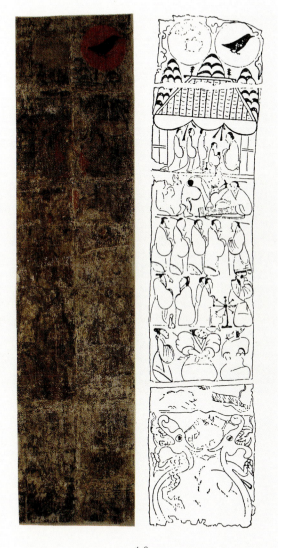

4-2

T形长幡,"焦距"不同,墓主缩小,背景增大,更适于表现其登仙的过程。另外,马王堆三号墓除这种外,还出有一种张挂于墓室东西两壁的帛画,内容是表现宴享游乐[1]。上述的汉代帛画,学者多以为即古书中的"铭旌"(或称"非衣",完全是误解文献,可毋辩)。但古书中的"铭旌",严格讲,应像1959年甘肃武威磨咀子汉墓所出,是书有墓主之名的那种[图5]。[2] 这类"铭旌",形式亦作长幡(但非T形,而接近金雀山九号汉墓所出),有的还在幅端画有类似的日月之象,是其沿袭之迹,但它的重要不同点是以死者之名代替了他(或她)的"肖像",在功能上更接近碑碣墓志。而前者既然陈于棺椁顶部,又伴以椁壁所张的其他帛画,则使我们联想到后世洞室墓的壁画设计。

中国古代的洞室墓延续甚久,设计变化差异很大,但有些基本考

---

[1]《马王堆汉墓文物》,26—34页。
[2] 见《武威汉简》,文物出版社,1964年,摹本二五和图版贰叁。

楚汉墓葬中的帛画和中国壁画墓的起源　251

虑总是蕴含其中。如以圆隆的穹顶象天,四方的墓壁象地,往往图绘天文星象于穹顶,并画四季宴享游乐之景于四壁。有时还在墓室四壁或墓志盖上饰以十二生肖,或以生肖俑或生肖镜等物随葬〔案:汉代许多铜镜是模仿博局,也有类似的意义。〕其设计都和古代式法以及与式法有关的数术有关。这类墓起源于何时,现在还不清楚。过去照文献记载,秦始皇的陵墓就是"上具天文,下具地理"的洞室墓(《史记·秦始皇本纪》)。但此墓尚未发掘,还无法证实。现在年代比较早的一个例子是新近在西安交通大学发掘的西汉壁画墓。[1] 这一壁画墓,在穹顶画有一个圆圈,沿圆圈一周是用人物和动物等形象表现的二十八宿,如苍龙

[1] 陕西省考古研究所、西安交通大学《西安交通大学西汉壁画墓》,西安交通大学出版社,1991年。

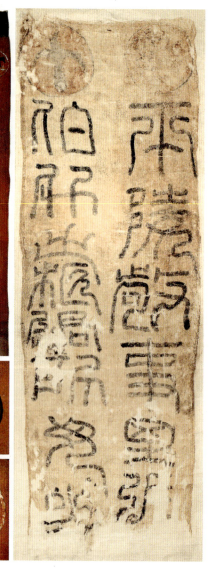

图5 武威铭旌

七宿作一长龙，角宿即龙角，尾宿即龙尾，七宿全在龙身之上；牛宿作人牵牛，箕宿作人持箕。圆圈当中是左日右月。日中有金乌，月中有玉兔、蟾蜍，画法与上述汉代帛画酷为相似。

子弹库楚墓是个只出陶器、不出铜礼器（铜器只有戈、矛、剑），规格不高的楚墓，但墓中出土的帛书、帛画却是数一数二。它出的帛书，多与选择、历忌一类内容有关，可以视为秦汉墓葬随葬日书之风的嚆矢。同样，子弹库帛画和秦汉时期的帛画也有联系。这些帛书、帛画有类似的知识背景和思想主题，在葬俗方面都有开启风气之先的重要意义。

楚汉墓葬使用的随葬帛画，从放在椁盖上到放在棺盖上，从方形到"T"形到长条形，从突出人物本身到放大人物背景，从表现墓主形象到代以墓主姓名，其演变之迹，清晰可见。这类帛画既可能是铭旌的前身，也可能是壁画墓的前身。特别是，它以日月象天，在上；四时象地，在下，也与壁画墓的传统设计如出一辙。这是我们的印象。

补记：

关于中国壁画墓的起源，宋治民《战国秦汉考古》（四川大学出版社，1993年）119页指出，马王堆1号、3号汉墓和金雀山9号汉墓出土的帛画，其表现内容"都是以后汉墓壁画所有的"，与拙见不谋而合。

1993年3月23日写于美国华盛顿赛克勒美术馆

1993年7月12日改定于北京蓟门里寓所

（摘自《楚帛书的再认识》一文，见《李零自选集》，广西师范大学出版社，1998年，259—261页，题目是新加，最后一段是补写）

跋石板村"式图"镜

1987年5、6月间发掘的湖南慈利石板村36号战国墓是一座年代属于战国中期的楚墓。此墓虽然规模不大,但出土物却很值得注意,除发现内容十分重要的楚简,还出土了一件罕见的铜镜[图1]。[1]

这件标号为M36:42的铜镜,据简报介绍,是作"正方,质薄,桥形纽。背面髹黑漆,漆上朱绘粗、细线方格纹。边长10.2厘米、厚0.2厘米"。[2] 它的特异之处不仅在于镜作方形和髹漆为饰,更重要的是它的纹饰本身。这一纹饰是按下述方式构成:

(1) 外廓线为正方形;

(2) 由四条弧形折角的矩形线两两相背,构成一个双线十字纹,把镜背分成四块;

(3) 由两组平行线分别连接边线的四分之一点和四分之三点,与上述十字纹一起,把镜背分成周边十二个方格和中心四个方格。

石板村铜镜的纹饰,从表面上看,似乎只是一种简单的方格纹,但只要与下述图案比较,就可看出它们是属于同一种图式,并有可能具有类似的含义:

(1) 睡虎地秦简《日书》甲、乙两种所附的"视罗图"[图2]〔案:原图无

---

[1] 湖南省文物考古研究所等《湖南慈利石板村36号战国发掘简报》,《文物》1990年10期,37—47页。

[2] 同上书,38页。

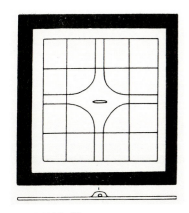

图1 石板村"式图"镜

八西月	西方	九戌月	十亥月
七申月	三辰月	二卯月	北方
南方	四巳月	正寅月	十一子月
六未月	五午月	东方	十二丑月

未 六月	方 南	申 七月	酉 八月
午 五月	巳 四月	辰 三月	方 西
东 方	寅 正月	卯 二月	戌 九月
丑 十二月	子 十一月	方 北	亥 十月

图2 视罗图（睡虎地秦简）

题，此是笔者所加）；[1]

（2）马王堆帛书"禹藏图"[图3]；[2]

（3）汉汝阴侯夏侯灶墓（双古堆M1）出土两种漆木式的式图[图4]。[3]

上述三种图，"视罗图"是一种按五行排列辰位的图。其十二月和十二支是自内向外旋转，按五位排列，与一般以四时配四方的图不太一样。甲种是作上西下东、左南右北排列（据乙种，此图残缺中分的纵线，而且丑位有误，应与右边的空格互换），乙种是作上南下北、左东右西排列。"禹藏图"，大图是把十二月标于四周的十二个方格内，小图是把十二位标于每一面的四分点上（此图略去边线，四个夹角也不通连）。双古堆漆木式的图案，一种与"禹藏图"大图相似，但标十二辰于各边的四分点上（因有天盘相掩，各线虚而未连）；一种与"禹藏图"小图相似。二者并且有表示四维的斜线在夹角内。

所有这些图式可谓"大同小异"，显然都是派生自模仿盖天说宇宙模式的占卜工具——式，[4]这里可统称为"式图"。

---

[1] 睡虎地秦墓竹简整理小组《睡虎地秦墓竹简》，文物出版社，1990年，223页；图四；250页；图五。
[2] 马王堆汉墓帛书整理小组《马王堆汉墓帛书》（肆），文物出版社，1985年，134页，附图二。
[3]《文物》1978年8期，25页：图一〇，2；图九，3。
[4] 参看：拙作《"式"与中国古代的宇宙模式》，《中国文化》4期，1—30页。

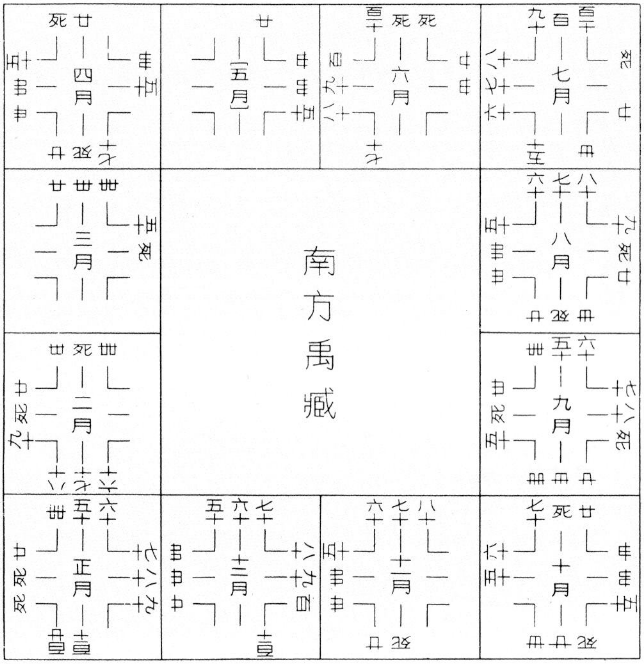

图 3 禹藏图（马王堆帛书）

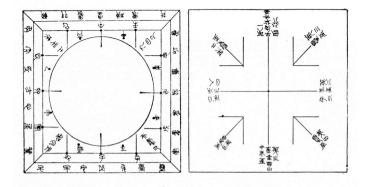

图 4 式图（双古堆 M1 出土）

古人以"式图"饰镜,目的是厌除妖祥。如众所周知,汉镜中有一种"博局镜"(旧称"规矩镜",西方学者称为"TLV镜"),其图案除有模仿六博棋局的曲道(即T形、L形、V形纹),还以圆形外缘象天,中间的方形法地(但与式作内圆外方不同,是外圆内方),青龙、白虎、朱雀、玄武"四神"和T形、L形纹表示四方,V形纹表示四维,外八乳表示八干(八干居四方,二干入四维,同式),内十二乳表示十二支(并标文字)。早在1937年,英国学者卡普兰(S.M.Kaplan)已在《TLV镜的起源》("On the Origin of the TLV Mirror", 收入 *Revue des Arts Asiatique*, Ⅱ.1, 1937)一文中推测这种纹饰与式有关。后来英国学者鲁惟一(M.A.N.Loewe)又在《天人合一》(*Ways to Paradise*, London, 1979)一书的第三章第五和第六节中对这一点做了更为详细的论证,证明这种纹饰确是模仿自式,目的是用于沟通天人,祈降福祉,厌除不祥。

"博局镜"可以厌除不祥,最好的例证是周铮先生发表的一件"博局镜"拓本(中国历史博物馆收藏)。[1] 其铭文曰:

> 新有善铜出丹阳,和以银锡清且明。
> 左龙右虎掌四方,朱爵玄武顺阴阳。
> 八子九孙治中央,刻娄(镂)博局去不羊(祥)。
> 家常大富宜君王。

这件"博局镜"不仅纠正了过去学者所用"规矩镜"这一错误定名,而且清楚地表明了这种铜镜有厌除不祥的功用。另外,除周先生已经举出的这件,我们还想指出,现在日本也有一件同样的实物,纹饰和铭文更为清晰 [图5]。[2]

---

[1] 周铮《"规矩镜"应改称"博局镜"》,《考古》1987 年 12 期,1116–1118 页。
[2] 西田守夫《"方格规矩筑"の図纹の系譜》,Museum,427 号(東京国立美術館美術志,1986 年 10 月號),pp.28–35。

现在的读者，一般只知道铜镜可以鉴容，而很少了解它还有厌胜的神秘用途。不过，大家都很熟悉《西游记》中的"照妖镜"。这种"照妖镜"并不是小说作者的杜撰，凡是熟悉道教文献的人都知道，明镜是道教的重要法器。例如葛洪《抱朴子·登涉》就讲过这种明镜的使用，说是物老成精，可以假托人形，但只要拿明镜一照就会原形毕露，"是以古之入山道士，皆以明镜径九寸已上，悬于背后，则老魅不敢近人"。他还举了两个用镜的例子。一个例子是，有二人在山中修道，忽有一人来到面前，说是二位好辛苦呀，他们拿镜子一照，来人竟变成鹿而逃去。另一个例子是某地多鬼，宿者不死即病，有个人为了除妖，特意住在那里。晚上来了十几个人，他拿镜子一照，竟是一群狗，也是借助镜的神力，才把鬼除掉。这些都有助于我们了解铜镜的厌胜功用。

古代厌胜，术歧不一，除铜镜，方法还很多，这里无法详细介绍。但值得指出的是，图画亦属古代厌胜的一大类型。如我最近讨论的马王堆帛书中的"辟兵图"〔案：这是笔者所

图5 博局镜及铭文：刻娄（镂）博局成文章（孔震提供）

题〕，[1] 就是起"护身符"的作用。它提醒我们，古代的图案，很多都不仅仅是用于艺术的目的。

关于古代铜镜纹饰的内涵，目前还有不少值得探讨的问题。但我感觉，许多具有外圆内方和四方八位的草叶纹、花瓣纹、乳丁纹和连弧纹的铜镜，可能也都与博局镜有着渊源或递嬗的关系，可以归入同一大类。由于博局镜是脱胎于"式图"（博局本身也是脱胎于"式图"），所以我们也可统称这类纹饰为"式图"类纹饰。

石板村铜镜的发现，在我看来，其重要性就在于，它不仅是这类纹饰中最早的一例，而且也是图案最接近于"式图"的一例。

补记：

马王堆帛书"辟兵图"与《史记·封禅书》所记汉武帝元鼎五年（前112年）秋所制"灵旗"最相似。《封禅书》说："其秋，为伐南越，告祷太一。以牡荆画幡日月北斗登龙，以象太一三星，为太一锋，命曰'灵旗'。为兵祷，则太史奉以指所伐国。""辟兵图"除有"太一""雷公""雨师"和四个"武弟子"，还有三龙。此三龙应即《封禅书》的"登龙"，是代表"天一三星"（即天一）。它与"式图"类铜镜有一个共同点，即它们都是以天象作厌劾之物。后世道符往往夹杂星象，看来应是出于类似的考虑。这对研究符书的起源也很重要。

（原载《文物天地》1992年1期，31—34页）

---

[1] 李零《马王堆汉墓"神祇图"应属辟兵图》，《考古》1991年10期，940—942页。

跋中山王墓出土的六博棋局
——与尹湾《博局占》的设计比较

在中国古代的棋艺中，六博是很古老的一种。它的出现到底有多早，我们还不太清楚；什么时候失传，也难以判断（估计在唐代以后）。但这种游戏曾盛行于战国秦汉，这点没问题。因为这一时期的墓葬，经常都会出土六博棋具，包括六博（六根算筹）、博席（放博的垫子）、博镇（镇压博席的重物）、博局（棋盘）和棋（棋子）、茕（骰子）等物。此外，汉以来的墓葬还经常出土博局纹镜、博戏模型，画像石上也时有表现博戏的画面。它们都说明，这种游戏在当时很流行。[1]

在现已发现的六博棋局中，年代最早，也最漂亮，当属中山王墓出土的用石板雕刻的六博棋局[图1]。

中山王墓出土的六博棋局共两件，它们都出自其中的三号墓。

说到出土情况，这里我要解释一下，"中山王墓"到底是什么意思。它是不是说，这两件棋局就是从中山王陵出土的呢？其实并不是。因为大家说的"中山王墓"，其实是个笼统的名称。它不仅包括中山国君的陵墓，也包括环绕它的其他墓葬，即其配偶、亲属或其他人的墓葬，其实是"中山王陵区"的统称。据河北省的考古工作者调查，这一墓地位于河北平山

---

[1] 傅举有《论秦汉时期的博具、博戏兼及博局纹镜》，《考古学报》1986年1期，21—42页；李零《中国方术考》修订本，东方出版社，2000年，165—174页。案：傅文是研究这一问题的经典之作，该文又重刊于湖南省博物馆编《湖南省博物馆四十周年纪念论文集》17—34页，后面（34—43页）附有新写的"后记"，又补充了许多旧作没有讨论的新材料。其中也包括这里介绍的两件棋局。

图 1 中山王墓出土的六博棋局之一

县灵寿古城的遗址内。它包括三组墓葬，两组在城内，一组在城外（城圈的西墙外）。城外的一组，有大墓两座，小墓二十六座，是中山王䰞陵（"䰞"，原作"䯼"，案："䰞"是战国流行的人名用字，这里用"䰞"代替）及有关墓葬。大墓的编号是M1和M2，M1是中山王䰞陵，已经发掘；M2是哀后陵（哀后是中山王䰞原配的王后，先于王䰞死而有谥），[1] 尚未发掘。城内的两组，估计是中山王䰞的先公即中山桓公和中山成公的陵墓。其中靠北的一组，有大墓一座，小墓八座，尚未发掘，编号不详；靠南的一组，也有大墓一座，中墓三座，小墓六座，均已发掘。大墓的编号是M6，中墓的编号是M3、M4、M5。这批墓葬，目前只有M1有正式报告，[2] 其他只有简报。[3]

据简报介绍：

> 与M6一字形排列的还有M3、M4、M5三座中型墓。M3已经发掘，为长方形土坑竖穴墓，南北长12米、东西宽10.5米、深6.5米，室内有积石，已被严重盗扰，但仍出土了不少小件饰物，而以玉器较多，制作也极精巧。其中小玉人（图版七：4）着窄袖长袍，妇女头梳牛角形双髻，儿童头梳一圆形髻，是研究中山国服饰、发式的重要资料。两件大型石板（图三二、三三），长45厘米、宽40.2厘米，由许多小石板拼连而成，四角有钉孔，边饰涡纹，内由饕餮、虎和蟠螭纹组成图案，构成一幅精美的画面。从M3的出土物分析，M3、M4、M5应是中山王的同族近属。

---

[1] 据中山王䰞墓出土的《兆域图》，中山王䰞陵原来的设计是以中山王䰞陵居中，已故王后即哀后的陵墓居左，续娶的王后居右，两夫人墓又在两王后陵的左右，但中山王䰞的后代亡国，他死后留下的王后和夫人都没有能够入葬（估计是被杀或被虏）。
[2] 河北省文物研究所《䯼墓——战国中山国国王之墓》，文物出版社，1996年。
[3] 河北省文物管理处《河北省平山县战国时期中山国墓葬发掘简报》，《文物》1979年1期，1—31页。

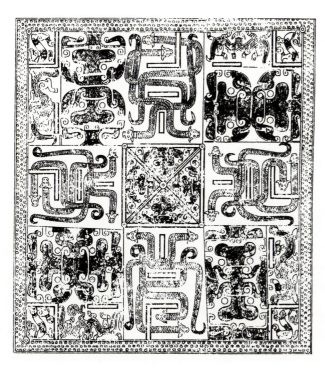

图 2　中山王墓出土的六博棋局之一

这也就是说,我们介绍的两件棋局,它们并非出自中山王錯陵,也不出自其他中山国君的陵墓,而是出自与国君有关的其他人的墓葬,由于该墓被盗,已经很难了解是什么人的墓葬。

现在介绍的这两件棋局,它们的设计不太一样。一件是国内俗称"规矩纹",西人俗称"TLV纹"的棋局,和秦汉的六博棋局是同一设计。另外一件,差别较大,在现已发现的六博棋局中,相当少见。

下面让我们做一点分析和讨论。

我们先说第一种棋局 [图2]。

这件棋局曾在国内外多次展出,各种图录所收都是这一件。[1] 我曾目验实物,发现它有几点值得注意。

---

[1] 比较好的图像是香港艺术馆编《战国雄风——河北省中山国王墓文物展》,香港临时市政局,1999年,212–213页:图版87。又见简报,26页:图三三;東京国立博物館等编《中國戰國時代の雄——中山王国文物展》,日本经济新闻社,1981年,图版44。案:此件博局的尺寸,简报是与另一件合并叙述,作长45厘米、宽40.2厘米,但《中國戰國時代の雄——中山王国文物展》、《战国雄风—河北省中山国王墓文物展》却说此件长44.9厘米、宽40.1厘米。

第一，这件棋局，从比较清楚的照片看，原来是由五块石板按螺旋形（如卍字形）拼成。其中一块作正方形，位于中央（下称"内方"）；四块作长方形，围在四周（下称"外方"）。外围四块，两块呈红色，两块呈青色，摆在一起，好像太极图的阴阳鱼。中间一块，则颜色发黄。照片所见颜色发白的部分是后来补上去的，其实已经残缺。

第二，在比较清楚的照片上，我们可以看出，这件棋局有九个带小坑可容钉帽的穿孔，其中五孔在内方：一孔在当中，四孔在四隅，五孔之间有连线；另外四孔在外方：每块一孔，也在四隅，但它们与内方四隅的穿孔没有连线。这些小孔，估计是为了拼装，以固定在一块木板或其他材料上。

第三，这件棋局的设计与秦汉时期的博局相似，也有所谓"行棋十二道"，即内方四道边的外缘，于四正各标T形符号；外方四道边的内缘，于四正各标倒置的L形符号（如曲尺形），于四隅各标V形符号（也如曲尺形，与四隅围成小方块）。但不同的是，它还在每个V形符号和L形符号之间加了一字形符号（一道横线），这是它比较特殊的地方。

第四，这件棋局的地纹分四种，可按九宫划分。中宫是云纹（与外方的云纹相似），并由五孔连线分为四组。外方四正是蛇纹（作四蛇盘绕），各含T形符号和L形符号；四隅是云纹（由上下对称的变形云纹构成）。此外，四角V形符号内，还有顾首虎纹；V形符号和L形符号之间，还有双身蛇纹和标一字形符号；四边，则以小圆涡纹为装饰。

现在，六博的玩法已经失传，大家很想知道古人是怎么行棋的。过去，学者曾据许博昌口诀（《西京杂记》卷四）试作复原，并不成功。[1] 许博昌的口诀有两说，一说是"方畔揭道张，张畔揭道方。张究屈玄高，高

---

[1] 如Lien-sheng Yang, "A Note on the So-called TLV Mirrors and the Game Liu-po（六博），" *Harvard Journal of Asiatic Studies*, vol.9, no.3-4(1945-1947), pp.202-206; Lien-sheng Yang, "An Additional Note on the Ancient Game Liu-po（六博），" *Harvard Journal of Asiatic Studies*, vol.15, no.1-2(1952), pp.124-139; 劳干《六博及博局的演变》，《历史语言研究所集刊》第35期（1964年），15-30页。

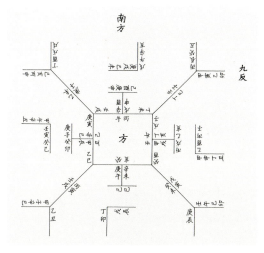
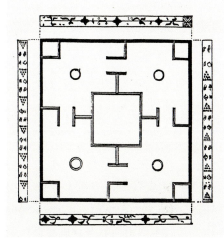

图3 尹湾汉墓出土的博局图　　　　　　　图4 云梦大坟头汉墓出土的六博局

玄屈究张",一说是"张道揭畔方,方畔揭道张。张究屈玄高,高玄屈究张",确切含义很难了解。1993年尹湾汉墓出土了一件《博局占》木牍,木牍的上面是博局图[图3],下面是用博局占卜的占辞。[1] 其图与秦汉出土的博局基本相同[图4],但上面标有按六十甲子排列的干支;占辞分五栏十行,第一栏是记占卜事项,其他九行,每句开头的字,正好就是许博昌口诀提到的术语,这是最新线索。学者就这一线索展开讨论,使我们的知识取得重大突破。[2] 虽然我们还不能彻底了解六博行棋的规则,但已经知道它的棋道是怎样设计的。

[1] 连云港市博物馆《尹湾汉墓简牍》,中华书局,1997年,125—126页。
[2] 李学勤《〈博局占〉与规矩纹》,《文物》1997年1期,49—51页;李零《读几种出土发现的选择类古书》,《简帛研究》第三辑,广西教育出版社,1998年,96—104页;刘乐贤《尹湾汉墓出土数术文献初探》,尹湾汉墓简牍综论》,科学出版社,1999年,175—186页;曾蓝莹《尹湾汉墓〈博局占〉木牍试解》,《文物》1999年8期,62—65页;李解民《〈尹湾汉墓《博局占》木牍试解〉订补》,《文物》2000年8期,73—75页。

对比《博局占》和许博昌口诀，学者发现，博局设计的基本要素是下面九个棋位[图5]：

方、廉、楬、道、张、曲、诎、长、高（《博局占》）

方、畔、楬、道、张、究、屈、玄、高（许博昌口诀）

"方""廉"（或"畔"）是博局中间的那个方块（《博局占》于方块内标"方"字），"方"指方块的里面（确切地讲，是指方块内缘的四个中点），"廉"指方块的四边（确切地讲，是指方块四边的外缘，古代算家称方形的边为"廉"，"廉"与"畔"同义，都指方形的四边）；"楬"（或"揭"）、"道"是方块外的T形饰，"楬"指符号的竖线（古人称木表为"楬"，"揭"是误字），"道"指符号的横线（或可读为"梼"，《说文》卷六上"木部"训为"断木"）；"张""曲"（或"究"）是L形符号，"张"是符号的横线（"张"有横陈之义），"曲"是符号的竖线（"曲"指曲尺形，"究"可读"纠"或"勾"，与"曲"同义）；"诎"（或"屈"）指外方四隅与内方四隅的连线（"诎"通"屈"，也有曲折之义）；"长"（或"玄"）、"高"是V形符号，"长"指符号右边的线（"玄"有远义，与"长"含义相近），"高"指符号左边的线（左右是从外向内看）。[1]

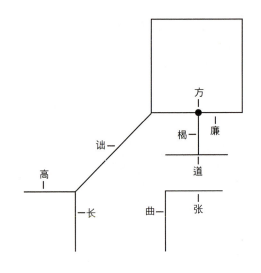

图5 尹湾汉墓出土博局图图上的九位

---

[1] 在《读几种出土发现的选择类古书》一文中，我曾把四隅连线理解为"张"，T形符号理解为"曲""诎"，现在据刘乐贤、曾蓝莹、李解民说修正。

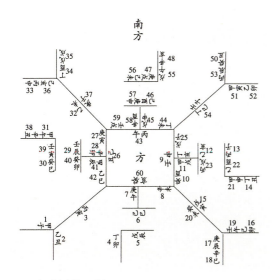

图6 尹湾汉墓出土博局图的复原〔案：原图漏24、29，今补〕

它们的循行，多采取一曲一折的方式，即"方""廉"垂直（"方"是"廉"的垂直平分点），"楬""道"垂直，在内层；"张""曲"垂直，"长""高"垂直，在外层；"道""张"平行，是连接内层和外层的关键；"诎"连接三个夹角（V形符号的夹角、内方的夹角和L形符号的夹角），则是连接四正和四隅的关键。它分两段，第一段是顺行，第二段是逆行。顺行分两节，"高—长—诎—曲—张"是一节，"张—道—楬—廉—方"是一节。逆行也分两节，"方—廉—楬—道—张"是一节，"张—曲—诎—长—高"是一节。其两段四节，形式类似回文诗的粘对，"张"字是起承上启下的作用，所以在图式上是与"道"平行，在口诀中是重复出现。

在《博局占》的博局图上方有"南方"二字，是表示置图的方向。学者对《博局占》的干支排列加以复原[图6]，可以证明其排列顺序是从东北方向的"高"位开始，而结束于正北方向的"方"位。它包括九位一组的循环共七组（注意：其中三组是头尾相接，重复出现，去除重复，正好是六十甲子）。[1]这里，为了理解的方便，我们不妨把其六十甲子的九位循环列述如下：

---

[1] 参看：247页注[2]引刘乐贤、曾蓝莹、李解民文。案：他们指出原文有六处抄误：(1) 东北"高"位的"辛巳"应移西北"高"位的"庚辰"下；(2) 东北"诎"位的"壬戌"应删除；(3) 正北"楬"位的"辛未"应移至其右上的"廉"位；(4) 正西"方"位的"壬午"应改"壬申"；(5) 正东"楬"位的"辛巳"应改"辛卯"；(6) 正东"道"位的"庚子"应改"庚辰"。诸家所作复原图，应以后出的李解民文为最准确，但李图于"丁亥"漏标序号24，"壬子"漏标序号49。

（1）东北、北区。从东北、北到中央北，为高、长、诎、曲、张（甲子至戊辰），张、道、楬、廉、方（戊辰至壬申）九位。

（2）西、西北区。从中央北到西、西北，为方、廉、楬、道、张（壬申至丙子），张、曲、诎、长、高（丙子至庚辰）九位（壬申与上重）。

（3）西、西北区。从西、西北到中央东，为高、长、诎、曲、张（辛巳至乙酉），张、道、楬、廉、方（乙酉至己丑）九位。

（4）东、东南区。从中央东到东、东南，为方、廉、楬、道、张（己丑至癸巳），张、曲、诎、长、高（癸巳至丁酉）九位（己丑与上重）。

（5）东、东南区。从东、东南到中央南，为高、长、诎、曲、张（戊戌至壬寅），张、道、楬、廉、方（壬寅至丙午）九位。

（6）南、西南区。从中央南到南、西南，为方、廉、楬、道、张（丙午至庚戌），张、曲、诎、长、高（庚戌至甲寅）九位（丙午与上重）。

（7）南、西南区。从南、西南到中央北，为高、长、诎、曲、张（乙卯至己未），张、道、楬、廉、方（己未至癸亥）九位。

上述棋位循环，其实只有四种，即：

（1）高、长、诎、曲、张（出现四次）；

（2）张、道、楬、廉、方（出现四次）；

（3）方、廉、楬、道、张（出现三次）；

（4）张、曲、诎、长、高（出现三次）。

现在，以《博局占》的干支排列重新检查许博昌的口诀，我们不难发现，它的两套口诀，第一套的头两句文字有误，订正后应作：[1]

（1）张道楬畔方；

（2）方畔楬道张；

（3）张究屈玄高；

---

[1] 李解民先生已指出这一点。

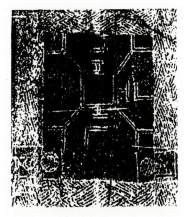 

图7　临沂庆云山汉墓出土石棺上的博局图　　　图8　内蒙古托克托出土的日晷

(4) 高玄屈究张。

它的第二套口诀和订正后的第一套口诀，其实是一样的。这种排列和《博局占》的不同之处主要是，它是从前者的（2）开始，而不是从前者的（1）开始；前者并不是严格的正反倒斜，而它是严格的正反倒斜。我们怀疑，前者才是真正的行棋顺序，后者只是为了便于背诵。

以《博局占》的术语重新考察秦汉时期的博局，我们不难发现，"四维"即"诎"（或"屈"）是所有六博棋局都不可缺少的要素。秦汉时期的博局，其"四维"可以有多种表现形式，有四隅连线当然比较正规，比如山东临沂庆云山西汉墓石棺底上的博局图案[图7]，[1] 还有出土日晷采用的博局图案[图8]，都是这种形式。但值得注意的是，它还有许多不同的变形。如秦汉棋局比较流行的一种做法，是在内方四隅与外方四隅之间加四

---

[1] 临沂市博物馆《临沂的西汉瓮棺、砖棺、石棺墓》，《文物》1988年10期，68—75页（图像见72页：图一二）。

跋中山王墓出土的六博棋局　　269

个小圈，用小圈代替连线。还有一些，则是用四个三角，或四个方块，或四个小鸟，或四个花瓣来代替。同样，在汉代的博局纹镜上，情况也差不多。它们是用外方的四个乳钉和内方的四个花瓣来表现"四维"。[1] 可见"四维"的表现有多种形式。

同秦汉流行的博局图案相比，我们不难发现，中山王墓的博局，它的最大特点是没有四隅连线。这是不是说它真的就没有"四维"？我看不是。因为第一，它有内方的五孔连线（作用类似博局纹镜的四个花瓣），外方四隅的连线只是其延伸；第二，它在L形符号和V形符号间标有一字形符号，估计也是四隅连线的变形。我们怀疑，设计者之所以把"四维"改成偏居一侧的符号，主要是因为它的地纹比较复杂，其相当"四维"的部位正好是由对称的云纹占据，如果有连线通过，势必会破坏图案的完整，最好的做法就是把它让在一边。

所以，我的看法是，中山王墓的博局，它在设计上和后来的博局并没有根本区别，同样是九位齐全。

中山王墓的另一件博局 [图9]，和前者大小相似，纹饰也大体相同，但花纹的布局不同，棋道的设计也颇有差异。[2] 此器现在只有线图发表。从线图看，好像是浑然一体，而不是由五块石板拼成。关于这件博局，傅举有先生曾经指出，它和湖北江陵雨台山楚墓M314出土的两件博局 [图10] 属于同一设计。[3] 傅先生认为：

---

[1] 这类设计也有许多变形，如外方四乳，或作八乳，有时还配以四神四兽等物（四神是偏居），内方的四个花瓣，有时也作八乳或十二乳，连中央的纽在内，即铭文所谓"八子九孙"或"八子十二孙"的象征。

[2] 简报，26页；图三二。案：简报尺寸是与另一件并叙，而且此件是放在另一件的前面讲，或许就是此件的尺寸。又此件的纹饰，是以蛇纹居中（四组，各二，又有小蛇二，在其上下），云纹在上下（四组），双身蛇在左右（四组），顾首虎纹在周边（八组）。

[3] 湖北省荆州地区博物馆《江陵雨台山楚墓》，文物出版社，1984年，104页（图像见103页：图八〇；图版六八，4）。案：本文图10画面上的三个小方块是棋盘下面三条木腿的接榫处，与棋局的设计无关。

图9 中山王墓出土的六博棋局之二

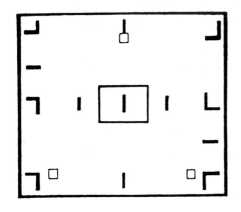

图10 雨台山楚墓 M314 出土的博局

这两件战国博局实物，与秦汉时期流行的博具，显然有不同的地方：

1. 既没有箸，也没有茕；
2. 曲道不是十二个，而是六个，其余是七个"一"；
3. 棋子也不是六黑六白，而是红、黑各九颗和白色的六颗。

这种博具，文献不见有记载。我们应如何看待它？我认为：(1) 这两件博局也许是比较早期的形式；(2) 或许战国时期博具已有多种形制，这只是其中的一种；(3) 棋子虽然红黑各九颗，白色的六颗，但正式对局时，双方可以选用不同颜色的六颗棋子行棋。如红、黑各六颗，或黑、白各六颗，这与秦汉行六棋没有什么区别。

现在，在傅先生的讨论基础上，我想就它的棋局设计再做一点讨论。

首先，我们应当注意的是，中山王墓的第二件博局，它和雨台山楚墓发现的两件博局在设计上有共同点，也有差异。为了讨论的方便，我们不妨以博局中间竖置的一字形符号作为定向标准，按同样的方向来比较它们。

1.它们的共同点是：

（1）其相当内方的区域，只有三个竖置的一字形符号，而没有四个T形符号。

（2）其外方四正，只有左右的L形符号，而没有上下的L形符号。

（3）其外方四正的上、下，以及左边L形符号的上边、右边L形符号的下边，各有四个横置或竖置的一字形符号。

（4）其外方四隅有四个V形符号。

2.它们的不同点是：

（1）中山王墓的博局，它的第三种符号是作横置的一字形符号；而雨台山楚墓的博局，它的第三种符号是作竖置的一字形符号。

（2）中山王墓的博局，它的第一种符号没有内方的框线；而雨台山楚墓的博局，它的第一种符号是把中间的一字形符号用方框框起，而把两边的一字形符号放在方框的外边。

经过上述比较，我们的印象是，尽管这种博局与上面讨论过的第一种博局，它们在形式上确有明显的不同，但它们在很多方面还是存在相似处。比如：

第一，它们都有V形符号，两者是一样的。

第二，它们都有L形符号。

第三，它们的第三种符号，如果按中山王墓的第一种博局考虑，很可能也是四隅连线的变形。

第四，雨台山楚墓的博局，中间也有某种类似内方的东西。

所以我们怀疑，它可能是六博的另一种形式。

中山王墓的两种博局，其中第一种在秦汉时期非常流行，但第二种在秦汉时期好像还没有出土的实例。它是不是在汉代已经失传，这是一个有待证明的问题。

补记：

博局与式盘、日晷都是来自中国古代的宇宙模式，但学者或以式盘为博局之源，或以日晷为博局之源。过去，我更倾向于前一种论点。因为式盘是与天文有关的占卜工具，它和古代宇宙模式的关系更直接，而博局是用于游戏，不可能是式法的来源，其图案寓含四方八位、九宫十二度和四维钩绳一类设计，也显然是模仿式图。但现在考虑，日晷说也有一定道理，因为日晷也是历算类的仪具，它上面的博局图跟博局本身的图案更一致。特别是从上述发现考虑，博局的设计虽与式图有相通之处，但它更可能是一种式图与历术相结合的图式，所以才会既用于日晷，也用于博局。甚至我们可以说，六博就是一种模仿历术的游戏（所以可用于历术类的占卜，式法也是历术类的占卜）。它的棋道设计是如此，博、棋的设计可能也是如此（六博以六为数，十二棋也是六黑六白，或与六旬计数有关）。三者同源，但用途不太一样（注意：式法亦用算，而且也属于历术类的占卜）。另外，关于博局纹镜的定名，学者也有争论。我的看法是，既然这种镜子的图案与博局一致，又有铭文自身的证明，"博局纹镜"当然是最好的叫法，"规矩纹镜"和"TLV镜"只能算是习惯的俗称。

2000年10月31日写于北京蓝旗营寓所

（原载《中国历史文物》2002年1期，8—15页）

说汉阳陵"罗经石"遗址的
建筑设计

前不久，陕西省考古所所长焦南峰先生应邀到北京大学考古系演讲，向我们系统介绍了西汉帝陵的发掘与研究，其中重点是讲该所近年来发掘汉阳陵的重大收获，使我学到不少东西。嗣后，曹玮先生寄来该所新编出版记载这一发现的精美图录：《汉阳陵》（重庆出版社，2001年），并向我解释了图录中的某些细节，使我对他们的工作有进一步了解。我对其中的"罗经石"遗址兴趣最浓，这里不揣浅陋，讲一点读后的感想。

一

此书发表的材料是：

(一)"罗经石"遗址。[1]

(1) 图版三三："罗经石"遗址平面图 [图1]。

从图上看，遗址是作"回"字形，即采取大方套小方的形式。外方是院墙，形状是正方形，墙外有壕沟，四正（正东、正南、正西、正北）有四门，四门之间是四个曲尺形回廊，回廊前面有散水，两端各有一口井，

---

[1] 为了方便印刷，下文的图1至图3是采自《走近汉阳陵》一书的黑白插图，而不是采自《汉阳陵》一书的彩色图版。

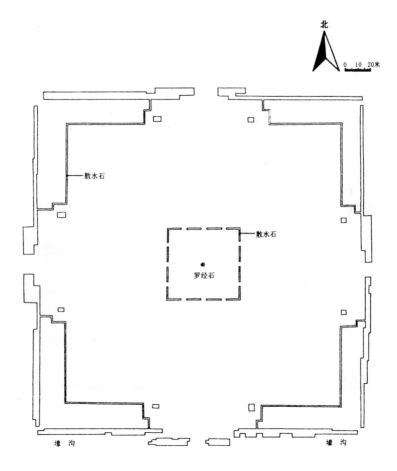

图1 "罗经石"遗址平面图

正好在门内的两侧，一共有八口井。内方是中心建筑的夯土台基，形状也是正方形，外边也有一圈散水，四面各有三个门，共十二门，门内未发掘，情况不明，中心是"罗经石"。

（2）图版三四："罗经石"与帝、后二陵[图2]。

从图上看，"罗经石"的位置正好是在汉景帝陵和王皇后陵的中间。整个石刻是上圆下方，类似式盘。上面凸起的一层是圆形，中间有十字交叉的刻槽，类似式盘的天盘。下面的基座是方形，东边比较完整，西边已经残缺，则类似式盘的地盘。据曹玮先生告，其地面上的方砖是后来加铺，起保护作用，不是原来的地砖。

（3）图版三五："罗经石"。

据图版说明，此物位于汉景帝陵南约450米，直径1.4米，中心刻有"十字凹槽"，标志正南正北和正东正西。

（二）有关出土物。

（1）图版九〇：带瓦当筒瓦。

长48厘米，瓦当直径17.3厘米。当面文字："长生无极"。

（2）图版九九：青龙纹空心砖[图3-1]。

残长53厘米，宽35厘米。

（3）图版一〇〇：玄武（龟蛇缠绕）纹空心砖[图3-2]。

图2 "罗经石"与帝、后二陵

3-1

3-2

图3 "罗经石"遗址出土的空心砖
3-1 青龙纹空心砖　3-2 玄武纹空心砖

残长52厘米，宽34厘米。

（4）图版一〇一："长乐未央"文字瓦当。

直径16.5厘米。

（5）图版一〇三：云纹瓦当。

直径16.5厘米。[1]

另外，最近我还读过马永嬴、王保平先生写的《走近汉阳陵》（文物出版社，2001年），该书对上述材料也有介绍，但有些数据不太一样。它提到：

（1）此遗址位于汉景帝陵东南约300米处（《汉阳陵》作450米）。

（2）遗址总面积约为67000平方米。

（3）外围基址的边长是260米。

（4）四隅回廊的边长是60米。

（5）遗址中部夯土台的边长是54米。

（6）"罗经石"，上面的圆盘直径1.35米（《汉阳陵》作1.4米），底座边长1.7米，厚0.4米，圆盘上的凹槽宽3厘米，深2厘米。

（7）在"罗经石"以东250米处，王皇后陵的正南还有一处汉代建筑遗址。

（8）其外墙之内，四隅回廊和中心建筑之间是砖铺地面，四灵纹砖就发现于这一范围内。

二

从现已发表的遗址平面图看，我的印象是：

---

[1] 据焦南峰先生介绍，阳陵还出土过一些陶制的六博盘和围棋盘，其中也有在"罗经石"遗址发现的。参看《汉阳陵》图版二三六所收王皇后陵寝园出土的六博盘（边长34.5厘米），值得注意的是，其四隅是用 × 形符号表示，图录未收"罗经石"遗址所出。

第一，它和汉代博局的设计有类似之处。汉代六博是一种按宇宙模式设计棋局（与式盘类似，也有四方八位、九宫十二度一类设计），并按历术推算设计行棋（即按六十甲子的循环来行棋）的游戏。[1]它的棋局是由大小两个方块组成，内外两个方块之间各有五组符号、九个术语：

（1）内方。其四条边的平分点叫"方"（可能指四正，即正东、正南、正西、正北四个方向），四条边叫"廉"或"畔"（这两个字都有边缘的意思），[2]前者当后者之半，穿过它的平分线与后者垂直。

（2）内方外圆。有四个T形符号（或矩形符号），从四"方"向外伸出，其竖画叫"楬"（"楬"是竖立的木桩），横画叫"道"（疑指横置的木杆），[3]两者垂直。

（3）外方内圆。有四个L形符号（或规形符号），在外方的四正，与内方四正的"楬""道"相对，其横画叫"张"（疑指横陈），竖画叫"曲"（或"究"，"曲"是曲折之义，"究"可读"勾"，含义相同），两者亦垂直，其夹角平分线与"诎"垂直。

（4）四角与内方之间。有四道连线，叫"诎"（或"屈"，含义待考）。[4]出土博局除这种形式，有时也用四个小圈，或四个小鸟，或四朵小花来表示。

（5）四角。有四个V形符号（或规形符号），其右边一笔叫"长"或"玄"（"长"与"玄"含义相近，都有长、远之义），左边一笔叫"高"（"高"与"长"含义也相近，"长"指横广，"高"指竖高）。

与博局的设计相似，"罗经石"遗址也有内外二方。其内方十二门相当博局的"方""廉"（内方）和"楬""道"（四T），外方四门相当博局

---

[1] 李零《跋中山王墓出土的六博棋局》，《中国历史文物》2002年1期，8—15页。
[2]《广雅·释言》："廉，棱也。"《仪礼·乡饮酒礼》："设席于堂廉东上"，郑玄注："侧边曰廉。"《说文》卷十三下田部："畔，田界也。"也有侧边之义。
[3]"道"，疑读"梼"，《说文》卷六上木部："梼，断木也。"
[4] 这两个字都是"盈"的反义词。

的"张""曲"(四L),外方八井相当博局的四"诎",外方四廊相当博局的"长""高"(四V,但方向相反)。

第二,它更接近汉代博局镜的设计。

汉代的博局镜(旧称"规矩镜"或"TLV镜",今名"博局镜")是模仿博局的设计而制造。[1] 不同点是,它是把方形的博局纳入圆形的镜背,外面套了个圆圈。中国的镜子是以圆形为主,它和式盘不同,不是大方(地盘)小圆(天盘),而是大圆(镜缘)小方(博局)。博局的外方是被外面的圆圈遮盖,看不见四边,四隅的V形符号也内收,以迁就外面的圆圈;其四隅连线多用四乳或八乳来表示,环绕内方,构成一个潜在的方形或圆圈。内方往往含有标注十二辰的十二乳,指示四隅的四朵花(花瓣的尖端指向四隅),以及用来穿系组绶的鼻纽。镜纽居中,也是一个凸起的乳状物,它和周围的八乳,构成此类铜镜铭文常说的"八子九孙居中央"。[2] 博局镜的出现很早,如河北满城窦绾墓[葬于汉武帝元鼎四年(前113年)后不久]出土的"大乐富贵"镜就是其中较早的例子[图4-1]。[3] 西汉铜镜流行"花瓣纹"和"草叶纹",其主体特征不在"花瓣"和"草叶",而在四方八位九宫十二度一类设计,有些还标有博局使用的符号[图4-2],很明显是博局纹的变形。[4] 它说明,这类设计在西汉时期已经流行。但博局镜最典型的形

---

[1] 熊传新《谈马王堆三号西汉墓出土的陆博》,《文物》1979年4期,35页;傅举有《论秦汉时期的博具、博戏兼及博局纹镜》,《考古学报》1986年1期,21—42页;西田狩夫《「方格规矩镜」の図纹の系谱》,Museum,no.427(东京国立美术馆美术志,1986年10月号),pp.28—35;周铮《"规矩镜"应改称"博局镜"》,《考古》1987年12期,1116—1118页。

[2] 规矩镜的镜乳,早期是以四乳为主,晚期是以八乳为主,但也有作五乳、六乳和七乳者,并且有些镜子,除外方八乳,还有内方十二乳。镜乳数量不同,铭文也不同。如七乳镜会作"七子八孙居中央",八乳镜会作"八子九孙居中央",外八乳、内十二乳者会作"八子十二孙居中央"。它们的含义都属于"长宜子孙"的范畴。参看:孔祥星、刘一曼《中国铜镜图典》(文物出版社,1992年),266页(八乳镜)、278页(八乳镜)、293页(外八乳、内十二乳镜)、349页(七乳镜)。

[3] 参看:孔祥星、刘一曼《中国铜镜图典》,169页。案:同书170页的日光博局蟠螭镜也是西汉博局镜(湖南长沙西汉晚期墓出土)。

[4] 参看:《中国铜镜图典》,203—206页。

图 4　博局镜
4-1　河北满城窦绾墓出土的"大乐富贵"镜　4-2　"草叶纹"镜　4-3　上海博物馆藏王莽镜

式,主要还是流行于王莽以来。王莽镜铭每言兴建明堂、辟雍(两者是同一组建筑)之事,如上海博物馆收藏的一件铜镜,其铭文就有"新兴辟雍建明堂"这样的话[图4-3]。[1] 我们怀疑,它不仅是记录这件制礼作乐的大事,而且也是以铜镜的图案来象征明堂、辟雍。所以它不但与上述六博棋局的设计有关,也与下述王莽明堂的设计有关,而且与后者更为接近,其实也可视为明堂式的设计。

与博局镜的设计相似,"罗经石"遗址,其外方四门是相当博局镜的"张""曲"(四L),外方四廊是相当博局镜的"长""高"(四V,虽方向相反),外方八井是相当博局镜的八乳(在外方),内方十二门是相当博局镜的十二乳(在内方),中心的"罗经石"是相当博局镜的镜纽。

第三,它和王莽明堂[图5、6]也有不少相似之处。

王莽明堂(即上面提到的明堂、辟雍),是1956年发现,1957年发

---

[1] 参看:《中国铜镜图典》,274 页。案:同书 313 页的始建国二年禽兽简化博局镜也提到"更作辟雍治校官",323 页的新兴几何纹简化博局镜也提到"新兴辟雍建明堂"。

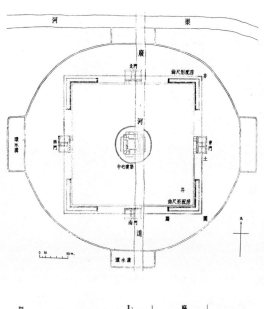

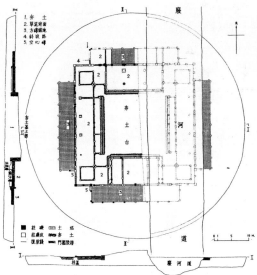

图 5 王莽明堂

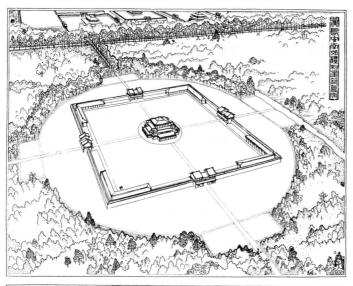

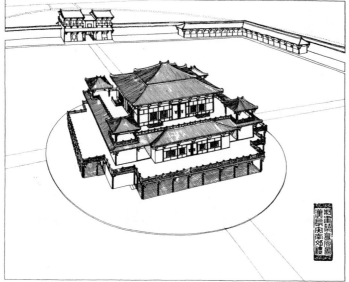

图 6　王莽明堂复原图

掘。[1]地点在汉长安城遗址南约1公里，与《三辅黄图》《水经注》等古书的记载基本吻合，可以确认就是汉平帝元始四年（4年）王莽奏立的明堂、辟雍（《汉书》的《平帝纪》和《王莽传》）。这一遗址是作外圆内方：外面一层是外圆内方，里面一层也是外圆内方。它的外层建筑（即辟雍），外面是圆形的"环水沟"，里面是方形的院墙。院墙有东、南、西、北四门。院内的四隅有四个"曲尺形配房"。"配房"的夹角里各有一口井（从对称关系看，原来应有四口井，但现在只有西南角的一口还在，其他三口因遗址被破坏，没有保存下来）。这是外面一层。里面的中心建筑也是外圆内方。外圆是台基，内方是建筑。它的建筑设计，从复原图看，和上面提到的博局镜相似，也有四方八位九宫十二度的设计在内。东汉应劭对王莽明堂的形式曾有所描述。他说，"明堂所以正四时，出教化。明堂上圜下方，八窗四达，布政之宫，在国之阳。上八窗法八风，四达法四时，九室法九州，十二重法十二月，三十六户法三十六旬，七十二牖法七十二候。……辟雍者，象璧圜，雍之以水，象教化流行"（《汉书·平帝纪》注），就是形容长安城南的王莽明堂。可见它体现的也是一种宇宙模式。

与王莽明堂的设计相比，"罗经石"遗址虽然在某些方面不太一样，但总体设计还是非常接近。如：

（1）"罗经石"遗址没有圆圈状的"环水沟"（后者更接近博局镜的设计，博局镜是王莽时期的设计，当然比较接近），但它的外墙也有壕沟环绕。

（2）它的回廊比王莽明堂在遗址中的比例大，但形状大体相同。

（3）它以八井夹四门，而非四井当四隅，和王莽明堂也有区别，但

---

[1] 唐金裕《西安西郊汉代建筑遗址发掘报告》，《考古学报》1959年2期，45—55页；考古研究所汉城发掘队《汉长安南郊礼制建筑遗址群发掘简报》，《考古》1960年7期，36—39页；黄展岳《汉长安城南郊礼制建筑的位置及其有关问题》，《考古》1960年9期，53—58页转52页。

图 7　王莽明堂出土的四灵纹瓦当

正像博局镜可以八乳代四乳，八乳、四乳都是表示四隅，八井和四井的功能是一样的。

（4）它的中心建筑有十二门，王莽明堂的中心建筑也有"十二重"。

（5）它出土了四灵纹空心砖（只有南、北二灵发现），王莽明堂也出土过四灵纹瓦当[图7]。这些瓦当估计是分出四门，代表天宇的四宫二十八宿。

从以上对比，我们可以说，"罗经石"遗址的设计是一种"博局式的设计"或"明堂式的设计"。

三

关于"罗经石"遗址的性质,我想大家都同意,它是一座大型的礼仪性建筑。但这座建筑到底属于哪一种礼仪性建筑,恐怕还值得探讨。据《走近汉阳陵》一书介绍,在阳陵附近,除"罗经石"遗址,还有一座礼仪性建筑,位于"罗经石"遗址以东250米,王皇后陵的正南[图8]。作者认为,"这两处遗址或为阳陵陵庙、寝殿之类的礼制性建筑遗址",这是更进一步的估计。但它们是"庙"是"寝",仍有进一步确定的必要。过去,

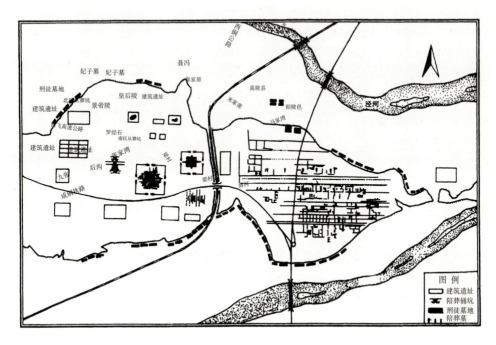

图8 "罗经石"遗址附近的礼仪性建筑

杨宽先生曾指出，汉自惠帝以来实行在陵侧起寝，陵前起庙，就近供奉、以时祭祀的制度。"寝"（包括正寝和便殿）与陵墓最近，供"日上四时"（每天四次供奉食品）；外面有围墙，则叫"寝园"；"寝园"有四门，叫"司马门"；"寝园"外有"庙"，则用来"月祭"，每年二十五次。[1] 他说："西汉诸帝陵墓的'寝'究在何处，还待作进一步的调查研究。但是有一点是可以肯定的，西汉陵园中的'寝'即使不在陵墓的顶上，必然也在陵墓的边侧，在陵园之内。它和陵园以外的'庙'有一段距离，有一条通道叫作'衣冠所出游道'，或者简称'衣冠道'，是由太常负责管理的"。按他的看法，"罗经石"遗址就是汉景帝在陵前修立的陵庙，即《史记·孝景本纪》记载的"德阳宫"。[2] 现在，阳陵遗址被揭露，在寝园四隅发现四处建筑基址，估计就属于"寝"[图9]。寝园外的两处建筑基址，杨先生说"罗经石"遗址就是"德阳庙"，这确有很大可能，但另一座建筑的性质也还值得研究（另外，从图9我们还注意到，阳陵的东西两侧还有其他五座建筑遗址，它们的性质也值得研究）。至于"罗经石"本身，过去多以为，它是用来定向定位，类似现代测绘表示测量基点的标志物。现在看来，恐怕应结合整个建筑的设计，即其模仿宇宙模型的含义来理解。既然该物从形制上看，与式盘相似，我怀疑，它也许是一个微型的宇宙象征物，放在遗址中心，可能是代表天极或太一。当然，这仅仅是推测。

西汉的陵庙是什么形式，现在还缺乏旁证，我们只能就遗址本身试作探讨，特别是就它与明堂制度的关系进行探讨。

明堂之制，古书颇有异说（《逸周书·明堂》《大戴礼·盛德记》《礼记·月令》《考工记》《吕氏春秋》十二纪等）。其设计方案虽有不同，但差异只在四堂、五室、八房、八个的高广、结构和配置，基本构思还是一

---

[1] 参看：杨宽《中国古代陵寝制度史研究》，上海古籍出版社，1985年，16—22、176—181页。
[2] 杨宽《中国古代陵寝制度史研究》，16—19、179页。

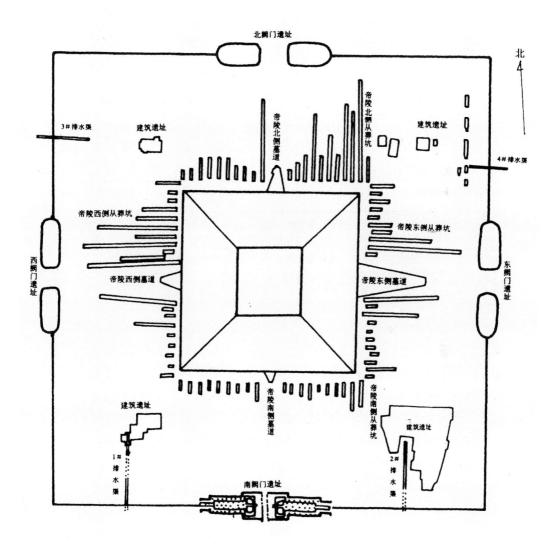

图 9　阳陵寝园平面图

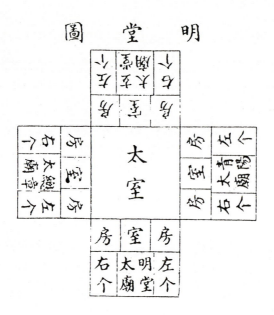

图10 明堂图

样的[图10]。它和一般宫室不同,不是作长方形,而是作正方形;不是独体的建筑,而是把若干结构相同的建筑,按方位对称的形式(四方八位九宫十二度)盖在一起,由此组成复合建筑。它的性质也很明确,其实是属于"宗祀配天之所"(黄以周《礼书通故》卷一五《明堂礼通故》)。它是以祖宗与五帝配祭,行禘祫之礼的建筑,当然要模仿五帝所居的天宇,因此具有宇宙模型的性质。汉代明堂是本先秦所传而附会之,虽有新的附会和想象,但设计思想还是差不多。史书记载,汉代议立明堂,都是由齐鲁儒生倡议。早在汉文帝时,贾山就已上书,建议"以夏二月,定明堂,造太学,修先王之道"(《汉书·贾山传》引贾山《至言》),当时文帝好黄老刑名，未能实行。这是第一次。第二次是武帝初即位（建元元年，前140年），赵绾、王臧以文学为公卿，再劝武帝在长安城南立明堂，以朝诸侯。他们是鲁国专治《诗经》的专家申公（申培）的学生。为修明堂，武帝曾派人恭请申公到长安议事，会窦太后好黄老言，不悦儒术，将绾、臧下狱，二人自杀，所议皆废（《史记》的《孝武本纪》和《儒林列传》）。第三次是汉武帝封禅泰山后（元封元年，前110年），在泰山东北脚见到一座古明堂，使他再度兴奋，所以第二年，在泰山脚下修了"汶上明堂"。[1] 它是由济南儒生公玉带上《黄帝时明堂图》，按这个图，在泰山脚下的奉高修建。其祭祀对象包括：太一、五帝、后土、高祖。太一、五帝在"上座"，高祖祠在太一、五帝的对面，后土在"下房"（《孝武本纪》），同时兼有泰畤（祭天和太一）、后土祠（祭地和后土）、雍五畤（祭五帝）和高庙（祭高祖）的祭祀对象〔案：这四组祠庙是西汉最重要的礼仪建筑〕，是一种综合性的礼仪建筑。其建筑特点，据公玉带的《黄帝时明堂图》，是"中有一殿，四面无壁，以茅盖，通水，圜宫垣为复道，上有楼，从西南入，命曰昆仑"（《孝武本纪》），《史记索隐》说"昆仑"之名是因模仿昆仑山的"五城十二楼"〔案：细揣文义，"昆仑"是指建筑总体，而非"从西南入"的圜宫复道。〕我们估计，它是一种东、南、西、北、中"五城"，四面各三楼，共"十二楼"的复合建筑。汉武帝曾多次在汶上明堂举行祭祀，祭汉高祖（配上帝即五帝而祭），但也包括他的父亲汉景帝（《孝武本纪》）。只是武帝明堂，现在还没有发现。50年代发现的王莽明堂，是汉平帝元始五年（5年）由刘歆等人所制，它是修在汉长安城的南郊，和武帝即位初年赵绾、王臧的建议相同。赵绾、王臧的考虑是本之儒家经典的旧说，和王莽对经典的理解一致。王莽当政时期，他的重大举措是对武帝以来的祠畤（有700多个），大刀阔斧进行改革，削减数量，收

---

[1] 据《汉书·地理志上》，武帝在琅邪郡的不其县也修有明堂。

远为近。他不但把散处三辅和三辅以外的郊祀之所统统废除,删繁就简,改置于长安四郊,而且把明堂之祭也搬到长安,这不是孤立的考虑,而是来自他的全盘设想。这组建筑虽作于西汉末年,但其设计思想却非常古老。不但可以上溯到武帝时期,而且还有更早的来源。

古代陵墓,有把墓室称为"玄堂"的说法。如古书常说"梓宫之里,玄堂之内"《魏书·皇后列传》)。"玄堂"是死人所居,按明堂制度,是其北堂的别名。陵庙在其南,和它相对,则是其后人"事死如事生",在陵前祭祀的地方,按明堂制度,相当其南堂,即狭义的"明堂"。古人以北为阴,以南为阳;以北为刑,以南为德。汉景帝的陵庙叫"德阳庙",会不会是以方位居南而命名,这很耐人寻味。

另外,"罗经石"遗址,其形制类似王莽明堂,但年代却比后者早得多,这也很有意思。《孝武本纪》说,武帝立汶上明堂后,不但在那里祭过高祖,也祭过惠帝。可见明堂与宗庙有一定关系。会不会在武帝以前,人们就已接触到某种"明堂式的设计"(上文提到,文帝时贾山已经提出修立明堂),并且已经把它应用于早期的宗庙,包括陵庙?或者汉景帝的陵庙会不会是武帝所修,它所体现的正是武帝热衷的"明堂式设计"?这些都是值得思考的问题。

当然,问题的答案还有待于新的考古发现。

补记：

（1）承中国建筑技术研究院建筑历史研究所钟晓青先生告，她本人和傅熹年先生均认为"罗经石"可能是建筑中心的柱础石。案：唐武则天明堂遗址中心有一直径9.8米的大柱坑，坑底用四块青石板为柱础，似可支持其说，参看：中国社会科学院考古研究所洛阳唐城队《唐东都武则天明堂遗址发掘简报》，《考古》1988年3期，227–230页。录此备考。

（2）1977年汉汝阴侯墓出土的漆木制"二十八宿盘"，是以十字线分割圆面，内标北斗七星，外列二十八宿，与"罗经石"颇为相似。关于这件器物的用途，学者存在争论，但都认为，该器应与天文历法或数术占卜有关，参看：拙作《中国方术考》（修订本），东方出版社，2001年，104–107页。录此备考。

2002 年 3 月 11 日写于香港城市大学中国文化研究所

（原载《考古与文物》2002 年 6 期，51–60 页）

李零考古艺术史文集

李零考古艺术史文集

入山与出塞

下册

李零 著

生活·讀書·新知 三联书店

早期艺术中的神物形象

马王堆汉墓"神祇图"应属辟兵图

马王堆帛书(也包括少量竹书)除一般典籍,还包括不少数术方技之书。前者已收入《马王堆汉墓帛书》〔壹〕〔叁〕(文物出版社,1980年3月、1983年10月);后者中的方技之书也已收入《马王堆汉墓帛书》〔肆〕(文物出版社,1985年3月),没有发表的很多是数术之书。最近,《考古》1990年10期,925—928页所载周世荣《马王堆汉墓的"神祇图"帛画》一文(下简称"周文")发表的"神祇图"[图1、图2]即属从未发表的数术之书,对古代数术思想的研究很重要。

此图附有文字题记,不是一般的图,而属于广义的"图书"。古代的书传于后世大多只有文字,但原来往往是图文相配,著录时要写明图多少卷(参看《汉书·艺文志》),古人泛称为"图书"。这一术语沿用至今,含义已略有不同,侧重的是"书"而不是"图"。古代的"图书"分两种,一种是以图附文,"图"和"书"是分开的;一种是以文附图,"书"是抄在"图"上。古代的"书"多写于竹简,而"图"则往往画在帛上。[1]马王堆汉墓出土的古书是以帛书居多,所以往往有图。像《养生方》所附"牝户图"〔案:此名是笔者所加〕、《胎产书》所附"人字图"、"禹藏图",[2]还有《天文气象杂占》所附"彗星图",即属前一种;[3]而"地形

---

[1] 简书也偶尔附图,如睡虎地秦简《日书》即有图。
[2] 收入马王堆汉墓帛书整理小组编《马王堆汉墓帛书》〔肆〕,文物出版社,1985年。
[3]《中国文物》第1期,文物出版社,1979年。

图1 马王堆帛书"太一辟兵图"(陈松长提供)

图2 马王堆帛书"太一辟兵图"

图""驻军图""导引图"和本图则属后一种。[1] 同样的例子,还有子弹库楚帛书和传世文献中的《管子·幼(玄)官(宫)图》,[2] 它们也都属于后

---

[1] 马王堆汉墓帛书整理小组编《古地图》,文物出版社,1977年;《导引图》,文物出版社,1979年。
[2] 参看:拙作《长沙子弹库战国楚帛书研究》,中华书局,1985年。

一种。这后一种图与图画比较接近，但都含有文字内容，与过去陈家大山楚墓、子弹库楚墓，还有马王堆汉墓、金雀山汉墓出土的不带文字的图有所不同。[1] 我们应参考其文字内容，以确定其性质。

这里先把周文提供的资料按我们理解的顺序做一简单介绍。

一、图像

这幅图包括三层图像：上层，右边的神像标有"雨巿（师）"，中间的神像标有"大一"（但又标"社"字），左边的神像标有"雷〔公〕"；中间一层是禁辟百兵的四个"武弟子"，右起第一人所执兵器残泐，第二人执剑，第三人未执兵器，但似着可御弓矢之服，第四人执戟，四人左右各二，中间是一黄首青身之龙；下层，右边是"持铲"的"黄龙"，左边是"奉瓮"的"青龙"。

二、题记

经与照片核对，摹本有个别错误，雨师像题记并有漏摹。下述释文是经裘锡圭先生复审，与周文略异，并标出谐韵字，□表示缺文，☒表示残文。

---

[1] 参看：熊传新《对照新旧摹本谈楚国人物龙凤帛画》，《江汉论坛》1981年1期，90—94页；《长沙楚墓帛画》，文物出版社，1973年8月；《西汉帛画》，文物出版社，1972年9月；湖南省博物馆等《长沙马王堆二、三号汉墓发掘简报》，《文物》1974年7期，39—48页转63页；临沂金雀山汉墓发掘组《山东临沂金雀山九号汉墓发掘简报》，《文物》1977年11期，24—27页。这些帛画多为"铭旌"。

（一）全图总题记（在帛书右缘）

……将（？），承弓禹（？）先行，赤包白包，莫敢我乡（向），百兵莫敢我〔伤〕。□□狂，谓不诚，北斗为正。即左右唾，径行毋顾，大一祝曰："某今日且□□。"[1]（△阳部，○耕部）

（二）雨师像题记（上，右）

雨帀（师）。光风雨雷，」□从者死，当」〔者有咎〕。左弇其，」右□□。[2]

（三）太一像题记（上，中）

大一将行，何日」神从之以……（神像左腋下有"社"字）。

（四）雷公像题记（上，左）

雷〔公〕……

（五）武弟子像之一题记（中，右一）

武弟子。百（？）刃毋敢起，独行莫〔敢□〕」。（·之部）

（六）武弟子像之二题记（中，右二）

我□百兵，毋童（动）□禁。[3]

（七）黄首青身龙题记（中，中）

（残泐）

（八）武弟子像之三题记（中，左一）

---

[1]"承"，周文释"奉"。下面一句，周文作"〔包由包〕"，似是补文，但原文俱在，并且是四字。"讲"，周文作"喆（龙？）"，括号内似是通假字，但喆、龙古音相隔。"今日"周文作"令日"。

[2]"从"上有残画，周文无。"当"字以下，周文不释。

[3]"我"下周文作"有"。

马王堆汉墓"神祇图"应属辟兵图　　299

我虎裘，弓矢毋敢来[1]。(·之部)

(九) 武弟子像之四题记 (中, 左二)

(残泐)

(一〇) 黄龙题记 (下, 右)

黄龙持铲。

(一一) 青龙题记 (下, 左)

青龙奉容 (瓮)。

下面提出我们的理解，向周先生请教。

第一，周文以此图方位为上南下北，理由是马王堆帛书"地形图"和汉代四神镜所见方位如此。但这一点并非没有疑问，因为《楚辞·远游》提到"左雨师使径侍兮，右雷公以为卫"，如果雨师在左，雷公在右，则此图应属上北下南。[2] 而下文亦可证明此图实属上北下南。

第二，周文认为上层中间的神像既是太一，又是社神，太一为天神，社神为地祇，因命此图为"神祇图"。这种"天神、地祇合一"说值得商榷。我理解，此神既标"大一"又标"社"，并非将二者合一，乃是因为太一在天居中宫，当斗极所在，古人以五行配五位，亦以土居中央，二者相应，有所谓"土主斗"之说。如阜阳双古堆汉墓出土的六壬式，其"四门"书"天虖己""土斗戊""人日己""鬼月戊"。"虖""斗""日""月"即"天""土""人""鬼"所主。《说卦》以艮为狗象，艮于五行属土。《大戴礼·易本命》和《孔子家语·执辔》说"犬主斗"，皆土、斗相关之证。

---

[1] "虎"，周文释"递"。"来"，周文释"束 (刺)"。
[2] 中国唐以来的地图是取上北下南，但早期往往作上南下北。近来学者往往以为早期地图只有后一种方向，其实不对，如近出放马滩秦地图即取上北下南。参看：拙作《"式"与中国古代的宇宙模式》，《中国文化》第4期，1—30页。

第三，周文采取先左后右的阅读顺序也有问题。中国古代的书写顺序与天文顺逆有关。古人说"天文以东行为顺，西行为逆"（《汉书·天文志》），把左旋叫"顺行"，右旋叫"逆行"，书写习惯是以左旋的方向即左行为主。这在汉字改行横排以前一直是个传统。我们的阅读顺序是从帛书右缘的总题记开始，依次左行。这样读，才能明白"武弟子"是中间四人的总称，而不是右起第一人的名称。

第四，从全图总题记和四武弟子像的题记来看，此图显然是以辟兵为主要内容，性质应属辟兵图。

本文定此图为辟兵图，可从《抱朴子·杂应》得到印证。其文曰：

> 或问辟五兵之道。抱朴子答曰："吾闻吴大皇帝曾从介先生受要道云，但知书北斗字及日月字，便不畏白刃。帝以试左右数十人，常为先登锋陷阵（"锋"字衍），皆终身不伤也。郑君云，但诵五兵名亦有验。刀名大房，虚星主之；弓名曲张，氐星主之；矢名彷徨，荧惑星主之；剑名失伤，角星主之；弩名远望，张星主之；戟名大将，参星主之也。临战时，常细祝之。或以五月五日作赤灵符，着心前。或丙午日日中时，作燕君龙虎三囊符。岁符岁易之，月符月易之，日符日易之。或佩西王母兵信之符，或佩荧惑朱雀之符，或佩南极铄金之符，或戴却刃之符、祝融之符。或傅玉札散，或浴禁葱汤，或取牡荆以作六阴神将符，符指敌人。或以月蚀时刻三岁蟾蜍喉下有八字者血，以书所持之刀剑。或带武威符荧火丸。或交锋刃之际，乘魁履罡，呼四方之长，亦有明效。今世之人，亦有得禁辟五兵之道，往往有之。"（案：吴大皇帝即孙权，介先生即介象）

文中所述辟兵之法或以祝，或以符，或以药。《杂应》提到"书北斗字及日月字"和"诵五兵名"〔案：这里"五兵"指刀、弓矢、剑、弩、戟〕，以及"乘魁履罡，呼四方长"〔案："魁"为斗勺，"罡"为斗柄，亦指斗，

"四方之长"应指主五兵之各星,虚星在北,氐、角在东,荧惑、张星在南,参星在西〕,而此图亦云"北斗为正",并且也有手持刀(?)、剑、戟和可避弓矢的四个"武弟子"。[1]古书所记"五兵"(或"五戎")往往互相歧异,但属于阴阳五行系统的书多半是以矛配春,戟配夏,剑配秋,甲盾配冬。[2]这里的四个"武弟子",右边的两人可能是代表东/春(刀?)和西/秋(剑),左边的两人可能是代表北/冬(甲,可以避弓矢)和南/夏(戟)。而居于上层中间的"大一"应是代表斗,所以说"北斗为正"。其方向应是代表北,北于五行为水。而居于下层的二龙捧持铲瓮则是火象。《杂应》有"赤灵符""荧惑朱雀之符""南极铄金之符""祝融之符",皆与辟火有关,亦所以避兵,二者可能有一定关系。蟾蜍血辟兵,则见《淮南万毕术》。"武威符荧火丸",《云笈七签》卷七七亦有荧火丸。可见其术之多。

古代辟兵之说由来已久。《老子·德经》:"盖闻善摄生者,陆行不遇兕虎,入军不被甲兵,兕无所投其角,虎无所措其爪,兵无所容其刃。"其中即含这种内容。近代也仍有相信此术如义和团者。《汉书·艺文志·兵书略》的阴阳类有《辟兵威胜方》七十篇,就是传授此术,惜书已亡佚,幸得此图,可补载籍之阙,足见其珍贵价值。

---

[1] 右起第一人持兵动作同第二人,所持应是短兵。
[2] 《管子·幼(玄)官(宫)图》是以矛、戟、剑、盾配春、夏、秋、冬。《淮南子·时则训》是以矛、戟、戈、铄配春、夏、秋、冬。《洪范五行传》是以矛、弓、兵、甲配春、夏、秋、冬。

补记：

帛书释文，现在有所修正，参看：拙作《中国方术考》（修订本），东方出版社，2001年，77–79页。关于太一问题，我也有进一步讨论，参看：拙作《中国方术续考》，东方出版社，2001年，207–252页。

（原载《考古》1991年10期，940–942页）

湖北荆门"兵避太岁"戈

1960年5月，湖北荆门漳河车桥战国墓出土过一件形制特异、带神物图像和四字铭文的铜戈[图1]。其图像应怎样理解，长期以来人们有各种猜测，只是近来经与新发表的一件马王堆帛书中的神物图像比较，才真相大白。

此戈长22厘米、宽5—6.8厘米，无胡，援部中间起脊，近阑处有二穿，锋呈三角形，内带丫形穿孔。戈援和戈内正背纹饰相同。戈援纹饰为浅浮雕，是一双腿横跨的神人。神人头戴冠冕，左右分竖双羽，耳佩蛇形装饰，身穿鳞甲之衣，腰间系带，左手和胯下有两个蜥蜴形动物，右手有一双头怪物，左脚踏月，右脚踏日。内部纹饰为阴刻，是一侧首带冠张翼之鸟。铭文在内部穿孔的两边，正面为"兵避"，背面为"太岁"。

值得注意的是，与戈同出，还有柳叶形铜剑一柄。

这两件器物发表于1963年。[1] 当时发掘者对戈的国别、年代吃不准，只说"此戈具有地方色彩，是否为荆楚民族早期遗物，尚待专家考证"，但指出同出之剑"和四川出土的巴蜀剑亦有相似之处"，年代最迟也属战国时期。

同年，俞伟超先生和马承源先生先后撰文，对此戈的国别、年代和性质展开讨论。[2] 俞先生认为戈、剑同属战国巴人遗物，戈铭应释"大武

---

[1] 王毓彤《荆门出土一件铜戈》，《文物》1963年1期，64-65页。
[2] 俞伟超《"大武闢兵"铜戚与巴人的"大武"舞》，《考古》1963年3期，153-155页；马承源《关于"大武戚"的铭文及图像》，《考古》1963年10期，562-564页。

图1 "兵避太岁"戈（战国，荆门漳河车桥出土，荆州博物馆藏）

閬兵"，是巴人在宗庙祭祀时跳"大武"舞所用。而马先生则释"閬"为"闕"，说"'大武兵闕'谓举行大武舞时用以表示战象的利器"，认为同出之剑固属巴式，但戈不一定是巴器，而很可能是楚器，因为：（1）此戈出于楚境，地近郢都；（2）《左传》庄公二十八年有楚用"万"舞即"大武"舞的记录；（3）戈铭风格与楚相近，是用汉字。并援《山海经》所见珥蛇和虡、石夷等司日月之神以释戈援神像，推测戈属战国前期之物。

次年及再一年，两位先生有第二个回合的辩论。[1] 俞先生据四川巴县冬笋坝M9所出之戈，论证戈属巴式而非楚式，并以出土巴蜀铜印铭文说明戈用汉字不一定就是楚器，认为马先生所举《山海经》各例也未必属于楚系统而可能属于巴系统，把戈的年代定在公元前278年白起拔郢之后的战国晚期。而马先生则以浑源、新郑等地所出器物上的珥蛇神像作为反证，强调这类神像未必属于巴系统，并认为冬笋坝M9所出之戈与此戈并不相像。

戈是巴式还是楚式，这是当时争论的关键。两位作者对戈的性质看法并无不同，都以戈为"大武"舞所用。60—70年代，人们对此戈的认识大体如此。

二十年过后，人们再看此戈，认识开始发生变化。1985年，俞伟超先生和李家浩先生合作对戈铭提出新解。[2] 由于他们把戈铭改释为"兵闢（避）大（太）岁"，确定此戈与古兵阴阳家的避兵之说有关，过去的"大武"之说遂被放弃。关于戈援图像，新的解释是，其神人应即《山海经》中的噎鸣，噎鸣应即太岁神，足踏日月是其司日月之象；神人双手和胯下之物是龙，双头龙是代表虹，皆主水之象。戈内纹饰亦似龙，或即太岁的别名"青龙"〔案：据上所述，此说非是〕。对于戈的国别和年代，作者

---

[1] 俞伟超《"大武"舞戚续记》，《考古》1964年1期，54—57页；马承源《再论"大武舞戚"的图像》，《考古》1965年8期，413—415页。
[2] 俞伟超、李家浩《论"兵避太岁"戈》，《出土文献研究》，文物出版社，1985年，138—145页。

也有新的补充和修正，如：（1）戈铭虽与楚国文字风格相近，但其"岁"字与楚国文字中的"岁"字写法不同，仍有特点；（2）上海博物馆藏郊㤲果戈和湖南省博物馆藏伯命戈都是典型巴蜀式风格而具汉字铭文，说明戈用汉字不足为奇；（3）据冯汉骥先生对巴蜀式戈的型式分类，并验以新的出土实例，此戈年代应定为前4—前3世纪之交，不晚于前3世纪初；（4）鉴于目前巴、蜀两族的文化遗存还不易区分，建议把过去所说"巴式"之物改称为"巴蜀式"之物。

铭文改释，是此戈研究取得的一个突破。

对于此戈性质的论定，1990年发表的长沙马王堆帛书中的一件神物图像是关键线索。[1] 去年，李学勤先生对俞、李之说加以补充，[2] 除支持他们对此戈国别、年代的认识，还将两种神像加以比较，提出：

（1）戈援神像即帛书上层中间的神像。帛书神像，题记作"大一"，"大"上应去一横画，原来当是"天一"而非"太一"。"天一"是太岁的别名，正可印证"兵避太岁"之释。

（2）戈援神像双手和胯下之物亦相当帛书神像胯下的三龙。

这无疑是此戈研究的又一突破。

去年，我对上述马王堆帛书中的神物图像也进行过讨论，[3] 指出该图是与《抱朴子·杂应》所述"辟五兵之道"相似，具有符禁性质。其图像包括：

（1）上层：中间的神人为"太一"，"太一"之左为"雨师"（在图上居右），右为"雷公"（在图上居左）。"太一"是代表北斗。"雨师""雷公"有表示左西右东的作用。

---

[1] 周世荣《马王堆汉墓的"神祇图"帛画》，《考古》1990年10期，925—928页。
[2] 李学勤《"兵避太岁"戈新证》，《江汉考古》1991年2期，35—39页。
[3] 李零《马王堆汉墓"神祇图"应属辟兵图》，《考古》1991年10期，940—942页。

(2) 中层：是与四方或四时相配的四个"武弟子"。其右起第一人所持兵器残泐，第二人持剑，第三人不持兵器，但似着可御弓矢之服，第四人持戟，皆避兵之象。上层神人胯下和"武弟子"中间是一黄首青身之龙。

(3) 下层：左为"奉容（瓮）"的"青龙"，右为"持铲（炉）"的"黄龙"。

受李先生启发，这里我们想就二者的关系再做一些补充论证，进一步说明图像的准确含义：

(1) 戈援神像是着戎装。他所戴之冠，据《续汉书·舆服志下》应即"鹖冠"，是一种武冠。《舆服志下》说："武冠俗谓之大冠，环缨无蕤，以青系为绲，加双鹖尾，竖左右，为鹖冠云。……鹖者，勇雉也。其斗对一死乃止，故赵武灵王以表武士，秦施之焉。"[1]战国末年，楚有鹖冠子，以道术说兵机，《七略》原收其书于《兵书略》，即以"鹖冠"为号，可见"鹖冠"是与军事有关。神人所着之衣也是甲衣。帛书神像是否亦着甲衣，似乎不明显，但冠冕相似，也有双羽，只不过把弧形改成波磔形。

(2) 戈援图像应即《史记·封禅书》所说"灵旗"上所绘的"太一锋"。《封禅书》说："（汉武帝元鼎五年）其秋，为伐南越，告祷太一。以牡荆画幡日月、北斗、登龙，以象太一三星，为太一锋，命曰'灵旗'。为兵祷，则太史奉以指所伐国。"是一种画有"日月""北斗""登龙"的旗幡，用以象征"太一三星"。戈援神像题为"太一"，正是代表"北斗"；而三龙应即书中"登龙"（龙升之象），则是代表"太一"前面的三星；足下所踏"日月"是代表"月刑日德"的概念，也是书中所记。可见此戈不是一般的兵器，而是一种有方术作用的法器。"灵旗"亦见《汉书·礼乐志》引《郊祀歌·惟泰》，曰"招摇灵旗，九夷宾将"，颜师古注："画招摇于旗以征伐，故称灵旗。将犹从也。"招摇是与北斗、太一相似的指示物。

关于这里所说的"太一"和"太一三星"，恐怕需要解释一下。"太

---

[1] 参看：孙机《汉代物质文化资料图说》，文物出版社，1991年，234页。

一"是古代星神中最尊者，所居当于天极，代表宇宙中心。《史记·封禅书》开篇就讲"中宫，天极星，其一明者，太一常居也"。太一有如此之高的地位，应与汉代占卜最重式法有关。古代式法把宇宙设想成表盘状模型，表盘周围一圈是作参照物的十二月神（皆星神）和二十八宿等列星，如同刻度，而众星所拱的中心有一类似表针的指示物，或为北斗，或为招摇（斗枢），或为太一。[1]"太一三星"，也见于《天官书》，即所谓"前列直斗口三星，随北端兑，若见若不，曰阴德，或曰天一。""天一"是太岁的别名，它和"太一"的关系有点像斗柄和斗的关系。这三颗星和"太一"连在一起，形状有点类似甲骨、金文中的"单"字（Ψ），是作Ψ，[2]《汉书·郊祀志》晋灼注称为"一星在后，三星在前"，好像一柄二股叉式的兵器。"天一"绕斗极代行九宫，主杀伐，故亦称"阴德"。古代兵阴阳家有所谓刑德、岁杀一类说法，是以太岁所指为凶。故《封禅书》说"为兵祷，则太史奉以指所伐国"，汉武帝伐南越，也要以画有"太一锋"的"灵旗"摄护其军，相信以此可以刀枪不入，所向必胜。古代兵阴阳家除讲究"迎岁""背岁"，还有"顺斗""逆斗"（参看《汉书·艺文志·兵书略》阴阳类小序），与此非常相似。斗、岁可以互代，并且日、月亦主刑德，故《抱朴子·杂应》有"书北斗、日月字"的避兵之说。它们都是以式法中"主客"双方（敌我）所在方位与上述"表盘指针"的关系以占胜负。也就是说，戈援神像和帛书上层中间的神像仍是"大一"，而神像所附"三龙"才是"天一"。后者题记中的"太一"仍以释为"太一"为是，而不烦改字。

汉代最尊"太一"，在天文学史和思想史的研究上都有很大重要性。但"太一"的内涵到底是什么，长期以来却昧而不明，不像"北斗"那样

---

[1] 参看：拙作《式与中国古代的宇宙模式》，《中国文化》第4期（1991年），1—30页。
[2] "战"字从"单"，耐人寻味。

来得明白。钱宝琮先生有鉴于此，曾就这一问题做专门讨论；[1] 近来也有学者论述"太一"和北极的关系，[2] 但重视此事者仍然不多。"太一""天一"见于唐敦煌星图（S.3326和敦煌博物馆藏写经类58号），后者往往省作一星，得上述二物之证，可知"太一锋"实由"前三后一"构成，这个意义是很大的。另外，这种以图像禁辟百兵之术，还可能是《杂应》所说避兵之符的前身。后世符书往往是以星象配以文字而画成，亦可由此得到启发。[3] 如1972年陕西户县朱家堡汉墓出土朱书陶罐上有二符 [图2]，一符由日、月、土、斗、鬼等字（"土"字写法同中国历史博物馆藏汉代铜式上的"戊土门"，"斗"字与甘肃武威磨咀子M62出土漆木式相近）组成，一符由"大天一"等字组成，并绘有"太一锋"之像。"大天一"疑即"大（太）一"和"天一"之省，正可与《抱朴子·杂应》所说"书北斗字及日月字"之符以避兵之说相印证。

图2　陕西户县朱家堡汉墓出土陶罐上的朱符

（原载《文物天地》1992年3期，22—24页）

---

[1] 钱宝琮《太一考》，《燕京学报》12期（1932年），2449—2478页。
[2] 葛兆光《众妙之门——北极与太一、道、太极》，《中国文化》3期（1990年），46—65页。
[3] 有人认为《史记·封禅书》所说"画法"类似后来道教的符文，见任继愈主编的《中国道教史》（上海人民出版社，1990年）10页。又马王堆帛书中有《符箓》一书，尚未发表，见李学勤《记在美国举行的马王堆帛书工作会议》（《文物》1979年11期，71—73页）。这两件出土物都是以图像表示星象，与西安交大发现的西汉彩绘壁画墓的星象表示法也有相近处。参看：陕西省考古研究所等《西安交通大学西汉壁画墓》，西安交通大学出版社，1991年关于出土东汉符书，可参看：王育成《东汉道符释例》，《考古学报》1991年1期，45—56页。

琉璃阁铜壶上的神物图像

1997年1月3—5日,我到英国伦敦大学参加一个有关中国古代艺术、宗教的讨论会。当时大英博物馆正在举办一个名为"中国古代之谜"的出土文物展。展品中有荆州地区博物馆送展的"兵避太岁"戈。展览图录出于英国著名学者罗森教授之手,印刷精美,考证详确。其中述及此物,是引拙见为解。[1] 会议期间,当时就读于伦敦大学专攻中国美术、考古的柳扬先生曾与我讨论此戈以及我对太一崇拜的研究。我说,中国学术界对这件铜器仍有争论,拙见只是众说之一。论释文,我是取俞伟超、李家浩先生说,但有些学者不取其释,见解自然不同;[2] 论图像,我是推广李学勤、王育成先生说,但李家浩先生专以我为荒谬之化身,让我受宠若惊。[3] 说来说去,当然也就扯到了类似的图像。柳先生说,这类图像有不少,但要说像,还是琉璃阁的两件铜壶。现在,为了活跃讨论,我想把柳先生提到的这两件铜壶介绍给大家,供不同想法的学者做进一步讨论。

我要讲的这两件铜壶是1937年春"中央研究院"在河南辉县琉璃阁

---

[1] Jessica Rawson, ed., *Misteries of Ancient China*, British Museum Press 1996, no. 68(pp.140–159). 该书所引拙文乃待刊稿,正式发表见 Li Ling, "An archaeological study of *Taiyi* 太一 (Grand One) worship," *Early Medieval China*, vol.2 (1995–1996), pp.1–39.

[2] 黄锡全《湖北出土商周文字辑证》,武汉大学出版社,1992年,140–141页;胡文辉《荆门"辟兵"戈考述》,《学人》第7辑,江苏文艺出版社,1995年,303–323页。

[3] 李家浩《论"太一避兵图"》,收入袁行霈主编的《国学研究》第一卷,北京大学出版社,1993年,277–292页;《再论"兵避太岁"戈》,《考古与文物》1996年4期,28–35页。

发掘所获。那次发掘的墓地在琉璃阁东南。墓地自西向东分为三区，壶即出于西区的59号墓。参加者有郭宝钧、李景聃等人。这座墓有4米×3.5米大，是一座战国小墓。出土铜器有鼎1、甗1（原作鬲1、甑1）、壶2、盘1、匜1、铈1（原作舟1）。发掘材料和出土实物现存"中央研究院"历史语言研究所。这批材料是该所中长期的整理项目，报告尚未发表，目前可以利用的只有郭宝钧先生的《山彪镇与琉璃阁》（科学出版社，1959年）。郭书记琉璃阁发掘是据"残稿"（1页），手头所剩只有"一部分拓纹"，"照片、记录阙如"（77页），令人惋惜。比如这里介绍的两件铜壶，郭书发表的只是其中一件的拓本（原书图版玖叁），没有照片。

在这篇短文中，我们为读者提供的是两件铜壶的图像。一件，郭书编号为59：23，高42厘米，原来只有拓本［图1-1］，我请台湾"中研院"史语所的李建民先生找人拍摄，增加了器形照片［图2］。另一件，编号不详，尺寸当与前者相近，承柳扬先生提供，我们也有了复制摹本［图1-2］。承蒙他们的帮助，使我们有了更多的知识。

琉璃阁的两件铜壶，郭书66页对59：23器的花纹有所描述：

> 此壶花纹分七层：第一层二鸟衔蛇对立，足踏一蛇，尾后一小鸟亦踏一蛇；第二层一怪人中立，有角有翼，殆亦猎人伪装，两旁二鸟，有冠，足各踏蛇；第三层一人持剑、矛，作刺猛兽状，兽后另有小鹿奔跳；第四层二猎人持剑攻兕，兕低头抵拒，一鸟高飞；第五层云纹，几何形图案；第六层猎人射飞兽，下有四足蛇三，上有一鸟，猎人亦鸟冠；第七层长腿涉禽群立，足各踏蛇作张口欲食状。圈足为蟠螭纹。

上文所说"怪人"乃鸟身人首（注意：有鸟尾式臀部）；头上有"角"，细审是蛇；两臂有"翼"，则同羽人，称为"猎人伪装"，说似可商。又第三层，所谓"猛兽"似为豹；第四层所谓"兕"应即犀；第六

1-1

1-2

图 1 琉璃阁铜壶花纹的拓本和摹本

图 2 河南辉县琉璃阁 M59 出土的铜壶（李建民提供）

层,所谓"飞兽"似人似鸟(身与上所谓"怪人"似),所谓"猎人"也有鸟头(头与此所谓"飞兽"似),不一定是"鸟冠"。作者称此器为"狩猎纹壶",以花纹的第三、四层而论,无疑是对的,但第二层和第六层是不是也是这一主题,似乎还可讨论。特别是第二层,我想肯定不是。这一层的"怪人"也就是柳扬先生所说与"兵避太岁"戈相似的神物。

琉璃阁的另一铜壶,与前一铜壶非常相似,惟一不同只是圈足的花纹。两者的神物图像,其实差不多。为了便于比较,我们特意把这一局部放大[图3],大家可以看得比较清楚。

在战国秦汉时期的器物纹饰中,除上面提到的"兵避太岁"戈和琉璃阁铜壶上的图像,还有一些图像也值得注意。如:

(1)曾侯乙墓棺饰上的神物[图4];[1]
(2)江苏淮阴高庄出土铜器花纹上的神物[图5];[2]
(3)古越阁藏铜剑花纹上的神物[图6];[3]
(4)马王堆帛书"避兵图"。[4]

对上述图像,有不少学者做过讨论。如例(1),有法国学者Alain Thote先生的讨论;[5] 例(2)(3),有史语所钟柏生先生的讨论;[6] 例(4),

---

[1] 湖北省博物馆《曾侯乙墓》,文物出版社,1989年,上册,30页:图一八;34页:图二〇;36页:图二一;39页:图二二。
[2] 《考古学报》1988年2期,202页:图一四、一五;205页:图一八;207页:图二〇;209页:图二二;211页:图二五。
[3] 王振华《古越阁藏商周青铜兵器》,台北:红蓝彩印股份有限公司,1993年,no.86(252—253页)。
[4] 周世荣《马王堆汉墓的"神祇图"帛画》,《考古》1990年10期,925—928页(图像见926页:图一)。
[5] Alain Thote, "The double coffin of Leigudun Tomb no.1:iconographic sources and related problems," included in *New Perspectives on Chu Culture during the Eastern Zhou Period*, edited by Thomas Lawton, Smithsonian Institution, distributed by Princeton University Press, 1991, pp.23–46.
[6] 钟柏生《越王石矛及神人凹点纹剑简述》,收入314页注〔3〕引王振华书46—47页。

图 3 琉璃阁铜壶上的神物图像

图 4 曾侯乙墓棺饰上的神物

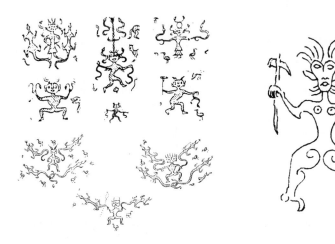

图 5 江苏淮阴高庄出土铜器花纹上的神物　　　图 6 古越阁藏铜剑花纹上的神物

有李零等人的讨论，都可参看。[1]

比较上述各例，我们的印象是，琉璃阁铜壶和"兵避太岁"戈，两者有相似之处，但也有几点不同，一是前者无冠，以蛇横置其上，作四蛇式，而后者有冠，作三蛇式；二是前者为正面的"大"字人形，而后者为侧面，鸟身人首，臂生羽翼。其他神物，表面上看都是"大"字人形，但仔细观察，仍有不同。如例（1）的持戈神物，周围无蛇，有蛇者为四方勾连的花纹，不是独立主题，差别就很大；例（2）的神物，或珥蛇，或持蛇，或践蛇，蛇数或二或四，一般都是偶数，钟柏生先生推为"蓐收"，应当别为一类；[2] 例（3），学者多以为与"兵避太岁"戈或例（2）相似，[3] 但此神一手持戈（？），一手持蛇，其实并不一样；例（4），我和李学勤先生都认为与"兵避太岁"戈为同类，[4] 学者有不同意见，可以讨论，但它与例（1）（2）（3）都不一样，也是比较明显的。

总之，我们的想法是，上述图像在古代铜器纹饰中是自成一类，过去研究太少，今后值得重视。在缺乏必要线索时，我们不妨先按形态粗作分类，而并不一定要强归为一类。特别是大家凭眼睛说话，"像"与"不像"很难把握，留有余地比较好。这篇文章只是介绍，结论还是留给大家去考虑。

1998 年 3 月 29 日写于北京蓟门里寓所

（原载《文物天地》1998 年 4 期，20—24 页）

---

[1] 311 页注〔1〕引拙文及拙文引用的有关讨论。

[2] 本 314 页注〔6〕。

[3] 李学勤《古越阁藏商周青铜兵器》序，收入 314 页注〔3〕引王振华书，13—14 页；《古越阁所藏青铜兵器选粹》，《文物》1993 年 4 期，18—28 页。

[4] 李学勤《"兵避太岁"戈新证》，《江汉考古》1991 年 2 期，35—39 页；李零《湖北荆门"兵避太岁"戈》，《文物天地》1992 年 3 期，22—24 页。案：李学勤先生首先指出两者图像属同类神物，实为卓见，但当时仍以"避兵图""太一"为"天一"之误（盖因"太岁"为"天一"之别名）。后来他在《古越阁所藏青铜兵器选粹》一文中已予以说改正。

《琉璃阁铜壶上的神物图像》补遗

拙文《琉璃阁铜壶上的神物图像》在《文物天地》1998年4期刊出后，有几个问题想做一点补充。

（一）郭宝钧先生著《山彪镇与琉璃阁》说琉璃阁M59出土过两件"狩猎纹壶"，最近到台湾访问，我在台北故宫博物院的铜器陈列中见到一件纹饰和柳扬先生所说第二件铜壶相似的铜壶。这件铜壶，据陈芳妹博士说，可能不是琉璃阁所出，因为琉璃阁的铜器都在"史语所"。目前"史语所"正在准备铜器修复工作，报告出版尚需时日。情况还要做进一步查对。

（二）琉璃阁铜壶的"狩猎纹"是战国中期流行于三晋两周地区的一种典型纹饰，历年出土发现数量很多。其器形分两类，一类是圆壶，一类是鼓腹豆形小器（其定名还有待研究）。前者一般是由八组（或七组，或六组）纹饰按不同的排列组合而构成，我说的"羽人类"主题只是可能出现的一组。关于此类纹饰，李学勤《台北古越阁所藏青铜器丛谈》第三节（收入所著《四海寻珍》，清华大学出版社，1998年，140—148页）有专门讨论，可参看。我们关心的主要是它的"羽人类"主题。其例甚多，除拙文已经提到的两件，还有不少。如：

（1）琉璃阁出土的鼓腹豆形小器 [图1]。据郭宝钧书66页，琉璃阁墓地共出"狩猎纹壶"14件。其图像纹饰多未发表，有拓片公布者，除拙文

图 1 琉璃阁出土的鼓腹豆形小器　　　　图 2 河南洛阳西工区中州路 M131 出土的圆壶

所说M59:23，还有M56:21（原书图版玖壹）、M76:85（原书图版壹零壹）、M76:84（原书图版壹零肆）。M56:21似与台北故宫博物院所见者同，器高35.2厘米（未计盖高），但拓片不全，只有三分之一，未见羽人。M76:85，器高40.4厘米，从拓片看是残片局部，也未见羽人。M76:84无尺寸，器形与前两件不同，从文字描述和拓片看，并非圆壶，而是鼓腹豆形小器，与下（3）相同（原书不记尺寸），其器腹纹饰有与M59:23相同的羽人。

（2）1981年3月河南洛阳西工区中州路M131出土的圆壶[图2]。其纹饰分为两类，一类同于琉璃阁M59:23，共两件（M131:26、27），其中M131:26，高39.1、腹径23.2厘米；一类与琉璃阁M76:85相似，羽人在八组纹饰的第七组，共两件，其中M131:28，高39.2厘米、腹径23.4厘米。见蔡运章等《洛阳西工131号战国墓》（《文物》1994年7期，4—15页转43页）。

（3）1984年3月陕西咸阳任家嘴战国墓出土的鼓腹豆形小器[图3]。此

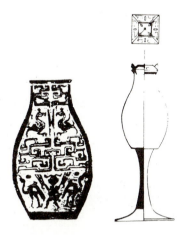

图3　陕西咸阳任家嘴战国墓出土的鼓腹豆形小器　　　　图4　洛杉矶县立艺术博物馆藏鼓腹豆形小器

器,简报称为"高柄锜",高25.1厘米、腹径7.8厘米。作者定其墓为秦墓,但所出器物多同于河南所出,未必是秦器。见咸阳市博物馆《咸阳任家嘴殉人秦墓清理报告》(《考古与文物》1986年6期,22—27页)。

(4) 美国洛杉矶县立艺术博物馆 (Los Angeles County Museum of Art) 有一件鼓腹豆形小器 (Fanghu on a Pedestal, M.78.123.4, Gift of Mr.and Mrs. Eric Lidow, ),高26.6厘米、宽12.1厘米,纹饰与上器相同。1998年夏天参观,发现此器。最近,洛杉矶大学的罗泰 (Lothar von Falkenhausen) 教授替我向该馆要到器物照片,征得同意,刊印于此,谨致谢忱。

这些铜器似是批量生产,故形式雷同。看来,在战国铜器中,这是非常流行的一种纹饰。

1999年1月写于北京蓟门里寓所

(原载《文物天地》1999年3期,31—33页)

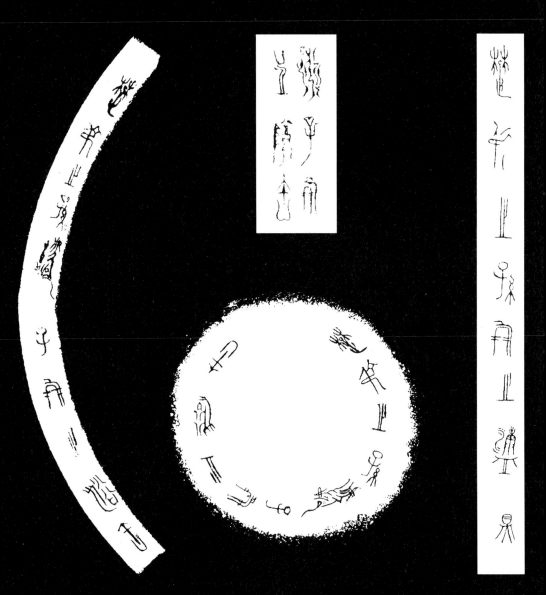

淅川下寺二号墓出土铜器上的铭文

淅川楚墓研究

"楚叔之孙佣"究竟是谁
——河南淅川下寺二号墓之墓主和年代问题的讨论

近年来发掘的河南淅川下寺楚墓,是一批很有研究价值的春秋楚墓。墓葬从南到北沿龙山山脊排列,整齐地分为五组,其中以居中的第三组规模最大。这组墓的主墓是二号墓,旁边有大型墓两座(M1、M2),中型墓一座(M4),另外还有殉葬墓16座以及一个车马坑。墓中出土了许多带铭文的铜器,使我们有可能推估这组墓葬的墓主和年代。

这组墓葬,已发表的主要是一号墓的材料以及二、三号墓的部分材料。[1] 三座墓中所出主要是两套铭文[图1]:一套是"王子午(令尹子庚)"的铭文,一套是"楚叔之孙佣"的铭文。另外还有"王孙誥(诰)"以及其他一些人的铭文。王子午,就是古书中赫赫有名的令尹子庚,他的铭文最引人注目。"王子午"的铭文出自二号墓,因此有些学者认为其墓主就是王子午,还有些学者认为王子午就是"楚叔之孙佣"。我觉得这样解释是不大妥当的。

因为第一,王子午与"楚叔之孙佣"很明显不是一人。王子午字子庚,名、字俱全,不应更名为佣。而他身为王子,先世代代都是楚王,若以孙称,也只能叫"某王之孙",而不能叫"楚叔之孙"。从通常所见的称

---

[1]《河南省淅川县下寺春秋楚墓》,《文物》1980年10期;《河南省淅川县下寺一号墓发掘简报》,《考古》1981年2期。

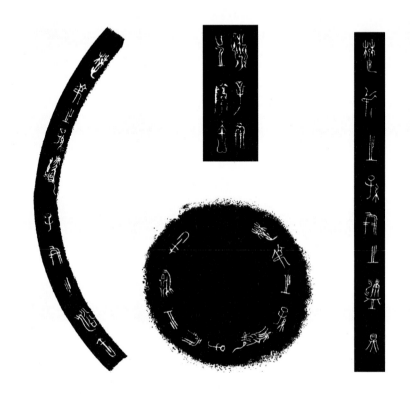

图1 淅川下寺二号墓出土的器物铭文

谓来说,就应当叫"王子某"。

第二,墓中出土最多的是"楚叔之孙倗"的铭文,已发表的材料,一、二、三号墓都有,"王子午"的铭文则仅二号墓有。二号墓所出铸有"王子午"铭文的七件升鼎虽然是王子午所作,但器盖上面都加刻了"楚叔之孙倗"的铭文,可以说明器后来是归了"楚叔之孙倗",实际上与其他铜器一样都是属于"楚叔之孙倗"所有。

所以，我以为二号墓的墓主并不是王子午而是"楚叔之孙佣"，整个第三组墓当是"佣"这一家的墓。

"楚叔之孙佣"是什么人？现在可以肯定，他就是王子午死后第二年出任令尹的蒍子冯。根据是：

（一）蒍子冯的"冯"字在古书中与从朋得声的字相通，如"暴虎冯河"的"冯"字，《说文解字》作"淜"；又《古文四声韵》卷一第十一页《土存义切韵》作"佣"（倗）。铭义"佣"借读为"冯"是完全可以的。

（二）据《左传》记载，王子午任令尹时，蒍子冯是大司马，地位仅次于王子午。王子午死后，楚王让子冯当令尹，子冯听从申叔豫的意见，托病辞去。当时接任王子午的是公子追舒（子南）。次年，王杀公子追舒于朝，子冯才出任令尹，三年后卒于任。他与王子午同时而稍后，时间、身份都很合适。

（三）"楚叔之孙"是表示佣的族系所出。蒍氏（亦称蔿氏）之族，据《国语·郑语》"叔熊逃难于濮而蛮，季纴是立。蒍氏将起之，祸又不克"，是楚国很古老的一族。《潜夫论·志氏姓》说蚡冒生蒍章，蒍章的后代，见于《左传》有蒍吕臣（叔伯）、蒍贾（伯嬴）、蒍艾猎（蒍敖、孙叔敖）等，蒍子冯据《左传》杜注是"叔敖从子"。由于现存蒍氏的世系材料不全，我们还不能确定"楚叔之孙"的含义，但蒍氏与楚王族同出，子冯的先人曾被称为"楚叔"是完全可能的。

（四）二号墓出土浴缶，铭"楚弔（叔）之孙䤲子佣（冯）之浴（浴）缶"，可以肯定是䤲子冯自作之器。三号墓出土匜铭"蔡侯乍（作）媵（媵）䤲（蒍）仲姬丹盨盟"，可以肯定是蔡侯媵女于蒍氏所作器。这与文献记载子冯以蒍为氏，蒍氏亦作蔿氏恰好相合。

关于䤲即"蒍"字，这里有必要说明一下。䤲字即以戲为名的地名专字，所以加有邑旁。"戲"字在甲骨卜辞中曾数见，是个地名；在金文中，过去只见于陕西扶风强家出土的即簋，是个人名。此字像两虎怨对之形，一正一反，由于书写不便，后世变形为"虤"。据唐李勣碑赞字作赟可知。商承祚《殷虚文字类编》卷五：8—9页已指出此点，但释"虤"为赞。《说文解字》解释"虤"字为"虎怒也，从二虎"，徐铉音"五闲切"，古音属疑母元部，与"怨"读音相近。《说文》在分析从虤的"赟"字时也说"从虤对争贝"。所以我认为这个字就是"怨怒"和"怨对"之"怨"的本字。蔿氏见于《左传》或作"蔿"或作"蒍"，过去人们一直都认为"蒍""蔿"是一个字，现在看来是不对的。"蒍"与"蔿"虽为同族之氏，但上述铭文证明它们是两个字。也就是说，是同一个族的两个氏称。在这一点上，我觉得徐铉新附字将"蔿"字切为"韦委切"是不对的，相反《集韵》以"蔿"为"蔿志"的"蔿"，别体作"菀"，读与"远同"，倒是可靠的。"蔿志"也叫"棘菀"，见于《尔雅·释草》。"远"或"菀"与"怨"古音是相同的。

由二号墓墓主的重新推定，这一墓葬的年代也要相应推迟，即由大约楚康王八年（前552年）推迟到大约楚康王十二年（前548年）。

【附记】

此文摘自与俞伟超先生的通信，稿成闻李家浩同志也有类似看法，可谓不谋而合。

再论淅川下寺春秋楚墓
——读《淅川下寺春秋楚墓》

《淅川下寺春秋楚墓》（以下简称《下寺》）一书面世之后，引起国内外学者广泛关注，除国内学者的评论，[1] 美国加州大学洛杉矶分校罗泰(Lothar von Falkenhausen) 教授也写了有关书评，[2] 并赐手稿征求意见，使我学到很多东西。1991年他曾汇集我的若干旧作，[3] 编译了《论楚国铜器的类型》（以下简称《类型》）一文，[4] 刊登在德国的一家考古杂志上。这一书评大量引用拙作与《下寺》比较，对我的观点是很好的检验。这里仅就罗文讨论未及或讨论不够之处，拾遗补阙，略陈己见，供罗泰教授及学界同仁参考。

---

[1] 建夫《评〈淅川下寺春秋楚墓〉》，《考古》1994 年 12 期，1142—1146 页。
[2] Lothar von Falkenhausen, "Enigmatic aristocrats:the Chu bronzes from Xiasi and their owners," prepared for the Symposium "Current Perspectives in Chinese art", UCLA February 26, 1994.
[3] 李零《楚国典型铜器墓的年代与铜器的分类研究》，中国社会科学院研究生院考古系殷周铜器专业硕士论文（1982 年 6 月），中国社会科学院考古研究所图书室藏。该文经节略，后来分作两篇发表，(1)《论东周时期的楚国典型铜器群》，《古文字研究》第 19 辑（中华书局，1992 年），136—178 页。(2)《楚国铜器类说》，《江汉考古》1987 年 4 期，69—78 页。在此之前，我还发表过一篇专门讨论下寺楚墓的文章：《"楚叔之孙倗"究竟是谁》，《中原文物》1981 年 4 期，36—37 页。
[4] Li Ling, "On the typology of Chu bronzes," translated and edited by Lothar von Falkenhausen, *Beiträge zur All gemeinen und Vergleichenden Archäologie* 11(1991), Mainz:Philipp von Zabern, 1993, pp.57—113.

一、下寺楚墓的总体印象

《下寺》把这批楚墓分为甲、乙、丙三组，主要是从断代分期的角度考虑。甲组包括大墓M8、M7、M36，定为春秋中期晚段；乙组包括大墓M2、M1、M3、M4和小墓15座，定为春秋晚期早段；丙组包括大墓M10、M11，定为春秋晚期晚段。但这9座大墓，据作者分析，甲组的M8是主墓，M7是它的陪葬墓，两墓是一个单元；M36是主墓，无陪葬墓，是又一个单元；乙组的M2是主墓，M1、M3、M4是M2的陪葬墓，是第三个单元；丙组的M10是主墓，无陪葬墓，是第四个单元；M11也是主墓，无陪葬墓，是第五个单元。每个单元各附一座车马坑，实际上是分为五组（原来的《简报》也正是分为五组）。[1]

这批墓葬保存情况不太理想。甲、乙两组的主墓，M8和M2均早年被盗，M36被水冲毁，器物被农民取出。乙组的陪葬墓M4，椁室被冲坏，但就残存情况看，仍有一定规律。如《下寺》指出此墓地有不少是夫妻异穴而葬，墓中棺椁多是一椁双棺，就很值得注意。细读原书，我们发现，这批大墓，凡主墓，除M36棺椁被毁，其他4座（M8、M2、M10、M11）都是一椁双棺，推测所葬应是一男一女；而陪葬墓，情况有点复杂，M7是带边箱的单棺墓，M1、M3是一椁双棺（但M1棺椁全朽，推测为双棺似尚有疑问），M4是单棺墓（但此墓椁室被毁，情况也有疑问），推测所葬是一女或两女。

由于上述各墓既有主从之分，墓中所葬又往往不止一人，对于判断墓主身份，尸骨的性别鉴定很重要。但《下寺》对这一方面报道不够充分。以上9座大墓，尸骨全无，其实只有M36、M8、M7、M2、M10

---

[1] 河南省丹江库区文物发掘队《河南省淅川下寺春秋楚墓》，《文物》1980年10期，13—20页。

有碎骨或牙齿，M1、M3、M4、M11有骨架或骨架痕迹〔案：M7，原书28页和346页都说尸骨全无，罗泰指出，27页图二〇的M7平面图却标有"头骨碎片及牙齿"〕，[1] 但全书只有M8南棺中的牙齿经鉴定是一名50岁左右的男性，其他无鉴定，所以我们只能从铭文内容对墓主身份及其年代关系试作讨论：

（一）M8 和 M7

M8，《下寺》定为主墓，被盗，残存器铭有：

（1）以邓的器铭（鼎、匜、戟各1件）。"以邓"是器主的私名，前面冠以"楚叔之孙"，是用以表示其族氏所出。这一氏称也见于乙组墓，可见是该墓地共有的氏称。另外，除下寺楚墓，1981年江苏吴县何山东周墓出土过一件"楚叔之孙途为"盉，发掘者也早已指出，和下寺所出是一族之器。[2] 以邓显然是M8真正的墓主，即尸骨鉴定南棺中的那个50岁左右的男子。

（2）叔㠱、番己的器铭（瑚1件）〔案：㠱，原从女从爾；己，原从女从己。〕这是上鄀公为叔㠱和番己所做的媵器。叔㠱应是上鄀㠱姓之女，番己是番国己姓之女，后者是陪前者出嫁。文献中的鄀有两个，一个在商密（今淅川县西旧淅川县一带），一个是楚昭王徙都之鄀（今湖北宜城东南）。出土器铭也有"上鄀""下鄀"之分。过去郭沫若先生据下鄀公謜鼎出土于陕西商县，[3] 与淅川同在丹水之上，因而把下鄀当作商密之鄀，上

---

[1] 河南省文物研究所等《淅川下寺春秋楚墓》，文物出版社，1991年，27页。
[2] 吴县文物管理委员会《江苏吴县何山东周墓》，《文物》1984年5期，16—20页。简报作者指出墓中器物分属吴、楚二国，楚器是前506年吴伐楚所获，墓葬本身是吴墓。作者所说楚器包括鼎3、瑚2、浴缶1、盉1、盘1、匜1，而吴器包括越式鼎2、戈3、矛3、"硬陶罐"1、"原始瓷碗"1。对照《下寺》，其楚器多同下寺乙组墓所出，匜亦与下寺M1、M3所出酷似。知"途为"与"子冯"年代相近。
[3] 宋吕大临《考古图》卷一，11页谓此器"得于上雒"。宋之上雒即今陕西商县。

鄀当作昭王徙都之都。[1]这一说法现在已被历史地理学界普遍接受,[2]其实相当可疑。因为古代都邑迁徙,率以旧邑为上,新邑为下(如蔡从今河南上蔡迁今安徽凤台,旧蔡称上蔡,新蔡称下蔡;同样,虢有上阳、下阳,秦有上邽、下邽,赵有上曲阳、下曲阳,等等,无不如此),如果商密之鄀是下鄀,昭王徙都之鄀是上鄀,前者便应当是由后者北徙,这和文献所见两鄀之早晚正好相反(前者见《左传》僖公二十五年、文公五年,当前635年、前622年;后者见《左传》定公六年,当前504年)。出土鄀器很多都是春秋中期之器,而宜城楚皇城遗址经调查发掘,年代却偏晚。[3]我们推测,上鄀才是商密之鄀,而下鄀是从上鄀分化,沿丹水西北迁,都是年代较早的城邑。至于昭王徙都之鄀,则是上鄀南迁,乃晚期之都。[4]鄀之族姓,古书失载,全靠出土发现才知与楚同姓。鄀为芈姓,除此器,还有一条证据是中国历史博物馆藏鄀公瑚,铭文作"鄀公作犀仲芈义匍尊瑚,子子孙孙永宝用之"[5]。器铭"叔芈"与楚同姓,恐非墓中所葬(不过春秋也有同姓通婚的例子,如鲁娶吴女,晋娶狐戎、骊戎之女),但"番己"可能与M7的"仲己卫"有关。"番"即文献之"潘",宋以来的姓氏书有姬姓、芈姓二说,姬姓说谓出毕公高之季孙,汉魏间有广宗、河南两望。[6]芈姓说则谓出于楚公族(《左传》有潘崇、潘尪、潘党、潘子臣,皆楚臣)。[7]

---

[1] 郭沫若《两周金文辞大系图录考释》,科学出版社,1958年,考释174—175页。
[2] 中国历史地图集编辑组《中国历史地图集》第一册,中华地图学社,1975年;复旦大学历史地理研究所《中国历史地名辞典》,江西教育出版社,1986年,25、51页。
[3] 楚皇城考古发掘队《湖北宜城楚皇城勘查简报》和《湖北宜城楚皇城战国秦汉墓》,《考古》1980年2期,108—113页转134页、114—122页。
[4]《左传》僖公二十五年"秦晋伐鄀",杜预注"鄀本在商密,秦楚界上小国,其后迁于南郡鄀县",可为佐证。
[5] 中国社会科学院考古研究所编《殷周金文集成》第9册,中华书局,1988年,4569。
[6]《广韵·桓韵》:"潘,姓。周文王毕公之子季孙采于潘,因氏焉,出广宗、河南二望。""周文王"句应作"周文王子毕公季孙食采于潘",广宗在今河北威县东,河南在今河南洛阳。
[7]《通志·氏族略三》:"潘氏,芈姓,楚之公族,以字为氏,潘崇之先,未详其始。或言毕公高之子季孙食采于潘,谬矣。潘岳《家风诗》自可见。"

近来还有学者提出"番即沈氏"说。[1]但这里的番女显然是"祝融八姓"中的己姓。

（3）何次瑚（3件）。"何次"是男子，他以"毕孙"为氏很值得注意，因为上面提到古人有潘出毕公季孙之说。我们怀疑潘地可能先后或同时被不同氏族所居。潘有己姓一支，今有器铭为证，固无可疑。但当地可能还有"季孙"一支为后世广宗、河南之潘所祖，亦蒙地名为潘氏。至于楚的潘氏与古潘国是什么关系，还值得研究。今所见番器多是春秋早期物，下寺所出也不晚于春秋中期。而楚潘氏首见于《左传》文公元年（前626年），也在春秋中期。另外，古有沈国，楚有沈尹，它们是否与潘有关，也值得讨论。[2]

M7，《下寺》定为陪葬墓，出土器铭有：

（1）仲己卫的器铭（瑚2件）〔案：己，原从女从己。〕"仲己卫"与"番己"同姓，盖亦番国女子。但此器是旅器而非媵器。

（2）东姬的器铭（匜1件）。器铭"东姬"是以"宣王之孙、雍子之子"表示族源。这种"自报家门"的器铭格式在东周极为普遍，不仅南方的吴、越、楚、曾等国用之，北方的齐、晋、郑、宋等国也用，[3]它与西

---

[1] 郑杰祥、张亚夫《河南潢川县发现一批青铜器》，《文物》1979年9期，91—93页；李学勤《论江淮间的春秋青铜器》，《文物》1980年1期，54—58页。案：潢川彭店所出的这批番器，风格接近安徽境内的舒器，特别是其"铜罍"，更是典型的舒式缶。

[2]《左传》既有沈国又有沈尹。《左传》文公三年（前624年）记诸侯伐沈（以其服楚），是沈国首见于传。据杜预注，其地即晋平舆县北沈亭（在今河南平舆县北）。沈君于传称沈子。《左传》定公四年（前506年）沈灭于楚。沈尹是楚县尹，则首见于《左传》宣公十二年（前597年）。其封地，据杜预注即晋固始县（在今河南临泉县），与沈国邻近。可见沈县与沈国并存，并非灭沈而封。又《左传》宣公十二年，楚潘氏与沈尹同见，明显有别；出土"番尹""番君"之器多属春秋早期，风格与楚异；潢川邻近今固始，亦非晋固始〔晋固始尚在楚沈县东南〕。凡此都使人怀疑"番即沈氏"说未必可靠。

[3] 我在《考古发现与神话传说》（《学人》第5辑，15—150页）一文中已指出此点。嗣后来国龙在《彝铭所见姓氏制度研究》（北京大学考古学系硕士论文，1994年6月）一文中又搜集所有例证作进一步讨论。

周器铭既讲"高祖"又讲"亚祖"类似,但又有所不同。西周器铭的"高祖"和"亚祖"是别大、小宗,[1] 而东周器铭则强调远祖和近考。后者比前者更趋细密。上面的"楚叔之孙"也属这类格式,但只有前一环节,没有后一环节。"东姬"与"毕孙何次"应为同姓,但一出宣王之后,一出毕公之后,属不同的分支。这件匜也是自作而非媵器。

(二) M36

《下寺》定为主墓,无陪葬墓。所出有铭铜器只有一件蓼子疲戈〔案:蓼,原从邑旁〕。此戈盖楚灭蓼所获〔案:楚灭蓼在楚穆王四年(前622年,见《左传》文公五年)〕。在这之前,楚武王灭申、息而"克州、蓼"(见《左传》哀公十七年追述),所谓"克"并不是"灭"。这一纪年可作判断墓葬上限的参考,但墓主不详。

(三) M2 和 M1、M3、M4

M2,《下寺》定为主墓,被盗,残存器铭有:

(1) 冯的器铭(以"繁"〈原从鼎〉自名的鼎2件、以"盂"〈原从鼎〉自名的鼎4件,以及浴鼎、盘、匜、戈、矛各1件,簠、尊缶、浴缶各2件,又加配在下王子午升上的鼎盖7件)。这种器铭不仅在此墓中出土最多,而且也见于陪葬墓M1、M3。据笔者考证,器主应即楚康王九年(前551年)继子庚(王子午)、子南(公子追舒)任楚令尹的蒍子冯或蔿子冯。"蒍",铭文从邑从正反双虎;"蔿",铭文从邑从为或从邑从化 [图1];"冯",铭文从人从朋,皆音近通假字。此人于名前往往冠以"楚叔之孙",这一氏称也见于M8,是二者同出之证。据此可知M8的墓主是蒍(或蔿)以邓。据文献记载,蒍氏和斗氏(若敖之后)、屈氏(武

---

[1] 罗泰《有关西周晚期礼制改革及庄白青铜器年代的新假设》,李零译,待刊。案:此文后来发表于杜正等编《中国考古学与历史学之整合研究》,台湾"中央研究院"历史语言研究所,1997年,下册,651–676页。

图1 蓮氏的不同写法
1-1 蘓（下寺 M2∶55） 1-2 䣄（下寺 M3∶1） 1-3 㟟（下寺 M2∶61） 1-4 㟟（㟟子大瑚）

王之后）并为楚早期最显赫的氏族，我们怀疑它就是楚史上有名的叔熊之后。[1]

（2）王子午的器铭（升〈原从鼎〉7件、戈2件）。这套重器是"正月初吉丁亥"王子午所作。"初吉丁亥"是古代的一种良辰吉日，器铭频繁出现。器铭既提到"王子午"，又提到"令尹子庚"，明显指的就是《左传》所载楚康王二年（前558年）出任令尹的"公子午""令尹子庚"（见襄公十五年）。但这7件升配有带子冯之铭的器盖，无论器铭是铸是刻，都可说明器物已另易主人归冯所有。[2]

（3）王孙诰的器铭（甬钟26件、戟2件、戈2件）。"王孙诰"应是王

---

[1] 李零《楚国族源、世系的文字学证明》，《文物》1991年2期，47—54页。
[2] 我在《论东周时期的楚国典型铜器群》一文中对鼎铭也有简短考证，可参看。拙文注6所说不可识之字，旧释以为表示食器之字皆误（字亦见于酒器和水器）。近吴振武《释䉵》（《文物研究》第6集）以为字从双鬲，读为历，解释为列次之义。可是此字不仅见于鼎、簋，也见于瑚、浴缶、方壶（见吴文引用辞例），后者往往只出一对，释为列次之义仍有可疑。拙文注7所释"胡夷"二字，辞例亦见史墙盘，是与谥称有关的懿美之辞。《逸周书·谥法》："弥年寿考曰胡，保民耆艾曰胡"，"克杀秉政曰夷，安心好静曰夷"。拙文注9所释"简简单单"，《下寺》355页解为门阑、守护之义，可商，但359页释王孙诰钟指出"阑阑"应读"简简"，是和大之义，则很正确。

子午之子,学者多倾向于这一看法。也就是说(2)(3)是一家之器。

(4)刮去器主名(作4字)的器铭(鬲2件)。这类器物可能是籍没之器。

M1,《下寺》定为陪葬墓,出土器铭有:

(1)冯的器铭(以"孟"自名的鼎4件、瑚2件、尊缶2件)。器主同M2的第一组器铭,应是陪葬冯而葬入。

(2)孟滕姬的器铭(浴缶2件)〔案:滕,原从糸旁。〕是孟滕姬自作的器物,器主是滕国行第为孟(庶长)的姬姓女子,估计即M1所葬,这对浴缶也是自作器而非媵器。

(3)江叔螽的器铭(鬲1件)。此鬲盖楚国灭江所获。楚灭江在楚穆王三年(前623年),与楚灭蓼之年相近(早1年,《春秋》文公四年),这一纪年也可用作判断墓葬年代的上限。

(4)刮去器主名(作4字)的器铭(纽钟9件)。疑与M2的第四组器铭是同人之器。[1]

M3,《下寺》也定为陪葬墓,出土器铭有:

(1)冯的器铭(以"飤鼎"自名的鼎1件、浴鼎1件、浴缶2件)。也应是冯的陪葬器。

(2)蒍仲姬丹的器铭(盘、匜各1件)〔案:蒍,原从邑从为。〕这套盘、匜是蔡侯嫁女于蒍的媵器。器铭"蔡侯"从年代判断,应是蔡景侯(前591—前543年)。蔡景侯当楚共王(前590—前560年)和楚康王(前559—前545年)之时,正是冯的年代范围。"蒍仲姬丹","蒍"是夫氏,M2出土的尊缶(M2:60、61)亦作"化"〔案:化,原从邑旁。为是匣母歌部字,化是晓母歌部字,古音相近,如"讹"亦作"譌"〕;"仲姬丹"

---

[1]钟铭格式相同,但一套干支作"正月初吉庚申",一套作"正月初吉丁亥"。案:"庚申"与"丁亥"不可能见于同一月。

是行第为仲,姬姓名丹(蔡为姬姓)。估计即M3所葬。

(3)刮去器主名(作4字)的器铭(瑚4件)。疑与M2的第四组器铭是同人之器。[1]

M4,《下寺》也定为陪葬墓,但墓被冲坏,残存器物未见铭文。

(四) M10

《下寺》定为主墓,无陪葬墓。墓中出土器铭只有鼎的铭文(镈8件、纽钟9件)。[2] 这套钟镈从器铭看是"吕王"的后代所作,因此器主不会是M10的墓主,《下寺》指出这一点,很正确。但这套器铭的"自报家门",所谓"余吕王之孙,楚成王之盟仆,男子之埶",我们理解,后面两句应连读,意思是说"我是吕王之孙,楚成王之降臣'男子'的后裔"。[3] 末字疑读为"孽"(埶、孽都是疑母月部字),是支庶之义。它只能说明作器者是楚灭吕后,入事楚成王的某吕国贵族的后代,[4] 而并不一定表明器是作于楚成王时(前671—前626年)。《下寺》把作器者看成"与楚成王是同代人",把器物定为春秋中期前段(327页),从器形看似嫌太早(详下节)。

(五) M11

《下寺》定为主墓,也无陪葬墓。墓中未出铭文,无法断定墓主。

---

[1] 其中M3:18刮去的四字,第三字似为"王"或"土"字,值得注意。
[2] 器主名原从黑从敢,《下寺》以为即《说文》从黑从敢,训为"忘而息也"的字(362页),可从。但后者,今音读yǎn,不应说"读音敢"(362页)。又器铭"饭钟",《下寺》读为"繁钟",以为是"多枚钟的意思",但所引"大繁"铭例实为"大林钟"之误(362页)。我们认为此词实应读为曾侯乙墓编钟的"繁钟",即与楚"穆钟"相当的律名。在曾侯乙墓编钟的铭文中,它是晋国的律名,据此则吕人也使用这一律名。又器铭"其音赢少惕哉",第四字读"则",可从,但末字依钟铭惯例应为"扬",不应读"汤"。
[3] "盟仆",疑指立誓为臣。"男子"也许只是表示性别,示其为男臣而已。整句话为作器者之谦称。
[4] 春秋器铭的"自报家门",格式多作"某某之孙,某某之子"。即使我们以器主为吕后"男子"的下一代,其年代也当在穆、庄之际(前625—前590年),而不会早到成王时。

从器铭的内在联系看，我们的一般印象是：

第一，《下寺》作者把墓地分为三期，所定早晚关系和大致年代基本可信。但作者的理解似乎还可作进一步调整。例如作者把新郑李家楼的郑墓（书中叫"南关郑墓"）定为郑成公（前584—前571年）的墓，多数学者都持这种看法。[1] 这对判断下寺楚墓的上限很重要。与李家楼郑墓相比，我认为，下寺楚墓中与之最接近的其实是甲组的M8、M7（而不是乙组墓），而甲组的M36和这两座墓有一定差距，它的器物与乙组各墓比较接近。所以严格地说，下寺年代最早的M8、M7其实应是春秋中期后段，年代已接近晚期，或者说是春秋中、晚期之交的墓葬，按楚国的纪年，大概是楚共王（前590—前560年）时的墓葬。而下寺乙组墓，从铭文看是康王十二年（前548年）的墓葬，M36当介于二者之间，估计是共、康之际的墓葬，三者之间的距离不可能太大。至于下寺的丙组墓，既然作者也认为它与寿县西门的蔡昭侯墓相近，而蔡昭侯的年代是公元前518—前491年，那么如果我们考虑到它与乙组墓的连续性，M10、M11的年代也就不可能太晚，大约应在楚郏敖（前544—前541年）、灵王（前540—前529年）、平王（前528—前516年）、昭王（前515—前489年）的时间范围内。也就是说墓葬的总体年代大约是在公元前600—前500年之间。

第二，下寺楚墓的五代，其中第一代和第三代都以"楚叔之孙"表示其族源，并且第三代还有明确的氏称，显然就是楚早期著名的蓬氏或蔿氏。没有提到氏称的第二、四、五代可由此推定其氏称。《下寺》所定各代墓葬的主从关系主要是看有无兵器（有兵器者是男性，没有的是女性），大体可信。其中M8的墓主是以邓，M7的墓主是以邓的夫人，估计即铭文中的仲己卫，东姬则可能是M8所陪。M36的墓主不详。M2的墓主是楚令尹蓬子冯，所陪不详；M1的墓主是冯的夫人，即孟滕姬，所陪不详（或无陪

---

[1] 参看：李学勤《东周与秦代文明》，文物出版社，1984年，67—69页。

葬之女）；M3的墓主应是䓊的妾，即蒍仲姬丹，所陪不详；M4的墓主也应是䓊的妾，但不详。M10、11的墓主也不详。

第三，下寺楚墓除薳氏家族的男主人及其配偶的遗物，还出有其他一些器物。如乙组墓中的午、诰之器是庄王子孙的器物，刮去器主名的器物可能是籍没之器，还有M10的甗器则是姜姓之器，另外还有M7的蓼戈、M1的江鬲则是楚穆王时代的战利品。这些器物，不仅国姓不同者不容与墓主所作之器混淆，而且就连与䓊同姓的午、诰，他们的器物也是另一回事，绝不能视为一家之器。因为如果我们承认䓊是出于"楚叔之孙"的薳氏和蒍氏，按照姓氏惯例，他就无论如何也不会再用"王子""王孙"这类称号。薳氏称为"楚叔之孙"，乃楚叔孙氏，这种氏称和鲁国的三桓一样，是一种分立早、使用长的显族称号（西周的虢氏也有类似氏称）。[1]它从王族分立年代甚早，不仅可由《左传》上推到春秋早期（如楚武王时有薳章），而且从其他线索看，还能早到西周晚期，甚至比斗氏和屈氏都早。[2]而午、诰只是以庄王之后而称"王子""王孙"，尚未脱离直系而另立他族。《下寺》作者指出"楚叔之孙"绝不可能是午、诰的后代，这很正确。但把王子午定为M2的墓主，却明显存在矛盾，一是没法解释为什么同是出于"楚叔之孙"，以邓在甲组可以是墓主，而䓊在乙组反而不是墓主，一定要安排明显不同族的午来作墓主；二是也没法解释为什么乙组四墓有三墓都出䓊器，而午器只有M2出的7件升（况且还配有带䓊名的鼎盖和两件戈）。大概作者也感到这是一个难题，所以既说䓊身份低，"与M2的身份不合"（323页）〔案：䓊为令尹，和午身份相似〕，又说蒍子䓊"也可能是令尹子庚的号"（324页）〔案：王子怎么会以蒍为氏，并且于午、庚之外另以䓊为号呢〕。其说难以自圆。

---

[1] 虢有虢仲、虢叔、虢季等分支。
[2] 参看：李零《楚国族源、世系的文字学证明》。

二、下寺楚器的启示

读《下寺》，我觉得收获最大，还不在于它证实或支持了我的一些旧说，而是发现了许多新线索，往往可以订正和补充拙作的疏失和遗漏，获得许多新知识。

（一）楚康王名的发现

在楚文字材料中，已发现不少楚先公先王的名号。[1] 这里可以补充的是下寺M2出土的冯戈[图2]，其铭文提到的楚王名应即楚康王名。戈铭作：

新命楚王△，膺受天命。冯用燮不廷，阳利□□，斁□唯□□。

铭文中的"新命楚王"只能是康王而不会是其他楚王，这可以从两点得到证实。第一，美国大都会博物馆近年收入一件用失蜡法铸造的盂[图3]，与下寺乙组墓出土的盏（M1:48）相似，但年代更早，铭文作"楚王酓审之盂"，与文献对比，可以断定是共王之器（共王名审，见《史记·楚世家》）。[2] 第二，子冯卒于康王十二年（前548年），先康王卒，他不可能见到年代更晚的楚王。

康王之名，《春秋》襄公二十八年作"昭"，《史记·楚世家》作"招"，均从召；《史记·十二诸侯年表》则作"略"。而戈铭中的楚王名，即引文作△者，是个笔画繁复的字，左半从林从网从収，右半从欠从食。《下寺》作者引裘锡圭、李家浩两先生说，以为字"当从樊饮，或从饮樊声，或从樊饮声"。但古文字形旁没有樊旁或饮旁，我们怀疑这个字也许是以食为形旁，歟为声旁，[3] 疑即饭字的异体（樊为並母元部字，饭为帮

---

〔1〕参看：李零《楚国族源、世系的文字学证明》。
〔2〕李学勤《楚王酓审盏及有关问题》，《中国文物报》1990年5月31日，第3版。
〔3〕罗福颐《古玺汇编》（文物出版社，1981年）1823页有"史歟"印，第二字疑与此同。

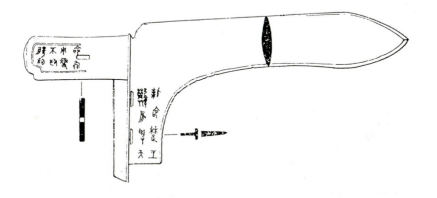

图 2 冯戈

图 3 楚王酓审盂及铭文

母元部字,古音相近)。古书"昭""略"则有可能是"畈"字之误。

康王为共王五子之一。共王以前,楚国公族贵显莫过于斗氏,令尹、司马多由斗氏担任。庄王九年(前605年),王"灭若敖氏"(《左传》宣公四年),斗氏衰,令尹、司马才多由王族担任,并以蔿氏佐之。共王时,大臣几乎全是王族子弟,康王即位后情况仍如此。康王元年至九年(前559—前551年),先后三任令尹为贞(子囊)、午(子庚)、追舒(子南),都是庄王之子,共王兄弟,与康王为叔侄关系。共王无嫡子,康王是以庶长先立(《左传》昭公十三年、《史记·楚世家》),即位时年幼,靠老臣辅政,造成势大凌主的局面(所谓"国多宠而王弱,国不可为也",见《左传》襄公二十一年申叔豫言)。康王所忌乃诸王叔,子囊、子庚任令尹时还不敢动手,九年后杀子南亲政,蓮子冯才出山。[1] 王子午家族的器物及刮去器主名的器物何以会随葬于子冯之墓,这只能从康王八年到十二年(前552—前548年)这五年间的大事特别是"子南之祸"来考虑。

(二)楚王领钟应是楚灵王之器

下寺M1出土的"敬事天王"编钟〔案:器主名被刮去,暂以此名〕很重要。过去我们已指出,它的型式实与传世的楚王领钟[图4]酷似。[2] 很多器形纹饰相似的纽钟(如沇儿钟、子璋钟等)都可参照这套编钟估定其年代。

关于钟铭中的楚王是哪个楚王,过去学者有四说:(1)成王说(罗振玉);(2)共王说(陈梦家、周法高);(3)郏敖说(白川静);(4)悼王说(郭沫若)。[3] 我曾于四说中取共王说,[4] 现在看来并不对。因为据上

---

[1] 子庚死后,康王已想起用子冯为令尹,子冯两听申叔豫之言,才避免了子南的下场,可见当时的形势非常微妙。
[2] 李零《楚国铜器铭文编年汇编》,《古文字研究》第13辑,353–397页。
[3] 同上书。
[4] 同上书。

4-1　　　　　　　　　　　　　　4-2

图4　下寺M1出土"敬事天王"钟的形制比较
4-1 "敬事天王"钟　4-2 "楚王领钟"

所述,楚共、康二王的名字都已发现,并不是这个王。这个楚王既然不是共王或康王,而年代又与下寺乙组相近,则只能是康王之后的郏敖、灵王或初王比,即共王五子中继康王而立的其他三子中的一个。

郏敖之名,《春秋》昭公元年作"麇"(《史记·楚世家》索隐引《左传》作"麏"),《公羊》《穀梁》二传昭公元年作"卷",《史记·楚世家》作"员",分别为见母文部(或元部)字,或匣母文部(或元部)字。灵王之名,本作"围",即位后改名"虔"(《春秋》昭公十一、十二年),"虔"是群母元部字。初王比,字子干(《左传》昭公十三年),"干"是见母元部字。铭文"领"字,见于《玉篇》《广韵》《集韵》等书,有口含、丘凡二切,古音应为见母或群母元部。如果单从读音看,似三王均有可能。但初王比立仅"十余日"(《史记·楚世家》),应予排除;郏敖与灵王相比,似以灵王之名的读音更相近。

郏敖、灵王与康王年代相近,前者立仅4年(前544—前541年),后

再论淅川下寺春秋楚墓　　341

者立仅12年（前540—前529年），与康王相距不出16年。此钟与"敬事天王"钟相似，自是情理中事。

（三）下寺楚器对器形排队的参考价值

下寺楚器是目前最有代表性的春秋楚器。关于它的器形纹饰和组合情况，我在《形态》一文中已有所讨论，这里再做一点补充。

通览《下寺》全书，我们不难发现，它的各类铜器，出现频率很不一样。比如一般的圜底鼎、瑚、尊缶和盘、匜比较普遍，但浴缶、盉、盏就有缺环，无盖大鼎、升、浴鼎、鬲、簠、方壶则少见（只见于乙组），戈、矛只限于主墓。造成这种参差，原因很多，一是墓葬被盗（M8、M2）或被破坏（M36、M4）；二是规模不同，如乙组是令尹墓，它所出的无盖大鼎、升、方壶都是古风犹存的重器，而甲、丙二组规格低，就不出这类器物（当时又缺乏用仿铜陶器代替这类器物的风气，只好阙如）；三是同类器物内部的"李代桃僵"，如丙组以敦代盏；四是与墓主的性别有关，如陪葬墓所葬为女性，故无戈、矛。它们的器形变化程序也不一样。因此很难有统一的尺度，要分项比较再作综合。

下面我想以鼎、纽钟和戈为例试作分析。

（四）关于楚鼎的分类（"鼎类三分法"质疑）

学者对古代用鼎制度多所讨论，尤以俞伟超、高明两位先生倡言的"鼎类三分法"（即把鼎分为镬鼎、升鼎、羞鼎三种）影响最大。[1]

---

[1] 俞伟超、高明《周代用鼎制度研究》，收入俞伟超《先秦两汉考古学论集》，文物出版社，1985年，62–114页。

很多人都借用这一分类法来为楚鼎分类，[1] 即：（1）把楚鼎中的无盖大鼎或以"盂"自名的鼎称为"镬鼎"；（2）把楚鼎中的平底鼎即以"升"或"登"（字往往从鼎）自名的鼎称为"升鼎"；（3）把一般的圜底鼎按他们所定的一、三、五、七、九之数分配为一组或若干组"升鼎"和"羞鼎"。

关于这种三分法，过去我们已指出，它并不完全符合实际。实际上，楚鼎从形态上是分为以下四类：[2]

（1）无盖大鼎。无自名〔案：但现已发现自名，详下〕，多为一件，少数为两件。

（2）平底列鼎。自名为"升"或"登"，作奇数列，但也有两件者。

（3）有盖圜底鼎。春秋中期和春秋晚期早段，作球形深腹，带捉手盖，自名"石它""繁""盂"（字往往从鼎）。春秋晚期晚段，作细足外撇，带环纽盖，自名"鐈"。战国时期分中、小二型，中型是从春秋晚期晚段的撇足鼎发展而来，仍自名为"鐈"。小型是一种新型式，作盒形细高足，只自名为"鼎"。

（4）作水器的鼎。类似甗的鬲部，带环纽盖，自名"浴鼎"或"汤鼎"。

这里面，（4）可排除不论。作食器的三类，只有（2）即升鼎可以肯定，其他哪些是镬鼎，哪些是升鼎，哪些是羞鼎，均无法确认。特别是俞、高两位先生把"盂"当作第一类鼎的自名而等同于镬，这点尤为可疑，因为下寺楚墓的材料可以证明，"盂"通常都是第三类器，而且往往

---

[1] 如高崇文《东周楚式鼎形态分析》，《江汉考古》1983 年 1 期，1—18 页。案：此文把楚鼎分为 A、B、CⅠ、CⅡ、D、E、F 七种型式。其中 D 型为平底升鼎，E 型为作水器的鼎，F 型为越式鼎，问题不大，但其他四种相当混乱，如（1）作者把无盖大鼎分属 A、B 二型，与春秋中晚期的圜底带盖深腹鼎混排；（2）把春秋中晚期的圜底带盖深腹鼎分属 B、CⅠ二型，与春秋晚期的撇足鼎和其战国延续型式（自铭"鐈"鼎）混排；（3）把上面这一类与战国时期的盒形细高足鼎视为一大类，并把曾侯乙墓所出与北方中原地区类似的球形矮足鼎也归入盒形细高足鼎。

[2] 参看：《类型》，72—79 页。

是列鼎的自名（其实古书所说的镬也都是列鼎而不是特鼎）。目前所知惟一以"镬"自名的鼎（哀成叔鼎）其实是一件小鼎。

在《下寺》一书中，作者并未采取上述"三分法"，而是以"繁鼎""飤鼎"和"盂鼎"对墓中所有的鼎作统一分类。我体会，作者所定"繁鼎"主要是指上述第三类的球形深腹鼎和撇足鼎，而"飤鼎"是指形体较小的鼎，"盂鼎"是指与"繁鼎"相似，但略小而底部近平的鼎。

对作者的分类加以核验，我们发现：

（1）作者所定"繁鼎"有22例（M8: 8，M7: 6、7，M36: 1、2，M2: 47、43、27、231，M1: 57、67、61、64，M3: 9、8，M4: 1，M10: 50、49、48、51，M11: 3、4）。这些鼎，只有M8: 8和M2: 47、43自名为"飤繁"，其他皆属推论。甲组，M7所出与M8形态各异，M36则与乙组接近，丙组是又一种型式，统统称为"繁鼎"根据不足。特别是丙组的那种撇足鼎，墓中无自名，而在其他例子中自名"镬"。

（2）作者所定"飤鼎"有4例（M2: 203，M1: 58，M3: 12，M11: 5）。这些鼎，只有M3: 12有自名。M2: 203未刊布器形。M1: 58与M3: 12，M3: 12与M11: 5形态各异。可见"飤鼎"作为鼎类也有疑问。况且"飤鼎"这一名称，"飤"是可以加于一切食器名称前的功用名，"鼎"也是通名而非专称，本身就不是特殊的鼎类名称。

（3）作者所定"盂鼎"有12例（M2: 42、48、44、46、45、233，M1: 62、66、65、63，M3: 10、11）。这些鼎有自名者较多，约占一半（M2: 42、48、44、46，M1: 62、65）。它们都是乙组所出，形态相近，似乎可以自成一类。但这些鼎与乙组所出带自铭的"繁鼎"（M2: 47、43）大同小异，区别只在底部近平。特别是M2: 44，腹部残缺，线图所绘作圜底，则连这种区别也没有。如果再参考一下有自铭的其他实例，我们就更无法找到二者的界限。

可见《下寺》虽想突破"三分法"，但方法上仍存在问题。

（五）下寺的鼎实

学者讨论鼎的分类，有一个非常重要的问题常常被大家忽略，这就是"鼎实"（鼎中所盛之物）。因为照古书所说，镬鼎与升鼎之别只在烹与载，升鼎与羞鼎之别也只在正与陪（或加工的精粗）。这些功用上的差别在器形上不一定能看得出来，我们要想判断其功用的差别，恐怕还得在"鼎实"上作文章。

在《类型》一文中，我已讨论过曾侯乙墓的鼎实。[1] 我发现，该墓所出的三套鼎，其中两件无盖大鼎是盛半体的牛（古人称半体的牲肉为"胖"），九件升是盛牛、羊、豕、鸡、鱼等牲肉（其中有五器是兼载两种牲肉，两器是一种，两器阙如），九件有盖鼎盛牛、豕、鱼、豚、雁等牲肉。

另外最近出版的《包山楚墓》（文物出版社，1991年），也公布了一些重要线索。这座楚墓也出了三套鼎。其中两件无盖大鼎，一大一小，大鼎，遣册称"一牛镬（？）"（简265），从遗骨看是盛半体的牛；小鼎，遣册称"一豕镬（？）"（简265）〔案：释文"豕"误"升"〕，虽未言有鼎实，但原来是用来盛豕。两件升，遣册称"二登鼎"〔案："登"原从皿〕，一件有牛骨，一件未言有鼎实。14件有盖鼎，其中中型鼎两件（原称"螭纽鼎"），即我们说的"镐鼎"，遣册正有"二乔（镐）鼎"（简265），也是牛鼎；其他小型鼎12件，即我们所说的盒形细高足鼎，遣册称为"……鼎"（简253）、"一鼎"（简254）、"二□鴈之鼎，二贵（馈）鼎"（简265）、"一贯耳鼎"（简265）〔案："贯"原从耳从串〕，等等，亦未言有鼎实。由此我们才知道，楚无盖大鼎是自铭为"镬（？）"。[2]

现在《下寺》一书公布的鼎实是：

---

〔1〕参看：《类型》，78页及表4。
〔2〕此字简文照片不够清晰，是否从需不能肯定。《玉篇》《集韵》等字书有从金从需之字，释为"锁牡"。如果这一释文可靠，更可证明"镬鼎"之说不可靠。因为古音"需"是心母侯部字，"镬"是匣母铎部字，前者的主要元音是a，后者的主要元音是o，一定是通假字。

(1) 无盖大鼎（M1: 18）。未言有鼎实。

(2) 升（M2: 38、36、30、32、28、34、40, M1: 55、41）。M2的7件，所出皆牛（但36、40未言有鼎实），M1的两件，一件为猪，一件未言有鼎实。

(3) 圜底有盖鼎。有鼎实报道者共17例，M8: 8为牛，M7: 6为牛，M2: 27为羊，M2: 42、46为猪，M1: 64、62、63为羊，M3: 8、10、11为牛，M4: 1为羊，M10: 49、48为牛，M11: 3、4为猪，M3: 12（小鼎）为"一层6厘米厚干糊状物质"（216页）。

归纳上述，我们的印象是，楚鼎中的无盖大鼎是荐升半体之牲（或为两半牛，或为一半牛、一半豕，或为二者之一）的鼎，地位最尊。升是荐升牛、羊、豕等成系列的牲肉，次之。其他圜底有盖鼎也是荐升类似的牲肉，地位又次之（盒形高足小鼎比镬鼎又次之）。它们大多都是属于古书所说的"牢鼎"，即"三分法"的升鼎。古书所说的"镬"是用来烹牲的鼎。这种鼎于庙堂祭祀固需有之，但用于墓葬毫无必要。在出土器物中，虽然有些鼎有烟炱等使用痕迹，原来曾用于烹煮，但用于墓葬往往是用来凑数，并非也是一套用来烹煮，一套用来盛载。而盛羞的陪鼎，在墓葬中大概会有，例如上面提到的M3: 12，其中的"干糊状物质"可能即羹类食品，但当时是否有俞、高二位所论的正、陪之制（即一套升鼎必配多少羞鼎）则仍可疑。羞是精调细制的美味，大概年代越晚才越发达，例如马王堆M1遣册所记，墓中之鼎几乎都是盛羹之器，[1] 这样的制度和早期恐怕有相当距离。下寺时代的楚鼎大概主要还是一般的盛牲之鼎。它们当中可以印证古书所谓三、五、七、九的爵级鼎列，大概只是某些大墓，特别是大墓中的主墓随葬的升（陪葬墓的规格问题还值得另外研究）。

---

[1] 湖南省博物馆等《长沙马王堆一号汉墓》，文物出版社，1973年。

（六）下寺纽钟的年代

下寺楚墓有两套纽钟，一套是乙组M1出土的"敬事天王"编钟，前已论及为楚康王时的器物；另一套是丙组M10出土的"鼄"编钟，《下寺》据铭文定为楚成王时的器物，我们也已指出，作者的释读是有问题的。现在从器形学的角度考虑，这后一套编钟的年代恐怕不能定得太早。

纽钟，据楚王领钟，自铭是"铃钟"，它的来源是商周时代的铃。纽钟在西周时代就已出现（见庄白1号窖藏），并且流行于春秋战国，前后变化均有迹可循。按罗泰教授的分类，"敬事天王"编钟和楚王领钟皆属纽钟四大类型中的3型3式，年代约在前550—前425年之间。[1] 现在我们只要把下寺的两套编钟比较一下，就会发现，后一套编钟从器形到纹饰仍与前者十分接近。所以如果我们说它与M10大体同时，或者即使比它早也不会早于乙组墓，当比把它定在春秋中期偏早的楚成王时要更为合理。

（七）楚戈/戟的型式问题

现已出土的楚戈（或戟）数量很多，《下寺》为其断代提供了很好的依据。下寺出土的戈只见于主墓，不见于陪葬墓，是典型的男性器物。《下寺》把这些戈分为4式。Ⅰ式是长援短胡三穿，援内近于直线，见于甲、乙二组。Ⅱ式是短援长胡三穿，援上扬，见于甲、乙、丙三组。其中M11所出，内有长条形孔和大圆孔各一，是此式中的晚期型式。Ⅲ、Ⅳ两式相近，都是长援尖锋，援根带刺，长胡四穿，区别只是前者的内折去其半，后者无内，只见于丙组。[2]

---

[1] Lothar von Falkenhausen, "Ritual music in bronze age China：an archaeological perspective", U.M.I Dissertation Information Service, Ann Arbor, 1990, pp.443–449.

[2] 下寺共出8件有铭戈，《下寺》谓"其中六件都自铭为戟"（375页）。作者认为以邓戈的"戠"即"戟"字，可从（戠是见母铎部字，隙是溪母铎部字，古音相近），但王子午戈（2件）和王孙诰戈（2件）的器名是从戈从建，建是见母元部字，和戟字的读音稍远（韵尾不同），也可能是表示战车所建之戈的专用字。

下寺楚墓的戈，同蔡侯申墓和曾侯乙墓相比，蔡侯申墓的蔡侯申戈是下寺Ⅰ式的延续；曾侯乙墓的九式戈，其中Ⅱ、Ⅲ、Ⅳ、ⅤD、Ⅵ式近于下寺的Ⅱ式，ⅤA至ⅤC式近于下寺M11所出Ⅱ式戈的晚期型式（戈内带大圆孔）。至于下寺M11所出的Ⅲ式和Ⅳ式戈，对照曾侯乙墓所出，显然是多戈戟的配件，器形是接近它的Ⅱ式戟。

在《下寺》一书中，作者一般只为无铭戈标注型式，有铭戈，只有上面提到的佣戈，据图版六五可知是Ⅰ式的。由此类推，书中M8出土的两件以邓戈、M36出土的蓼子戈、M2出土的王子午戈、王孙诰戈也都属于这一型式。

下寺的Ⅰ式戈，戈内往往缺下角，并带U字形花纹。这是春秋中晚期很典型的楚戈型式。可是过去由于缺乏器形学知识，笔者曾把一件酷似以邓戈的楚戈错断为战国中期。[1]这件戈就是罗振玉旧藏，著录于《三代吉金文存》卷十九第五十五页正背的王钟戈[图5]。其铭文作：

　　楚屈叔池」屈□之孙」（正面援部）
　　□士□不□敩」（正面内部）
　　楚王之元右王钟」（背面内部，在花纹间作回文排列）

现在有了《下寺》一书，我们不难看出，这件戈的年代当在春秋中期的晚段。

此外，书中还出有楚国年代最早的镇墓兽和量器，以及玉柄铁匕首（M10:33，未发器形）、"双轴连环器"（M8:43,M2:184、185）、铜锁（M2:201，未发器形）、镰（M2:98、97）、"四兽足盒形器"（M3:13），以及"靴形钺"（M11:58），也都值得研究，因篇幅有限，暂不讨论。

---

[1] 参看：李零《楚国铜器铭文编年汇编》。

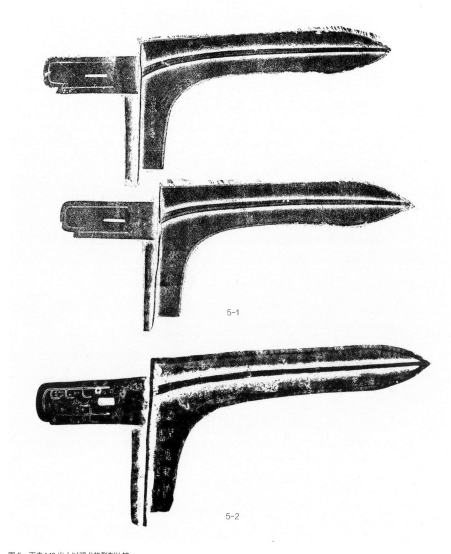

图 5　下寺 M8 出土以邓戈的形制比较
5-1　以邓戈（同铭两件，春秋中期晚段，淅川下寺 M8 出土，河南文物考古研究所藏）　　5-2　楚屈叔池戈（春秋中期晚段，罗振玉旧藏）

三、下寺楚墓的重要性

读罢《下寺》，我有一种感觉，虽然这一墓地只是丹江库区水下遗址露出的一角，即使淅川全境在横跨鄂、豫、湘、皖四省的楚文化探索中也不过是一个点，但它的发现却很可能会牵动全局，成为许多更大发现的开端。我们曾经指出，淅川在楚史研究上是最关键的一点。[1] 这个地点正当商洛古道的出口，不但是周楚与秦楚往来之要津，也是串连汉水流域古遗址的关节点。楚熊绎僻处荆山（在其南），以子男事周（周原甲骨有"楚子来告"）；周昭王兴六师伐楚，殒命于汉（见周昭王时期的铜器铭文）；以至战国末年秦楚大战于丹阳、蓝田，莫不经由此道。当地的古遗址墓葬十分丰富，既有北方系统的仰韶、龙山、二里头文化的遗物，也有江汉流域屈家岭文化的遗物，正是南北文化交汇的印证。[2] 特别是当地的下王岗遗址，除新石器时代，还有西周时期的遗址，出土过典型的西周卜甲。[3] 另外，淅川还是楚同姓之国古都国所在，楚斗氏的祖先若敖也是埋葬于此。[4] 种种迹象都使我们不能不把揭开早期楚史之谜的希望寄托于此。

下寺楚墓的发现，揭示的只是楚蒍氏家族一家五代的墓地，但这一墓地的重要性在于，既然蒍氏是楚公族中分立最早的显族，它的族人和若敖一样，也是归葬于此，这正可说明该地必是楚早期的重要都邑（古代居、葬往往相随，都邑虽废，而墓地犹存，可借后者以探寻前者）。

据报道，1990—1991年，河南省考古工作者在淅川县丹江库区又有新

---

[1] 参看：李零《楚国族源、世系的文字学证明》。
[2] 河南省文物研究所等《淅川下王岗》，文物出版社，1989年。
[3] 《淅川下王岗》，331页。
[4] 参看：李零《楚国族源、世系的文字学证明》。

发现，先后发掘和尚岭楚墓（4座）和徐家岭楚墓（10座）两处墓地。[1] 这些墓地也往往出土与下寺楚墓属于同一氏称的器物（其氏称从邑从化，与下寺器铭中薳氏氏称三种写法中的一种相同，见图1），我们推测还是属于同一家族的墓地。

补记：

此文图1在《文物》刊出，其图注有一半是误排，今为更正。

(原载《文物》1996年1期，47—60页)

---

[1] 曹桂岑《河南淅川和尚岭徐家岭楚墓发掘记》，《文物天地》1992年6期，10—12页；曹桂岑《河南淅川春秋楚墓简考》、求实《河南淅川和尚岭楚墓年代刍议》，《中国文物报》1992年10月18日；第3版。李学勤《海外访古记》（四），《文物天地》1993年2期，12—14页。铭文考释，参看李零《化子瑚与淅川楚墓》，《文物天地》1993年6期，29—31页。案：求实文已指出和尚岭M1、M2的年代可能在春秋晚期至战国初期，不可能是克黄及其夫人之墓，我们则认为M1的墓主可能是化子大，M2的墓主是其配偶曾仲化君瞳（尸骨经鉴定是一20多岁的女子）。擂鼓墩M2的墓主"盛君萦"是类似例子。这种"君"即《左传》常说的"君氏"或"小君"。

化子瑚与淅川楚墓

今年1—5月,我在弗利尔—赛克勒美术馆研究楚帛书。有一天偶尔从克利斯蒂拍卖行1992年6月4日出版的图录《中国的陶器和艺术品》(Cristies:the Chinese Ceramics and Works of Art, New York)上发现一件铜瑚,铭文与近年河南淅川新出楚器有相同的族氏,显系从该地流散。离开华盛顿前,我曾以复印件寄河南省文物研究所的郝本性先生,希望引起注意。6月底回到北京,见到《文物天地》1993年2期李学勤先生文,才知已有介绍。[1] 因李文未附器形铭文,兹将原器揭出,并做一点讨论。

一、化子瑚[2]

此器见于上述图录94—95页,编号188,题为"一件稀有的早期青铜食器,盖器相合的簠",年代定为战国时期。图录说明包括四小段:

(1)描述器物本身。如指出其纹饰主题是蟠螭纹,盖器内部各有铭

---

[1] 李学勤《海外访古记》(四),《文物天地》1993年2期,12—14页。案:李文将上述图录的年代误记为1990年。
[2] 化字原从邑旁,下为省便,一律作化。瑚,原从匚从古,旧释簠。

文6字，锈色为浅绿间天蓝色，并有修复痕迹，横长34.3厘米。[1]

（2）同中国国内的发掘品做比较。如河南潢川古稻场所出〔案：即蔡公子义工瑚〕，河南固始侯古堆所出〔案：即宋公栾瑚，为宋景公（前516—前452年）器〕，安徽寿县西门所出〔案：即蔡昭侯瑚，蔡昭侯当公元前518—前491年〕，以及新郑李家楼所出。

（3）同西方收藏品做比较。如Weber于 *The Ornaments of the Late Zhou Bronzes* pl.2, 3所录的两件，及柏林1970年版东方艺术博物馆（the Museum fur Ostasiatische）的图录No.7所录的一件。

（4）有关断代意见。如郭宝钧《商周铜器群综合研究》定此种器形为春秋中期，陈振裕在《考古》1981年4期上发表的论楚墓年代文定此种器形为春秋晚期。

标价12万—15万美元。附盖器铭文照片各一幅 [图1]。

二、同和尚岭、徐家岭楚器的比较

1991年4月，承发掘者曹桂岑先生慨允，我曾获睹这批楚器的部分原物。最近，曹先生在《文物天地》1992年6期为文介绍，[2] 提供了许多重要信息。这里讲一点浮浅的印象。

（一）和尚岭楚墓（共4座）。1989年秋被盗，1990年3月1—20日清理。M1被盗严重，残存重要器物有：

（1）克黄之升〔案：升，原从皿。〕作者指出此器可能作于前605年以前，当春秋中期的晚段。过去我们曾指出，随县均川刘家崖出土春秋中

---

[1] 352 页注 [1]。
[2] 曹桂岑《河南淅川和尚岭徐家岭楚墓发掘记》，《文物天地》1992 年 6 期，10–12 页。

化子瑚

图1 化子瑚的铭文
1-1 盖铭　1-2 器铭

期的"盅之登鼎"是楚升的原始形式，[1]今得此器，不但器形纹饰相似（见《文物天地》1992年6期封底照片），而且自名为"升"，正可印证我们的想法。

（2）卷云纹填漆鼎。器形与侯古堆所出的九鼎相似，[2]年代应当是在前500年左右。

（3）曾大师鼎。从描述看，器形属受越式鼎影响的撇足鼎，参照下寺丙组墓和蔡侯墓所出，年代在春秋晚期晚段，年代与（2）接近。铭文作"曾大师之厨鼎"，与陕西凤翔高王寺出土的"吴王孙无土之厨鼎"类似（器形也相似）〔案：厨，原从肉从豆〕。[3]

M2也有盗洞，但大部分器物犹存，重要器物有：

（1）化子受钟、镈。铭文作"惟十丑（又）四年，惟参（三）月戊申，□攸昧爽，化子受乍（作）盥（龢）彝诃（歌）钟，其永配厥休"〔案：爽，原从日从丧，同免簋；彝，原从金旁〕。作者定为前600年的器物，当春秋中期晚段。

（2）镇墓兽。铭文作"曾仲化君膣之且埶"〔案：君，原从尹从土〕。其纹饰同于下寺M2出土的浴缶和铺（编号51和54），应是春秋晚期之物。

---

[1] 随州市博物馆《湖北随县刘家崖发现古代青铜器》，《考古》1982年2期，142–146页。
[2] 固始侯古堆一号墓发掘组《河南固始侯古堆一号墓发掘简报》，《文物》1981年1期，1–8页。
[3] 韩伟、曹明檀《陕西凤翔高王寺战国铜器窖藏》，《文物》1981年1期，15–17页。

器主"曾仲化君"疑是曾氏女嫁于化氏，犹鲁隐公母称"君氏"（见《左传》隐公三年）。上曾大师鼎盖其母家所遗。铭文末两字是器物自名，这对镇墓兽的定名很重要。

（二）徐家岭楚墓（10座）。1990年3月30日—1991年10月16日发掘。其中M9有战国末年盗洞，但出土物仍比较丰富，其中出土了化子受之升。

上述和尚岭楚器，克黄、化子受器年代较早，为春秋中期晚段；但曾大师鼎、卷云纹鼎和镇墓兽则是春秋晚期之物，墓的年代应据年代最晚的卷云纹鼎，定在公元前500年左右，M1的墓主应是化子受的后代，M2的墓主为女性，盖其配偶，即上曾仲化君。化子瑚亦化氏器，估计是1989年M1被盗时流散。

三、同下寺楚器的比较

化子瑚的年代应属哪一段？上述图录引用的比较材料和断代意见已说明，它应属春秋中晚期这个大范围，而不可能早到春秋早期，或如图录定为战国时期。

要进一步确定此瑚的年代，下寺楚器是更好的对比材料。下寺三组墓，甲组相当春秋中期晚段，乙组相当春秋晚期早段，丙组相当春秋晚期晚段，几乎每座大墓都出瑚，便于排比年代。[1] 甲组如M8:4和M7:9，皆斜角内收，文饰浮雕感强，线条宽厚，铭文粗犷，带有西周晚、春秋早的遗风，和此瑚差别较大，接近它的是甲组年代偏晚的M36:5、乙组的M1:45和丙组的M10:44、M11:9，特别是M1:45最相似。可见器物应

---

[1] 河南省文物研究所等《淅川下寺春秋楚墓》，文物出版社，1991年。

属春秋晚期。

化子瑚的铭文盖器不同。"化子"之名，盖作"大"，器作"辛"，这是比较奇怪的。李学勤先生认为"器铭较为粗劣，疑系伪刻"。从年代上考虑，化子大可能是化子受的曾孙辈，即和尚岭M1的墓主。

"化子"之"化"是哪一家族，这件事也值得讨论。

案：下寺楚器，蒍氏有三种写法：（1）从双虎（一正一反）从邑（M2:51、55、63）；（2）从为从邑（M3:1）；（3）从化从邑（M2:60、61）。过去我们已指出，（1）（2）为同族，前者可能与虤有关，即蒍字所本；而后者则是"蔿"字的本字，下寺楚墓即该族墓地。[1] 后来下寺楚墓的正式报告发表，又披露出（1）的另一种写法（以相背的人形代替相背的虎形），即（3）。[2] 这种写法与新出的化子器相同，可见和尚岭楚墓仍然是同一家族的墓地。

（原载《文物天地》1993年6期，29—31页）

---

[1] 李零《"楚叔之孙倗"究竟是谁》，《中原文物》1981年4期，36—37页。案：蒍为匣母元部，蔿为匣母歌部，乃对转字，此文说二字"声旁读音迥异"是不对的。

[2] 化为晓母歌部，与从为之字古音相近（如讹亦作㑳）。看来三字是同氏异写。

楚幽王墓出土铸客大鼎（安徽博物院藏）

楚国铜器研究

关于铜器分类的思考[1]
——自其不变而观之

铜器研究有类、型、式之别，型式差异是受控于类。类别不明而径谈型式，像新石器时代的考古报告，鬲、盆、豆、罐之下，直接分型分式，本来是不得已，但到商周秦汉，还这么讲，就不太合适。因为这些时期，前后对比的线索多了，铭文和文献的内证多了，我们不能置之不理。我相信，只有把类别的系统分清楚，才能更好地把握型式演变。否则，把可比的东西排除在外，不可比的东西拿来乱比，一切都乱套。这就像我们把形状不同的茶杯当不同的器物，反而拿直筒的茶缸和笔筒排队，非常可笑。比如罍和尊缶，前后名称不同，器形也不同，但其实是同类；三足爵和勺形爵，前后名称相同，但器形毫无联系。我们只有考虑其总体的演变，兼顾铭文、器形、组合、功用，上下左右，融会贯通，才能理出头绪。所以，我是把不同时期类别相同的器物放在一起谈，强调自其不变而观之。

这里以容器为讨论范围，讲一点粗糙的印象。下面的六类，是按造型特点划分，它们是铜器的六大类，也是陶器的六大类。

---

[1] 为省篇幅，本文所用器形，除特别注明者外，多见于《中国青铜器全集》（文物出版社，1996–1998年），下简称《全集》，注册号和图版号；所用铭文，除特别注明者外，多见于《殷周金文集成》（中华书局，1984–1994年），下简称《集成》，注册号和拓片号；所用遣册，见下述报告：(1)《信阳楚墓》，文物出版社，1986年；(2)《包山楚墓》，文物出版社，1991年；(3)《江陵望山沙冢楚墓》，文物出版社，1996年（又见《望山楚简》，中华书局，1995年），则只注墓号和简号，不注书名。

一、三足器（包括四足器）

（一）煮肉、盛肉或烤肉的三足器

主要是鼎、鬲两类，其次是从鼎派生的炉。鼎、鬲在新石器时代的陶器中是来源不同的两类：鼎是中国东南部的典型炊器，鬲是中国西北部的典型炊器。[1]但青铜时代，在铜器的发展中，它们一直是相辅为用，器名常互借或连称（"鼎"可称"鬲"，鬲可称"鼎"或"鼎鬲"）。这一时期，鬲是陶器中变化最快、具有指示性的器物，但在铜器中，地位不如鼎。鼎在铜器中才是变化最快、具有指示性的器物。

鼎（有方圆二体）

主要是用来盛煮牲肉（整体、半体或解体的牲肉），但某些种类的鼎也被用来盛放羹酱类的美食（古人叫"羞"）或谷类食物。鼎与俎、匕常共出，[2]特别是匕（详第六节：带柄器）。俎是用来切肉，匕是用来捞取肉块或肉汤。春秋战国和秦汉时期的鼎，有许多不同类别，并有明显的地区差异。如楚鼎，按形态和用途不同，可以分为镬、升、镐等好几类；三晋、两周和齐、燕、秦、楚，它们的鼎也各具特色。战国末年，北方流行矮胖的"球腹鼎"（秦和三晋、两周共有，不同于齐、燕），南方流行楚式的高足鼎和越式的撇足鼎。汉代的鼎，保存了这三种型式。当时，鬲已消失，但鼎仍流行，在礼器中保持着崇高地位，所以维持了原来的基本特点。

（1）圆鼎。始见于二里头时期。殷墟时期和西周早期有很多种。其中一种是圆腹（腹微垂）柱足的大鼎，自名为"鬻"（《集成》4: 2246、

---

[1] 承严文明先生指点。
[2] 铜俎发现很少，常见是木俎，未见自名，但西周铭文（《集成》15: 9726、9727）和楚墓遣册（望山 M2: 简 45）都提到它，与文献对照，是可靠的定名。

2247、2318、2431、2486，5：2702、2703、2711）。但西周以来，一般的圆鼎都是自名为"鼎"。

（2）方鼎。和圆鼎不同，不仅器腹是方形，而且器足是四足。方鼎是二里岗时期的典型器物。殷墟时期和西周早期也流行方鼎，但器形和二里岗时期大不一样。这种方鼎，自名也是"鼎"，但器腹四隅多有扉棱，并且装饰华丽，有时也叫"䵼"。西周中期，直耳方鼎退出使用，代之而起的是盖上有矩形纽的附耳方鼎。附耳方鼎在西周早期已经出现，至此方显重要。它的重要还不在延续方鼎，而在开启盨类铜器的出现（详下节：盨）。西周晚期，方鼎似乎绝迹，但在南方，即使到春秋晚期，也有方鼎（《全集》11：80）。战国早期的燕下都16号墓，它所出土的仿铜陶器群，其中也有两件方鼎，还是模仿商代的器形[图1]。[1] 铜器的方圆，不仅是工艺上的差异（圆器的模范易于轮埴，方器的模范要靠版砌，比前者难度大），而且在礼制上，也有标志等级贵贱的意义。因为同类器物，一般都是圆器多而方器

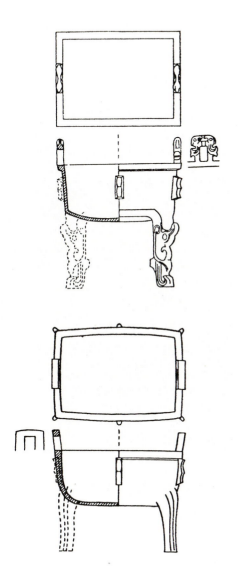

图1　燕下都16号墓出土的仿古陶方鼎

[1]《考古学报》1965年2期，92页：图一四，2、3。

少，方器比圆器贵重。比如殷墟大墓和苏埠屯大墓，凡出土方器，如方鼎、方尊、方罍、方爵、方斝、方觚，多半都是体形硕大、造型精美的重器。东周礼器，方壶和圆壶，方尊缶和圆尊缶，也是前者比后者贵重，身份较低者，只能用仿铜陶器代替。

（3）扁足鼎。器腹作浅盂状，三足作扁片形，外撇。这种鼎，既见于殷墟铜器，又见于新干铜器（XDM: 14—27），[1]后者往往在鼎耳上加虎［图2］。这种铜器在商代铜器中非常普遍，二里岗上层就有发现，[2]学者多把它当典型的商代铜器，但南方广泛出土的越式鼎（除集中于广东、广西和湖南，也见于江苏、浙江和安徽、湖北），一直是以撇足为特点，从西周到魏晋，一直如此，也是值得注意的现象。我们怀疑，这种鼎就是最早的越式鼎。一种可能是，它是南方仿北方，然后成为越式鼎的祖型。一种可能是，它本来就起源于南方，然后被商人采用。现在从年代考虑，前说更为合理，但问题还值得进一步探讨。扁足鼎以圆鼎居多，但也有方鼎，商代、西周都是如此。

另外，鼎类之中，还有用来烤肉的"炒鼎"和用来煮水的"汤鼎"和"匜鼎"，说见此节：炉、汤鼎，以及第五节：匜鼎。

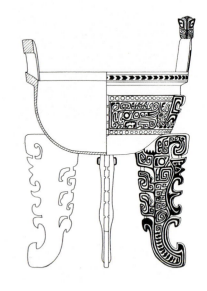

图2 大洋洲商墓出土的扁足鼎

---

［1］江西省博物馆《新干商代大墓》，文物出版社，1997年，19—21、23—27、29—31页；图九—一八。
［2］《文物》1983年3期，57页；图二二、二三。

鬲

功能与鼎相似，也与匕相配，但器形较小，只能用来盛煮羹酱或谷类食物，不能盛煮较大的牲肉，器形变化不快，类别分化不多，在炊食器中，地位次于鼎。铜鬲，最早是见于二里岗时期，西周至战国，自名"鬲"，但有时也叫"齋鬲"。[1] 战国以后流行灶，使足成为多余，鬲才退出使用，被没有足的罐式炊器镤（或釜）代替。[2] 鬲在陶器和铜器的关系上非常重要。西周以来，陶鬲和铜鬲是两个系统，但它们经常互相模仿，商代西周和春秋战国都有仿铜陶鬲，特意把陶鬲做成铜鬲的样子，甚至加上铜鬲的花纹；铜鬲也仿陶鬲，不但有分裆与连裆之别，还用直纹和斜纹模仿绳纹。特别是后者，还有礼制上的特殊意义。如蔡昭侯墓、曾侯乙墓和擂鼓墩二号墓，它们都出土了单个的仿陶铜鬲（仿绳纹陶鬲），地位高于体型较小的成列铜鬲。很多楚墓也有这种组合，但地位不够，是用单个的绳纹大陶鬲和成组的仿铜小陶鬲代替。这种大陶鬲和小陶鬲的关系，同楚鼎中无盖大鼎与其他小鼎的关系是一样的。鬲是以三足的圆鬲为主，但偶尔也有方鬲和四足鬲。

炉（有方圆二体，这里以鼎式炉为主，附论盘式炉和盆式炉）

后世常以"鼎""炉"并称或"鼎""炉"连言，它们的确有一定关系。许慎把方炉称为"䥶"，圆炉称为"镟"（《说文解字》卷十四上金部），这是汉代的名称和汉代的写法。汉代的炉种类很多，除圆炉和方炉，还有在方炉上架设耳杯的染炉，以及取暖用的温手炉，熏香用的熏炉，等等。这种器物，讲早期的，过去不太注意，现在看来很重要。炉，汉代以前就有，很多都是烤肉炉。它们无论方、圆，都叫"炉"。炉，因为温度高，常有提链，并且附有填置炭火的铜箕和铜耙。

---

[1] 此外，鬲的自名还有"䰝"（《集成》3:626）和"䰞"或"䍶"（《集成》3:744、745）。
[2] 《说文》卷十四上是以"镤"为"釜大口者"。

（1）圆炉。早晚不一样，商代西周是鼎式炉，春秋战国是盘式炉。圆炉，最初是和烤肉的圆鼎有关，特别是和扁足鼎有关。西周早期到中期，人们常在扁足鼎的三足间（偶尔也在柱足鼎的三足间）架设炉盘，用以烤肉。这种烤肉的鼎，如宝鸡茹家庄M2出土的彊伯鼎，自名为"麥（炒）鼎"（《集成》4: 2278），其实就是鼎式炉。另外，它们中的某些器物，如张家坡M170出土的井叔鼎，已近似战国时期的双层炉盘（曾侯乙墓出土的双层圆炉），[1]疑即盘式炉的前身。盘式炉，主要流行于春秋战国时期的南方，如江西靖安李家出土过一件徐国的圆炉，器形如盘，但有联柱式圈足和提链，[2]自名"卢（炉）盘"（《集成》16: 10391）；另外，浙江绍兴306号墓（估计是春秋战国之际的墓）也出土过一件徐国的小圆炉（高仅4.9厘米、口径仅8.9厘米），是带镂孔圈足的盂形器，自名"少闌（炉）"（《集成》16: 10390）。[3]前一件徐器，与同一时期的方炉有共同点，也有联柱式圈足和提链。这种方炉（详下），自名"炒炉"，与上面的"炒鼎"，都有表示用途的"炒"字。"炒"是烤的意思。"烤"字后起，古代是把"烤"称为"煎""熬"。《说文》无"炒"字，只有训为"熬也"的"䵅"字（卷三下䵅部）。这个字就是后世的"炒"字。[4]我想，凡带"炒鼎""炒炉"这类名称的器物，都是用来烤肉的。后一件徐器，有两种可能，一种是读"炒炉"，也是烤肉的炉，只不过体型较小；一种是读"小炉"，也可能是作其他用途（比如温手炉）。战国的圆炉，器形类似盘，但有提链，可区别于盘。它可能有多种用途，比如用来取暖，但盘式炉的主

---

[1] 中国社会科学院考古研究所《张家坡西周墓地》，中国大百科全书出版社，1999年，143页：图106。
[2] 《文物》1980年8期，图版贰，2。
[3] 浙江省文物管理委员会等《绍兴306号战国墓发掘简报》，《文物》1984年1期，10—26页；曹锦炎《绍兴陂塘出土徐器铭文及其相关问题》，同上，27—29页。案：铭文最后一字，原从门从膚，简报和曹文把门旁隶定为双月（即双肉），并把膚所从的虍隶定为火，与上合为一字，读为"炙"，而把下面的胃当作另外一字，所以把器名释为"少（小）炙胃（炉）"，今为订正。
[4] 丁福保《说文解字诂林》，中华书局，1988年，第四册，3383–3384页。

要用途，恐怕还是烤肉，比如曾侯乙墓出土的双层圆炉，就是用来烤鱼。

（2）方炉。西周时期，有一种形制特异的鼎，是将附耳方鼎（或偶尔用柱足圆鼎、扁足圆鼎）加以改造，在器腹之下铸造炉膛。这种鼎，如美国福格美术馆旧藏的所谓"季贞鬲"（现归哈佛大学后建的赛克勒美术馆），虽自名为"鬲"（《集成》3: 531），但"鬲"是借用的泛称（"鼎"可称"鬲"），并非专名，其实也应归入鼎式炉。春秋战国时期，和圆形的盘式炉相对，方炉多作长方形斗槽，有点类似澡盆，或可称为"盆式炉"。例如著名的王子婴次炉（《全集》7: 32）就是属于这种炉，它和同一时期的盘式炉相似，也有联柱式圈足和提链，只不过圈足残损，缺失边框，仅存列柱的柱根。这件炉，自名为"炭（炒）卢（炉）"（《集成》16: 10386），可见也是烤肉的炉。方炉的起源，与鼎式炉无关，因为商代已有方炉，比如安阳郭家庄西M160所出（《全集》3: 161），就与春秋战国的方炉在基本特点上一致。

(二) 煮水的三足器

鬵是用来煮水爨食，汤鼎是用来煮水洗浴。

鬵（有方圆二体）

在龙山文化和岳石文化的陶器中就已出现，器形和鼎有很大关系。[1]铜鬵始见于殷墟时期，但未见自名，自名是从西周以来才出现，本来是作"献"。"献"的古文字写法多从鼎或鼎字的省写，秦系文字（小篆和隶书）才改从鬲。在陶器中，它和鼎似乎关系更大，但在铜器中，则和鬲的器形更接近。商代西周和春秋战国的鬵，都是鬲、甑结合。汉代因为流行灶，使足成为多余，鬵的样子才根本改观。它们多数是镤、甑结合，少数是鬲、甑结合，自名仍是"鬵"。

---

[1] 承严文明先生指点。

（1）圆甗。是最常见的甗。

（2）方甗。数量较少，主要流行于西周晚期和春秋早期。

汤鼎

主要流行于春秋战国时期的南方，如舒、徐、楚、越等地，但北方也有出土（如北京丰台贾家花园的燕墓所出）。[1] 这种鼎，年代较早是淮水流域所出，主要是群舒的东西，其中有些是春秋早期的器物（《全集》11：2—4）。[2] 另外，徐国也有这种鼎，自名"汤鼎"（《集成》5：2766）。春秋晚期到战国，这种鼎也流行于楚国，它有两种名称，一种是"盬鼎"，[3] 相当楚墓遣册（长台关M1：2—014，包山M2：265，望山M2：54）的"汤鼎"；另一种是"浴鼎"。[4] 这种鼎，是以小口鼓腹为特点，特别是舒式汤鼎，器形类似舒式缶（详第四节：罍）。这种特点很值得注意，因为第一，大洋洲大墓出土过两件"瓿形鼎"（XDM：30、31），[5] 也是小口鼓腹[图3]，类似当时的瓿（关于瓿、缶的关系，请看第四节：罍），它使人联想，"瓿形鼎"可能就是"汤鼎"的前身；第二，这种器形的鼎，

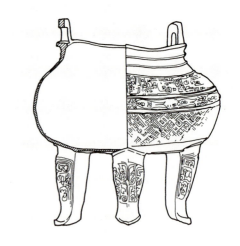

图3　大洋洲商墓出土的"瓿形鼎"

---

[1]《文物》1978年3期，90页：图60。

[2]《文物》1990年6期，61页：图6，1。

[3] 佣盬鼎，见河南省文物研究所等《淅川下寺春秋楚墓》，文物出版社，1991年，112页：图九一，3。

[4] 佣浴鼎，见《淅川下寺春秋楚墓》，219页：图一六二，1。案："鬲"，原从白从鬲，见《说文解字》卷三上䰜部，徐铉反切作"渠容切"，但《汗简》第八十八页背、《古文四声韵》卷五第十八页背皆收于"鬲"字下。近出郭店楚简《穷达以时》，"鬲（历）山"的"鬲"正是这么写，今读为"鬲"。

[5]《新干商代大墓》，38—48页（图像见49页：图二五）。

它的某些特点，如带小环纽的平盖或矩形纽的平盖，内聚的三足，可能对齐式鼎也有一定影响（山东地区和河南东部、安徽北部，还有江苏、浙江等地，自古就是一个文化区）。

(三) 温酒的三足器

爵、角、斝在早期陶器中是不同的类别，爵、角可能来源于东方的鬹，斝可能来源于西方的鬲。[1] 在铜器中，爵、角、斝，器形、功用相近，它们的区别是，爵有柱和流、尾；角无柱也无流，前后都是尖口；斝有柱，但器口是圆形（但方斝作方口），不分流、尾。这是它们的不同。

爵（有方圆二体）

铜爵始见于二里头时期，并流行于整个商代和西周早期，是酒器中的典型器物。西周时期的爵，不但有自名（《集成》14: 9096），而且还被某些讲册赏仪式的铭文提到（《集成》5: 2778、8: 4207、4261、4269），是早期酒器中名称、类别最清楚的一种。但西周中期后，三足爵消失，被勺形爵代替，很多人却没有理解这一变化。他们往往把西周晚期的瘐爵当最晚的爵，以为这以后，爵是彻底没有了。[2] 勺形爵，在造型上和挹酒的勺相似，但器的形式不同，柄也有变短的趋势，既可用来挹酒，又可当作饮器。这种器物，商代就有，如大洋洲大墓所出（XDM: 50，[图4-1]），[3] 还有吉美博物馆和科隆博物馆所藏。[4] 它们的器部都是平底杯，和殷墟时期的觚形杯（详下第四节：觚）是一样的。西周时期，这种器物有两种型式，一种是像觚形杯（《全集》5: 129，[图4-2]），和商代差不多；一种是仿当时的盂、簋，敛口鼓腹，瓦纹，下面加圈足（《全集》5: 91、92）。它们都有

---

[1] 承严文明先生指点。
[2] 陕西周原考古队《西周微氏家族青铜器群研究》，文物出版社，1992年，图版五五—五七。
[3]《新干商代大墓》，79页：图四二，1、2。
[4] 前者是亲见，编号为MA1655。后者有"亚舟"铭，见《集成》16:9911，应是殷墟时期的器物。

柄，因此多被误认为斗、勺。但西周时期的所谓"白公父勺"(《全集》5：92，[图4-3])，器形类似乎，自名却是"爵"(《集成》16: 9935、9936)。这种爵，后来一直沿用，战国秦汉，多是陶器或漆木器，器口常以雀鸟为饰，应即礼书中频频提到的爵。燕下都16号墓出土的仿铜陶器群，其中也有勺形爵[图4-4]。[1] 它可以解释，为什么三足爵消失后，晚期文献还提到"爵"。当然，我们说的"勺形爵"，日本学者林巳奈夫是考为"瓒"。[2] 其晚期器名见于楚燕客铜量(《集成》16: 10373)和楚墓遣册(包山M2：简266)，字作"罙"或"罙"，李家浩先生受林巳奈夫说和贾连敏《释裸、瓒》文影响，也是释为"瓒"。[3] 但很多学者都已指出，"白公父勺"既自名"金爵"，器名自应定为"爵"。[4] 西周金文中的"爵"，字形与古文字中释为"裸""瓒"的字有些相似，但并不是同一字。楚国铜器铭文和楚墓遣册中被李家浩先生释为"瓒"的字，从当时的字形分析，其实是从斗少声，与"雀"字的声旁相同。过去，我已指出，此字可能与"爵"字有关，主要根据是上博楚简的发现，但材料未公布，还无法深谈。[5] 现在上博楚简《缁衣》已经公布，从新发现的字形和辞例看，此字确应释为"爵"。[6] "爵"字，古书常假"雀"字为之，楚简也有这种用法。小篆写法的"爵"，上部是从表示爵柱的部分演变(楚简变为"少")，中部是从表示爵口的部分演变(楚简变为"斗")，下部加了表示爵中酒醴的"鬯"和表示持爵之手的"寸"。许慎说"爵，礼器也，象爵之形，中有鬯酒。

---

[1]《考古学报》1965年2期，92页：图一四，4。
[2] 林巳奈夫《殷周时代青铜器の研究（殷周青铜器综览一）》，吉川弘文馆，1984年，125–127页。
[3] 李家浩《包山三六六号简所记木器研究》，《国学研究》第2卷，525–554页。
[4] 1980年左右，我当研究生时，曾在中国社会科学院历史研究所的古文字课上听李学勤先生讲过这种意见。后来，马承源主编，陈佩芬、吴振烽、熊传新等人编撰的《中国青铜器》(上海古籍出版社，1988年) 一书也把"伯公父勺"改定为爵 (179–180页)。再后来，刘昭瑞《爵、尊、卣、鏊的定名和用途杂议》(《文物》1991年3期，68–70页) 也讨论过这一问题。
[5] 李零《读〈楚系简帛文字编〉》，收入《出土文献研究》第五集，文物出版社，1999年，139–162页。
[6] 李零《上博楚简三篇校读记》，台北：万卷楼图书有限公司，2002年，56页。

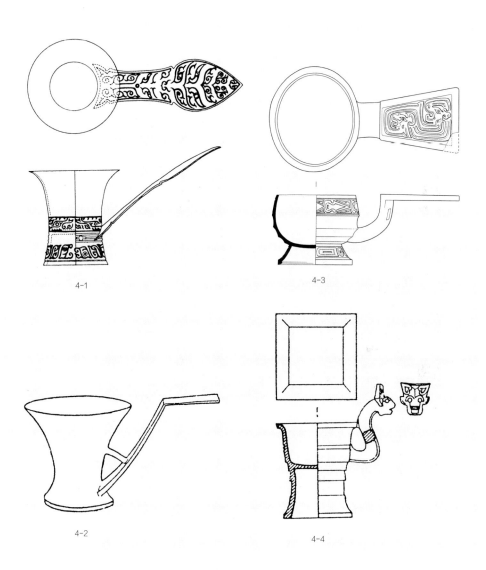

图 4 勺形爵
4-1 大洋洲商墓出土　4-2 陕西长安张家坡出土　4-3 陕西扶风云塘出土　4-4 燕下都 16 号墓出土

又，持之也。所以饮器象爵者，取其鸣节节足足也……"（《说文》卷五下鬯部），已经不甚明了它的字形构造，但他以"雀"说"爵"，却是古代很有传统的说法。汉代的勺形爵，经常是以雀为饰，想来与器名有很大关系。另外，我们还应指出的是，西周晚期，勺形爵兴起后，三足爵并没有马上绝迹，比如三门峡的虢公墓地〔案：虢是王室大臣，不是诸侯，这里不称"虢国墓地"，下同〕，就出土了8件西周末期的爵（M2001：151、118、119，M2012：21、74、75、23，SG：066，皆"元宝形"明器，其中M2012：75、23是四足爵）。另外，战国末年的朱家集楚器（楚幽王墓的铜器），现存安徽省博物馆者，按照原始记录，其中也有两件弦纹爵，器形类似西周的爵。[1] 它们是盗掘时混入，还是墓中原有？是当时的仿古制品，还是早期的古物遗存？恐怕应做进一步研究。

（1）圆爵。是最常见的爵。
（2）方爵。四足，比较少见，也比较贵重。

角

未见自名，现在的名字是宋人起的。它流行于殷墟时期和西周早期，数量较少，不如爵、斝更普遍。二里头时期的铜器，有与同一时期的爵相似但有流的器物，学者称为"角"。商周时期的角也有以雀鸟为装饰者，[2] 爵、角可能是亲缘器种。

斝（有方圆二体）

铜斝始见于二里头时期，并流行于整个商代和西周早期。这种器物，未见自名，现在的名字是宋人起的，但器形与商代甲骨文的"斝"字相像，定为"斝"还是有一定道理。它和爵、角不同，来源可能是陶器中的

---

[1] 朱拜石《安徽省立图书馆所藏寿县出土楚器简明表》，《学风》第五卷第七期（安徽省立图书馆，1935年，1—10页）；安徽省博物馆《藏品专题目录：寿县出土楚器目录》，油印本。
[2] 容庚《商周彝器通考》，哈佛燕京学社，1941年，下册，图450。

鬲。[1]二里头时期的斝作尖足,和当时的鼎、盉相似;平底,则和当时的爵、角相似。殷墟时期和西周早期的斝,除平底的型式,常分裆如鬲,仍可反映其早期来源。

(1)圆斝。是最常见的斝。

(2)方斝。比较少见,也比较贵重。

二、盆形器(包括盆形器)

(一)盛食的盆形器

即装谷类食物的器。这类铜器,类别多而名称杂,头绪纷乱,但仔细梳理,还是很有规律。案新石器时代的盆形器,学者或称"盆",或称"盂",或称"碗",或称"盘",根据是现代名称,叫法也很不统一。习惯上,大家是把深腹者称为"盂"或"碗",浅腹者称为"盆",平底起沿者称为"盘"。这类名称,在铜器中,概念比较精确。盘、盂,二者皆有自名,可以代表盆形器的两大类。粗略言之,浅腹的是盘,深腹的是盂。盂又分食盂、水盂和饮盂,而且有许多异名。食盂与簋是一大类,水盂与盘、鉴是一大类,饮盂是作酒器的盂。至于盆、碗,它们和后世的概念也不尽相同。盆,东周时期,是食盂之一种。碗,汉代叫"盌",则是"水盂"的别名。二者都是盂的变种。铜器中的簋,与食盂相近,但器形比较复杂。它和盂的关系有点类似鼎、鬲。一般印象,盂的特点是附耳、环耳或无耳,簋的特点是兽耳,我们可把盂视为"附耳簋""环耳簋"或"无耳簋",把簋视为"兽耳盂"。但实际上,两者并无严格界限,器名也时有混淆("盂"可称"簋",但"簋"不称

---

[1]承严文明先生指点。

"盂")。簠、瑚和簋、盂功用相似，但来源不同，形式也不同。簋、盂是以圆器为主，簠、瑚是以方器为主，并且后者多半是双合器，前者多半不是。这是它们的基本关系。

簋（有方圆二体）

常与鼎配套使用，在盛食的盆形器中最重要。它起源早而延续时间长，早可以早到二里岗时期，晚可以晚到战国末期，器形变化也比较多。商代的簋，多是无耳簋，和盂（食盂）非常相似。簋的鼎盛期是西周时期，当时的重要器铭，很多都载之于簋。春秋以来，簋的地位下降。战国以来，在器物组合中，逐渐被瑚、敦、豆代替，与这些器物发生类化（双合化、球形化、盒形化，以纽代捉手，以校代圈足）。陶器是如此，铜器也是如此。汉代没有簋，当时的盛食器，主要是敦、盛、豆。[1]过去说的"簋"，其实有许多类别，宋代和清代的金石学家多把器形类似盂的敞口簋（和某些带"彝"字的器物）叫作"彝"，把敛口的带盖簋和敦叫作"敦"，并把"簋"当簠的器名。1937年，罗振玉还是这样分类。[2]1941年，容庚才把簋和这些器名分清。[3]

（1）圆簋。是最常见的簋，自名为"殷"，"殷"即古书中的"簋"字。

（2）方簋。比较少见，也比较贵重。

盂（食盂）

也是起源早、延续时间长、使用很广的器物。商代的盂分两种，一

---

[1] 或说王莽时期有簋，如《古文字研究》第十九辑（中华书局，1992年）252页的天凤元年簋，但此器并无自名，器形实与食盛同。汉代没有"簋"，也不再使用"簋"的名称（簋是豆类铜器，详下第三节：簋）。汉人的解释多属猜测。东汉时期，郑玄主"圆簠方簋"说（《周礼·春官·舍人》注），许慎主"方簠圆簋"说（《说文解字》卷五上竹部），师记不同，正好相反，验之考古发现，其实都不对（簠、簋都是圆器）。

[2] 罗振玉《三代吉金文存》，1937年（有中华书局1983年重印本），卷前总目。

[3] 《商周彝器通考》，上册，19—27页。

种是附耳的深腹盂，有时带盖，有时不带盖，自名是"盂"（《全集》3：178，《集成》16：10302），一种是与簋相似的无耳盂，学者多称"簋"，以西周铜器比验，可以这么讲，但当时的自名却没有发现。西周时期的盂是继承商代，附耳深腹的盂，数量很多，仍自名为"盂"，往往形体硕大，有时还载录长篇铭文（《全集》5：72—74，《集成》16：10321、10322）；簋形的盂，器形较小，器腹较浅，有些仍无耳，有些有附耳，往往自名"簋"或"盂簋"。[1] 我们不妨把前者称为"深腹盂"，后者称为"簋形盂"。此外，西周中期后，还有一种新型的盂出现，器形较小，束颈折肩，口沿斜平，腹部下杀，自名也是"盂"（《全集》6：142，《集成》16：10306、10307），有些是兽耳，但很多是衔环，[2] 与东周时期的"盆形盂"比较相似。东周时期的"盆形盂"，主要有两种，一种是无盖盂或带盖盂，或称"盆"（《集成》16：10329、10330、10332、10334、10336—10340），或称"蠠"（《集成》16：10341、10342），或称"盏"（《集成》9：4636、4643），或称"盂"（《集成》16：10335），或称"敦"（《集成》9：4635、4638—4642、4645），或称"鋚"（《集成》16：10350）。一种是双合盂，其实也就是狭义的"敦"（《集成》9：4646—4649）。我们最好是把它们看作一大类。无盖到有盖，有盖到双合，是其发展趋势，别的差异并不重要。

【附论敦】

敦，严格讲，是盆形盂的别称，特别是双合盂。它主要流行于战国时期。

---

[1] 前者如晋侯墓地 M13 的晋姜簋（自名"簋"），见最近出版的上海博物馆《晋国奇珍》（上海人民美术出版社，2002 年），60 页。后者如《集成》6：3364 的仲簋（自名"簋"）和《集成》16：10310 的湿簋（原书误释为"滋簋"，自名"盂簋"）。
[2]《西周微氏家族青铜器群研究》，图版四五、四六；《考古学报》1980 年 4 期，图版肆，6。

现在对"敦"的理解，似包含两大误区，第一，学者多以"敦"专指圆球形的双合敦，即俗称的"西瓜鼎"，而并不包括上面讲的其他盆形盂，无论它们是无盖还是有盖，甚至也不包括其他形式的双合盂，但事实并非如此。如果我们承认，"敦"只是盆形盂的一种，那么此名就应归入上一类。第二，学者多把"敦"当天下共用的器名（由于齐鲁系统的经书常常提到它，也加强了这类印象），以为只要像"西瓜鼎"那样的器形，都可称为"敦"。但现已发现的敦，凡以"敦"自名，几乎都是出自齐国或与齐国邻近的地区。[1] 其他地区，即使有同类器形，无论带盖盂，还是双合盂，其实都没有称"敦"的例子。前者，上文已说，多半是叫"盆""盏""盏""盂"。后者，多无自名，楚有一个例子，还是称为"盏"（《集成》9：4634）。楚墓遣册也证明，楚人是把球形双合敦称为"盏"。[2] 所以，即使我们还想保留"敦"这个器类，恐怕也要有所限定，第一，我们最好是把它当所有双合盂的代名词，以避免同其他无盖盂或带盖盂混淆；第二，千万不要以为，古人就是这样使用它。此外，战国时期，带盖盂还有进一步简化的趋势，即省去器足和盒形化。比如《集成》9：4638的齐侯敦就是如此。这种器物，战国早期就有（《全集》11：128、129），战国晚期也有，[3] 还未发现其他器名，汉代叫"盛"。过去，讲楚墓分期和陶器排队，战国早、中、晚的划分，一向是靠"鼎、簠（实为瑚）、壶（实为尊缶）""鼎、敦、壶（实为尊缶）""鼎、盒、壶、钫"这类总结。其所谓"盒"者，就是这类器物。我们怀疑，它就是古书中的"废敦"。[4]

---

[1]"敦""铪"二名皆见于齐器，含义似与盖、器扣合有关。"盏"可能也有类似含义。
[2] 望山M2：46提到"卵盏三……"，应即墓中出土的这三件铜敦。报告说墓中出土球形铜敦是四件，"完整者2件，另两件仅存半个"（131页），遣册整理者把"卵盏三"连上读为"二钯（匜）卵盏"，将"三"字断在下句，并把上文的"四登（盘）"解释为墓中出土的四件敦（295页注释〔94〕〔95〕），这些都可商榷。包山M2：265提到"二枳盏"，报告说是墓中出土的两件球形铜敦（105页），这才是正确的解释。但原书释文把"枳"误释为"槻"。
[3]《文物参考资料》1957年7期，83—84页。
[4]《仪礼·士丧礼》提到此名，郑注说"废敦，敦无足者，所以盛米也"。

盨

是西周中晚期的典型器物，器形多作椭圆形或椭方形。[1]它是从西周中期带矩形纽器盖的附耳方鼎（如《全集》5: 9、10）发展而来。这种方鼎，西周早期就有（如《全集》6: 7、76），常作饕餮纹，器形高宽的比例也不同。西周中期以来，它的器形变矮，纹饰也有变化，盨就是从这种方鼎发展而来。[2]其早期实例有：（1）保利博物馆藏白敢異盨，盖、器皆有矩形纽，饰顾首卷尾龙纹，自名为"簋"；[3]（2）上海博物馆藏晋侯对盨（《全集》6: 45、46），盖、器皆有环形纽，饰顾首卷尾龙纹和瓦纹，自名为"盨"；（3）陕西宝鸡县贾村出土的矢媵盨，盖失，器如方鼎，饰窃曲纹，自名为"盨"。[4]"盨"和"簋"，功能相似，但来源不同，二者的器名，有时会互借或连称，但盨可称"簋"或"盨簋"，簋却从不称"盨"或"簋盨"。西周以后，盨似乎消失，但春秋中期，甘肃礼县的赵坪墓地还有盨；[5]春秋晚期，淮水流域也发现过一件蟠螭纹盨（原藏安徽省博物馆，现存中国历史博物馆）；[6]战国时期，也有貌似方鼎的盨发现，[7]此外，燕下都16号墓还出土过模仿西周晚期风格的仿铜陶盨[图5]，年代也在战国时期。[8]盨的鼎盛时期虽然是西周中晚期，只有不长的一段时间，很快就被瑚所取代，但它的遗产却非常重要。它

---

[1] 如晋侯墓地的 M1 和 M2 都出土了多件晋侯对盨，一种是椭圆形，一种是椭方形。见《晋国奇珍》，76–84 页。
[2] 王世民《白敢異盨》，收入《保利藏金》，岭南美术出版社，1999 年，96 页。
[3]《保利藏金》，91–96 页。
[4]《考古与文物》1984 年 4 期，107 页，图一，1；图二，1；图三。此外，2002 年 5 月 24 日，我在山西省考古研究所侯马工作站参观，见到晋侯墓地 13 号墓出土的一件"盨"，器物是由两件附耳方鼎扣合而成，上器口大底小，有四纽；下器口小底大，有四足；上器的双耳是插入下器两侧的槽内，合起来的形状是梯形。
[5] 曾在北京大学赛克勒考古与艺术博物馆展出（2001 年 4–5 月）。
[6] 安徽省博物馆编《安徽青铜器》（明信片），上海人民美术出版社。
[7]《商周彝器通考》，下册，图 144。
[8]《考古学报》1965 年 2 期，93 页：图一六，3、4。

的出现是标志性事件。在它之后,有两大现象:一是各种双合器的涌现和器物的盒形化(如瑚、敦);二是所有器类,都流行纽盖(盖上有纽,作矩形、环形、鸟兽形,等等),即可以却置的盖。整个春秋战国和秦汉时期,都深受其影响。

瑚

与簋相似,也是由两个半器合成,而且器形呈长方形。这种器物,自名"匿"(有很多异体)或"匿",过去一直误释为"簠",现经多方考证,"簠"是豆类铜器,和这种器物无关。[1] 可惜的是,很多博物馆的陈列说明,还有发掘报告和研究著作,至今仍然不肯纠正这一错误的定名。瑚的出现,比簋要晚,大体是在西周晚期的后段。西周晚期到春秋早期,瑚的半器剖面是作收分较高的梯形;春秋中期到战国时期,瑚的半器剖面是先直后斜,渐趋于方形,这是其早晚的不同。瑚的来源,现在还不太清楚,也许是从簋分化。瑚的鼎盛,是在春秋时期。等到战国中期,瑚就不太流行了。但战国中晚期,规格较高的墓,比如中山王墓和楚幽王墓,它们还有瑚(《全集》9:150)。瑚的绝迹,是在战国以后。

铜鍑式簋

铜鍑是欧亚草原的典型炊具。春秋战国时期,与草原地区邻近,今冀北、晋北、陕北和甘肃一带,即古代的燕、赵之地和秦境,曾广泛流行铜鍑或铜鍑式簋(《全集》8:32、178、199,[图6])。这类器物多无铭文,尚无自名发现。汉代也有叫"鍑"的器物,一种是铜容器,一种是甗的下部,前者只叫"鍑",后者叫"甗鍑"。

---

[1]《说文解字》卷一上玉部,以"瑚"为"珊瑚"之"瑚",而于卷五上皿部收"盙"字,朱骏声《说文通训定声》疑即"瑚琏"之"瑚"。

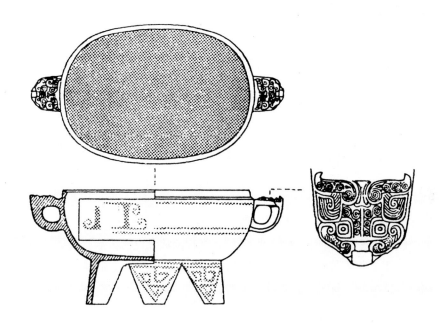

图 5　燕下都 16 号墓出土的仿古陶盨

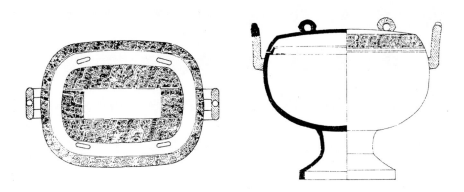

图 6　铜镟式簋

(二) 盛水的盆形器

盘

二里岗时期已有盘。盘是起源很早,使用时间很长的器物。西周时期,盘、盉常配套使用;春秋战国,盘、匜也是共出之物。另外,盘还有带流的现象(《全集》5:196、197)。春秋战国时期,上面谈过的炉,其中的圆炉,往往类似盘,自名也是"炉盘",但它不是盘,而是炉。炉有提链,是它不同于盘的地方。

盂(水盂)

战国秦汉时期,作水器用而器腹较浅的小盆,过去多称为"洗",然而汉代,它的真实名称却是"釪"或"杅",它们或从金,或从木,只是表示材质不同(前者是金属制作,后者是漆木制作)。其实,它们都是做水器用的"盂",即"盘盂"之"盂"。[1]

鉴(有方圆二体)

是大型的盘、盂类器物。它和"盘""匜""盂"有器名互借和连称的关系。

(1) 圆鉴。是最常见的鉴,自名为"鉴",但也有连类称"盂"者(《全集》9:33,《集成》16:10318)。

(2) 方鉴。比较少见,或连类称"盘"(《全集》6:143,《集成》16:10173),或连类称"匜"(《集成》16:10290)。[2]

---

[1] 此外,汉代还有叫"盌"或"銏"的器物,它们也是水盂的一种,只是腹比较深罢了。
[2] 长台关M1:2—01提到"二方鉴""二圆鉴",即墓中出土的一方鉴、三圆鉴。

(三）饮酒的盆形器

觯

杯体作椭圆形，两侧有环耳，主要流行于春秋中晚期。宋人多称之为"舟"，但出土器铭是自名为"觯"（《集成》16: 10353、10356）。

杯

流行于战国秦汉，自名为"杯"，[1] 汉代也叫"耳杯"。[2] 从器形看，它也许是从上面的觯发展而来，变化只是，把环形双耳换成翼形双耳。战国时期的耳杯，有时还在下面加豆校，据楚墓遣册，叫"杯豆"（长台关M1: 2—020）。

盂（饮盂）

另外，古代的盂也可作酒器，自名"饮盂"（《集成》16: 10316）。[3]

三、豆形器

豆

在陶器中，也是最基本的类别，起源早而延续时间长。铜器仿之，有若干种类，器形不同，自名也不同。

（1）无盖豆。主要是盛放羹酱类的美食。一般器腹较深，带高校。西周至秦汉多自名为"豆"（《集成》9: 4672、4682—4683、4692、4693），

---

[1] 参看：李零《郭店楚简研究中的两个问题》，收入所著《郭店楚简校读记》，北京大学出版社，2002年，185–194页。
[2] 法国吉美博物馆藏汉元始三年蜀郡西工造漆耳杯，自名"耳桮（杯)"。
[3] 此外，属于盆形器，还有自名为"镐"的铜器（《集成》16: 10291），性质待考。

但也有称为"膳（登）"（《集成》9：4663、4688）或"铁（？）盉"（《集成》9：4694、4695）者。[1]

（2）带盖豆。多是盛放谷类食物，作用与下面的簠相似，是起簠的作用。如山东沂水刘家店子一号墓（春秋中期莒国的墓葬）出土的公豆，台北故宫博物院收藏的卫姒豆，它们的器形是盖豆，但自名却是"簠"（《集成》9：4654—4657，4666—4667）。

簠

器形作浅盘平底，带镂孔圈足，有时还有盖，自名为"甫""箙""匩"或"铺"（《集成》9：4659、4669、4673—4674、4681、4684、4689—4691）。器名或从竹，或从金，可以反映它们既有竹编，也有铜铸。过去学者多称之为"豆"和"筐"，现已弄清，它们正是古书中的"簠"，而原来称为"簠"的器物反而是"瑚"。但学者多因袭旧名，不肯改动。这种器物，主要流行于西周晚期和春秋时期，估计是盛谷类的食物。

锜（或鈃）

是一种方形的盖豆。数量较少，自名是"锜"（《集成》9：4662，原从皿从奇）或"鈃"（《集成》9：4660、4661，原从皿从只）。这种器物主要流行于春秋战国。楚墓遣册曾提到过它，是漆木器，如长台关M1：2—012提到的"亓（其）木器，八方琦"，M1：2—024提到的"四舍（合）鈃，一□鈃，屯（纯）又（有）盉（盖）"，就是墓中出土的十二件方豆。这些方豆多已残破，能复原者仅一件，原来可能是八件

---

[1] 长台关M1：2—25提到的木器，有"十皇豆"和"二敊豆"，前者即墓中出土的十件无盖"圆盘豆"，后者即墓中出土的两件带盖"圆盘豆"，皆漆木彩绘。包山M2：254提到的铜器，有"二錁，四镯（筐），一镯（筐）盉，二虡盉"，可能也与豆有关。望山M2：45提到的"四皇豆"也是指墓中出土的四件漆木豆。

一种,四件一种,还另外有一件,共十三件。[1]

鼓腹豆形器(有方圆二体)

主要流行于战国中晚期,未见自名。

四、罐形器(或壶形器)

罐是陶器中最基本的类别,起源早而延续时间长。它的口、颈、肩、腹可以有多种变化,在早期陶器中已有壶、罍等不同器形。铜器的壶、罍、尊、瓿、觯,都是来源于这类变化。它们多半都是酒器或水器,或兼有两种功用。

(一)小口类

壶(有方圆二体)

(1)长颈壶(有方圆二体)。即通常说的"壶"。

---

[1] 李家浩《信阳楚简中的"柿枳"》(收入李学勤主编的《简帛研究》,法律出版社,1996年,1—11页)解释过后一条简文,认为"釫"是方鉴的名称,而不是方豆的名称。这种说法值得商榷。因为第一,他讲蔡昭侯方鉴上的器名,说此字"下半是'皿',上半左侧似是'只'字,右侧不详",今核对原文,该字下半是皿,但上半左侧不清,显然和"只"字的笔画不合,右侧则是水旁,他把这个字释为"釫",当方鉴的自名,相当可疑;第二,由此推论,他把长台关楚墓遣册中的"釫"指为墓中出土的陶方鉴,但墓中出土的陶鉴,一件是方鉴,三件是圆鉴,除方鉴少了一件,圆鉴多了一件,略有误差(遣册常有误差),显然是对应于遣册的"二方监(鉴)"和"二圆鉴"(M1:2—01),而不是这条简文提到的"釫"(数量差距太大);第三,这种说法也与出土铜方豆的自名矛盾,报告既说墓中出土了十二件漆木方豆(已残,数量可能不止十二件),如果我们把简文中的八件"琦"和五件"釫"加起来,倒近似这个数字,可见"釫"还是方豆的自名。

（A）圆壶。是最常见的壶，自名为"壶"，有高矮胖瘦很多型式。[1]

（B）方壶。数量较少，体型较大，装饰华丽，是很贵重的器物。地位明显不同于圆壶。但战国以来，还出现了另一种方壶，似乎与圆壶地位相当，[2]汉以来多称为"钫"或"枋"。前者是铜器，后者是木器。

（2）提梁壶（或提链壶）。有两种，一种是体长者，多叫"提梁壶"或"提链壶"；一种是体宽者，多叫"卣"。两者都流行于商代和西周早期。西周晚期，"卣"退出使用，但前一种型式的壶还在流行，一直可以延续到汉代；"卣"本身，终春秋之世，也还流行于南方（《全集》11：35、36、90、91、122、126）。另外，战国晚期还出现一种和"卣"相似的器物（如楚幽王墓所出），[3]汉代叫"鋂镂"或"鐎尊"，它也有提梁或提链。商代西周的"卣"，见于铜器铭文，是指盛郁鬯（一种香酒）的酒器，字形像匏壶。而通常叫"卣"的器物却从未发现自名，器形也与"卣"字不像，反而接近于"壶"。它现在的名字是宋人起的，从各种迹象看，是错误的名称。[4]"卣"，器形多变，器腹剖面有椭圆形、椭方形和杏仁形等不同形式，有的瘦高如壶，有的矮胖如罍，甚至有器腹作筒形者。汉代的"鋞"与之相似。

（3）扁壶。是带北方草原地区特点的铜器。自名为"鈚"（《集成》15：9606，16：9976、9980、9982），或"甂"（《集成》16：9978、9979、9981），或"鍂"（《集成》15：9617，16：9977）。

罍（或缶）

始见于二里岗时期，是商代西周的典型器物。殷墟时期，自名为

---

[1] 楚墓遣册多次提到"瓶"（原从土从并，或从金从井，或从缶从并），如长台关M1：2-014提到"十□瓨""一汲瓨"，包山M2：252、265提到"二鉼錯"、"二鉼銅"，我们怀疑都是壶。

[2] 长台关M1：2-01提到"二青方"，应即墓中出土的陶方壶，但只有一件。

[3] 安徽省博物馆《安徽省博物馆藏青铜器》，上海人民美术出版社，1987年，图版八七。

[4] 刘昭瑞《爵、尊、卣、鐎的定名和用途杂议》。

"罍"（《集成》15: 9923）。西周早期和中期，也是如此（《集成》15: 9815—9817、9824—9827）。春秋以来，改称"缶"（《集成》16: 9991、9996、10008），但也仍有称"罍"者（《集成》16: 10006、10007）。[1] 罍有壶形（体高）和瓿形（体宽）之分，前者带穿，后者不带穿，一直是两类。壶形罍，春秋以来多改称"尊缶"。瓿形罍，商代、西周未见自名，学者或称"罍"，或称"瓿"；春秋以来，自名"浴缶""盥缶"。可见"罍""缶"是同一种器物的不同名称。

（1）带穿的罍或缶（有方圆二体）。是作酒器的罍或缶。

（A）圆罍（或圆尊缶）。是最常见的罍（或缶），体型与壶相似，往往偏高。西周时期，它的自名是"罍"。春秋以来，这类器物流行于吴、楚、蜀、越等地，器形有很多变化，但还保存着罍的基本特点。楚、蔡等国，自名"尊缶"（《集成》16: 9988、9993、9994）。另外，楚国还有一种叫"赴缶"的缶，器形与尊缶相同，但用途可能是水器（《集成》16: 9995）。[2]

（B）方罍（或方尊缶）。数量较少，比较贵重。

（2）不带穿的罍或缶。是作水器的罍或缶。这类器物，在楚国很流行，自名"浴缶"（《集成》16: 10005）和"盥缶"（《集成》16: 9992、10004）。[3]"浴""盥"，都是表示可供洗浴。这是楚式缶。除去楚式缶，和淮水流域的

---

[1] 长台关 M1: 2–01 仍提到"雷（罍）"，从简文内容看，应是陶罍。

[2] "赴（或从辵旁，或从走旁，卜下加又）缶"，过去一直错读为"迅缶"。参看：李零《读〈楚系简帛文字编〉》，中国文物研究所编《出土文物研究》第五集，科学出版社，1999年，139–162页。案：楚墓遣册提到的"缶"有"赴缶""浅缶""圆缶""卵缶"。长台关 M1: 2–01 提到的"二圆缶"，M1: 2–014 提到的"一赴缶""二浅缶"，估计都是陶器，墓中所见只有一件被称为"瓿"的陶缶，"圆缶""浅缶"，疑皆"卵缶"之异名。包山 M2: 265 提到"二卵缶""二赴缶"，报告说"卵缶"即墓中出土的两件铜盥缶，"赴缶"即墓中出土的两件铜尊缶。另外，该墓还出土了四件铜"四纽缶"，器形也是尊缶，或即 M2: 251–254 残缺部分所引。望山 M2: 46 提到的"二卵缶"，是铜器，墓中所见只有一件铜尊缶，盖已缺失；M2: 53、54 提到的"二卵缶""二赴缶"，是陶器，即墓中出土的两件陶盥缶和两件陶尊缶。值得注意的是，在上述简文中，"卵缶"和"赴缶"总是与"汤鼎"并叙，看来，它们可能是作水器用的缶。

[3] "盥缶"，器形矮胖，略如圆球，故亦称"卵缶"，说详上一条注文。

群舒有关，安徽境内和与邻近的江浙等地还经常出土一种器形矮胖、小纽平盖（不一定都有盖）的器物（器形与这一带的陶器有对应关系），河南、山东、湖北等地也有发现，很多都是春秋早期的器物，比楚式缶的年代更早。它们和楚国的"浴缶""盥缶"形态相似，学者多称之为"瓿"，但偶有铭文，自名却是"缶"[图7]，[1] 这里不妨称为"舒式缶"。楚式缶的来源是舒式缶，还是年代更早的瓿，这个问题要作调查研究。

（二）大口类

觚（有方圆二体）

最早见于二里岗时期，是上大下小，中间有箍，器身作圆筒状的杯形器。殷墟时期和西周早期的觚，也是类似器形，但中间的箍更细，上下的口更大，两头都是喇叭形。这两种觚，都没发现过自名，功用也不太清楚。但值得注意的是，觚的器形，特别是前一种觚，它和商周时期的"筒形杯"非常相似。这种杯，商代有妇好墓出土的象牙杯（编号：101），[2] 西周有张家坡出

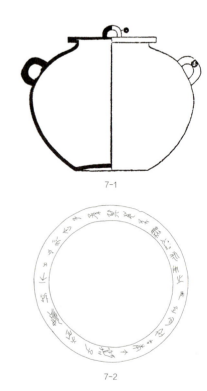

图 7-1 舒式缶
图 7-2 嘉子孟嬴缶铭文（赛克勒美术馆藏）

---

[1] 美国华盛顿赛克勒美术馆藏嘉子孟嬴耑不缶，自名"行缶"，见Jenny F. So, Eastern Zhou Ritual Bronzes from Arthur M. Sackler Collections, *Ancient Chinese Bronzes from Arthur M. Sackler Collections*, vol.Ⅲ, Arthur M. Sackler Foundation in Association with the Arthur M. Sackler Gallery, Smithsonian Institution, 1995, pp.210–213.

[2] 中国社会科学院考古研究所《殷墟妇好墓》，文物出版社，1980年，216页，图一○八。

土的铜杯（《全集》5: 126—128），它们除中间有箍，便于握持，有时还有鋬或翼状的器耳，很明显是饮器。觚可能也是这样的器物。

（1）圆觚。是最常见的觚。

（2）方觚。比较少见，应是相当贵重的觚。

觯

主要流行于殷墟时期和西周早期，数量很多，从未发现过自名，但春秋时期的徐国，仍有这种器物，自名是"峀"或"鍴"（《集成》12: 6506、6513），学者认为就是"觯"。觯的特点是器腹下垂。它的用途，可能是作饮器，这可从西周时期一种自名为"饮壶"的铜器看出来 [图8]。这种带"饮壶"铭文的铜器，只有三件（《集成》12: 6454—6456），器形都是觯。[1] 可见觯是一种饮壶。

尊（有方圆二体）

是宋人起的名字，并不可靠。因为铜器铭文中的"尊""彝"或"尊彝"，都是礼器的泛称，不是器物的专名。它流行于商代和西周，西周中期后逐渐退出使用，但在南方的楚、蔡、巴蜀、百越之地，尊仍流行于春秋战国。燕下都16号墓的仿铜陶器群也发现过一件仿古的陶尊 [图9]。[2] 现在叫作"尊"的铜器，器形并不统一。它们的共同点是敞口，但腹的形式，差别较大，可以分为三种：

---

[1] 这三件饮壶，器形都是觯：《集成》12:6454、6455 是双耳觯（双耳上卷，作象鼻形），《集成》12:6456 是无耳觯。《集成》12:6456，原收二铭，盖铭为拓本，是据上海博物馆藏器；器铭为摹本，是据《攈古录》著录，但字迹全同前者。近询上海博物馆青铜部，始知上博藏器为全器，盖有铭而器无铭，疑《攈古录》所录，即上海藏器盖铭的摹本，并非另有一器。又《集成》12:6457，自名"饮囗"，下字模糊不清，器形是四耳筒形杯，与所见其他饮壶不同。报告于器名下字不释（中国社会科学院考古研究所编《张家坡西周墓地》，中国大百科全书出版社，1999 年，159 页），但（集成）释文释为"饮壶"（中国社会科学院考古研究所编《殷周金文集成释文》，香港中文大学出版社，2001 年，第四卷，339 页），所释似有疑问。

[2]《考古学报》1965 年 2 期，92 页：图一四，1。

关于铜器分类的思考　　387

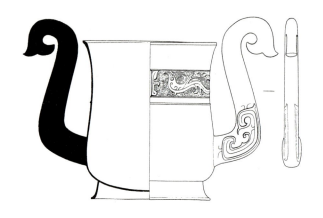
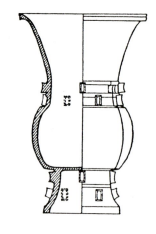

图 8 饮壶

图 9 燕下都 16 号墓出土的仿古陶尊

(1) 壶形尊（或罍形尊）。敞口，折肩，腹壁上收，圈足为壶式圈足 [图10-1]。

(A) 圆尊。是最常见的尊。

(B) 方尊。数量较少。

(2) 觚形尊。敞口，无肩，腹壁垂直，中间有箍 [图10-2]。

(3) 觯形尊。敞口，无肩，腹壁下垂 [图10-3]。

此外，东周以来，还有以"鑵（罐）"（《集成》16: 9986）、"鑪"（《集成》16: 9961—9962、9964—9968、9973）、"鬵"（《集成》16: 9969—9971）、"𨨛"（《集成》16: 10361）、"鈤"（《商周彝器通考》，下册，图九〇八）自名的几种器物。前三种是折肩小口的壶形器（第二种和第三种相同），后两种是属于矮胖如缶的罐形器，这里不再详细讨论。

图 10　尊的三种类型
图 10-1　壶形尊　图 10-2　觚形尊　图 10-3　觯形尊

五、带流器

盉（有方圆二体）

有流，也有三足（或四足），器形与第一节的三足器（或四足器）交叉。盉在陶器中很古老，在铜器中也出现很早。早期铜盉是以封口尖足为特点，二里头时期和二里岗时期，都是如此。当时，鼎、斝是尖足，盉也是尖足。殷墟时期和西周早期，盉的造型发生变化，开始形成前流后鋬的"茶壶式"器形。商周时期的盉，造型和鬲有关，往往分裆。春秋战国的盉，常被误称为"鐎"，这是套用汉代的器名，它的自名其实是"盉"。汉代的"鐎"是"盉"的延续。盉，是酒器，但也作水器。西周中期，盘、盉（或盨）常配套使用，西周晚期和春秋战国，盘、匜常配套使用。盉作水器，功能类似匜。

关于铜器分类的思考　389

（1）圆盉。是最常见的盉。它的自名，从西周到春秋战国，一直是叫"盉"，例子很多。[1] 盉亦连类而称"盘盉"（《集成》15:9386）。

（2）方盉。数量较少，未见自名。

（3）扁盉。主要流行于秦、晋等地，造型似与扁壶有关。

（4）袋足盉。自名为"鎣"（《集成》15:9393、9401、9425）。鎣亦连类而称"盘鎣"（《集成》15:9409）。它的器形或与陕、晋等地陶器中的三足器有关。

觥

未见自名，现在的名称是宋人起的。觥和匜在造型上有相似之处，两者都有流有鋬，可手持其鋬，向下倾倒。但觥是盛酒器，体形较大；匜是沃盥器，体形较小，两者还不完全一样。它们的流行时间也不同：觥流行于殷墟时期和西周早期，而匜流行于西周晚期和春秋战国。它们的关系耐人寻味。此外，觥有盖，匜一般没有，似乎也不一样，但西周晚期的㰣匜（《全集》5:194、195）却有盖，而且是作兽首盖；春秋时期的匜，很多也有兽首流，还是和前者相似。或许后者就是前者的变形。

匜

主要流行于西周和春秋战国时期，自名为"匜"，但也有连类称"盉"（《集成》16:10247、10285），称"盘"（《集成》16:10282），称"斠（盂）"（《集成》16:10283），称"盘匜"（《集成》16:10229、10274）者。[2]

---

[1]《集成》15:9371，为西周早期器，铭文作"亚"中"盉"，加"父乙"，"盉"字的写法，与15:9437略同，也可能是与制盉有关的氏名。

[2]"匜"，铭文多作"也"（或加金旁、皿旁）。它有两种异体，一种从兔从皿（《集成》16:10179、10182、10205、10232、10252），似可读为"逸"；一种从人从月，似可读为"佾"（《集成》16:10200），都是"匜"的通假字。另外，它还有一种别名，是叫"会□"（《集成》16:10190、10194、10196、10212）（案：第二字，除10196是作⩔，其他都不太清楚，有些是从皿旁，有些还加了金旁）。

匜鼎

是带流鼎。这种鼎,殷墟时期就有,是以罐形的圆鼎加流加鋬(如妇好墓所出);[1] 西周和春秋也有,但有流无鋬。它似乎是鼎、匜的合并。但西周晚期和春秋早期的匜,通常都有足,我们也可把它看作匜的变形,即把匜腿加长,作成鼎腿。例如曾侯乙墓的匜鼎(《全集》10: 115),没有鼎耳,只有提链,就很像是高足匜。类似器物也见于燕国的铜器。还有楚王酓前匜鼎,它有鼎足、鼎耳和流,自名是"鉈(匜)鼎"(《集成》4: 2479),但器腹更像盘,也可视为加了鼎腿的带流盘。所以,从总体特征看,我们与其说它是鼎的变形,还不如说它是盘、匜的变形。

六、带柄器

匕

匕是与鼎、鬲相配,用来刺取肉块或挹取肉汤的辅助性工具。商代西周的匕,最初都是尖头匕。西周晚期,开始出现圆形匕。春秋战国,还增加了器口呈圆弧形的铲形匕。学者常把圆形匕和铲形匕误认为勺。其实勺是与酒器相配,作圆斗状,器形、功用都不同。尖头匕,有微瘊匕,是自名为"匕"(《集成》3: 972、973)。圆形匕和铲形匕,还缺乏自名。但匕在楚墓遣册中有所记载,如长台关M1: 2—011提到"四剸(团)甔(匙)",或即墓中出土的四件铲形铜匕(但简文所述也可能是陶器,长台关M1: 2—011也提到"匕",不知是否与之有关);包山M2: 253、254两次提到"一金比(匕)",或即墓中出土的六件铲形铜匕(疑简文残缺,原来不止两件);望山M2: 47提到"四金匕",或即墓中出土的四件铲形铜匕。

---

[1]《殷墟妇好墓》,47页:图三一,3。

另外，信阳M1: 2—27还提到"镁匕"，望山M2: 56还提到"埱匕"，原物缺失，无法对证。案"团匙"，"团"是圆的意思，"匙"是匕的异称。"金匕"则指铜匕。"镁""埱"，可通"剡"，含有锐利之义，从金从土则是表示材质不同。我们怀疑，"镁匕"和"埱匕"，可能是用铜、陶制造的尖头匕，而"团匙"则指圆头匕和铲形匕。[1] 汉代的匕也有尖、圆之分，同样既可称"匕"，也可称"匙"。

勺（或斗）

是前为圆斗，后为长柄，与酒器相配，用来挹酒浆的辅助性工具，学者或称之为"斗"。案古书多以"斗""勺"互训，含义难以区分。作为器名的斗、勺，《说文解字》卷六上木部均加有木旁。汉代的勺多是漆木器，但早期的勺，见于考古发现，很多都是铜勺。这种器物的自名，现在还没发现。但包山M2: 265提到"二少（小）钓（勺）"，即墓中出土的一件短柄（直柄）铜勺（缺一件）；望山M2: 47提到"二金勺"，即墓中出土的两件长柄（直柄）铜勺。它们都是称为"勺"。

勺形爵

是酒器，而且估计是饮酒器。说详第一节：爵。

七、其他

宋以来的铜器定名，是以尊、彝二名最笼统。它们都是礼器的泛称，并不是专名。下面两类，正以尊、彝为名，它们的真实名称是什么，功用如何，都是值得研究的问题。

---

[1] 信阳一号楚墓的遣册还提到"芌氀（匙）"（M1: 简2–01），待考。

鸟兽形尊

有象、犀、虎、马、牛、羊、豕、兔、鹰、枭、凫、雁、鱼等不同造型,从商代到秦汉,一直都有。宋人以之附会《周礼》的"六尊""六彝",现代学者则称之为"鸟兽形尊"。这类器物,观赏性胜于实用性,它们并不是以功用立名的单独一类。学者称之为"尊",只是因循旧说,倒也不必深究。但既称为"尊",按习惯看法,大家以为,它们全是酒器,这却不一定对。因为晋侯墓地M113出土过一件猪尊,自名是"旅簋"。[1]看来,这类器物,有些是食器,并不全是酒器。

方彝

有勺相配,可知是酒器。器形,略如仓房(古人称圆仓为"囷",方仓为"仓"),上面是屋顶式器盖,下面是四壁垂直或上口略大的方器。器名,则笼统称为"尊""尊彝""宝尊彝",未见专名,现在的名称是宋人起的。它主要流行于殷墟时期和西周早期,似乎是比较贵重的器物。一般印象,方彝在西周中期后就不再使用,但西周末年的方彝,晋侯墓地和虢公墓地出土过多件(有些是明器)。[2]我们怀疑,它只是在地位较低的墓葬中不再使用,而不是完全绝迹。另外,春秋早期的方彝,在湖北随县的熊家老湾也出土过。[3]它说明,年代更晚,方彝在南方也还在使用。

---

[1]《晋国奇珍》,52—53 页。
[2] 晋侯墓地出土过两件(M63:76, M93:51),见《文物》1994 年 8 期,14 页:图二四,1;《文物》1995 年 7 期,30 页:图四三,7。虢公墓地出土过八件(M2001:111、387、113, M2012:8、28、72、56, SG:067,其中 M2001:111、387、113 和 SG:067 是明器),见河南省文物考古研究所等《三门峡虢国墓》,文物出版社,1999 年,上册,69 页:图六三;262 页:图一八九,6—11;下册,图版一六一,4。
[3]《文物》1973 年 5 期,图版肆,1。

八、总结

这篇文章，本来只是一个简短的研究提纲，但稍微扩展了一下，就成了长达两万多字的文章。尽管用了很多笔墨，问题还是说得不深不透。这里只能做一点初步的总结：

（一）中国青铜器的发展，从二里头时期到汉代，在器种分类和器形发展上，一直有很强的连续性。它的前后变化，看似曲折多变，但并没有动摇其整体结构。它的每个门类，差不多都是跨越不同时期的连续体。我们不能为年代而年代，或用刻舟求剑的方式研究年代，越分越细，而忽视其整体。

（二）中国青铜器的发展，是由许多不同来源的陶器作背景，并且一直有多种青铜文化参与其中。比如北方地区的铜鍑和扁壶，淮水流域的汤鼎和舒式缶，长江以南的越式鼎，还有和汤鼎、舒式缶、越式鼎有关但又不尽相同的楚式器物，它们都对这个体系有自己的贡献，无论时间还是空间，两方面都得拓宽其视野。

（三）这种发展，也有断裂。比如西周中期以后，很多早期器种退出使用。但它们的退出，或者是从核心地区退出，转移到边缘地区；或者是从较低的等级退出，仅保存于较高的等级，并不是完全消失。如方鼎、尊、罍、卣、觯、盨，西周晚期和春秋战国，北方不用南方用，所谓"礼失求诸野"。高级贵族，也有保古、复古的倾向。

（四）这种发展，对器形变化的影响也不一样，有些是名称和器形都比较稳定，前后一贯；也有些是器形变了，但名称没变（如爵），或器名变了，但型式依旧或大同小异（如罍和缶）。我们不能光靠眼睛，死盯着一点，还要注意其铭文内证和历史联系。只有把前后演变的线索理清，才能把握万变中的不变。

这些印象很粗糙，希望将来有时间，能再事修订与补充。

补记：

西周时期的柱足盨，还有一个典型例子，是山东省博物馆藏稈盨，器形见山东省博物馆编《山东省博物馆藏品选》（山东友谊书社，1991年）图版5，铭文见中国社会科学院考古研究所编《殷周金文集成》第九册（中华书局，1988年）4436页。此器与带矩形纽器盖的附耳方鼎十分相似，但自名为"盨"，盖器均饰重环纹和瓦纹。这也是盨源自附耳方鼎的重要证据。

原稿写于十多年前，只是一个很短的提纲。近从箧中检出，扩充修改，

2002年7月24日写于北京蓝旗营寓所

论楚国铜器的类型[1]

英译者前言

李零教授是中国研究两周和汉代铭刻最优秀的专家之一，对东周时期的楚国做过大量研究。他在这一领域最先取得的研究成果，除去那本广受

---

[1] 本文是美国加州大学洛杉矶分校艺术史系的罗泰（Lothar von Falkenhausen）教授汇集我的几篇旧作编写的一个英文译本，现请北京大学中文系博士研究生王艺回译为中文，译文并经罗泰教授的学生来国龙先生和叶娃女士看过。他们都很忙，未能细改，最后还是由我逐句核对原稿，进行彻底加工。故本文翻译中的错误，应当由我来负责。这个译本完全是照罗泰教授的英译本直接翻译，除个别文字讹误和必不可少的细节订正，基本保持原样，没有太大改动。这里应当说明的是，我采用这个译本，主要是因为，此文的中文原稿是我当学生时的"少作"，当时人微言轻，不受重视，思想乖谬，有违潮流，旧作以硕士论文于1982年在中国社会科学院研究生院考古系顺利通过，但投寄发表却并不顺利，不得不一分为三，压缩篇幅，删略脚注，割舍插图。如其中的《楚国铜器铭文编年汇释》是四年后才发表，《楚国铜器类说》是五年后才发表，《论东周时期的楚国典型铜器群》是十年后才发表（在缺乏学术规范的中国学术界，很多人都以为，即使耳闻目见，只要未正式发表，就不必做任何交代，如此漫长的时间对作者非常不利）。其中第二篇，在《江汉考古》发表，初被拒绝，后被压缩，手抄影印，模糊不清，并被删去所有插图。当时，唯一保留的图表是误植于88页，错注为"文见63页"，读者无法判断是属于我的文章。现在有这个本子，读者才能对我的想法有大致完整且比较准确的了解。此文可与前面的《关于铜器分类的思考》互相参看。我在那篇文章里对本文的思路有进一步说明。我希望读者能理解，这并不完全是铭文的研究，也包括器形的研究，唯一略去者只是纹饰。后者的省略，在我是有意为之，因为我的研究，重点是放在"自其不变而观之"。这次看校，我在译文的某些地方加了补充说明，凡此均用"案"字提示，括注在后。

赞扬的论楚帛书的专著外，[1]还有三篇关于楚国铜器的系列论文，原来都是写于1982年。第一篇，是以各种零散的出土来源明确和不明确的材料为基础，按年代顺序讨论所有已知的楚国铜器铭文，[2]是目前同类作品中的代表作。第二篇，与前者相反，完全侧重于用考古材料分析楚国铜器的典型器群，按时间顺序追溯其发展，进一步推论楚国的礼仪和社会秩序。[3]第三篇，则试图对楚国铜器做明确分类，为不同的器物定名，描述它们在器组或器群中的典型位置。[4]本文的大部分内容是上述第三篇文章的最新译本，并包括第二篇文章的一部分讨论。[5]

首先，我有必要解释一下，究竟是什么吸引我关注这篇文章，因而征求作者同意，让我来翻译这篇文章。它包括两方面的原因，既有实际的考虑，也有方法的考虑。

尽管对楚文化的研究，最近有一个小小的高潮，但本文涉及的考古发

---

[1] 李零《长沙子弹库战国楚帛书研究》，中华书局，1985年。又《长沙子弹库战国楚帛书研究补正》，见《古文字研究》第20辑，中华书局，2000年，154–178页；《楚帛书目验记》，《文物天地》1990年6期，29–30页；以及作者在Thomas Lawton, ed., *New perspectives on Chu culture during the Eastern Zhou Period*, Washington, D.C.: Arthur M. Sackler Gallery, 1991, pp.173–183上发表的有关评论。
[2]《楚国铜器铭文编年汇释》，《古文字研究》第13辑，中华书局，1986年，353–397页。
[3]《论东周时期的楚国典型铜器群》，《古文字研究》第19辑，中华书局，1992年，136–178页。
[4]《楚国铜器类说》，《江汉考古》1987年4期，69–78页。此文和注〔3〕所引皆是作者的硕士论文《楚国典型铜器墓的年代与楚器的分类研究》（中国社会科学院研究生院，1982年）的一部分。
[5] 罗泰案：除上所引，李教授的下述作品也是讨论楚文化研究：《楚郡陵君三器》，《文物》1980年8期，29–34页（与刘雨合作）；《楚公逆镈》，《江汉考古》1983年2期，94页；《宋代出土的楚王酓章钟》，《江汉考古》1984年1期，88–89页；《再谈楚公钟》，《江汉考古》1986年3期，90–91页；《楚燕客铜量铭文补释》，《江汉考古》1988年4期，102–103页。读者并可参看下述脚注中的其他相关论文。

现，在西方还很少被人关注。[1] 李教授给我们提供的并不仅仅是条分缕析、便于利用的说明，他用这种方式分析楚国铜器，还是为了让我们了解，我们应怎样用考古材料说明历史进程。本文的研究方法是属于相当老练而且具有多重视角的一种，它把最新的考古学眼光和传统的古文献、古文字研究结合在一起。铜器在这里不仅被看作工艺品，更重要的是，它还体现了观念和社会的发展。这些发展，有些可被历史文献印证，但并非全都可以得到这种印证。尽管本文讨论的中心是青铜器而不是楚国历史，但它令人信服地展示了对中国古代物质文化进行综合研究的优势。

李教授擅长的是类型学。这种方法，一般被当作中国考古学的方法论基础。在他的文章中，真正缺少的是铜器纹饰的风格分析。而这种分析，在传统上是被当作西方研究中国青铜器的支柱。[2] 归根结底，李教授的年

---

[1] 罗泰案：关于楚文化的重要西文新作，包括：Noel Barnard and Donald Fraser, ed., *Early Chinese Art and Its Possible Influence in the Pacific Basin*, New York: Intercultural Arts Press, 1972; 上文提到的 Lawton, ed., *New Perspectives on Chu culture*, 以及 Heather A. Peters 的博士论文：*The Role of the State of Chu in Eastern Zhou Period China*, Yale University, 1983, Alain Thote 的博士论文：*Une Tombe Princière Chinoise du Cinquième Siècle Avant Notre ère, Recherches Anthropologiques et Historiques*, Paris:Ecole Pratique des Hautes Etudes, 1985, Constance F. Cook 的博士论文：*An Analysis of the Chu Bronze Inscriptions*, Berkeley:University of California, 1990。David Hawkes 的杰出的《楚辞》英译本：*The Songs of the South:An Anthology of Ancient Chinese Poems by Qu Yuan and Other Poets*, Harmondsworth[Penguin]，其最新修订本出版于 1985 年。关于楚文化考古的方便使用的英文综述，可参看 Li Xue-qin, *Eastern Zhou and Qin Civilizations*, New Haven: Yale University Press, 1985, Chapter 10（案：此书有中文版：李学勤《东周与秦代文明》，文物出版社，1984 年）。

[2] 罗泰案：关于楚系铜器风格分析的最新代表作，可参看：Robert L. Thorp, "The Sui Xian tomb: Rethinking the fifth century," *Artibus Asiae*,vol.43.1/2(1981–1982), pp.67–92; Jenny F. So, "Hu vessels from Xinzheng:Toward a definition of Chu style," 收入 George Kuwayama, ed., *The Great Bronze Age of China: A Symposium*, Los Angeles:Los Angeles County Museum of Art, 1983, pp.64~71;Colin Mackenzie, "The evolution of southern bronze styles in China during the Eastern Zhou period," *Bulletin of the Oriental Ceramic Society of Hong Kong*, no.7(1984–1986), pp.31–48;Jessica Rawson, "Chu influences on the development of Han bronze vessels," *Arts Asiatiques*,no.44(1989), pp.84–99;林巳奈夫《春秋戰國時代青銅器の研究》(《殷周青铜器综览》三，東京：吉川弘文館，1989年）中的相关段落；以及Mackenzie、Thote 和Falkenhausen发表于Lawton, ed., *New Perspectives on Chu Culture* 一书中的文章。

代序列并不是依据器形和纹饰的排队,而是基于铭文的研究(与传世文献的知识密切结合在一起)。其实,在本文一开头,他就直言不讳地批评了那些试图以直观可见的组合差异为楚墓断代的学者,指出了其研究的谬误。李教授对楚国材料的处理,主要是想揭示它们的连续性和同质性。它导致了一种对春秋中期到战国晚期这四百年的共时性眼光。尽管它对历时性的变化只是一笔带过,但这一探讨却有助于我们深入两大争议的核心,即楚文化到底意味着什么,以及如何评价人们反复议论的它的独特性。

在更一般的层面上,本文处理的与楚有关的各项例证也可视为整个东周文化的标本。由于这一时期的考古材料数量激增,越来越无法驾驭,使东周文化史的权威整合变得异常困难,所以对纯属楚地的发现给予充分考虑也就具有很高价值。正如李教授在其总结性的比较中所示,对整个晚周文明的性质做有趣的推测,楚国铜器是基础。

在翻译过程中,我有幸与作者密切合作。他审阅了我的所有编辑加工,并承其慨允,可以随意增、删,按我觉得合适的方式重新编排,和建议作者增加必要的说明。令人兴奋的讨论大大缓解了我为寻找正确表达而产生的工作单调。尽管如此,这篇文章并不是我们合写的作品。它所提出的想法都是李教授的,所有由我建议的修改都只是为了把它们表达得更为充分。

经过充分的修改和更新,本文的译文与李教授原来的文章在很多方面已大不相同。由于编辑工作的疏忽,中文原文的很多图表都被有意省略,使人很难追寻作者的思路,[1] 所以除为读者提供必不可少的视觉帮助(很多都是专为这篇译文而配),作者还吸收了最新的学术成果,增加了导论和结论。本文是按西方学术的要求重新改造,从中获得切实的进步,所以这一译文是今后最有权威的版本。

---

[1] 罗泰案:发表李教授文章的《江汉考古》该期的 88 页,只有一幅图表出现,但没有图题,而且由于页码有误,读者根本无法明白这一图表是属于李教授的文章。

我想借此机会表达我对李教授的感激之情，感谢他在我1990—1991年逗留中国期间给我的友好、慷慨和富于智慧的鼓励。（罗　泰）

一、导论：楚文化概说

在东周时期的区域文化中，楚文化最引人注目。其所以如此，一部分原因是，我们拥有的楚国的考古资料和文字资料特别多。但楚国吸引我们的另一部分原因是，它有许多和北方大异其趣的南方文化的特征。例如，楚地出土的色彩绚丽的漆器和精美的丝织品，装饰瑰丽的青铜器和奇诡难认的铭文，以及到处可见所谓萨满主题的神物图像和纹饰，我们一看就会留下这类印象。这些一般印象已经把"楚文化"（或按有些学者的说法，是"楚文明"）的概念弄得越来越大，越来越模糊。事实上，中国南方地区的考古近来已经成了楚国考古的同义词。现在，人们已习惯于把楚定义为地域上囊括了南中国的各个地区，时间上跨越了夏商周三代的混合物。至于这一广大区域内考古例证的不断增加，许多学者仅仅把它们看作这种定义的扩大和延伸。

我个人对楚文化的看法恰恰相反。为了恰如其分地评价楚文化的特点，我认为，我们的主要任务，就是要把中国古代南北方的差异纳入一种全新的眼光。我们的对比，应当是基于下述原则。首先，我们考虑的材料（这里讨论的例子，大多与埋葬遗迹有关），它们在年代上要彼此接近；其次，它们在等级上要相互可比，或者，虽然没有等级上的可比性，也要留有余地（例如，迄今南方发掘的诸侯墓和封君墓比北方要多得多，北方在相应等级上就有许多空白）；第三，我们还应把保存条件的问题放在心上（有机物，如丝绸和漆器，在北方一般不易保存，但在棺椁积水的南方却多有发现）。如果我们能心平气和、毫无偏见地进行比较，则当下流行的对楚文化的糊涂观念就会烟消云散。

　　古代中国的南北差异比东西差异更明显，[1] 这种看法，在一定程度上，已被考古学所证实。从新石器时代开始，中国南方的各种文化就已表现出显著的特色，它们的生态环境，居民体质特征，以及语言，全都不同于北方。这样的差异，即使今天，也能感受其存在。楚无可争议的是南方的一个政治实体，因为它在战国时期最终统一了南方的大部分国家，以至有些学者理所当然地认为，楚是一个无所不包的"超级文化"，并用这个概念涵盖南方所有的文化现象。如果仅仅是为了通俗化而使用这个概念，或许还可接受，但就具体问题而言，过于宽泛的楚文化概念，却是弊大于利。因为考古证据表明，如此宽泛的"楚文化"根本就不存在。

　　我更倾向于把"楚"的定义主要限定于楚国本身。尽管我也同意，某些被限定了范围的文化现象也分布于更广泛的地区（并且在某些例子里，它会稍稍逸出楚国当时的范围），我们也可考虑，把它们归入楚文化。西周和春秋时期的楚文化绝不等于整个南方文化，即使在楚势最盛的战国时期，南方各地间的地方差异也顽强存在。积40余年之发现与研究，现在

---

[1] 古代史料不断提到"夷""夏"之别或"蛮""夏"之别，用以表达野蛮与文明的区分。但这类说法多无定指，可随说话主体而改变。例如西周铜器铭文常以"王人"和"夷"相对。从周人的眼光看，前者是指属于他们一方的人，后者是指周以外的居民，他们多半来自东方或东南地区。但在东周铜器铭文中，"夏"的概念却渐趋宽松。除隔和周的亲戚，即使偏居海隅的齐和僻处西戎的秦，它们的君主也说，他们的国家是"处禹（传说中的夏的君主）之堵"（叔夷钟铭文，见薛尚功《历代钟鼎彝器款识法帖》，中华书局重印本，1986年，29—38页）或"鼏宅禹迹"［秦公簋铭文，见罗振玉《三代吉金文存》，罗氏自印本，1937年（多次被重印），卷九，33页背—34页背］。特别是秦，虽然秦穆公（前659—前621年）以前，中原诸夏不与通使聘问，视之为夷狄，但他们自己却是以"夏"自居。在睡虎地秦简《法律答问》（湖北云梦睡虎地11号墓出土）中，秦国的官员也是用"夏"来区别本国的居民和其他国家的居民，规定只有母亲有秦国的国籍，子女才能叫"夏子"（《睡虎地秦墓竹简》，文物出版社，1990年，134—135页，简175—178）。另外，作为相关概念，古人还以国都所在为中心，把四周的地区称为东、西、南、北"四土"。这种"四土"也是相对于中心城邑而言，并无一定。据《左传》昭公九年（《十三经注疏》，中华书局，下册，2056页），周的"南土"是指成周（今洛阳附近）之南的"巴、蜀、楚、邓"。古人常说的"南""夏"之别也是现代历史书常说的"南""北"之别。

大多数专家都同意，中国南方的考古遗存至少是同六个文化传统有关[图1]：

（1）吴、越，在今江苏南部、安徽东南和浙江；

（2）徐、群舒和淮夷，在今江苏北部和安徽；

（3）楚，准确地说，是在今湖北、河南南部和湖南北部；

（4）巴、蜀，在今四川；

（5）滇，在今云南中部；

（6）百越，在今中国最南方。[1]

这六个文化传统的差异是滥觞于新石器时代，它们在整个青铜时代都非常明显，有些例子甚至可以延续到秦统一之后。光是书写系统，越国和巴蜀的字体就明显不同于楚国。其不同可以达到这样一个地步，即对学者来说，楚文字的问题已经很少，但巴蜀文字和越国文字，很多字的含义还无人知晓。总之，楚和南方绝不是同一范围的东西。

在南方的六个文化传统中，楚与中原诸夏联系最密切，因为它在南方之地位，一如周在北方，也是处于天下之中[图2]。它除西邻巴蜀，东邻

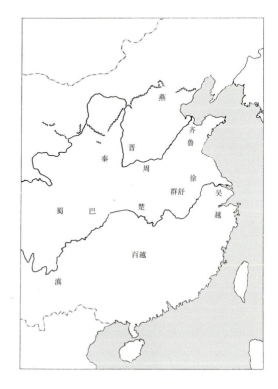

图1　东周时期青铜文化的分布

---

[1] 罗泰案：比较《新中国的考古发现与研究》（文物出版社，1984年）和 Li Xue-qin, *Eastern Zhou and Qin Civilizations* 的相关论述。

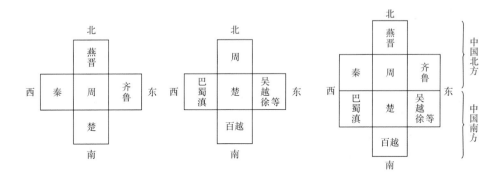

图 2　周、楚在地缘政治中的位置比较

淮夷、群舒、徐、吴、越，南邻百越，还可经襄樊、南阳走"夏路"，直通洛阳一带的东周王畿，进抵北方；并有方便的通道，往来于陕西一带的西周腹地，进抵西北（通过淅川和商州）。周、楚都是天下辐辏的文化中心，而且周之南与楚之北彼此重叠，文化往来非常多。特别是，楚还是北方文化南下的主要通道。如果我们忽视这一点，过分强调楚文化（特别是早期楚文化）的地方因素，很多误解就会随之而来。在下文的讨论中，楚国铜器与北方铜器的相似性，将是一个反复出现的主题。我们会发现，楚国的特色在春秋早中期根本不明显，当时的楚国铜器和中原的铜器极其相似。只是到春秋晚期，差异才逐渐产生；战国以来，我们才能讲它明显不同于北方的地方，同时，它与中国最南部的越，对比也日益明显。其他用来鼓吹楚文化特色的因素，如漆器、丝绸以及各种神物图像，其实也绝不是楚国独有，只不过在北方它们都烂掉了。自成一体的楚国文字也是在战国时期才出现。总之，楚国铜器，特别是战国以前的楚铜器，要比其他任何南方文化都更接近中原的器物，而且我们不能否认，楚文化与北方的联系要比它与其他南方传统的相似性更为突出。正如大量的考古遗迹所揭示,它和北方因素的联系特别明显地表现在楚国精英身上。他们渴望接纳周贵族文化的精巧玩意儿,同时也吸收其思想观念。[1]

二、考古背景

本文接下来要讨论的主要是考古发掘的材料,来源不清的器物只是顺便提及。基于很快就会明白的理由,我们将把注意力集中在少数高等级墓葬出土的铜器。另外,除去纯粹的楚国材料,作为补充,我们还得把与楚相邻为其附庸的曾墓和蔡墓也考虑进来,因为从春秋到战国,在这段时间里,现在还缺乏规模和等级可供比较的墓葬,它们与楚有关的材料可以填补楚墓排队的缺环。下面,我想简单介绍一下下文所要讨论的主要墓葬,并把它们的大致年代排一下(其位置见[图3])。为了节省篇幅,我们把每座墓的规模数据列入表一,而把墓中的铜器组合列入表二。

(一)河南淅川下寺。下寺的春秋中晚期楚国贵族的墓葬群是发掘于1978—1979年。[2] 这是蒍(亦作薳)氏的家族墓地。其家族成员自称"楚叔之孙"。他们可能是楚国君主熊严(前837—前828年在位)之次子叔熊

---

[1] 罗泰案:比较 Lothar von Falkenhausen, "Chu ritual music," in Lawton, ed., *New Perspectives on Chu Culture*, pp.47–106.

[2] 1981年,我有幸在河南省博物馆目验下述发现。这些发现尚未全部公布。简报和有关研究,见《河南淅川下寺春秋楚墓》,《文物》1980年10期,13—20页;张剑《从河南淅川春秋楚墓的发掘谈对楚文化的认识》,同上,21—26页;《河南淅川下寺一号墓发掘简报》,《考古》1981年2期,119—127页。罗泰案:西文资料中最全面的讨论是见于 Lothar von Falkenhausen, *Ritual Music in Bronze Age China:An Archaeological Perspective* (Diss.Phil., Harvard University, 1988), Ann Arbor:University Microfilms:1076–1116(这一分析完全是据1987年以前发表的例证,其中有些错误,请对比 Falkenhausen, "Chu ritual music," p.99, footnote 52)。1990年下寺附近的发掘又增添了新的发现,但修订此文时尚未发表,所以未能收入本文。

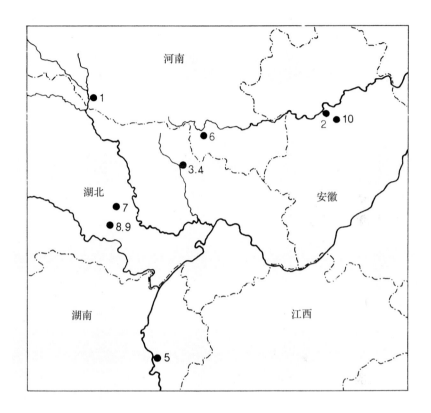

图 3 楚国典型铜器墓和蔡、曾大型墓的分布
1. 下寺楚墓 2. 蔡侯申墓 3. 擂鼓墩 1 号墓 4. 擂鼓墩 2 号墓 5. 浏城桥 1 号墓 6. 长台关 1 号墓
7. 包山 2 号墓 8. 望山 1 号墓和 2 号墓 9. 藤店 1 号墓和 2 号墓 10. 楚幽王墓

的后代。[1] 下寺一带是古䣜国所在。䣜和楚（还有不太出名的夔）都是由芈姓统治，弄清䣜国的地望，对楚国的研究有重大意义。

---

[1] 李零《楚国族源、世系的文字学证明》,《文物》1991 年 2 期，47–54 页转 90 页（该文注 49 当略去不读）。

图4 下寺楚墓的分布

下寺墓地包括五组，每组有一座主墓和环绕它的一座或几座陪葬墓〔图4〕。其详细情况是：

第一组（7号和8号墓）。7号墓的墓主，据铜器铭文是"楚叔之孙以邓"和他的配偶都国女子"叔妳"（芈姓）。8号墓被盗，墓主是以邓的另外两个配偶，即番国女子仲妃卫（妃姓）和母国不详可能是周室之后的东姬（姬姓）。墓葬年代属春秋中期。

第二组（36号墓）。此墓与第一组年代相近，墓主还不清楚。

第三组（1—4号墓）。这是规模最大和位于中心的一组墓，其中2号墓曾两次被盗，包含楚叔之孙佣的遗物。[1] 他的两个配偶是葬于1号墓，即滕国女子孟滕姬（姬姓）。陪葬的3号墓，是属于佣的另一配偶，即蔡国女子鄬仲姬丹（姬姓，名前冠以夫氏鄬）。M4，墓主不详。这些墓的年代，都属于春秋晚期的前段。

---

[1] 李零《"楚叔之孙佣"究竟是谁？》，《中原文物》1981年4期，36-37页。1990年的发掘证明了M2出土铭文中的"鄬"就是佣的氏名"蒍"的异体。

第四组（10号墓）。此墓的年代属春秋晚期后段，墓主还不清楚。

第五组（11号墓）。此墓的墓主也不清楚，年代应与10号墓接近。

这一墓地的年代和婚姻关系皆无可置疑，因此我们可以把下寺出土的铜器视为当时的典型器群。可惜的是，由于缺乏材料完整的考古报告，我们只能就第三组中的1号墓和2号墓作具体讨论。

（二）安徽寿县西门内。安徽寿县西门内的蔡侯申墓发掘于1955—1956年，年代属春秋晚期。[1] 其墓主（谥昭侯，公元前518—前491年在位），是蔡迁州来（今寿县）后的第一个蔡侯。[2] 当时蔡国是挣扎于两大敌对势力之间，时而与西南的楚国为盟，时而与东南的吴国为盟，但其大量的考古遗存，处处都证实，蔡国与楚文化有密切的从属关系，并正式承认自己是臣服于楚。因此，我们完全有理由用蔡侯申内容丰富的器群来填补下寺三组墓到下寺五组墓之间的空白，用它代表春秋晚期的楚文化。

（三）湖北随州擂鼓墩1号墓。随州（旧湖北随县）擂鼓墩的曾侯乙墓（1号墓）发掘于1978年，年代属战国初年。[3] 尽管墓主于史证，但借助该墓出土的钟铭，我们可以断定，他的卒年大致是在公元前433—前400年之间。[4] 曾国和楚国，地理位置相邻，文化性质接近，而且可能是互为姻娅，[5] 有些曾侯乙墓的东西还是由楚国制造，因此可以用来解释当时的楚文化。

---

[1]《寿县蔡侯墓出土遗物》，科学出版社，1956年。

[2] 寿县发掘后，若干年里，墓主身份一直是学术界的争论热点。问题最后是定论于裘锡圭。他证明了西门内出土铭文中作为蔡侯名出现的"䚋"字只能是《史记》记载的"申"字（见裘锡圭《史墙盘铭解释》，《文物》1978年3期，31—32页，以及裘锡圭、李家浩《曾侯乙墓钟磬铭文释文说明》，《音乐研究》1981年1期，17—21页），因而证明了陈梦家早先提出的假设（《寿县蔡侯墓铜器》，《考古学报》1956年2期，95—123页）。

[3]《曾侯乙墓》，文物出版社，1989年（分上下册）。

[4] 同上书，上册，461页。

[5] 这种联姻在曾国的铜器铭文中可以得到证明。如朱家集楚王墓出土的曾姬无卹壶（见下图版七，62），就是楚声王（公元前407—前402年在位）之曾国配偶的铜器。见罗振玉《三代吉金文存》卷一二，25页正背。由于中国古代的联姻往往都是世代相袭，楚、曾的联姻可能也存在于曾侯乙时。

（四）湖北随州擂鼓墩2号墓。擂鼓墩2号墓是发掘于1981年，年代比曾侯乙墓要晚一点，它的墓主是曾侯家族的另一成员，可能即曾侯的配偶。[1]擂鼓墩的两座墓在古代都曾被盗，所幸盗掘有限，出土铜器的组合还基本完整。

（五）湖南长沙浏城桥。浏城桥1号墓是发掘于1971年，年代属战国早期。[2]除去四个铜鼎，此墓所出全是仿铜陶器。由此判断，墓主的等级应较低，虽然我们并不知道墓主是谁。

擂鼓墩的两座墓和浏城桥的墓可作战国早期的代表。

（六）河南信阳长台关。长台关1号墓是发掘于1957年，年代属战国中期。[3]墓中没有任何材料可直接证明墓主是谁，但我们从该墓的规模，还是可以推断，他与湖北江陵天星观1号墓的墓主地位相当，[4]估计是楚国的封君。

（七）湖北荆门包山。包山2号墓是发掘于1986—1987年。其墓主，从铭文判断，是生活于战国中期的左尹邵𧱟。[5]在楚国政府中，左尹是仅次于令尹，等级最高的文官，很可能相当封君。尽管邵𧱟的墓在古代曾被盗，但其铜器组合却完好无缺。

（八）湖北江陵望山。望山1号墓和2号墓是发掘于1965—1966年，年

---

[1]《湖北随州擂鼓墩二号墓发掘简报》，《文物》1985年1期，16—36页；刘彬徽《随州擂鼓墩二号墓青铜器初论》，同上，37—39页。
[2]《长沙浏城桥一号墓》，《考古学报》1972年1期，59—72页。
[3]《信阳楚墓》，文物出版社，1986年。
[4]该墓发掘于1978年，包括外椁七室（其中六室已被盗墓贼洗劫一空）和内棺三重。铭文称墓主为"邸阳君番勳"，说明此墓是最高等级的贵族墓。其组合极不完整，只有下述器物是盗墓者所遗：鬲腿一，圜底鼎腿四，鼎耳三，鼎盖一，鼎环耳二，圆壶盖二，盂一，浴鼎一，浴缶一，盘一，盂一，无法列入表二。见《江陵天星观一号楚墓》，《考古学报》1982年1期，71—116页。
[5]《荆门市包山楚墓发掘简报》，《文物》1988年5期，1—14页。

代属战国中期早段。[1] 2号墓在古代被盗。据1号墓出土竹简的占卜记录，我们知道其墓主是楚悼王（前401—前381年在位）的后代悉固。他死时只有大约25—30岁，尽管出身高级贵族，但死时尚未受土封爵。由于悉固至少是悼王的孙辈，所以此墓当在楚威王（前339—前329年在位）或楚怀王（前323—前299年在位）时。此墓外椁三室，内棺两重，地位虽略低于长台关1号墓，但规格还是比较高。2号墓的墓主不明，此墓与1号墓地位相似，但是规模略小。

（九）湖北江陵藤店。藤店1号墓是发掘于1973年，年代与望山的两座墓相近，也许稍微早一点。[2] 其墓主不明。此墓与望山楚墓地位相同，也是一椁二棺，但规模略小。

长台关、望山、包山和藤店楚墓的器群可以用来说明战国中期的情况。[3]

（十）安徽长丰朱家集。长丰（旧安徽寿县）朱家集楚幽王（前237—

---

[1]《湖北江陵三座楚墓出土大批重要文物》，《文物》1966年5期，33—55页；陈振裕《略论九座楚墓的年代》，《考古》1981年4期，319—331页。笔者对望山出土物的分析是根据1981年在湖北省博物馆的亲自调查。又见郭德维《楚墓分类问题探讨》，《考古》1983年3期，249—259页，特别是259页的表格。
[2]《湖北江陵藤店一号墓发掘简报》，《文物》1973年9期，7—17页。
[3] 我们还可注意下述大约同时而规模与长台关楚墓和包山1号墓类似的墓葬：1980年发掘的湖南临醴九里1号墓，为77.44平方米的两椁三棺五室墓（《临醴九里楚墓发掘报告》，《湖南考古辑刊》第3辑（1986年），87—111页）；1975—1976年发掘的湖南湘乡牛形山1号墓和2号墓（《湖南湘乡牛形山一、二号大型战国木椁墓》，《文物资料丛刊》1980年3期，98—112页）。一号墓为17.89平方米，二号墓为20.28平方米，皆两椁三棺。我说的这三座墓，盗掘都很严重，故无法把它们的出土物列入表二。最后值得一提，还有战国中期的湖北江陵沙冢1号墓（《文物》1966年5期，33—55页），虽然它的等级有点低，只有9.4平方米，但具三椁两棺，很有特色。该墓的铜器全部被盗。

前228年在位）墓是盗掘于1933年、1935年和1938年。[1] 其部分器物流散各地，但最重要的一部分现在是由安徽省博物馆保存。虽然没有按科学方法发掘，但其遗物还是非常重要，足以反映战国晚期楚国最高水平的墓葬制度。楚幽王是楚定都寿春（今寿县）的第二代楚王。楚迁都于此为公元前241年，其核心地区被秦国占领为公元前273年。他的在位时间距战国结束只有不多几年。这座外椁九室真正具有天子规格的楚墓，是目前所知最大的楚墓。

除了上述这些大型的重要墓葬，下面我们还会提到湖南长沙楚墓，[2] 湖北当阳赵家湖楚墓，[3] 以及湖北江陵雨台山楚墓的发现。[4] 这些都是低级贵族的墓地。其中很少发现铜器。相反，用来为死者陪葬，只有成套的仿铜陶器。

三、对定名原则的说明

在具体分析楚国铜器之前，我要指出的是，在本文中，器物的名称是

---

[1] 关于该墓还从来没有系统的论述。下文的论述是根据1981年我对现藏于安徽省博物馆、上海博物馆、故宫博物院和中国历史博物馆的朱家集楚器的亲自考察。我还没有见到天津艺术博物馆的藏品，但这些藏品可从已经发表的照片来了解。篇幅最大和最全面的参考文献是李零的《论东周时期的楚国铜器群》（见377页注[3]）。曹淑琴、殷玮璋《寿县朱家集铜器群研究》（苏秉琦主编《考古学文化论集》，文物出版社，1987年，199–219页）的内容多未经申谢抄自我的硕士学位论文和我送给他们的调查资料。曹、殷两位的文章，除我这篇当时还是待刊之作所收的主体材料外，仅仅增加了楚王酓前珇（梅原末治《戰國式銅器の研究》，京都：東方文化学院京都研究所，1936年，126号）和 Bulletin of the Museum of Far Eastern Antiquities, 27 (1955), Pl.48, 2 发表的一件圆壶。1985年，我还偶然在旅顺博物馆看到一件出自同一墓葬的铸客豆，所有这些，现在都收入了表二。

[2] 《长沙发掘报告》，科学出版社，1957年。

[3] 高应勤、王光镐《当阳赵家湖楚墓的分类与分期》，《中国考古学会第二次年会论文集（1980年）》，文物出版社，1982年，41–50页。

[4] 《江陵雨台山楚墓》，文物出版社，1984年。

根据器物本身的自名（如果有自名的话），以及它们的形态特征和器物在器群中的位置来命名。[1] 我们千方百计要做的，就是为器物建立正确的名称，即器物制造时最常使用的名称。由于在不同时期和不同地区，一种器物可能有很多异名，这并非易事。日常的口语和书面语很少能按严格的科学标准对事物进行分类。因此，在古代铭文和文献中，我们经常会发现，类别相近的器物有名称互借的现象。还有，如果考虑到古代书写材料在解释上的困难，我们就更不会奇怪，为什么有些学者宁肯置器物的派生关系和功能关系于不顾，而完全按视觉标准来分类。这种按形状相似进行的分类，常常会把明显属于不同类别的器物强归为一类，反之亦然。现已发表的考古报告对楚器的定名和分类充满错误和自相矛盾，本文的主要目的就是对这类错误加以订正。

我是按下述标准为器物定名分类：

（1）凡有自名者（即后文所说的"有自名的器物"），则名从其主；无自名者，暂以器形定名。

（2）凡形同而名异者，则选择其中一种作这类器物的共名。

（3）凡形异而名同者（通常属于亲缘器种），则按器形重新归类。

器物名称包含着重要的文化信息，即从概念上讲，它们有助于我们理解，在众多的器形特点里，哪些是作器者认为相互有关的东西。正确的词汇知识还能告诉我们，哪些器物可以配套使用，以及它们可能有什么功能。对器物定名来说，铭文绝不是唯一的资源。很多珍贵线索还见于先秦的传世文献和早期字书。当然，我们使用这些材料，必须先承认，它们的

---

[1] 罗泰案：这一领域的重要著作，是林巳奈夫写的《殷周青銅彝器の名稱と用途》，《東方學報》第 34 期（1964 年），199–298 页。相关的理论思考，见 Xia Nai, "The classification, nomenclature, and useage of Shang jades," in K.C. Chang, ed., *Studies of Shang Archaeology*, New Haven: Yale University Press, 1986, pp.207–236（案：此文有中文本：夏鼐《商代玉器的分类定名和用途》，《考古》1983 年 5 期，455–467 页）。又见 Falkenhausen, *Ritual Music in Bronze Age China*, pp.173–223。

年代多半比我们讨论的铜器要晚得多。

因此，下文使用的很多器名和现在中西出版物中的名称会有所不同。我并不幻想它们会得到广泛流行。我想指出的仅仅是，它所提供的词汇信息实在太重要。对专家来说，即使他们并不采用这些器名，至少也该知道什么才是它们的确切名称。

在我们开始分析楚国铜器之前，最好先对各标准器群的构成做一点概括的讨论，然后再具体分析它所包含的类别。

四、铜器组合与等级差异

在考古发现的评价上，我们必须考虑社会层次和年代序列。下文讨论的器物不仅属于不同的时代，而且是出自不同等级的墓葬，可以反映楚国贵族的高下之分。如果撇开社会因素的评价，把出自不同等级墓葬的材料拿来乱比，会导致严重的错误。下面让我把春秋中晚期到战国中晚期的墓葬放在一起，讲一下它们的总体发展趋势。

春秋中晚期的情况可以下寺楚墓为例。在下寺楚墓中，凡出铜器的墓，均不出陶器。这一时期下层墓葬出土的陶器多半是日用器，其组合为鬲、盂、罐或鬲、盂、长颈壶。[1] 铜器墓和陶器墓的区别非常明显。虽然在这一时期的墓葬里，陶器和铜器偶尔也共出，但铜器和陶器完全是两套组合：陶器是实用器，铜器是礼器。下寺出土的主要器种，有鼎、鬲、簠、盏（晚期被敦代替）、瑚、豆、壶、尊缶、盂、浴鼎、浴缶、盘、匜和鉴。身份较低的铜器墓或缺某些器种，如鬲、簠、盏、豆、壶、浴鼎或鉴。有些大墓还会出土只有高级贵族才使用的贵重器物。

---

[1] 长颈壶又名长颈罐。

战国中晚期的墓葬，出土器物，种类更多，如无盖大鼎、有盖中鼎（带外撇的高足或不带外撇的高足）、有盖细高足小鼎，以及鬲、甗、簠、敦、瑚、豆、壶、尊缶、盉、浴缶、盘、匜、鉴和炉。我们从蔡侯申墓和擂鼓墩的两座墓可以知道，这些战国早期流行的器种是从春秋晚期发展而来。春秋时还能区分的铜器墓和陶器墓，到这一时期，界限日益模糊，这主要是因为仿铜陶器的出现。

战国中晚期的铜器墓可以分为两类。一类是以豪华铜器为主身份较高的墓（如楚幽王墓），出土铜器数量多，种类繁，形体大，装饰美。一类是铜器、陶器都出身份较低的墓（如长台关M1、望山M1、M2和藤店M1）。在这类墓葬中，我们只能见到某些器种，如有盖细高足小鼎，以及敦、豆、盛、圆壶和尊缶。它们数量少，形体小，往往素无纹饰。另外，在这类墓葬中，我们根本见不到按等级规定限制使用的贵重器种，如无盖大鼎、有盖撇足中鼎，以及鬲、甗、瑚和方壶。这些器种都是用仿铜陶器代替。

仿铜陶器的加入，其合理解释，是为墓主提供全套的组合。它们不仅可以代替墓主不能拥有的铜器种类，还可在墓主只有某类铜器中的一两件时，用陶器补足其数，凑成全套。这种功能也可用某些漆器来代替。在上面介绍的第二等级的墓葬，即属于下面讨论的"铜陶并出墓"的墓中，不同材质的器物构成了同一组合。如果合在一起考虑，我们就会发现，它们的组合是对应于只出铜器的更高等级的墓葬。

仿铜陶器在战国时期使用很普遍，即使完全不出铜器的墓也有。这类墓葬属于低等级的贵族和庶民，它们构成了考古学上的第三个等级类别。令人感兴趣的是，其器物组合，主要是鼎（有盖撇足中鼎）、瑚、缶，或鼎（有盖细高足小鼎）、敦（晚期用盛代替）、壶（晚期还有钫）。它们正好是刚才谈到的铜陶并出墓中的铜器种类。但铜陶并出墓中的陶器，如有盖撇足中鼎和瑚〔案：在铜陶并出墓中，它们都是陶器，而不是铜器〕，并不全都见于等级更低的这类墓。我们可以把上述三类墓加以对比，如表三所示。

在中国，由于田野考古工作的实际需要，研究者习惯于用简洁明快的方法为考古发现分类和断代。他们从数量很大的小型陶器墓入手，通过对墓中出土陶器的研究，先勾勒一个大致的年代轮廓，然后再依此为更高等级的墓定陶器分期。楚墓的研究也是这样，研究者总是认为，只有陶器组合才是真正的标准，铜器组合是模仿陶器。在他们看来，最高等级的大型铜器墓，并不足以当普遍的年代标准，因为它们的组合并不足以显示一目了然的历时变化。因此，对这种现象，最简单合理的解释，就是它们是礼制保守的结果，已经脱离了小型墓葬反映的历史现实。

在我看来，这种做法是把问题弄颠倒了。尽管从数量上讲，毫无疑问，低级墓葬总是远远多于高级墓葬，因而表现为金字塔式的下大上小结构，但也正因为它是处于这一结构的顶点，它对问题的发言权才特别大。我相信，最顺理成章的解释是：铜陶并出墓的组合要用铜器墓的组合来说明，陶器墓的组合要用铜陶并出墓的组合来说明。因此，我是把上文列举的高等级的墓葬放在首要地位。

还有，关于铜器组合如何随时间变化而变化，我的看法与大家习惯接受的看法也不太一样。多数学者都把这种变化理解为"三四种一套"的轮番出现。这种看法是从陶器的组合类推而来。[1] 例如，俞伟超先生把他在湖北、湖南多年从事田野工作的经验归纳为下述具有年代特征的陶器组合（按年代顺序排列）：

（1）鬲、盂、罐；

（2）鬲、盂、长颈壶；

（3）鼎（撇足中鼎）、簠（瑚）、壶（尊缶）；

---

[1] 这种方法用于楚墓研究是始于《长沙发掘报告》。

(4) 鼎（细高足小鼎）、敦、壶；

(5) 鼎（细高足小鼎）、盒（盛）、壶、钫。[1]

基于这种考虑，学者按上述组合为不同时期的铜器群一一对应地定出"典型组合"。[2] 但这里忽略的正好是等级的标准。尽管上述研究对分析低等级墓葬的陶器也不无用处，但却无法评价只在高等级墓葬中才会碰到的复杂情况。首先，仅靠"三四种一套"来想问题就是以偏概全。更何况，对这些按时代差异解释的现象，社会因素才更可靠。例如，在印象中，如果我们觉得某些器种已退出考古记录，就最好从考古学家对墓葬等级的比较来解释，我们与其说它是被人"放弃"，还不如说，它是受到规定的限制〔案：即只是从某一规格退出，而不是完全消失〕。

其实，即使是上面列举的陶器组合，现在看来，也有时间上的重叠交错，例如雨台山的183号墓，就是上述（2）、（3）、（4）三种组合并出于一墓！最近郭德维先生对江陵楚墓的分期做了重新总结，他把雨台山183号墓的组合看作是从春秋战国之交一直延续到战国中期。[3] 他指出：

> 这三套陶器各有其早晚不同的器形，而且都有各自交叉的过程。从现有资料看，各自交叉的过程还相当长，其出现与消亡的时间也不是一致的。[4]

这一理解非常重要。我相信，如果上述说法符合陶器组合的实际，它对铜器也适用。照理说，青铜礼器的组合要比陶器的组合更稳定，不像陶器组合容易发生突然的变化。

---

[1] 俞伟超《关于楚文化发展的新探索》，收入其《先秦两汉考古学论集》，文物出版社，1985年，211–227页，第三节。这一分析主要是根据长沙、雨台山和赵家湖的发掘。
[2] 见刘彬徽《楚铜器的年代以及器类组成的特征》，收入张正明编《楚文化志》，湖北人民出版社，1988年，34–41页。
[3] 郭德维《江陵楚墓论述》，《考古学报》1982年2期，155–182页。
[4] 同上书，176页。

情况既然如此，我们不能不惊讶，楚国铜器在整个东周时期竟始终保持着稳定。其分类和型式，生灭进退并不显著和剧烈，春秋中晚期使用的绝大部分器种还一直沿用于更晚的时期。战国时期，退出使用的器种只有盏、钾；新出现的器种只有盛、镐、杯、"鼓腹豆形小器"、酒尊、鐎尊和灯，但它们多半是战国中期偏晚特别是战国晚期才出现，当时还并不常见。它们的真正流行是在其后的秦汉时期。

带着这些考虑，我们可以转入器物分类的讨论。

五、分类

下面的分类还谈不上科学分类。考古报告并没有为它花太多精力。楚国礼器是人类几百年活动的产物，其多样性还很难按严格的器形来划分。这就像用日常用语讲话的人，其术语使用并不精确。青铜时代的工匠，他们铸造铜器，也照样不受固定规范的约束，类别和器形的过渡肯定存在，它们随时间变化也理所当然。我为读者提供例证的方式，只是为了便于对现存器形进行讨论，所以给它们加了不同的题目。我的想法并不是靠铭文和其他例证，按过分严格的器形标准，对已知器物作截然划分，因为这些例证根本就分不开。本文只为每一器类提供一般介绍，并不求面面俱到，对所有型式都一一涉及。

同样，也是为了方便，我还保留了按功能进一步划分铜器的传统方法。其实，按古代使用的实际情况，这种划分，特别是"酒器"和"水器"的划分，恐怕既不明显也不固定。

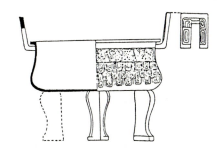

图5 鼎（湖北随州刘家崖M1出土，高22厘米）

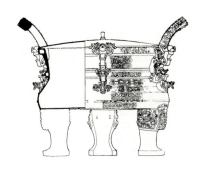

图6 王子午鼎（春秋晚期，浙川下寺M2出土，河南博物馆藏，高76厘米，为全套最大者）

图7 鼎（楚幽王墓出土，高31.5厘米）

（甲）食器

（一）鼎

按礼书记载，古人祭祀燕飨的肉食有两种，一种是"牲牢"，一种是"庶羞"。它们把鼎分为三种，烹牲的鼎叫"镬"，盛牲的鼎叫"牲鼎"或"牢鼎"，[1] 盛羞的鼎叫"羞鼎"。狭义的鼎则主要指"牲鼎"。近年来，考古学家一直想把考古发掘的鼎与古代文献提到的鼎联系起来。[2] 下文，我会对以往的研究谈谈我的想法。

首先，楚鼎可按器形分为平底和圜底两类。

（1）平底鼎（鼎）

楚平底鼎的特征是侈口、束腰、平底、蹄足、撇耳和腹饰爬兽［图5-图7］。有些还加了带提手的盖。它的自名是"鼎"（据王子午鼎盖和蔡侯申鼎的铭文），"鼎"是表

---

[1] "牲牢"，亦可称为"牲"或"牢"，是指解体的牲肉。"庶羞"，则指肉羹、肉酱一类食物。"牲鼎"见于《仪礼·特牲馈食礼》，作"午割之，实于牲鼎"（《十三经注疏》，上册，1192页）。"牢鼎"，《周礼·天官·膳夫》曰"王日一举，鼎十有二，物皆有俎"，郑玄注："鼎十有二，牢鼎九，陪鼎三。"（《十三经注疏》，上册，660页）牢鼎一套，可称"一牢"。

[2] 俞伟超、高明《周代用鼎制度研究》，《北京大学学报》（哲学社会科学版）1978年1期，84—98页；1978年2期，84—97页；1979年1期，83—96页。又见俞伟超《先秦两汉考古学论集》，62—94页。

示功用，但读法、含义不明；[1]"䵼"是真正名称，来源可能是年代较早自名为"登鼎"的平底鼎 [图5]。[2]

《仪礼》郑玄注曰："煮于镬曰亨（烹），在鼎曰升。"[3] "䵼"是以荐升牲体而得名。出土的䵼，往往残留着牛、羊、豕的骨头。它们成套使用，和古书说的"牲鼎"相符。在俞伟超和高明关于周代用鼎制度的重要著作中，他们是把鼎分为镬鼎、升鼎和羞鼎三类，按这种三分法，他们是以"䵼"代指"牲鼎"。[4] 但以"䵼"自名的鼎，目前仅见于春秋晚期以来楚系统的国家，而且一律是出在等级较高的贵族墓中，使用并不普遍。虽然"䵼"和文献中的"牲鼎"在功能上可以相比，但它是否为一切牲鼎的共名还没有充分证据。[5]

迄今为止，出土九䵼的墓有曾侯乙墓、擂鼓墩2号墓和楚幽王墓；七䵼的墓有下寺2号墓和蔡侯申墓（下寺1号墓和包山2号墓也各出了两件䵼）。这些都是国君或者令尹一级的墓葬。据礼书记载，东周时期的用鼎制度，以牲鼎计算，诸侯是用大牢九鼎，卿、上大夫是用大牢七鼎，下

---

[1] 吴振武《释䵼》(《文物研究》第6辑（1990年），218—223页）认为此字的声旁是鬲，用作"䀇"，其意为"列"。这种解释很可疑。我以前曾指出，此字最初并不从鬲（见李零《论东周时期的楚国典型铜器群》）。但吴氏指出蔡侯申䵼铭过去误以为这个字的残字是"飤"（见《寿县蔡侯墓出土遗物》，图版三一，2）却完全正确。

[2] 1980年，湖北随州刘家崖有座春秋中期墓出土了一对䵼（《考古》1982年2期，142—146页）。二者皆附耳、束腰、平底，自名"登鼎"。还有一个年代更早的例子，是出土情况不明的西周时期的䵼欮鼎（罗振玉《梦郼草堂吉金图》，罗氏自印本，1917年，卷一，图8），其自名是"宝䵼"。由于"登"字与"烝""升"古音通假，它有可能就是䵼的原型。

[3]《仪礼·士冠礼》"则特豚载合升"郑玄注（《十三经注疏》，上册，956页）。

[4] 见俞伟超、高明《周代用鼎制度研究》(397页注〔2〕引）。

[5] 关百益在其关于河南新郑李家楼大墓出土铜器的讨论中，已用"牢鼎"指成套的大鼎（见所著《新郑彝器图录》，上海：商务印书馆，1929年，卷一开头的器目）。

大夫是用少牢五鼎，士是用牲三鼎或特一鼎。[1] 上述七个例子的用鼎数量和文献记载大体符合。本来照理说，蔡侯申墓应出九鼐，但其政治地位的下降无疑会影响他的君主身份〔案：蔡侯申是楚灭蔡后复封的蔡国诸侯，不能同与楚互为姻娅的曾国相比，故规格有所降低〕。[2] 下寺1号墓和包山2号墓的两组似与制度不合，但下寺1号墓，姑且可以这样解释，即作为2号墓的陪葬墓，其铜器组合不能孤立看待。

考古材料可以证实，楚王、令尹这样的高级贵族分别是用大牢九鼎和七鼎。但是地位略低的贵族，他们的用鼎习惯和规定还很不清楚。目前发现的战国时期比楚王、令尹地位低的封君墓或比封君地位略低的墓，只有下寺2号墓有铜鼐出土，其他等级相近的墓，其出土的鼐全是仿铜陶器。它们数量很少，每墓不超过三件（见表二）。在等级更低的墓葬中，则连陶鼐也没有。

一般说，在等级较低的墓葬中，所有出土的铜鼎都是圜底鼎。这些圜底鼎，数量多，形态杂，并以不同方式与陶鼎搭配。有人坚持说，只要我们为楚鼎做正确的类型划分，对其牢数和鼎数的分配作恰当解释，结果便会与礼书的记载相合。[3] 也有人不同意这种看法，认为除最高等级的贵族墓葬，绝大多数楚墓通行的是偶数鼎制，与礼书所说特、三、五、七、九的用鼎制度有所不同。[4] 这里引起争论的关键主要不是平底鼎而是圜底鼎。

另外，我们必须知道，鼐从来也没有在中国北方出土过，那里一向

---

[1] 参考文献有上文引述和讨论过的《周代用鼎制度研究》。李学勤指出，汉代以来，古文经学家和今文经学家对用鼎制度一直有不同意见（*Eastern Zhou and Qin Civilizations*, pp.460–464）。他从古文家说，认为天子是用十二鼎，但也同意诸侯是用九鼎，卿大夫是用七鼎。由于周王墓还迄无科学发掘，这些不同说法还无法证实。

[2] 上文已说，蔡侯申的地位远不如曾侯乙，不像后者和楚王室的关系那么密切。

[3] 见俞伟超、高明《周代用鼎制度研究》。

[4] 张剑《从河南淅川春秋楚墓的发掘谈对楚文化的认识》，《文物》1980年10期，21–26页；彭浩《楚墓葬制初探》，《中国考古学会第二次年会论文集（1980年）》，文物出版社，1982年，33–40页；郭德维《楚墓分类问题探讨》。

只出圜底鼎。平底鼎是楚国最高等级的贵族用以标志身份的一种特殊的牲鼎，组合比较单一。而圜底鼎则是一种流行更广的鼎，即使在楚国，也是如此。它们的用途可能多种多样，包括作牲鼎，组合也很复杂，应与平底鼎分开讨论。下面我们就来谈这种细别很多的鼎。

（2）圜底鼎

与平底鼎不同，圜底鼎在各个等级的楚墓中均有出土。它是中国南方和北方铜器共同使用的鼎，在中国青铜时代最流行。在春秋时期的铭文中，圜底鼎，除常用器名"鼎"，至少还有四个名字：䤾、繁、石也、鐈。它们的特征如下：

䤾，也叫盂鼎。这种鼎名在西周时期就已出现。[1] 春秋时期，字体各异的这种器名也见于楚、蔡、吴、郜、胡、宋等国的器物。[2] 过去，蔡侯申墓只出土过一件这种名称的鼎，在同出诸鼎中恰好是最大的鼎，因此陈梦家先生推测说，䤾"可能是形制较大的一种特鼎"。[3] 但现在借助如此众多的考古发现，我们已经知道䤾并不一定是最大的鼎，数量也未必是每墓一件。[4] 现在考古界多以䤾为古书所说的"镬"，即礼书中提到的一种煮肉的大鼎，但这很有问题。鼎以"镬"自名，目前所知，只有洛阳玻璃厂遗址出土的哀成叔鼎，它的尺寸只有34厘米高。[5]"䤾"（γiwa）、"镬"（γuak）

---

[1] 见出土来源不明的"痰鼎"（宋王俅《啸堂集古录》，中华书局重印本，1985年，202页背）、"大鼎"（郭沫若《两周金文辞大系图录考释》，科学出版社，1957年，图编13页，录编75页，考释88页）和陕西长安马王村出土的"衛鼎"（《考古》1974年1期，2页；图三，1；图版二，2）。这些器物与当时常见的鼎型并没有显著差别。

[2] 除下寺2号墓出土的楚叔之孙倗鼎（《考古》1981年2期，122页；图三，6）、蔡侯申墓出土的蔡侯申鼎（《寿县蔡侯墓出土遗物》，图版三；图版三一，1），还有出土来源不明的宋君夫人鼎（王俅《啸堂集古录》，44页）、默侯之孙鼎（罗振玉《贞松堂吉金图》，上海：墨缘堂，1935年，卷一，图17）、王子吴鼎（罗振玉《三代吉金文存》，卷四，14页正）和郜公平侯鼎（同上，卷四，22页背−23页正）。

[3] 陈梦家《寿县蔡侯墓铜器》，107−108页。

[4] 例如，下寺1号墓就出了八件一套自名为"䤾"的鼎。

[5]《文物》1981年7期，65−67页。

虽然古音相近，但未必是一回事。我们怀疑，它只是深腹鼎的一种别称，而不是特殊的鼎类。

匋，也是春秋中晚期深腹带盖鼎的一种别称。它前面往往加有"飤"字。[1]"飤"是表示功用的修饰词，不是器名。[2]

石也，出现也较多。[3]一种作球形深腹，同于下寺早期墓；一种作细足外撇，与下寺晚期墓出土的撇足鼎相似。出土来源明确的标本目前还没有。

鐈，武汉市文物商店收集的邓子午鼎，自名是"飤鐈"，[4]也作细足外撇。这完全符合东汉《说文》的解释，即"鐈"是一种"似鼎而长足"的器物。[5]

我们可以总结的是，"鄟""匋"和"石也"等名，其使用只限于春秋，而且是指深腹带盖鼎。"鐈"，最早见于春秋晚期，并沿用于整个战国时期，专门指撇足带盖中鼎。另一种战国时期楚地流行的小鼎，我们还不知道它的名称。大型的带盖鼎似乎并没有特殊的名称。

现在让我们对圜底鼎的器形演变作一简短回顾。春秋中晚期，深腹带盖鼎最流行，当时大、中、小鼎三套鼎的组合还看不清，它们器形各异，要到战国时期才明显。

我们可以拿下寺楚墓当起点。这一墓地最早的墓（春秋中期），它们

---

[1] 此名还见于"公孙无鷨鼎"（容庚《善斋彝器图录》，哈佛燕京出版社，1936，图37）和"苏公之孙奡儿鼎"（同上，图38）。

[2] 杜迺松在其《金文中的鼎名简释》（《考古与文物》1988年4期，44—49页）中提到"乙彝"（器形不详，拓片见罗振玉《三代吉金文存》，卷六，48页正），其铭文作"乙作飤匋"，罗氏臆定为簋，杜氏则假设匋是兼指鼎、簋，但我发现，乙彝恐怕是一件鼎。"启彊尊"（《三代吉金文存》，卷一一，28页背）可能也是。《三代》一书经常有器形分类的错误。

[3] 此名见于"大师钟伯侵鼎"（罗振玉《三代吉金文存》卷四，3页背；容庚《商周彝器通考》，哈佛燕京出版社，1941年，下册，图版九四）、"昶伯𣪘鼎"（罗振玉《三代吉金文存》，卷三，45页背），以及"𣪘鼎"（罗振玉《三代吉金文存》，卷三，33页正；容庚《商周彝器通考》，卷二，图版九〇）。

[4]《江汉考古》1983年2期，36—37页。

[5]《说文解字》，中华书局，1963年。

  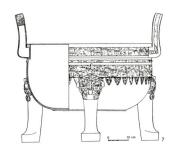

图8 深腹带盖鼎（淅川下寺M1出土，高31.5厘米）　　图9 撇足带盖鼎（即鐈，春秋晚期，蔡侯申墓出土，安徽博物院藏，高48.5厘米）　　图10 无盖大鼎（曾侯乙墓出土，高64.6厘米）

出土的鼎与当时中原出土的鼎基本相同。特征是腹较深，外鼓（剖面呈球形），附耳（剖面呈L形），蹄足低矮，带圆捉手或列柱圈顶式盖，纹饰以蟠螭纹为主，外加垂叶纹〔图8〕。

下寺中期墓（春秋晚期早段）出土的鼎与早期相似，只是腹的下深和外鼓程度减少，剖面不呈球形。个别鼎出现环纽器盖。下寺晚期墓（春秋晚期晚段）出土的鼎与中期相似，但开始出现一种细足外撇的鼎，鼎盖有些也带环纽。类似例子有蔡侯申墓出土的"飤鼎"〔图9〕，以及某些出土来源不明的鼎。[1]如上所述，这一型式的鼎叫"鐈"。

降及战国早期，情况更复杂。曾侯乙墓出土过四种不同型式的圜底鼎：一种是无盖大鼎〔图10〕；一种是与北方类似，纽盖扁圆的中型鼎〔图11〕；[2]一种是直壁、圜腹、撇足的中型鼎〔图12〕；一种是细高足扁盒式小鼎〔图13〕。虽然曾侯乙墓的第二种圜底鼎其实并不见于楚墓（见图11），但类似的组合还是见于战国中晚期。

---

〔1〕见401页注〔4〕。
〔2〕河南固始白狮子地1号墓出土的两件鼎（《中原文物》1981年4期，21–28页）和四川新都九联墩大墓出土的鼎（《文物》1981年6期，1–16页）也属于这种器形。

  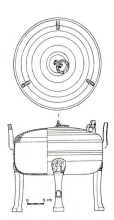

图 11　北方风格的鼎（曾侯乙墓出土，高 23.2 厘米）　　图 12　撇足鼎（曾侯乙墓出土，高 20.6 厘米）　　图 13　细高足鼎（曾侯乙墓出土，高 26.3 厘米）

图 14　无盖大鼎（战国末期，楚幽王墓出土，安徽博物院藏，高 112 厘米）

战国中晚期的圜底鼎与同一时期的北方有明显不同。除无盖大鼎[图14]，我们也能找到中型和小型的有盖鼎。中型鼎的鼎盖几乎是平的，腹很深，足往往外撇。凡铜陶并出墓所出皆陶制，铜制极为少见。其惟一有自名的鼎是楚王舍前鼎和楚王舍忏鼎[图15]。这两件王器都可据铭文而定名为"乔（镐）鼎"。[1]它们是由春秋晚期的撇足镐发展而来，我们可把图12的鼎也归入这一类。

这一时期的小型鼎都有扁盒状器腹和细高足[图16]。学者常说的"楚式鼎"主要就是指这种鼎。它们铜陶都有。在地位较低的战国楚墓中，其陶器组合往往是以中鼎与瑚、尊缶共出，小鼎与敦、壶共出。这两种组合略有早晚，又相互平行。

那么，战国时期这两种楚国特有的鼎究竟是怎样出现的呢？我认为是按如下的发展序列，即小鼎是从中鼎派生，中鼎是从撇足镐派生。镐曾流行于春秋晚期的吴、楚。早期型式的镐，它们的器腹和春秋中晚期的深腹鼎相似，但鼎盖、鼎腿不一样，一是器盖普遍出现提环和可以却置的纽，二是足一般作细长外撇状。

这两种鼎，其独特风格可能是融合两方面的影响。春秋中期的楚鼎，和申、邓、徐、陈、蔡是同出一源。新型的"楚式鼎"，是春秋晚期到战国早期才有。其提环和纽，和北方的鼎是在同一时间里发展起来，应属北方因素。但楚鼎出现细长外撇的足，这种现象却不见于北方。我们应该说，它是受了南方青铜文化的影响才这样。这种影响，同江苏、浙江、安徽、江西、湖北、湖南、广东、广西出土的所谓"越式鼎"[图17]有关。同"楚式鼎"相似，"越式鼎"也有细长外撇的足。其年代，从考古发现

---

[1] 容庚《商周彝器通考》，下册，图版九八和九九。

图 15 带盖中鼎（战国末期，楚幽王墓出土，天津博物馆藏，高 53.5 厘米）

图 16 带盖小鼎（楚幽王墓出土，高 33 厘米）

图 17 越式鼎（安徽屯溪 M1 出土，高 33 厘米）

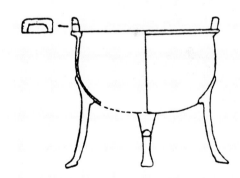
图 18 越式鼎（江苏六合和仁出土，高 23 厘米）

看，似可上溯到西周中期[图18]，而且在东南地区，西汉早期也流行。[1]它毫无疑问是各南方文化传统的混合物，来源比楚式鼎早得多。由于"百越"与楚杂居，楚鼎的发展会受越式鼎影响，当然不难解释。[2]

最后，让我们再探讨一下圜底鼎的数量组合（参看表二）。正如我们已经了解到的，它们主要分三种：一种是无盖大鼎，一种是有盖中鼎，一种是小鼎。无盖大鼎，一般只出一两件。这种器形的鼎，铜鼎只有最高一级的墓才有。虽然，它们的器形最古老（直接从西周晚期到春秋早期的器形发展而来），但只是到了战国时期，它们才成为典型器群的一部分。[3]过去，有人也把它叫作"鼐"，[4]但现在则一般称为"镬"。古书所说的镬，有牛镬、羊镬、豕镬之分，并与牲鼎相配，数量很多。由于这种无盖大鼎还相当少，它们是不是就是文献中说的镬，现在还不能肯定。

有盖中鼎和有盖小型鼎，往往数量多，形态杂。它们可以一出就是好几套。每套可以是一种器形，也可以是几种器形；可以大小相次（或成对大小相次），也可以大小相似，甚至完全是杂凑。其中哪些是牲鼎，哪些是羞鼎，原先主要是靠"鼎实"来区分，未必能从器形上分清。同样，它们是否包含与礼书记载相符的奇数鼎列也难以肯定。但尽管如此，我并不认为偶鼎说可以折中表二所见的一切考古发现。因为，虽然等级最低的楚墓多出对鼎，某些铜器墓也出偶数鼎，但还有一些铜器墓却出

---

[1] 越式鼎最早是由俞伟超定名（见所著《关于楚文化发展的新探索》）。全面论述，可参看彭浩《我国两周时期的越式鼎》(《湖南考古辑刊》第2辑，1984年，136–141页)。最近江西的发现令我怀疑，南方流行相当商代的扁足鼎是否就是"越式鼎"的祖型。

[2] 高崇文在《东周楚式鼎形态分析》(《江汉考古》1983年1期，1–18页) 一文中将楚鼎分为从A到F六型（其中C型有两个亚型），值得称道的是，他是把鼒、鬲和越式鼎分为不同的类型

（D、E和F），但本文分别定名的无盖大鼎、有盖中鼎和小鼎这三类，它们的差别，在高氏的分类中却是混在一起。

[3] 蔡侯申墓（《寿县蔡侯墓出土遗物》，图版三和三一，1）发现的自名为"鼾"的单个大鼎恐怕也应归入这一组，但不同的是它有盖。

[4] 孙壮《楚器考》，收入方焕经《宝楚斋藏器图释》，天津：大公报馆，1934年，7页正–8页背。

奇数鼎〔案：特别是这种鼎还可能包含牲鼎和羞鼎两类〕。光凭这些矛盾的例证，我们还很难得出系统的结论。

我们要想复原古代的用鼎制度，发掘时还留在鼎中的鼎实非常重要。最近发表的曾侯乙墓的报告为问题的理解带来了希望。[1]它的鼎实均见于表四。这一材料似可说明，无盖大鼎主要是用来盛半体的牲肉（即古书中的"胖"）。鼐主要是盛牛、羊、豕、鸡、鱼，而且其中五种，是两种牲肉同盛于一器；有盖圜底鼎中的动物肉，则与鼐类似（但以雁代鸡），真正的不同是，每器只放一种牲肉。尽管有这些次要的区别，我们还是不能凭这些鼎实断定，有三套完全符合礼书记载〔案：其实是学者解释的礼书记载，而不是古书本身的错误〕的鼎随葬其中。上述所有的鼎，真正符合礼书记载的，其实只有鼐鼎，镬和羞鼎还根本得不到证明。[2]

总之，我还根本无法打消我对现在流行的用"镬鼎""牲鼎"和"羞鼎"对古代鼎类进行复原的怀疑。不仅此说的提出者对各套组合的鼎数分配相当勉强，而且其分类的训诂依据和器形标准也有问题。正如我们已经了解到的，无盖大鼎绝不是鼐，鼐也绝不是文献中的"镬"，"鼐"也不能代表所有牲鼎，"羞鼎"也不能区别于葬礼中的牲鼎。[3]

（3）匜鼎。

匜鼎是一种形制特殊的圜底鼎，只是偶尔见于楚墓。楚幽王墓的两件，流不弇口，其中一件是"楚王酓前匜鼎"[图19]，自名"匜鼎"，可作这种器物的正确名称。另一件见曾侯乙墓[图20]，流弇口，有提链，样子

---

[1]《曾侯乙墓》，190–191、194、197、199、201 页。
[2] 林沄在《周代用鼎制度商榷》（《史学集刊》1990 年 3 期，12–23 页）中已经指出，周代的用鼎制度，丧礼所用和燕礼所用是不一样的（13 页）。
[3] 林沄《周代用鼎制度商榷》保留了俞伟超、高明《周代用鼎制度研究》的分类，但又加了第四类鼎，即"铏"。这种再分类也不可信。

图 19 匜鼎（楚幽王墓出土，高 38 厘米）　　　图 20 匜鼎（曾侯乙墓出土，高 40 厘米）

 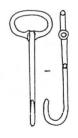

图 21 铜俎（楚幽王墓出土，高 17.6 厘米）　　　图 22 鼎钩（长关台 M1 出土，长 23.2 厘米）

有点像细高足的匜。这类鼎并非南方独有。[1] 其用途还不太清楚，有些学者把它们归入水器。[2]

（4）鼎的配件。

---

[1] 例如，据容庚（《宝蕴楼彝器图录》，京华印书局，1929 年，图 27），郜伯祁鼎和郑臧句夫鼎就是北方制造的匜鼎。
[2] 见《曾侯乙墓》，上册，238 页。

鼎、俎经常相配，并附有匕和鼎钩（或即《说文》所谓"铉"）。[1]

按文献记载，鼎俎是一鼎配一俎，[2] 但出土的铜俎，一般只有一件 [图21]。[3] 绝大多数的俎，很可能都是木俎。

出土发现的鼎钩，通常都是成对出现 [图22]，鼎钩是用来钩系鼎耳，贯穿横木扛鼎。

出土发现的鼎匕，通常是一鼎配一匕。楚墓发现的匕，有尖头和铲形两种 [图23、24]，后者常被误认为勺。勺一般都是与酒器或水器共出。[4] 勺作圆斗状，和铲形匕大不一样 [图25]。

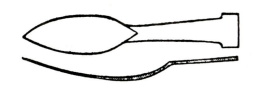

图23　尖头匕（淅川下寺M1出土，长6.5厘米）

图24　铲形匕（淅川下寺M1出土，长12.8厘米）

图25　勺（春秋晚期，淅川下寺M1出土，河南博物院藏，长11.8厘米）

---

[1]《说文》对"铉"字的解释是："铉，举鼎也。《易》谓之铉，《礼》谓之鼏。"（《说文解字》铉字条）
[2] 见397页注〔1〕引《周礼》。
[3] 如下寺二号墓和朱家集楚墓各发现过1件俎，长台关一号墓出土过50件木俎。
[4] 例如，在曾侯乙墓中，勺是与成套的尊缶和鉴，或与成套的浴鼎和浴缶共出（见《曾侯乙墓》，上册，236页：图一三三；244页：图一四一，2，后者在报告中被称为"斗"）。

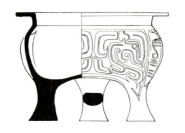
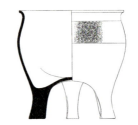
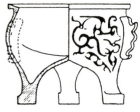

图26 小铜鬲（春秋晚期，淅川下寺M1出土，河南博物院藏，高10厘米）

图27 大铜鬲（春秋晚期，淅川下寺M1出土，河南博物院藏，高27.8厘米）

（二）鬲

鬲在春秋楚墓中发现很少，例如下寺1号墓和2号墓这样的大墓，它们就只各出了两件（2号墓被盗，也许原数不止于此）。2号墓的两件都是带扉棱的小鬲。1号墓的一件也是〔图26〕，另一件是模仿当时的陶鬲〔图27〕。[1]

春秋末到战国时期，楚国、蔡国和曾国，其规格较高的墓葬多随葬成列的小型铜鬲。这些小鬲有时还与一件模仿绳纹陶鬲的大型铜鬲共出。例如，蔡侯申墓就出土过八件成列的小鬲（不带扉棱）；曾侯乙墓和擂鼓墩2号墓也各出土过九件成列的小鬲，曾侯乙墓所出带扉棱〔图28〕，擂鼓墩2号墓所出不带。此外，它们还各出土了一件仿绳纹陶鬲的大铜鬲〔图29〕。

图28 小铜鬲（曾侯乙墓出土，高12.5厘米）

图29 仿陶大铜鬲（战国早期，曾侯乙墓出土，湖北省博物馆藏，高36.3厘米）

---

〔1〕仿陶铜鬲也见于西周，如出土来源不明的"叔父丁鬲"（容庚《善斋彝器图录》，图46）和陕西长安普渡村长由墓出土的铜鬲（《考古学报》1957年1期，75—85页）。

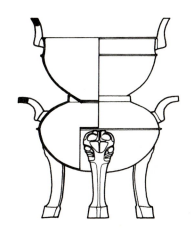

图30 甗（战国末期，楚幽王墓出土，安徽博物院藏，下部高36厘米，上部高42厘米）

在战国时期的铜陶并出墓中，鬲通常是陶制，也分两种器形。例如，浏城桥1号墓就出土过八件成列的仿铜陶鬲和一件大型绳纹鬲。[1] 望山1号墓也发现过六件成列的仿铜陶鬲和一件大型绳纹鬲。战国晚期楚幽王墓出土的成列铜鬲，现存三件，皆矮足，浅平裆，带三道扉棱，口无折沿，器腹如碗状，和战国早期的鬲差别很大。

（三）甗[2]

甗是合鬲、甑为器，在楚墓中并不多见。甗在楚墓中极为少见，每墓只出一件。现在出土最多是楚幽王墓，现存共五件。[3] 它们都是由上述两部分组成，大小相次 [图30]。战国中期的铜陶并出墓，甗一般是陶制，有连体和分体两种。

（四）簠

簠是古代最重要的盛放谷类祭品的器物。春秋楚墓中发现较少，我们唯一知道出土来源的例子是下寺1号墓和2号墓各自出土的一件（2号墓被盗，也许原数不止于此）。它们制作精美，纹饰繁缛，带四道扉棱，耳作蟠曲的龙首形 [图31]。总体面貌仍非常类似春秋早期的簠。

战国时期，楚地流行的簠是方座簠，如两件出土来源不明的昭王之諻

---

[1] 该报告称为Ⅰ式鬲的两件，只有一件是对的（即刚才提到的绳纹鬲），另一件，从照片看，应是残去甑部的甗。
[2] 罗泰案：在很多西方出版物中，此字是被误译为"xian"。
[3] 上海博物馆所收的一件是由两件不同的甗杂配而成（见林巳奈夫《春秋戰國時代青銅器の研究》，39，9），另外三件是在安徽省博物馆。

论楚国铜器的类型　431

图 31 簠（春秋晚期，淅川下寺 M1 出土，河南博物院藏，高 27 厘米）

图 32 昭王之諻簋（出土地点不详，高 27.6 厘米）

图 33 簋（楚幽王墓出土，高 29.9 厘米）

簋[图32]，年代属楚惠王（前488—前432年）时。[1] 同样，与此时间相近，蔡侯申墓、曾侯乙墓和擂鼓墩2号墓出土的簋也都有方座。它们的盖是以五瓣花或四瓣花式的捉手为特点。战国早期和中期的铜陶并出墓，它们出土的簋都是仿铜陶簋。例如浏城桥1号墓、望山1号墓各出土过六件一套的簋，它们都是无盖方座的陶簋。战国晚期的簋逐渐变小而趋近于豆，例如楚幽王墓就出土过六件这样的铜簋，它们是以带盖和方座为特点，并在盖上加了环纽[图33]。

楚的鼎簋相配制度还不太清楚。像蔡侯申墓以八簋配七鼎；曾侯乙墓和擂鼓墩2号墓以八簋配九鼎，这样的组合在楚墓中是否也存在，还有待考古学的证明。

（五）盏

下寺1号墓出土过一件用失蜡法铸造，带镂孔蹄足的盆形带盖器[图34]。湖北随州义地岗也出土过一件类似的器物[图35]，[2] 自名是"盏"。另外，曾侯乙墓也出土过一件这样的金器，漂亮之极。这些器物，现在一般都叫"盏"，但与春秋时期中原地区以"盆""盠""盂"（请勿与下文的"水盂"混淆）自名的器物有密切关系。尽管我们还无法断定，这些命名的分歧是由方言不同而造成，还是由器形变异而造成，但我们知道，它们全都属于一大类。这种器物，来源甚早，器形似与西周时期铜陶都有的"盆形盂"有关[图36]。擂鼓墩2号墓出土过一件特征非常相似的器物[图37]。它可以

---

[1] 第一件簋是发表于商承祚《十二家吉金图录》（南京：金陵大学中国文化研究室丛刊甲种，1935年）逞禽：3–5页；第二件簋是发表于陈仁涛《金匮论古初集》（香港：亚洲石印局，1952年）69–75页。据张政烺《昭王之諻鼎及簋铭考证》[《中研院历史语言研究所集刊》八本三分（1939年），371页]，"昭王之諻"即楚昭王的母亲和楚平王的夫人嬴氏。我想补充的是，由于昭王谥昭，器应作于他的后继者即惠王时。见李零《楚国铜器铭文编年汇释》（见397页注②）。

[2] 见程欣人、刘彬徽《古盏小议》，《江汉考古》1983年1期，74–76页。

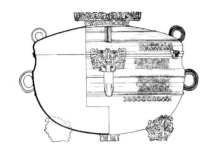
图34 盏（春秋晚期，淅川下寺M1出土，高18厘米）

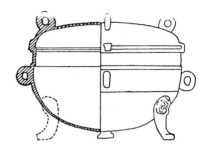
图35 盏（湖北随州又地岗出土，高18厘米）

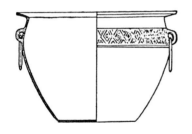
图36 盆形盂（陕西长安张家坡出土，高16厘米）

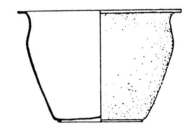
图37 盆形盂（擂鼓墩M2出土，高20厘米）

证明，这种器形还在，虽然很少，但可延续到战国早期。[1] 在考古报告中，这类器物常被叫作"盂"，[2] 但这种铜器，其实并不同于通常所说西周时期的"盂"（一种自名频见的器物名称），它的特征是侈口，侧面有耳，下带圈足。

---

[1]《文物》1985年1期，23页：图一五，2；34页：图六〇。简报把此器称为"釜"。
[2] 铜"盆形盂"曾出土于陕西扶风庄白的窖藏（《文物》1978年3期，图版七，2）和陕西长安张家坡（《考古学报》1980年4期，图版四，6）。前者，简报也称为"釜"。

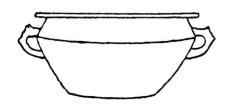

图 38　曾太保盆（出土地点不详，高 11.8 厘米）

图 39　齐侯敦（出土地点不详的盖形敦，高 17.5 厘米）

图 40　盏（洛阳中州路 M4 出土，高 19.1 厘米）

从铭文看，我们讨论的这类器物是与簋功能相似的盛食器，[1] 但在各种考古发现中，它们还是与簋并列，并非同一种。其器腹类似圆盒，器口下有折肩（但有些不是这样），但与簋不同，没有圈足。有些有盖，有些没有。

为了把盏恰如其分地定位于楚系统的铜器中，我们必须对数量更多的北方中原地区的器物做密切观察。另外，还有一个重要理由是，盏是敦的直接祖型。敦在战国楚墓中是频繁出现的器物。下面，我们将追溯其发展的来龙去脉。尽管在楚地的考古发现中，现在还缺乏考古记录。

《洛阳中州路》的编者曾把它们定名为"簋"，分为三式。[2] 现在据手头掌握的材料，我们可以把这类西周就有的器物分为二型四式：

A型：兽首鋬捉手盖。

Ⅰ式（《中州路》Ⅰ式），无跗足，自名

---

[1] 同样，鄎子行盆是自名"飤盆"，见《江汉考古》1980 年 2 期，图版一，1 上；江仲之孙伯戔盨是自名"馐盨"，见宋吕大临《考古图》，中华书局重印本，1987 年，卷五，27 页正。

[2]《洛阳中州路（西工段）》，科学出版社，1959 年，93 页。

"盆""䀇""盂"[图38]。[1]

Ⅱ式（《中州路》缺），有趺足，自名"盏"。下寺1号墓所出属于此式（见图34）。

B型：环耳环纽盖。

Ⅰ式（《中州路》Ⅱ式），无趺足，自名"敦"或"䤾"[图39]。[2]

Ⅱ式（《中州路》Ⅲ式），有趺足，尚无自名发现[图40]。

上述两型，年代有早晚。我把A型定在春秋中晚期。[3]这很符合当时的情况，即鼎、簋是以兽首錾和捉手盖为特点。B型的年代是春秋晚期到战国早期。下寺1号墓的A型Ⅱ式盏，器盖上有圆捉手，器身上有兽耳二和环耳二。它是糅合早晚两种风格，所以同时具有两种器耳。

A型Ⅰ式的三种自名显然是异名而同实。A型Ⅱ式的"盏"，并非今语所谓的"杯盏"之"盏"，乃是古书所说的"盏盏"。[4]《方言》《玉篇》《广

---

[1] 例如，以"盆"自名，有曾太保盆（郭沫若《两周金文辞大系》，图编161页，录编211页，考释188页）、彭子仲盆（《考古》1963年12月，679–682页，图版捌、1、2）、郘子行盆（见注84、曾孟妡谏盆（《江汉考古》1980年1期，72–73页）和番君夒盆（《文物》1981年1期，13–14页）。以"䀇"自名，有晋公䀇（郭沫若《两周金文辞大系》图编、163页，录编268页，考释230页）和江仲之孙伯戔䀇（见注84）。以"盂"自名，有子荅盂（《文物》1980年1期，50页）和以"盏盂"为名的王子申盏盂（郭沫若《两周金文辞大系》，图编159页，录编182页，考释167页）。

[2] 其例有齐侯敦（郭沫若《两周金文辞大系》，图编141页，录编254页，考释211页）、□公克敦（郭沫若《金文丛考》，科学出版社，1954年，395页）和江苏邳县刘林出土的西替䤾（张正祥"西替䤾"《南京博物院集刊》第5辑，1982年，60–62页）。

[3] 其年代不同是据《中州路》。以现在的考古证据看，报告的定年应有所修正。特别是它的一期和二期，恐怕并不是相当春秋早期和中期，而是相当春秋中期的早段和晚段［见高明《中原地区东周时代的青铜礼器研究》，《考古与文物》1981年2期，68–82页（上）；3期，84–101页（中）；4期，82–91页（下），特别是文章（上）的71页。又 Li Xueqin, *Eastern Zhou and Qin Civilization*, pp.23–29］。

[4] 王子申盏盂的"盏"即"盏盏"之"盏"，首先是由阮元指出［见《积古斋钟鼎彝器款识》，嘉庆九年（1804年）本，卷七，26页］。

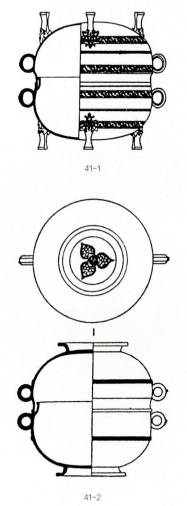

图41 双合盏
41-1 长治分水岭 M25 出土，高 20 厘米
41-2 长治分水岭 M26 出土，高 20.5 厘米

雅》俱以"盌盏"为"盂"之别称，[1]事实上，出土来源不明的"王子申盏盂"（仅存盖）是以"盏""盂"连称，这可说明盏、盂是同类铜器，即盛放谷物的食器。[2]

B型盏显然是盏向敦过渡的环节，其环耳与敦非常相似。因此，A型Ⅰ式盏自名为"敦"也就毫不奇怪。尽管B型Ⅱ式盏还没发现过自名，但它的跗足也类似于敦。

最后，在北方中原地区的某些地点，还出土一种别致的过渡器形，是由两件盏的半器扣合而成[图41]。它们并不见得比A型盏更晚。这种盖器双合是敦的基本特点，所以我并不想把图41硬性归入盏或敦的类别。但无论如何，盏、敦是属于近亲器种。[3]

[1] 如《广雅·释器》（《广雅疏证》，中华书局，1983年，220页，卷七下，6页正背）。盏的另一个意思是"杯"，也流行于《广雅》的编撰时代（同上，221页，卷七 B，7页正）。
[2]《汉书·东方朔传》颜师古注（《汉书》，中华书局，1962年，2844页）曰："盂，食器也。"
[3] 张光裕在《从 字的释读到𥂖、盆、盂诸器的定名问题》（《考古与文物》1982年3期，76—82页）一文中正确指出，𥂖、盆、盂是同一类器物，但他没有讨论它们与敦的关系。陈芳妹在《商周青铜𥂖形器的研究》（《商周青铜粢盛器特展图录》，台北故宫博物院，1985年，69—79页）一文中指出，器名"盆"主要见于河北南部和湖北南部，但她以《方言》为据，主张"𥂖"是秦晋地区的方言却有问题。因为她引用的《方言》中的"甑"是一种罐，明显不同于"𥂖"（见周祖谟、吴晓铃《方言校笺及通检》，科学出版社，1956年，33页）。又陈氏认为西周时期的两种盂都是水器，这也有问题；还有她以本文所说的双合敦和盏形敦是由无足的敦即废敦发展而来，这在年代学上也不能成立。

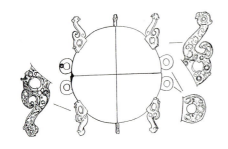

图42 双合敦（长台关M1出土，高26.6厘米）

（六）敦

通常说的敦为球形，由完全相同的两个半球组成，并有环耳和跗足。纯粹就器形讲，我们可以把它分为三个类型：第一种是三环式双盖扣合 [图42]；第二种是三足式双器扣合 [图43]；第三种是半器三环式，半器三足式，为第一种和第二种的结合 [图44]。

上述第三种敦最接近盏，但时代并不一定比另外两种早。蔡侯申墓出土的两件敦，有一件是属于这种器形（见图44），但我们发现，比它晚两个世纪，在战国晚期的楚幽王墓中，它所出土的五件器形更晚的敦，其中一件还是有同样的特点。

图43 双合敦（蔡侯申墓出土，高33厘米）

图44 盖器扣合的敦（蔡侯申墓出土，高28厘米）

这类铜器都有圆形或卵形的腹，剖面明显不同于有棱有角的盏。

古书把敦分为有足和无足两种。无足的敦叫"废敦"，这个词见于《仪礼·士丧礼》，郑玄注曰："废敦者，敦无足者，所以盛米也。"[1]上面说的第一种敦也许就属于废敦。

双合敦是春秋晚期到战国时期的典型器物。它的来源，过去很不清楚，现在看来就是上述盏式敦。除了上面提到的情况，即它有时也自名为"敦"，还有两个理由，可以说明它们是这种关系。第一，楚幽王墓出土的大府敦，自名为"盏"，但器形却是一件半敦，可以说明"盏""敦"二名可以互假；[2]第二，《广雅·释器》曰："䀋，……案盨，……盂也。"[3]这也说明，古人是把敦、盏、盂视为同一类器物。

最早的楚敦，只有一件，是见于下寺晚期墓。蔡侯申墓出土的两件，上文已经提到（见图43、44）。虽然擂鼓墩的两座墓葬都没有出敦，[4]但在战国时期的其他楚墓中，敦却经常是成对出现，而且是铜陶都有（见表二）。[5]

（七）盛

如上所述，考古学家定为战国晚期等级最低的楚墓，其陶器组合的基本形式是鼎、敦、盒、尊缶、壶、钫。与楚器通常称为"盒"的器物相似，西汉墓也出这类陶器，遣册记其名为"盛"。[6]"盛"在简文中的意思，毫无疑问是来自"粢盛"。同样的字，也常见于战国时期的铜器铭文，

---

[1]《十三经注疏》，上册，1130页。
[2]《江汉考古》1986年4期，29—30页；图版三，5。
[3]《广雅疏证》，220页（卷七下，6页正）。
[4]曾侯乙墓简报定为"敦"的器物，其实是一种无耳、卵形腹的三足小器，每件附圆形小匕一。其正式报告则把它们称为"鼎形器"。我想它们是盛羞之器。
[5]关于这个话题的最新讨论，可参看刘彬徽《东周时期青铜敦研究》，《湖南博物馆文集》第1辑，1991年，28—35页。
[6]李均明、何双全《散见简牍合集》，文物出版社，1990年，114页：简1224—1228。

图 45 盛(战国,枣阳九连墩 M2 出土,湖北省博物馆藏)

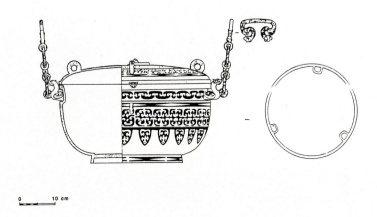

图 46　盛（曾侯乙墓出土，高 29 厘米）

如"用盛稻粱"。[1] 它是一种盛食器，这也可从遣册提到的"食盛"得到证明。[2] 这里与其叫"盒"，不如叫"盛"。

盛的器形有些类似于盏，而且它也真的好像是从盏发展而来。盛的功能类似盏、敦，但缺少跗足。它们可能来源于文献说的"废敦"。作为从盏派生的器物，盛的盖、器总是紧密结合在一起。

盛，除去陶盛，也有铜盛[图45]。例如1955年安徽蚌埠市出巨茸鼎的墓葬就出土过一件战国末年的铜盛。[3] 它与当时的陶盛非常相似。这些陶盛通常是作扁盒状，盖上有三个环纽，腹侧有一对衔环。有些还有矮圈足。蚌埠出的铜盛，是以提链代替衔环。

盛在战国早中期墓中也很常见。曾侯乙墓出土的两件"圆鉴"[图46]，

---

[1] 见"史兔瑚"铭文（罗振玉《三代吉金文存》，卷一〇，19 页正）。
[2] 李均明、何双全《散见简牍合集》，114 页：简 1229。
[3]《文物考古资料》1957 年 7 期，83–84 页。原报告把这种器物称为"簋形器"。

论楚国铜器的类型　441

长台关1号墓出土的两件"双环铜敦"[图47]，还有望山1号墓出土的两件陶"带盖簋"，全都应该归入这一类。

（八）瑚

宋以来金石学家定名为"簠"的器物，其正确名称是"瑚"。[1]这种器物只能是古书记载提到的"瑚"，但其字体写法通常是作"匡"。正如

图47 盛（长台关M1出土，高20.1厘米）

我们从陕西扶风庄白出土"微瘋簋"的铭文[图48]了解到的，[2]古代真正叫"簋"的器物，其实是一种西周晚期到春秋早期流行的带镂空圈足的水果盘式的器物。这种特点的器物可能与豆有关。

春秋中期以来南北方都流行的瑚是剖面为方形或近于方形的瑚[图49]。其年代较早腹壁斜削如斗形的瑚逐渐消失，但剖面呈方形的瑚却一直沿用到战国末年，形态变化并不大。

在下寺的大多数墓中，瑚的组合一般都是偶数，或者两件，或者四件，但也有只出一件的。在战国时期的铜陶并出墓中，绝大多数的瑚都是陶器，而且多半是两件一套（如望山2号墓、沙冢1号墓和藤店1号墓）；包山2号墓是该等级唯一出土一对铜瑚的墓。当然也有出三件陶瑚或一件

---

[1] 这是唐兰在《五省出土重要文物展览图录》的序言（文物出版社，1958年，10页）和他的文章《略论西周微氏家族窖藏铜器群的重要意义》（《文物》1978年3期，19—24页）中已经指出过的。另外，还可参看 Chang Cheng-mei, "Two bronze vessel types: tou and p'u", [*Oriental Art*, no.23.3 (1977), pp.216–223] 及高明《簠、簋考辨》（《文物》1982年6期，70—73页转85页）。

[2] 《文物》1978年3期，9页；图九；图版七，5。《陕西出土商周青铜器》，文物出版社，1980年，第二册，图五一。

图 48　微疾簠（西周，扶风庄白 1 号窖藏出土，高 14.5 厘米）

图 49　楚子暖瑚（出土地点和尺寸不详）

陶瑚的墓（如浏城桥1号墓和长台关1号墓）。楚幽王墓出的铜瑚，数量最多，仅目前所存就有楚王酓前瑚（半器）三件，大府瑚（半器）一件，铸客瑚（半器）九件 [图50]。

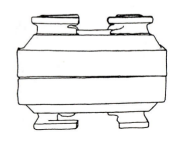

图50　瑚（楚幽王墓出土，高24厘米）

（九）豆

通常称为"豆"的铜器，其实包含名称、器形和功用都不同的若干种类。东周时期用的豆，其器形差异可按豆盘深浅，或更重要的是，按器盖有无来划分。浅盘豆一般没有盖，深盘豆多有盖，但也有很多没有盖。浅盘豆的一种就是上文提到的西周晚期到春秋早期流行的"水果盘"式的"簠"（见图48）。这种器物在楚墓中还从未发现，但蔡侯申墓出过一件素无纹饰，带镂空圈足，豆盘近平的豆 [图51]，它很可能就是从簠的器形发展而来。[1] 考古学家经常把这种无盖浅盘豆叫"籩"，但这种名称还没有铭文的证据。

还有一种完全不同的浅盘豆，可以江苏无锡前洲出土的楚器，即战国末年的"郝陵君王子申豆"为例 [图52]。这件铜器的自名是"铁（？）盍"。[2] 它与秦汉时期的豆已经没有太大区别。

圜腹的带盖豆 [图53] 经常是用来盛放谷物，与簠功能相似。这种器形的豆，如河南洛阳出土的哀成叔豆，是自名为"铭"。[3]

在深腹带盖豆中，方豆开始出现，正如河南固始侯古堆大墓发现的"䢔盍"所证实，这种方豆是自名为"盍"。[4] 其他现存器物，还有下寺1号墓的一件（仅存盖），擂鼓墩2号墓的一件 [图54]，藤店1号墓的两件。

---

[1]《寿县蔡侯墓出土遗物》，图版陆，3。
[2]《文物》1980年8期，30页；图一右上；32页；图二；图版肆，1—2。
[3]《文物》1981年7期，65页；图三；67页；图六。
[4]《文物》1981年1期，1—8页。

图 51 无盖豆（蔡侯申墓出土，高 17 厘米）

图 52 无盖豆（无锡前洲出土，高 29.4 厘米）

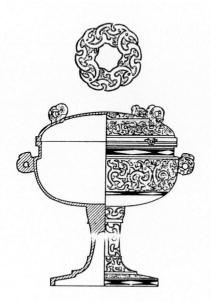

图 53 带盖豆（曾侯乙墓出土，高 26.4 厘米）

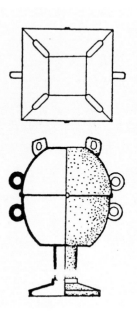

图 54 带盖方豆（擂鼓墩 M2 出土，高 29.8 厘米）

长台关1号墓出土了12件这种器形的漆木豆，遣册记为"亓（其）木器，八方琦"。[1]

不同种类的豆会共出于一墓，其组合不同明显可见。春秋楚墓的器物，豆类还很少。它们的增多是在战国时期。铜陶并出墓，所出多是陶豆，不管有盖无盖，通常都是成对出现（如浏城桥1号墓和望山1号墓）。但也有很多是无盖陶豆，如长台关1号墓出24件，藤店1号墓出9件（这两座墓还出数量可观的漆木豆，有盖、无盖都有）。这些陶豆通常都是做成高柄碗形，有些还带盖。战国晚期的楚幽王墓，还有下述铜豆，即铸客豆［图55］四件，皆无盖、高柄、碗形；带盖、高柄、碗形豆两件；以及特征不明的豆两件。

图55 无盖豆（楚幽王墓出土，高30.2厘米）

（一〇）鼓腹豆形器

这种自成一类的器物，通常也叫"高足壶"或"球腹壶"。它和豆相似，也有高柄，但器腹却像壶，而不同于上面讨论的豆。它们的特点是直口鼓腹，往往带盖。这类器物很少高于20—30厘米，因此无论大小还是器形，都与壶相差甚远，反而与豆更为接近。它们很可能是盛羞之器，其正确定名还有待研究。[2]

这类器物，南北方都出土。它们有方圆二体，虽然在楚墓中，后者似乎还没有见到。楚地的鼓腹豆形器是见于战国中期，如长台关1号墓出铜器两件［图56］，陶器三件；望山1号墓和2号墓各出陶器两件。

---

[1]《信阳楚墓》，129页；简2–012号。简文提到的"方琦"与自名为"盍"的铜器是同一种器物。
[2] 长台关1号墓的遣册提到"一拼食酱，一拼梅酱"，其中的"拼"也可能是这种器物。见《信阳楚墓》，130页；简2–021号。

（乙）酒器

（一）尊缶[1]

图56　鼓腹豆形器（长台关M1出土，高22.45厘米）

楚国、蔡国和曾国的墓葬经常出土一种小口鼓腹、腹壁带穿的器物。春秋末期以来，这种器物分方、圆二体。它们的颈部向上延伸，类似壶、钫，往往被人误称为壶、钫。[2] 例如据蔡侯申墓出土的这类器物铭文的自名，它们的正确名称是"䍃（尊）缶"。

很多尊缶的特点，是在器腹前后各有一个穿鼻。这种特点，即使在年代很早的商代、西周的罍上也经常碰到，其腹部的穿鼻是与肩部的环耳有关。看来很可能，东周时期的尊缶就是从罍发展而来。

尊缶，无疑是古书常说的"缶"。《说文》曰："缶，瓦器，所以盛酒浆。"它的特征，正如《急救篇》颜师古注所说，是"大腹而敛口"。[3] 尊缶在北方也有，如晋国的栾书缶，就是著名的例子。[4]

从表二的例子，我们一眼就能看出，尊缶在楚国、蔡国和曾国的墓葬中极为常见。它们通常是成对出现。不管是铜器还是陶器，圆尊缶都比方尊缶更多。方尊缶只成对出现，并且是与成对的圆尊缶共出。但也有出四

---

[1] 罗泰案：这些器物常被误称为 wine vessels（装甜酒的器物），但中国古代的发酵饮料，其实更接近于 beer（啤酒），而不是 wine（甜酒）。

[2] 曾侯乙墓简报是把方尊缶定为"方壶"，这个错误在最后的正式报告中才改过来。擂鼓墩2号墓出的方尊缶，简报也误定为"钫"。浏城桥1号墓和望山1号、2号墓出的圆尊缶，简报也是把它们定为壶的第二种型式。

[3]《说文解字》"缶"条；《急救篇》(《丛书集成》本)，上海：商务印书馆，1936年，173页。1977年，在陕西凤翔高庄秦墓的发掘中，其五期墓出过一种小口大腹的陶器，上有朱书或刻写的"缶"字。这种器物，过去多被错定为"瓮"。按《急救篇》，"缶"和"瓮"是指同一类器物。

[4] 欧燕《栾书缶质疑》(《文物》1990年12期，37—41页) 和王冠英《栾书缶应称栾盈缶》(《文物》1990年12期，42—44页) 都认为栾书缶是楚器，此类缶是楚国特有。这一观点仍有疑问。

件圆尊缶,两件是铜器,两件是陶器的例子。楚国最早的铜器组合,如下寺1号墓的组合,只有圆尊缶[图57]。这些器物,体形滚圆,没有伸起的颈部。盖上有提环,两侧各有提链一套,以双环固定,用以提举。

从蔡侯申墓出土的尊缶开始,尊缶始分方、圆[图58、59],它们与早期的尊缶大体相似,但用兽首錾代替提链,颈部上伸,器形开始出现"壶"形化的趋势。曾侯乙墓出土的圆尊缶,形体巨大,高达1.3米。尽管它们的肩是溜肩,颈部也不明显(此点与下寺1号墓出土的尊缶有点相似),但盖上有四个环纽,腹壁有四个穿鼻。同墓出土的方尊缶与圆尊缶相似,也没有明显的颈部和耳,器腹也外鼓。与此不同的是,擂鼓墩2号墓出土的圆尊缶非常像壶[图60]。它们的腹壁有四个穿鼻,盖上有四个环纽。方尊缶与此类似[图61],腹壁也有四个穿鼻,但盖上没有环纽。战国晚期的圆尊缶,彼此相似。它们的器形很像"壶",盖上也有环纽,腹壁

图57 圆尊缶(春秋晚期,浙川下寺M1出土,河南博物馆藏,高38厘米)

图58 圆尊缶(蔡侯申墓出土,高55厘米) 图59 方尊缶(蔡侯申墓出土,高35厘米)

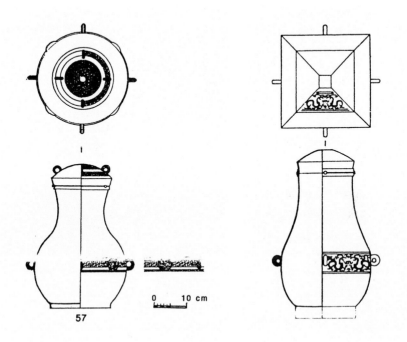

图 60　圆尊缶（擂鼓墩 M2 出土，高 42.8 厘米）　　　图 61　方尊缶（擂鼓墩 M2 出土，高 44 厘米）

也有穿鼻。穿鼻的有无很重要，我们要把尊缶与壶、钫区别开来，关键就看有没有穿鼻。

(二) 壶和钫

方壶和圆壶，早在西周时期就同时并存。春秋战国时期，两者更进一步分化，通常是作为两套不同的器物而同时出现。礼书多称之为"方壶"和"圆壶"。[1] 汉代，只有圆壶才叫"壶"，方壶叫"钫"。楚系墓葬流行的

---

[1]《仪礼·燕礼》，《十三经注疏》，上册，1015 页。

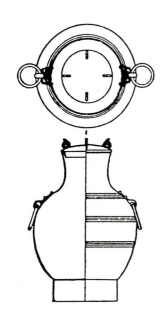 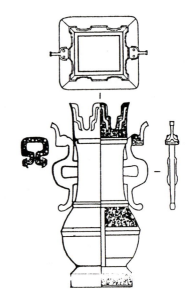

图 62　圆壶（擂鼓墩 M2 出土，高 36 厘米）　　　　图 63　方壶（擂鼓墩 M2 出土，高 58 厘米）

这两种器物，它们的基本区别是什么，读者可从表二知其大概［图62、63］。

壶多以偶数出现。方壶一般是出两件，圆壶也许多一点，可以达到四件或六件。楚的方壶，从器形上看，当是从西周就有的早期型式发展而来。它们多直颈、垂腹，体形椭方，壶颈两侧有兽首銴。器腹表面有十字交叉的绳络装饰。楚国较早的方壶（如下寺楚墓所出，［图64］），与春秋中期河南新郑李家楼大墓所出相似。[1] 它们上有镂孔装饰的莲瓣形壶盖，下有卧虎二。蔡侯申墓出土的方壶，与下寺楚墓所出也相似，但下有四兽而非两兽。擂鼓墩2号墓的方壶，其莲瓣形壶盖，一如早期型式，但莲瓣不

---

[1]《中国青铜器选》，文物出版社，1976 年，图版 56。

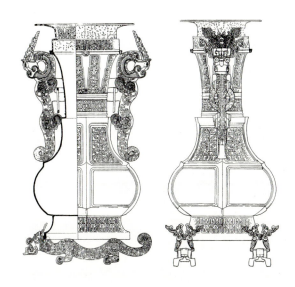 

图64　方壶（春秋晚期，浙川下寺 M1 出土，河南博物馆藏，高 74 厘米）　　图65　曾姬无卹壶（楚幽王墓出土，高 83.2 厘米）

向外撇，而作直立状，器底也没有爬兽。楚幽王墓出土的两件曾姬无卹壶［图65］，它们虽出于战国晚期的器群，但本身的年代却是属于战国中期。它们的器盖有云形纽，器底也没有爬兽。和圆壶相比，总的说来，方壶的制作要更为考究，体形较大，数量较少，在两方面都代表更高的等级。因此，毫无例外，在铜陶并出墓中，只有仿铜陶器，或者根本没有。

擂鼓墩的曾侯乙墓，墓中有两件器壁饰爬兽，放在铜禁上的壶［图66］。虽然，它们是圆体，但器壁饰爬兽，器腹饰绳络装饰，则和方壶一样，在组合上，应作方壶计算。有意思的是，望山1号墓出土的两件陶方壶，它们也是放在类似的禁上。

（三）扁壶

青铜时代，很多器物都叫作"壶"。例如，西周时期俗称"尊"或"卣"的器物，有些就是自名为"壶"。[1] 另外，还有一种截面横宽竖窄，考古学家称为扁壶的器物。其截面或为椭圆形，或为椭方形，或为方形。[2] 学者对扁壶一向很少注意，但最近有了一些便于参考的研究。[3]

图66　放在铜禁上的两件大铜壶（曾侯乙墓出土，高99厘米）

----

[1] 如伯戏尊，是自名"饮壶"（《陕西出土商周青铜器》，第二册，图版一〇五、一〇六）；蠚卣，是自名"壶"（《中原文物》1988年1期，21页）。

[2] 上文已说，卣也是截面横宽竖窄的一种。

[3] 林巳奈夫在他的《漢代の文物》（京都人文科学研究所，1976年，247–250页）一书中首先指出下述第三种扁壶与文献记载提到的"椑榼"有关。接着，黄盛璋在《关于壶的形制发展与名称演变考略》（《中原文物》1983年2期，22–27页）一文中系统讨论了方壶、圆壶和扁壶（包括我所讨论的第二种类型和第三种类型），还有横壶（我所讨论的第三种类型），它们在器形和概念上的关系。他指出，"鈚""錍"和"榼""椑"是属于两组不同术语。最后，裘锡圭在《说鈚、榼、椑榼》（《中国历史博物馆馆刊》1989年，71–80页）一文中对问题做了更深入的考虑，指出扁壶是分下述三类，汉代文献中提到的"椑"和"椑榼"只是其第三类。

图 67　鈚（蔡侯申墓出土，高 32 厘米）　　　图 68　榼（三门峡上村岭 5 号战国墓出土，高 34.3 厘米）

在这一题目下，我们要涉及的是下述三种器形：

（1）与一般的壶相似，但截面呈椭圆、椭方或方形的器物[图67]。这种扁壶，其比较原始的型式是流行于西周晚期到春秋战国。它们的自名是"鈚"或"錍"。过去，学者曾把这类器物的自名错误地解释成"钘""瓶"和"甏"。

（2）器腹为圆形，但截面为方形，小口圈足的器物[图68]。这种器形流行于战国秦汉时期，并一直延续到唐代。它就是最多被人称为"扁壶"的器形。可是，尽管这类器物在汉代，不是自名为"榼"，就是自名为"柙"，[1]但战国却是自名为"錍"。它说明，这类器物和上一类器物是属于同一类。而且很明显，"鈚""錍"和"榼""柙"，它们都是同一种器物的不同叫法。

---

[1] 这是古人对同一个词的两种写法："榼"（k'ap）与"柙"（kap）古音非常接近。

（3）器腹作椭圆形或方形，横陈于圆形或方形圈足上，上有小口的器物[图69]。这类器物，过去多称为"鸭蛋壶"或"茧形壶"。作为秦器中有特点的东西，战国晚期，它主要流行于中国西部；秦汉时期，播散于整个中国。其方形变体，多流行于魏晋。这类器物就是汉代文献所说的"椑"和"椑榼"。[1]

上述三种扁壶，第一种是来源于圆壶和方壶，黄盛璋已经指出。[2]但另外两种仍有探讨的余地。第二种，器形与扁盉相似，它们或许有关。现知属于第三类扁壶的器物都

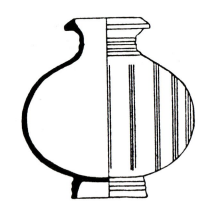

图69　茧形壶（凤翔高庄M24出土，高22厘米）

属于战国或战国以后。但最近，笔者在陕西周原博物馆却见到一件西周晚期的大型陶制茧形壶，[3]令人惊讶的是，它的器形和战国晚期秦墓中的陶茧形壶仍非常相似。[4]它说明，这里的第三种扁壶很可能是从陕西当地陶器的悠久传统发展而来。

上述三种扁壶显然是融合了不同的器形。但鉴于它们各有来源，我们最好还是保留"扁壶"这个便于使用的名称，而不必非用它在东周晚期的正确名称"鈚"（或"錍"）来称呼它。

蔡侯申墓出过一件第一种器形的扁壶（见图67），楚幽王墓也出土过

---

[1] 林巳奈夫、黄盛璋和裘锡圭只把器形如竹筒形（横卧的滚筒形）的扁壶和其方形变体定为椑榼，而未敢断定极其常见的茧形壶也是属于这一类。但从器形上看，我认为，茧形壶与前者还是有共同点。
[2] 见黄盛璋《关于壶的形制发展与名称演变考略》。
[3] 这件似乎还没有发表的器物是1976年从陕西扶风召陈宫殿遗址出土。
[4] 咸阳市博物馆有一件让人印象很深的茧形壶在陈列展出，它是出土于陕西咸阳长陵车站附近（《考古》1962年6期，281–289页，无器形发表）。

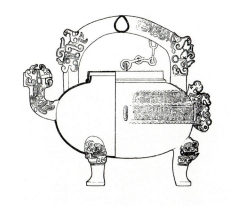 

图 70　圆盉（春秋晚期，淅川下寺 M1 出土，高 26 厘米）　　　图 71　方盉（蔡侯申墓出土，高 24 厘米）

一件第二种器形的扁壶，但器形还没发表。至于第三种器形，它在楚国的考古发现中还一直没有出现，这是不足为奇的。

（四）盉

楚墓经常出土一种小口带盖、鼓腹、三足，有提梁和兽首曲颈流的器物。习惯上，人们把它叫作"鐎壶"，但"鐎"是汉代器物，器带执柄，和我们讨论的这种器物在器形上有很大不同。据江苏吴县何山出土的楚叔之孙途为盉，[1] 我们知道，这种器物的正确名称叫"盉"（原文作"鎬"）。盉在楚墓中极为常见，一般只出一件，两件的情况很少。

形制较早的盉，如下寺 1 号墓的一件 [图70]，提梁可以活动，有链与盖相连。腹饰三道凸起的横线，后侧有扉棱，左右有穿鼻，纹饰繁缛。蔡侯申墓出土过方盉一件，圆盉一件，是目前方圆共出的惟一例子。方盉，器腹有扉棱和穿鼻，但没有提梁 [图71]。圆盉是残器，只剩器腹，纹饰与

---

[1]《文物》1984 年 5 期，17 页：图五；19 页：图一一。

下寺1号墓的盉酷为相似，器腹也饰三道凸起的横线，后侧也有扉棱。战国时期的盉[图72]，提梁一般是固定的，既没有扉棱，也没有穿鼻，盖上有四个环纽或提环。这一时期的盉，通常都素无纹饰。

（丙）水器

（一）浴鼎

在楚国礼器的组合中，我们常常会碰到一种煮水的三足器。它与作食器用的鼎无关，在组合上应与鼎分开计算。它的特征是小口鼓腹（或比较鼓），平盖，盖上有环纽或提环。如果除去盖，它与分体甗的下部非常相似。

图72 圆盉（长台关M1出土，高24.5厘米）

下寺3号墓出土的浴鼎是自名"浴（浴）䥣"（《说文》曰："䥣，所以枝鬲者"），[1] 下寺2号墓出土的浴鼎是自名"鍴鼎"。"鍴"字应是"汤"字的通假字。[2] 长台关1号墓出土过一件陶三足器，遣册记为"汤鼎"。"汤鼎"就是这里的浴鼎。为与下文"浴缶"相配，我们不妨称之为"浴鼎"[图73]。

目前所知，年代最早的两件浴鼎是属于春秋早期。有意思的是，它们都是出自群舒之地即今安徽地区的墓葬中。[3] 这虽然说明浴鼎也许是起源

---

[1] 和《说文》的解释不同，宋代学者郭忠恕是把"䥣"释为"鬲"（见《汉简、古文四声韵》，北京）。
[2] 古书中的"鍴"字往往作"唐"（见朱骏声《说文通训定声》"鍴"字条，上海：世界书局，1936年），"唐"字，《说文》古文作"䞿"。甲骨文"成汤"之"汤"作"唐"。"鍴""唐""汤"皆属阳部韵，古代往往通假。
[3] 如安徽繁昌汤家山（《文物》1982年12期，图版五，1）和安徽舒城河口（《文物》1990年6期，61页，图六，1）所出。

图 73　浴鼎（春秋晚期，绍兴坡塘 M306 出土，浙江省博物馆藏，高 36.4 厘米）

于南方，[1] 但必须指出的是，浴鼎在北方也有出土。当然，它们远没有南方那么普遍。[2]

浴鼎在楚系统的墓葬中出土很多[图74]。几乎每墓都出一件，或者是铜器，或者是陶器，但浏城桥1号墓和望山1号墓各出土了两件一套的浴鼎（前者是两件皆陶，后者是一铜一陶）。其器形，早晚变化并不大。

（二）浴缶

浴缶与其他种类的缶不同，是专作水器的缶。它们比较矮胖，器形与早期的尊缶比较相像，而明显不同于壶。浴缶的特点是小口鼓腹。它们有兽首錾，盖顶带圆形或列柱圈顶式捉手。浴缶明显不同于尊缶的一个显著标志是，它有带涡纹的枚饰（有时是红铜镶嵌）六到八个，位于器盖和器肩。其器形，前后变化也很小，不像尊缶逐渐显露出壶、钫的趋势。

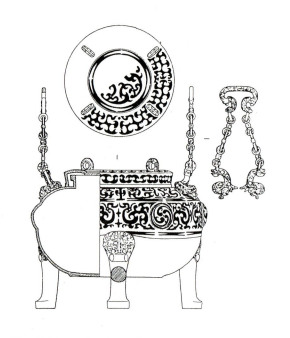

图74　浴鼎（曾侯乙墓出土，高38.5厘米）

---

[1] 高崇文《东周楚式鼎形态分析》，11页。
[2] 北方出土的这种器物有一个例子，是1977年北京永定门外贾家花园战国墓出土的所谓"异形铜鼎"（《文物》1978年3期，90页；图六）。这件鼎也是小口、鼓腹，平盖上有三环纽。它的腹侧也有一对衔环，和北方无耳、衔环的分体甗相像。简报报道此器，曾提到1936年河南辉县琉璃阁也出过一件铜甗，其下器与此器基本相同（参看《山彪镇与琉璃阁》，科学出版社，图版壹壹伍，3），已经指出这种鼎和甗可能有关。

图75 浴缶（春秋晚期，淅川下寺M1出土，河南博物院藏，高38.5厘米）　　图76 浴缶（楚幽王墓出土，中国国家博物馆藏，高30厘米）

  这类器物，过去多被归入罍，而且还真的可能与通常说的罍有关。这种关系主要是，商代和西周的罍通常也有肩上的枚饰。它们的铭文，下寺1号墓出土的孟縢姬浴缶[图75]是自名"浴（浴）缶"，蔡侯申墓出土的缶是自名"盥缶"。按古代文献的解释，"浴"是浴身，"盥"是洗手。其语义差别非常微小，所以完全可以用"浴缶"作这类器物的名称。

  浴缶在楚国、蔡国和曾国的墓葬中随处可见，出土多为两件或四件。它们也见于中国北方。[1] 个别浴缶，像蔡侯申墓和曾侯乙墓所出，两旁除有兽首鋬，还有提链。另外，楚幽王墓出土的晚期浴缶，特点是有圈足，无涡纹枚饰，通体饰粟纹[图76]。这些都有点不同一般。

---

[1] 如1954年在山东泰安东更道发现的六件浴缶（《山东文物选集》，文物出版社，1959年，图版一一四至一一五）。由于铭文有"楚"字，作"右冶君（尹）楚高"，当初被误定为楚器，其实，"楚高"只是人名，"右冶尹"是他的官职。从字形看，它无疑是燕国的铭文。

(三) 盘

楚国较早的铜盘是出土来源不明的楚嬴盘。它有錾手和圈足，圈足下有三个小趺足。外壁饰窃曲纹，圈足饰垂鳞纹[图77]。这种器形是春秋早期很典型的盘。春秋中晚期，盘的形制有明显变化，如下寺楚墓出土的盘[图78]，就没有錾手和圈足。它们的最大特点是有衔环、趺足，饰蟠虺纹。战国时期的盘是继承春秋晚期的盘，也有衔环[图79]。它们皆口沿平折，腹壁较直，下收，聚为小平底，一般素无纹饰。楚幽王墓出土的盘，有些带衔环，有些不带。

盘与圆炉相似（详下），有时会被弄混。如侯古堆1号墓出土的所谓"铜炭炉"，其实就是盘，它与同墓出土的匜正好是一对。[1] 反过来，出土来源不明的铸客圆炉，过去也被误称为"盘"。[2] 盘和圆炉的主要不同是，后者有提链，而盘没有。另外，盘、匜多共出，而圆炉不是这样。

图77 楚嬴盘（出土地点不详，宽43.8厘米）

图78 盘（春秋晚期，淅川下寺M1出土，河南博物院藏，宽39厘米）

图79 盘（战国，六安白鹭洲M585出土，安徽省文物考古研究所藏）

---

[1]《文物》1981年1期，图版贰，4；图版叁，1。
[2] 见商承祚《十二家吉金图录》，退盦：10—11页。

图80 楚嬴匜（出土地点不详，宽35.1厘米）

图81 匜（淅川下寺M1出土，宽28厘米）

图82 匜（春秋晚期，淅川下寺M2出土，河南博物院藏，宽24.8厘米）

图83 匜（无锡前洲出土，宽33.5厘米）

（四）匜

楚嬴匜与上述春秋早期的楚嬴盘是一对 [图80]，其截面为椭圆形，圜底，口沿饰窃曲纹，器腹饰瓦纹，器尾有龙形鋬，龙口衔器，器身下有三个跗足。和盘一样，春秋晚期的匜，形制也有明显变化。如下寺楚墓的匜就没有跗足 [图81]，器底是平的，俯视呈扁桃形，流弇口，龙首鋬带镂孔首面，饰蟠螭纹。战国时期的匜是继承春秋晚期的匜，也是平底（很少为圜底），无足，器形如瓢，多半流不弇口（但楚幽王墓出土的铸客匜是弇口），且素无纹饰。战国中期的匜是以长台关1号墓出土的匜为代表 [图82]，在同样位置上，它以衔环代替了从前流行的兽首鋬（但也有仿兽首鋬者）。

江苏无锡前洲也出土过一件类似的器物，以前是椭圆形的轮廓，现在变成圆角的方形[图83]。它与秦汉时期的匜几乎已经没有差别。[1]

春秋晚期的匜，其自名也有点特别，是叫"會☐"（见于下寺楚墓出土的匜以及若干出土来源不明的匜）。[2] 其第二个未能认出的字，还有待进一步研究，但"匜"这个名字，从西周以来就用，在铭文中出现最多。

(五) 鉴

楚国、蔡国和曾国的鉴分方、圆二体，但圆鉴比方鉴更常见[图84]。长台关1号墓出土过三件陶圆鉴，两件陶方鉴，遣册记为"二方监（鉴），四刺（团）匙（匙），二囩（圆）监（鉴），屯（纯）青黄之象（缘）"。[3]

年代很早的圆鉴曾见于下寺楚墓，[4] 它们皆为兽首錾，两耳间和腹部皆有小穿鼻，饰蟠螭纹。战国以来的鉴，多无兽首錾，而代以衔环，或连衔环也没有。它们的器腹也较圆。战国中期的铜陶并出墓，一般只出陶圆鉴。战国晚期楚幽王墓出土的鉴，也以衔环为特点。它们有平折沿，底收得很小，几乎都是素无纹饰[图85]，很像当时的盘。但江苏无锡前洲出土的鄝陵君王子申鉴却与之相反，没有衔环，且为圜底。[5]

和圆鉴相比，方鉴要少得多。它也见于蔡侯申墓[图86]和曾侯乙墓[图87]。二者所出，皆有衔环和圈足，饰粟纹。曾侯乙墓的方鉴，器底有四个兽足，器壁四角和四面有爬兽，共八个，饰羽状纹。

蔡侯申墓出土的鉴，圆鉴内置圆尊缶，方鉴内置方尊缶。同样，曾侯乙墓的方鉴，里面也有方尊缶，而且是器盖开口，把方尊缶与方鉴

---

[1]《文物》1980年8期，图版四，4。
[2] 这类铜器，有蔡子☐匜（容庚《商周彝器通考》，图版八六二）和王子适匜（同上，图版八七〇）。
[3]《信阳楚墓》，128页，简2–01。
[4] 不幸的是，我们还没有下寺楚鉴的照片，也没有其他出土来源明确的春秋楚鉴的照片。因此，在图84中，我只好用蔡侯申墓出土的吴王光鉴来代替。它当然是吴器，但春秋晚期的吴器受楚器影响很大。
[5]《文物》1980年8期，30页，图一，左；图版肆，3。

图 84　圆鉴（蔡侯申墓出土，高 35 厘米）

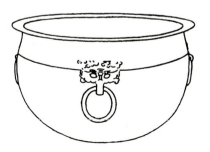

图 85　圆鉴（楚幽王墓出土，高 48.7 厘米）

图 86　方鉴（春秋末期，蔡侯申墓出土，安徽博物院藏，高 28.3 厘米）

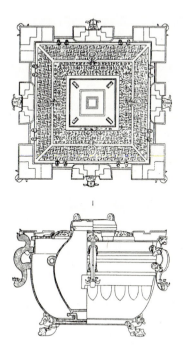

图 87　方鉴（曾侯乙墓出土，高 63.2 厘米）

套在一起。这种尊鉴组合，应当就是《周礼·天官·凌人》所说用来冰"酒醴"的冰鉴。[1]

（六）水盂

蔡侯申墓出土过三件一套小盆状的器物[图88]，报告称为"盆"，陈梦家称为"洗"。[2]楚幽王墓也出土过器形相似的器物，过去也是称为"洗"，以为就是汉代频繁出现习惯上叫"洗"的器物。但最近的发现却表明，

图88 水盂（蔡侯申墓出土，宽36.8厘米）

过去叫"洗"的器物，其实应叫"盂"。马王堆1号墓出土的六件漆器，遣册记其名为"玗"。铜器中也有自名为"釪"（亦作"汙"）的例子。[3]

这种小盆状的盂也见于东周时期楚系统的器物，它们很可能就是古书所谓的"盘盂"之"盂"。作为水器，它们与作食器的盂不同。后者见于上文讨论，主要是和盏放在一起。为了区别起见，我把它们叫"水盂"。[4]水盂和盘、鉴类似，故名称可以互假。如西周时期的虢季子白盘，器形为方鉴而自名为"盘"。[5]同样，河南孟津出土的齐侯盂，器形为圆鉴而自名为"盂"。[6]

---

[1]《周礼·天官·凌人》，《十三经注疏》，上册，671页。
[2] 陈梦家《寿县蔡侯墓铜器》，101–102页。
[3] 李均明、何双全《散见简牍合辑》，117–118页；简1298、1301；徐仲舒《当涂出土近代遗物考》，《历史语言研究所集刊》3卷3分（1931年），313–330页；《长沙汤家岭西汉墓清理报告》，《考古》1966年4期，181–188页。该报告中释为"洗"的字，其实是"汙（盂）"字之误。
[4] 见《墨子·非命下》，该书提到"琢之盘盂"（《墨子闲诂》，收入《诸子集成》，中华书局，1954年，174页）。又《荀子·君道》："君者槃也，槃圆而水圆，君者盂也，盂方而水方"（《荀子集解》，收入《诸子集成》本，154页）；《广雅·释器》："盂，盘也"（《广雅疏证》，220页）。
[5] 郭沫若《两周金文辞大系》，图编152页，录编88页，考释103页。
[6]《文物》1977年3期，图版三。

图 89　圆炉（楚幽王墓出土，高 36.8 厘米）　　图 90　方炉（楚幽王墓出土，高 23.4 厘米）

（丁）日用器

（一）炉及其附件

炉在楚墓中极为常见，有方、圆二体。这种器形划分，《说文》是用两个不同的字。它把方炉称为"鑪（炉）"，而把圆炉称为"䥽"。[1] 方炉在古代是叫"炉"，这有器物的自名为证，如河南新郑李家楼春秋中期墓出土的楚国制造的王子婴次方炉就是以此自名（原作"盧"）。[2] 但"炉"也可指圆炉，如江西靖安水口出土的年代稍晚的徐令尹者旨㽿圆炉，它的自名就是"䥽（炉）盘"。[3] 这两件炉都有列柱式圈足（李家楼的方炉残失圈足，仅留柱跟）。这些是年代较早的炉。

战国时期的铜炉，如望山 1 号墓和楚幽王墓所出 [图 89、90]，都是以带提链为主要特点。但陶炉（如长台关 1 号墓和望山 1 号墓所出）无提链，只有衔环，往往被误认。战国时期的炉，多半都有蹄足。

---

[1]《说文解字》"鑪"字条和"䥽"字条。
[2] 容庚《商周彝器通考》，下册，图版四〇四。
[3]《文物》1980 年 8 期，13—15 页，图版贰，2。

炉，当然是取暖用具，但也可以煎烤食物。如曾侯乙墓就出土过烤鱼的双层圆炉[图91]，[1] 双层的炉也见于汉代的器物。[2] 通常，炉都配有箕和漏铲。它们在楚墓中也很常见。

（二）熏炉

楚国或楚国附近国家的墓葬还出土一种圆筒状，上大下小，薄胎，饰镂孔龙纹的铜器[图92]。一般都猜测，它们可能是熏炉。陶熏炉还没有发现。

（戊）其他

除上述器物，楚墓还偶尔出土下述器物：

（一）镐

这类器物的特点是口壁较直，器腹下收，有小平底，腹侧有四个衔环。楚幽王墓出土过六件[图93]。它们的自名是"镐"。《说文》对"镐"字的解释是"温器也"。同样是楚幽王墓出土的大府镐，其铭文作"大府为王䬫䤳镐"，显然是食器。

（二）钘

这种器形（一般都误称为"舟"）是流行于春秋中晚期的北方，[3] 器形

---

[1]《曾侯乙墓》，上册，206页。
[2] 曾侯乙墓出土的双层炉可能是从商代和西周发展而来，例如商代有一种特殊器形的鼎，它们在三足间架有带镂孔的盘（容庚《商周彝器通考》，上册，图版三六）；陕西宝鸡茹家庄2号墓也出土了一件类似的器物，其上半为独柱鼎形器，下半为三足盘，自名"夌（炒）鼎"（《宝鸡强国墓地》，文物出版社，1988年，下册，图版一九四）；还有西周中晚期所谓的"方鬲"，它有带箅的炉膛，还有可以关闭的门（同上，图版一七三至一七五）；又陕西扶风庄白出土的双层圆鼎，也有可以关闭的门（《陕西出土商周青铜器》，第二册，图版七六）。
[3] 李学勤在《论播鼓墩尊盘的形制》（《江汉考古》1989年4期，37—39页）一文中说，"舟"本来可能是用来称呼与尊配套的盘。这类组合曾见于蔡侯申墓和曾侯乙墓。但老实说，到目前为止，它们还没有在楚器中出现，我不打算在本文中讨论这类有趣的组合。

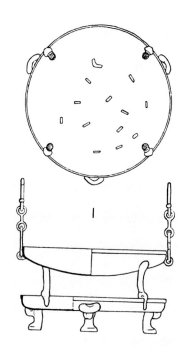

图 91 双层烤炉（曾侯乙墓出土，高 21.2 厘米）

图 92 熏炉（长台关 M1 出土，宽 14 厘米）

图 93 镐（楚幽王墓出土，高 27 厘米）

多作椭圆形，口略向内收，旁有两环耳（单耳不常见）。有些铜还有矮圈足。在楚墓中，只有下寺 2 号墓出过一件（图像还没见到）。

（三）杯

漆木制的椭圆形带耳杯（通常叫"耳杯"），在战国中晚期的楚墓中极为常见。但铜杯却少见。楚幽王墓曾出土过大小铜杯各一件，胎很薄。马山1号墓也出土了两件铜杯［图94］。[1]

（四）酒尊

这是一种筒状，上大下小的三足器，望山2号墓和包山2号墓都出土过［图95］，简报称为"奁尊"。但汉代的同类器物，自名却是"温酒尊"。[2]"温酒"是一种特殊的酒，这类器物的正确名称应是"酒尊"。

图94 杯（江陵马山M1出土，长11.7厘米）

（五）鐎尊

这是一种盛放酒精饮料的容器，见于战国到汉代，以至更晚。这是一种小口鼓腹的三足器。这种器物多有小盖，带环耳和提链。有人把它叫作"盉"，但器物自名却是"鐎尊"。[3]楚幽王墓出土过一件这种器物，缺盖，无提链［图96］。

图95 酒尊（荆门包山M2出土，高17.3厘米）

（六）灯

战国后半叶的灯，为艺术创造力的发挥提供了机会。望山2号墓出土的两件灯，一件是平盘细钎的"人骑驼"灯［图97］。包山2号墓也出过两件类似的浅盘灯，每件都是由身着锦绣的侍从手举［图98］。望山2号墓出土的第二件灯和包山2号墓出土的另一对灯都是高校浅盘豆式的灯［图99］。它们是

---

［1］《江陵马山一号墓》，文物出版社，1982年，32页，图三，4。
［2］在马王堆1号墓的遣册中，"温酒""白酒"和"米酒"列在一起。
见李均明、何双全《散见简牍合辑》，113页，简1205–1209。
［3］见冯云鹏、冯云鹓《金石索》（自印本，1821年，卷三，第53条）
收王长子鐎尊。

图96 鐎尊（楚幽王墓出土，高15.3厘米）

图97 人骑驼灯（战国，江陵望山M2出土，湖北省博物馆藏，尺寸不详）　　图98 人擎灯（战国，荆门包山M2出土，荆门市博物馆藏，高16.3厘米）　　图99 灯（江陵望山M2出土，尺寸不详）

灯，主要是靠灯钎来辨认。这种器形的灯可能是从高校浅盘的无盖豆发展而来。

上述器类，只有铒在战国时期消失，其他在战国时期还继续发展，并盛行于秦汉时期。

六、结 论

20世纪50年代，中国的考古学研究曾致力于为每个时期编写经典的考古报告。关于东周时期，河南洛阳中州路墓地的发掘报告就具有这样的地位。在过去30年里，它为全国各地的墓葬分期和陶器断代树立了标尺。[1]中国的田野工作者至今还恪守这一报告，用它处理各地的考古发现。正像比它早两年出版的《长沙发掘报告》，《中州路》对上文批评的研究方法，即用"三四种一套"的陶器作分期标准，定年代序列，也是起了推波助澜的作用。本文想说明的是，总的来说，这种自下而上的研究方法，其实只适合为小型墓作陶器断代，对分析铜器组合却作用有限。对铜器，特别是战国时期的铜器，我们必须强调自上而下。只有这样，才能通览全局，进行期与期、区与区的相互比较。

我们要想对铜器组合做出理由充分的分析，非有能够代表高层社会的实例。现在，楚地出土的器物为综合研究提供了条件：我们有大量印刷精良的考古资料可供支配。科学发掘的铜器加上出土不明的铜器，数量会大大增加；铜器铭文与简牍文书互证，也有信息互补的作用。但最重要的是，有了它们，我们才能对当时的社会等级有基本的把握。

至于东周时期的其他地区，情况就没有楚国这么理想。的确，学者已经为若干地区的铜器建立了可靠的类型序列，如周王畿，三晋，还有秦。[2]而且，在中国北方，有些等级很高的墓，如河北平山的中山王陵，[3]山西太原金胜村的大墓，[4]最近也被发掘，但社会等级的各个层面还是没有被完全涉及。因此，和上文所述对楚国进行的研究不同，我们还缺乏对

---

[1] 见《洛阳中州路》。随时间发展，现在看来，这一报告提供的材料其实很少。如铜器，在该报告所分的七期中其实只有四件。更严重的是，它的分期断代在某些方面还存在争议，很难涵盖整个东周时期。即使不是作为东周各国的标尺，而只反映洛阳一地，这一报告的用处也十分有限。

[2] 关于三晋两周地区铜器类型的最新研究，可参看高明《中原地区东周时代的青铜礼器研究》。关于秦国铜器，可参看陈平《试论关中秦墓青铜容器的问题》，《考古与文物》1984年3期，53–78页；4期，63–73页，以及冈村秀典《秦文化の编年》，《古史春秋》2，1985年，53–75页。至于更概括的讨论，可参看李学勤 Eastern Zhou and Qin Civilizations 中有关各个区域的章节。关于燕国和赵国的铜器，目前还没有类似把所有材料综合在一起的论著。

[3] 《河北省平山县战国中山国墓葬发掘简报》，《文物》1979年1期，1–31页；《中山王国文物展》，東京：東京国立博物館，1981年。

[4] 《太原金胜村251号春秋大墓及车马坑发掘简报》，《文物》1989年9期，59–86页。

铜器做综合研究的条件。只能寄希望于将来，一旦出现必要的例证，学者能对等级的概念有足够重视。

上文反复讨论的铜器分类与等级问题密切相关。这首先是因为，等级划分肯定会影响我们对器物分套分组的设想。到目前为止，凡给墓地编考古报告，一直有约定俗成，就是把同一器形的所有器物，只是放在同一个题目下谈，而很少注意考古发现的整体关系，即每件器物的组合形式〔案：即只考虑它们的纵向关系，而不考虑它们的横向关系〕。如果连型式划分的细节和典型器群的构成都没弄清，就完全靠直观的器形差异来分类，有时会导致类出于型，型出于式的现象，这种做法会带来很大危险。一味强调从小到大，事情只会越搞越乱。

尽管凭现有材料，我们还不足以对东周铜器作全面总结，但还是可以提出以下两点建议。

首先，上文讨论的铜器，只有少数器种是楚国或其邻近地区所特有。这样的铜器包括平底的鬲（见于春秋中期以来），圜底撇足的镐（见于春秋晚期以来），还有高足小型的"楚式鼎"（见于战国以来）。但所有这些全都属于鼎这个大类。鼎在周代，全国都有，但各地有各地的特点，这些特点并不是偶然现象。为什么鼎，每个地区和每个地区都不一样，这不仅应当从三足器的复杂多变去解释，也和鼎在祭祀燕飨中的重要地位有关。朝更大的方面说，楚地发现的其他铜器，它们是不是都是楚地自造或南方特产，这些也同样可疑。还有，像尊缶和浴鼎，过去都说是南方起源，现在也大有问题。

其次，如果拿楚国铜器的特点和其他地区比较，我们会发现，它们的差别有点像东周时期各地书写系统的差别：尽管凭字体的细微差别，我们能立刻分辨其使用区域，但它们表达的还是同样的语言，同样的意思。青铜器也如此，东周时期的整个中国，它们的制造工艺和装饰工艺也是一样的。特别是它们的器形发展在整体上有强烈的趋同倾向，相反，它们的地方特色并不明显(如附耳、蹄状、鼓腹,以及环耳、捉手盖,这些鼎的特点,在东周各地都有或多或少的流行)。这种趋同在铜器纹饰的发展上虽然不太明显,但一样可以看到。

以东周和东周以前比较,学者总是喜欢强调地方差异。而且很明显,这些差异中的部分或大部分被大肆渲染,恐怕还是由地方主义所人为制造。[1] 随着考古例证的日益丰富,这一点会被不断证明。现在,我们越来越相信,东周时代的特点就在,地方差异的混融和整个文化的统一才是它的基本趋势。在我看来,我们从当时考古资料中看到的这种四海归一的倾向,要远比任何古老残存或人为制造的地方特色都更为强烈。本文讨论的铜器就是这种辩证发展的一个侧面。

(译自:Li Ling, "On the typology of Chu bronzes," translated by Lothar von Falkenhausen, *Beiträge zur Allgemeinen und Vergleichenden Archäologie*, Band 11, Verlag Phlipp von Zabern, Mainz am Rhein, pp.57-111, tafel.1-11)

---

[1] 罗泰案:对相关现象的讨论,可参看 Lothar von Falkenhausen, *Suspended Music: The Bell-chimes of Bronze Age China*, Berkeley: University of California Press, Forthcoming: Chapter nine。

表一　楚系重要墓葬的规模

时代	遗址名	等级	墓室面积（平方米）	墓室数量	外椁数量	内棺数量
春秋晚期	下寺1号墓	B	34.65	1	1	1+1
	下寺1号墓	B	39.27	—	1	1
	西门内（蔡侯申墓）	B	60	—	—	1
战国早期	擂鼓墩1号墓（曾侯乙）	A	139.74	4	1	2
	擂鼓墩2号墓	A	27.29	—	—	1+1
	浏城桥1号墓	D	12.96	1	2	1
战国中期	长台关1号墓	C	68.02	7	1	2
	包山2号墓	C	39.44	5	1	4
	望山1号墓	D	24.44	3	2	1
	望山2号墓	D	14.21	3	2	2
	藤店1号墓	D	10.31	3	1	2
战国晚期	朱家集（楚幽王墓）	A	357（墓口）	9	—	1

表二　重要楚系墓葬中的器类组合

时代	春秋晚期			战国早期			战国中期					战国晚期
遗址名称	下寺2号墓	下寺1号墓	西门内（蔡侯申墓）	擂鼓墩1号墓（曾侯乙墓）	擂鼓墩2号墓	浏城桥1号墓	长台关1号墓	包山2号墓	望山1号墓	望山2号墓	藤店1号墓	朱家集（楚幽王墓）
鼎	7	2	7	9	9	[3]	[1]	2	[3]	[2]		9
无盖鼎		1	1[1]	2	1			2	[2]	[1]	[1]	2

[1] 此器有盖，但相当其他器群的无盖大鼎。

（续表二）

时代	春秋晚期			战国早期			战国中期					战国晚期
有盖鼎	10	10	1	9	6	4[5]	5[8]	14	8[8]	5[6]	2[4]	26
匜鼎				1								2
大鬲		1		1	1	[1]			[1]			
小鬲	2	1	8	9	9	[8]	[2]		[6]			3
甗				1	1	[1]			[2]			5
簠	1	1	8	8	8	[6]			[6]			5
盂					1							
盏		1										
敦			2			[2]	1[1]	2	2[2]	4[4]	[2]	6[1]
盛					2		2		[2]			
瑚		2	4	4	4	[3]	[1]	2	[2]	[2]	[2]	13[2]
无盖豆			2	2⟨9⟩	2⟨9⟩	[2]	[24]⟨10⟩		[2]		[9]	9
有盖豆			2	1⟨4⟩			⟨2⟩		[2]		[2]⟨2⟩	
盉					1		⟨12⟩				2	
镐												6
鼓腹豆形器							2[3]		[2]		[2]	

---

[1] 其中五件是半器，一件是全器。
[2] 以半器计。

（续表二）

时代	春秋晚期			战国早期			战国中期				战国晚期
三足卵形器				10[1]							
尊			3[2]	1[3]				[1]			
圆尊缶	2	2	2	2[2]	2	[2]	2(?)	[2]	2[2]	[2]	3
方尊缶		2	2	2[4]	2						
圆壶			2	2	[2]	2[2]	2	4[2]	4[2]	2[2]	6
方壶		2	2	2[5]	2	[2]	[1] <1>		[2]		2
扁壶											1
圆盉		1	1			[1]	1[1]	1[1]	[1]	[1]	1
方盉			1								
铫	1										
杯				<16>			<30>			<7>	2
酒尊							2		1		
镳尊											1
浴鼎	1	1	1	1	1	[2]	[2]	1	1[1]	[1]	[1]
浴缶	1	2	2	4	2			1[2]		[1]	4

---

[1] 严格讲，此类器物在楚国还没有发现过。
[2] 严格讲，这样的组合在楚国还没有发现过。
[3] 与尊盘相配。
[4] 与方鉴相配。
[5] 圆形，但属于方壶类。两件皆置于禁上。

（续表二）

时代	春秋晚期			战国早期			战国中期				战国晚期
盘	1	1	3	1	1	[2]	4[2]	2	2[1]	1[1]	4
匜	1	1	1	2	1	[2]	1[1]〈1〉	2[1]	2[2]	1[1]	1
圆鉴	1		2			[2]	[3]	[2]	[2]		3
方鉴				2	2		[1]				
水盂			3					[1]			3
圆炉				2[1]			1[1]	1[1]			1
方炉							[1]	[1]			3
熏炉					1		1	2	1		
灯								4		2	
奁				2			〈2〉				
量器											3
其他	钵3、带盖罐1、碎片若干			罐1、熏1、金盏1、金杯1、金器盖2			陶器（数量不明）	提梁器1			罐1

表二说明：

无括号的数字是指青铜器

方括号的数字是指陶器

尖括号的数字是指漆器

---

[1] 一件为烤鱼用的双层炉，一件为取暖用的单层暖炉。

表三　不同等级墓葬出土器物的对比

等级＼内容	比较贵重的器种	不太贵重的器种
以出铜器为主的墓	用铜器	用铜器
铜器陶器并出墓	用仿铜陶器	用铜器（但也用仿铜陶器）
陶器墓	无	用仿铜陶器

表四　曾侯乙墓的鼎实

无盖大型圜底鼎 （两件不属于一组）	平底鼎 （九件一组，尺寸相近）	有盖圜底鼎 （九件，组合为5+2+1+1）
1. 水牛，右半	1. 牛骨和鸡骨	1. 牛骨
2. 水牛，左半	2. 羊骨和猪骨	2. 牛骨
	3. 羊骨和猪骨	3. 猪骨
	4. 羊羔骨和猪骨	4. 猪骨
	5. 猪骨	5. 鱼骨
	6. 猪骨和鸡骨	6. 猪骨
	7. 鱼骨	7. 鹅骨
	8. 不存	8. 鹅骨
	9. 不存	9. 不存

增补的表

下寺墓地的墓葬规模

时代	墓葬	墓室面积（平方米）	墓室数量	外椁数量	内棺数量
春秋中期后段	M8	6.62×5.26	—	1	1+1
	M7	5.3×3.6	—	1	1+1
	M36	4.74×2.78	—	不明	不明
春秋晚期前段	M1	34.65	1	1	1+1
	M2	39.27	—	1	1
	M3	5.48×4.1	—	1	1+1
	M4	4.7×4	—	—	1
春秋晚期后段	M10	5.86×3.93	—	1	1+1
	M11	5.25×3.7	—	1	1+1

下寺墓地的器物组合

时代	春秋中期后段			春秋晚期前段				春秋晚期后段	
墓号	M8	M7	M36	M2	M1	M3	M4	M10	M11
鼎				7	2				
无盖鼎			2		1				
有盖鼎	1	2		10	10	6	1	4	3
大鬲					1				
小鬲				2	1				
甗									
簠				1	1				
盂									
盏		1			1	1			

（续表）

时代	春秋中期后段			春秋晚期前段				春秋晚期后段	
敦								1	1
"四兽足盒形器"					1				
瑚	4	2	2		2	4	1	2	2
尊									
圆尊缶			2	2	2	2		2	2
方尊缶					2				
圆壶						1			
方壶					2				
圆盉	1				1	1			
铫				1					
浴鼎				1	1				
浴缶		2	2	1	2	2	1	2	1
盘		1	1	1	1	1	1	1	1
匜	1	1	1	1	1	1	1	1	1
圆鉴				1		1			
方鉴									
水盂									
圆炉									
量器						1			
其他		匕1		匕10,勺3,俎1,禁10	匕3,镇墓兽座1	勺3,量1,镜1		勺3	匕1,勺2

楚鼎图说

1978年,俞伟超先生和高明先生合作发表了一篇很有影响的文章,即《周代用鼎制度研究》。[1] 此文第一次汇集有关材料做系统研究,从中总结出著名的鼎类"三分法",即把鼎分为"镬鼎""升鼎"和"羞鼎"三种。这种研究方法已被广泛用于描述考古发现中鼎类器物的组合规律。谁都无法否认,它对探讨古代葬俗背后的社会历史内涵,即当时的等级制度很有启发。但是随着研究的深入,也有少数学者对他们总结的"用鼎制度"提出疑问和商榷。[2] 问题还在讨论之中。由于从《用鼎制度》一文,我们不难发现,作者总结的"西周制度"其实是从"东周制度"推演,而"东周制度"又是由楚国的材料来支撑,所以对楚国用鼎制度的再认识,可能对重新估价整个讨论都很关键。

在东周时期的考古发现中,楚墓数量最多,年代序列和等级规格最齐全,类别差异和组合规律最明显,本来就很值得注意,再加上近年来又有

---

[1] 原载《北京大学学报》(哲学社会科学版) 1978 年 1 期, 84—98 页; 1978 年 2 期, 84—97 页; 1979 年 1 期, 83—96 页, 后经修改, 收入俞伟超《先秦两汉考古论文集》(文物出版社, 1985 年), 62—114 页。

[2] 李零《楚国铜器类说》,《江汉考古》1987 年 4 期, 69—78 页 [案: 此文原为我硕士论文(1982 年 6 月)的一部分]; 又拙作 "On the typology of Chu bronzes", translated and edited by Lothar von Falkenhausen, *Beiträge zur Allgemeinen und Vergleichenden Archäologie*, no.11(1991), Mainz:Philipp von Zabern, 1993, pp. 57—113。王世民《关于西周春秋高级贵族礼器制度的一些看法》, 收入《文物考古论集》, 文物出版社, 1986 年, 163—165 页。林沄《周代用鼎制度商榷》,《史学集刊》1990 年 3 期, 12—23 页。

不少新的考古报告发表，[1]使大家的印象更完整。例如下寺楚墓是春秋中晚期的典型楚墓，可用以衔接春秋末期的蔡昭侯墓（虽非楚墓，但可视为替补材料）；包山楚墓是新发现的战国中期楚墓，可用以衔接战国早期的曾侯乙墓（虽非楚墓，但可视为替补材料）和战国晚期的楚幽王墓。另外，对探讨用鼎制度最关键，这些考古报告还披露了许多与"鼎实"（鼎所盛放的食物）和"自名"（器物铭文对器物本身的叫法）有关的线索。现在有这么多材料，我觉得楚鼎的分类已近于水落石出，只要略做图示，便可一目了然：不但器形演变可以一以贯之，而且鼎实和器名亦可对号入座。下面是从下寺楚墓（春秋中晚期）、曾侯乙墓（战国早期）、包山楚墓（战国中期）和楚幽王墓（战国晚期）选取典型器物，加上个别零散器物，对楚国鼎类所做的一个图解式说明：[2]

（一）无盖大鼎（镬）

特点是形体巨大，无盖，一般只出一件或两件，鼎实为"胖"（即半体的牲肉）〔案：《说文解字》卷二上半部"胖，半体肉也"，礼书经常提到这种用法的"胖"字〕，自名为"镬"（含义不详）。标本有：

（1）图1-1（春秋晚期）。下寺M1出土（M1: 18），仅一件（而且是全墓地惟一的一件）。此器虽出土于春秋晚期的墓葬，花纹为蟠螭纹，但器形颇有古风，类似两周之际的鼎。报告未言鼎实，亦无铭文。

（2）图1-2、3（战国早期）。曾侯乙墓出土（C.96、97），共两件，大

---

[1] 河南省文物研究所等《淅川下寺春秋楚墓》，文物出版社，1991年；湖北省博物馆《曾侯乙墓》，文物出版社，1989年；湖北省荆沙铁路考古队《包山楚墓》，文物出版社，1991年。

[2] 前三墓，请参看《淅川下寺春秋楚墓》《曾侯乙墓》《包山楚墓》。后一墓，请参看李零《论东周时期的楚国典型铜器群》（《古文字研究》第19辑，中华书局，1992年），以及有关图录，如商承祚《十二家吉金图录》（1935年）、容庚《善斋彝器图录》（1936年）和《颂斋吉金续录》（1938年）、于省吾《双剑誃古器物图录》（1940年）、安徽博物馆筹备处《安徽博物馆筹备处所藏楚器图录》第一集（1953年）、楚文展览会《楚文展览图录》（北京历史博物馆，1954年）、安徽省博物馆《安徽省博物馆藏青铜器》（上海人民美术出版社，1987年）。

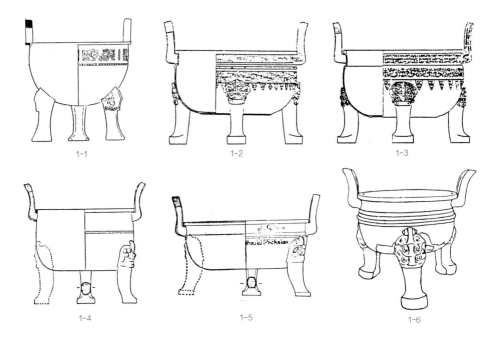

图1 镬

小相似,各盛半牛,均有铭文,但未记器名。

(3) 图1-4、5(战国中期)。包山M2出土(M2: 124、146),共两件,一大一小,大者盛半牛,小者盛半豕,均无铭文,但墓中遣册记为"一牛镬,一豕镬"(图6-1、2),[1]可证明"镬"是此类鼎的自名。

(4) 图1-6(战国晚期)。楚幽王墓出土,共两件,一大一小。鼎实不详(该墓系盗掘),估计应与前者相似。这里所收是其中较大的一件(重量和大小仅次于商代的司母戊大鼎),有铭文,是"铸客"为"集脰"作

---

[1] 简文此字是否从需还值得考虑,这里暂从整理者释。

器,但未记器名。较小的一件现藏安徽省博物馆,刻有铸客之名(与下图5-3为同人之器),未发表。

这种鼎在各类鼎中地位最尊,在官爵较低的墓或士庶墓中往往阙如或用仿铜陶器代替。

(二)平底大鼎(升或登鼎)

特点是鼎身低矮,平底束腰,双耳外撇(但早期也有直立者)。等级最高的诸侯王一级的墓葬(如楚幽王墓和曾侯乙墓)是出九件。令尹或地位略低的诸侯墓(如令尹子冯墓和蔡昭侯墓)是出七件。这两类墓的陪葬墓(夫人墓)则往往是出两件。地位次之的墓可能进一步递减,但详细情况还不大清楚。其鼎实是"牲牢"(牛、羊、豕、鸡、鱼等成套牲肉)〔案:在礼书中,"牲牢"与"庶羞"有别,后者是指精制为羹酱的美味食品〕,自名是"升"(原从鼎旁)或"登鼎"。"登"与"升"音近互假,都是表示荐升之义。标本有:

(1)图2-1(春秋中期)。湖北均川刘家崖M1出土,仅一件,[1]鼎实不详,自名"登鼎"(见图6-3)。这件鼎也很有古风,其器形(垂腹)和纹饰(大垂鳞纹)可以使人联想到西周中晚期之交的鼎。而自名也有西周时期的先例。如罗振玉《梦郼草堂吉金图》(1917年)卷上第8页的一件鼎(铭文见《三代吉金文存》卷二,50页),自名"宝登"("登"字原从鼎旁,器形亦作垂腹状)。另外,近年来河南淅川和尚岭M1也出土了一件年代相近的鼎,[2]鼎实不详,铭文作"克黄之升"("升"字原从皿旁),器形与此相近,但双耳外撇,已呈后来发展之趋势,是此类楚鼎的真正标本(年代不晚于公元前605年)。这里因线图和铭文尚未发表,暂用前者

---

[1] 随州市博物馆《湖北随县刘家崖发现古代青铜器》,《考古》1982年2期,142—146页(器形线图见145页图五:2,铭文见同页图六:1)。

[2] 曹桂岑《河南淅川和尚岭徐家岭楚墓发掘记》,《文物天地》1992年6期,10—12页(器形彩色照片见封底)。

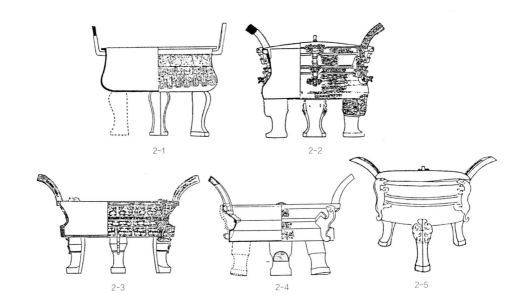

图 2 升或登

代替。

(2) 图2-2(春秋晚期)。下寺M2(令尹子冯墓)出土(M2: 38),共七件,原为子冯的上一任令尹子庚之器,器腹有子庚的铭文;后归子冯所有,又在鼎盖上加刻了子冯的铭文。器铭(子庚之铭)自名"鬲鼎",盖铭(子冯之铭)自名"鬲升"("鬲"字不识,"升"字原从鼎旁,见图6-4、5)。鼎实皆牛(但有两件,报告未言有鼎实)。[1]

(3) 图2-3(战国早期)。曾侯乙墓出土(C.89),共九件,鼎实为猪、

---

[1] "鬲"字,吴振武《释鬲》(《文物研究》第6辑,218—223页)读为"历",以为列次之义,但有些带这种铭文的器物只出一对,释为列次之义仍有可疑。

羊、鸡、鱼等（但有两件无鼎实），均有铭文，但未记器名。

（4）图2-4(战国中期)。包山M2出土（M2: 137），共两件，一件内盛牛骨，均无铭文，但遣册记为"二登鼎"（见图6, 6）。

（5）图2-5(战国晚期)。楚幽王墓出土，共九件，鼎实不详，其中两件有铭文，是"铸客"为"王后小府"作器，未记器名。

这种鼎在各类鼎中地位仅次于前者，在官爵较低的墓或士庶墓中也往往阙如或用仿铜陶器代替。

（三）圆腹中鼎（繁或盂）

特点是腹呈半球形，蹄足捉手盖，多为列鼎（如下述各例），但也有只出一件的例子（如蔡昭侯墓），鼎实亦为"牲牢"，自名是"繁"或"盂"。另外，见于传世器物，这种鼎还有一种名称叫"石也"。但这类器名的含义和相互关系我们还不大清楚。我们只知道，"盂鼎"这种名称在西周晚期就有，并且带这种器名的鼎在器形上与同时期的鼎并无两样（如上《用鼎制度》一文提到的痶鼎、大鼎、硕鼎和卫鼎等器）。标本有：

（1）图3-1(春秋中期)。下寺M8出土（M8: 8），仅一件，内盛牛骨，自名"繁鼎"（见图6-7）。

（2）图3-2(春秋晚期)。下寺M2出土（M2: 43），共两件，报告未言鼎实，自名"繁"（"繁"字原从鼎旁）（见图6, 8）。

（3）图3-3、4(春秋晚期)。前者是下寺M1出土（M1: 62），共四件，内有两件盛羊骨，自名"飤盂"（"盂"字原从鼎旁，见图6-9）。后者是下寺M2出土（M2: 44），也是四件，内有两件盛猪骨，自名相同。下寺M2是令尹子冯墓，M1是其夫人墓，地位不同，但这种鼎的数目是一样的。

这种鼎主要流行于春秋晚期的早段，在当时的鼎类组合中属于最普通的一种鼎，地位较低。

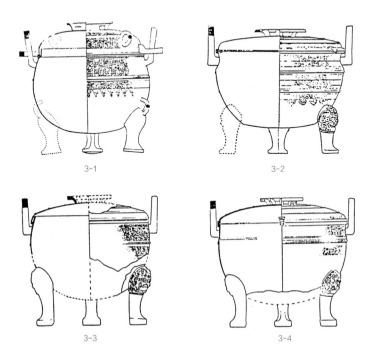

图 3 繁或盂

(四)高足中鼎(镐或乔鼎)

特点是腹由圆而渐平(春秋晚期仍为圆腹,战国则近平),足由低而渐高(春秋晚期为撇足,战国变为细高足),出现兽纽或环纽盖。鼎实亦为"牲牢"。自名是"镐"或"乔鼎"。《说文解字》卷十四上金部:"镐,似鼎而长足",可见"镐"是一种高足鼎。标本有:

(1) 图4-1、2(春秋晚期)。前者是武汉市文物商店所藏的邓子午鼎,

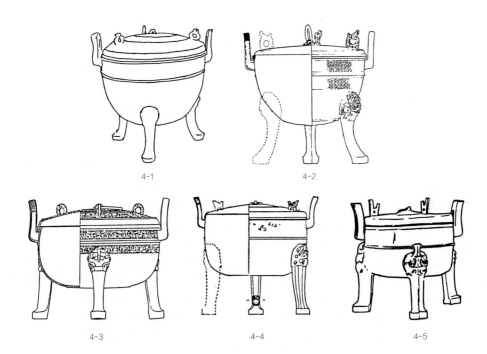

图4 鐈

鼎实不详,自名"飤鐈"(见图6-10)。[1] 后者是下寺M10出土(M10:48),共四件,内有两件盛牛骨,一件盛羊骨,无铭文,但与前者相似。这种鼎的特点是撇足。撇足鼎是越式鼎的一大特点,从商代到西周到春秋战国甚至秦汉魏晋,一直如此。楚地处南方,与吴越和百越交流密切,春秋末期又值吴楚争雄,楚鼎受其风格影响是容易理解的。另外,这种鼎还是过渡形式的鼎,它的圆腹与前一类鼎相似,但盖用兽纽或环纽代替捉手却有别

[1] 武汉市文物商店《武汉市收集的几件重要的东周青铜器》,《江汉考古》1983年2期,36-37页。

于前者，而开战国风气之先。

（2）图4-3(战国早期)。曾侯乙墓出土（C.102），仅一件，未言鼎实，有铭文，但未记器名。曾侯乙墓不是真正的楚墓，情况可能有点特殊。报告分墓中盖鼎为四式，Ⅰ式和Ⅱ式是中原风格的鼎，Ⅲ式和Ⅳ式是楚式风格的鼎。此鼎属其中的Ⅲ式，与下面两例器形相近，但型号比其他三式都小，不一定是合适的例子。这里因缺乏战国早期的例子，姑附于此。

（3）图4-4(战国中期)。包山M2出土（M2:83），共两件，一件内盛牛骨，均无铭文，但遣册记为"二乔鼎"（见图6-11）。

（4）图4-5(战国晚期)。楚幽王墓出土，即著名的楚王舍忓鼎，共两件，鼎实不详，均自名"乔鼎"（见图6-12）。另外，类似的鼎还有八件，鼎实亦不详。其中四件有铭文，一件是著名的楚王舍前鼎，也自名"乔鼎"；另外三件是"铸客"为"王后小府"和"集胆（厨）"作器，均未记器名。

这种鼎是从春秋晚期的晚段才出现，年代正与前一种鼎相衔接，应即在功能上代替前者的新鼎型。在同时期的鼎类组合中，它的地位也比较低。

（五）高足小鼎

特点是器腹作扁盒形，足细长直立，也带兽纽或环纽盖。鼎实也是"牲牢"，没有特殊的自名，只泛称为"鼎"。标本有：

（1）图5-1(战国早期)。曾侯乙墓出土（C.235），共两件，鼎实为豚、雁，均无铭文。

（2）图5-2(战国中期)。包山M2出土（M2:152），共两件。类似形制的鼎还有10件。报告未言鼎实，均无铭文，但遣册记为"……鼎""二□鹰之鼎，二贵（馈）鼎，一聃（贯）耳鼎"。似在功用上有许多细别。

（3）图5-3(战国晚期)。楚幽王墓出土，即客丰愆鼎，共四件，鼎

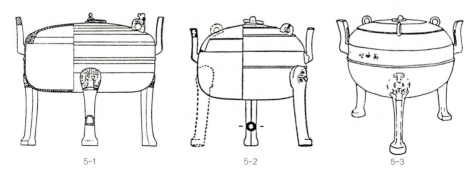

图 5　高足小鼎

实不详，铭文未记器名。类似的鼎还有十件，鼎实亦不详。其中五件有铭文，两件为集脰太子鼎，一件为集緐太子鼎，均自名为"鼎"；两件是"铸客"为"集脰（厨）"作器，未记器名。

这种鼎即通常所说的"楚式鼎"。它应是从前一种鼎派生，型号最小，地位最低，即使规格很低的墓都会出土，在楚墓中发现最普遍。

根据以上图示，我们可以纠正不少误解。例如过去"三分法"未能兼顾形态、鼎实和自名［图6］三者的复杂关系，曾把第三类鼎中以"盂"自名的鼎当作"特鼎"（因为蔡昭侯墓所出只有一件），与第一类鼎混淆，认为出土"镬鼎"都是一件或两件〔案：其实作者已提到，古书中的"镬"是数量较多与升鼎配套用来烹牲的鼎〕。并且很多学者也未能把同样是圜底鼎的后三类鼎分清。实际上，就现有材料看，我们更倾向于认为，楚墓的鼎类组合其实只有两大类，一类是无盖鼎，即用来盛"胖"的"镬"，一类是有盖鼎，即用来盛成组"牲牢"的"牢鼎"〔案：这是礼书本来的叫法。20年代就有人用这一名称描述出土发现的鼎〕。[1] 后者又往往分为

---

[1] 参看：蒋鸿元等《新郑出土古器图志》，新郑出土古器图志总发行所，1923年；关百益《新郑古器图录》，商务印书馆，1929年。

大、中、小三套：大者为"升"，中者为"乔"（前身是"繁""盂"），小者是普通的鼎。也就是说，"三分法"只有"升鼎"可由考古材料来证实，其他都有问题。在现存的考古材料中，真正自名为"镬"和"羞鼎"者还只是个别孤例（前者只有《用鼎制度》一文提到的哀成叔鼎，但和"镬"为大鼎的印象相反，这只是一件34厘米高的小鼎！而后者则有《用鼎制度》一文提到的三个例子），在墓葬中作为"正陪之制"（即升鼎与羞鼎相配的制度）的套组，就更难确认〔案：这需要有鼎实或遣册记载作为佐证〕。我们怀疑，"镬鼎"虽用于馈享或祭奠，但并不一定作为固定的套组而入葬。"羞鼎"也是随烹调日趋考究，才在随葬之鼎中变得比较突出。例如马王堆一号汉墓，其出土之鼎，据遣册记载都是以"羹"为鼎实。[1]因此，用于早期墓葬的鼎制是否一定镬、升、羞俱全，还是一个值得考虑的问题。

图6　鼎类的自名

---

[1] 参看：湖南省博物馆等《长沙马王堆一号汉墓》，文物出版社，1973年。

补记:

(1) 因篇幅有限,本文对以"汤鼎"自名作水器用的楚鼎不再讨论。

(2) 克黄之升,现有比较好的照片,发表于《中国青铜器全集》10(文物出版社,1998年):图版一,书后并附有铭文拓本。

1995 年 5 月 29 日写于北京蓟门里

(原载《文物天地》1995 年 6 期,31—36 页)

皇室藏金匮（任超摄）

读书偶记

滦平营坊村出土的兽面石人

1979年秋，河北滦平县虎什哈乡营坊村社员平整土地时，于村西300米距地表约1米深处发现了一件兽面石人[图1]。[1] 石人是用质地很软，据说用指甲就可划出痕迹的"石灰岩"，即"当地称为化石"〔案：应为"滑石"之误〕的石料雕刻而成，通高只有9厘米，长5厘米，宽4.5厘米（肩宽5.5厘米、腰宽3.5厘米）。其形象是作兽面人身：兽面，侧视如三角形，有向前凸起鼻孔很大的长嘴，以及两只圆睁凸起的大眼睛，嘴角后侧的颊部有一组钝角向前的三角形纹，额头和三角形纹的后面是一圈竖立的头发；头的后面有环状錾手；人身，比较写实，作裸体蹲坐，双腿蜷曲，双手捧嘴。消息发布者说，"根据有关专家鉴定，这件石人应为夏家店上层文化遗物"。

大家知道，河北滦平县是出土夏家店文化雕刻作品最集中的地区。过去，在《文物》杂志召集的东山嘴遗址的座谈会上，河北考古学家郑绍宗先生曾披露：

> 东山嘴祭祀遗址的发现，一方面使我们有可能对红山文化的社会性质、原始崇拜和祭祀等精神文化的内涵及其联系作进一步研究；另一方面，由于这一遗址位于东北辽西走廊偏西部位，它同周围的文化关系，从关外到关内，一直往西到内蒙古，都是比较密切的，所以它的发现也给我们提出了新的课题，即重新认识过去发现的一些东西。

---

[1] 赵志厚《河北省滦平县营坊村出土兽面石人》，《文物》1985年2期，93页。

图 1 河北滦平营坊村出土的兽面石人（刘建华提供）

这里与河北临近（案：原文如此，应为"邻近"之误，下同），根据近年的发现可知，仰韶文化的北界大体在永定河流域，再往北的潮白河流域、滦河流域，已经脱离开华北平原而进入燕山和军都山地区，这一地区是仰韶文化和红山文化的接触地区，在长城以南的迁西、宝坻、三河都发现了具有红山文化因素的遗存，其中三河县孟各庄二期文化的时代可能同东山嘴是接近的。有趣的是，在这些地区的红山文化或接近红山文化的遗址里，也出现过与东山嘴遗址类似的因素。

如滦平县金沟屯遗址。这个遗址在滦河的一条小支流旁，地势也是一个开阔地。出土压印之字纹灰陶深腹碗、灰陶钵、高颈圆腹壶等，其时代可能相当于红山文化晚期。这个遗址出土了石雕人像，姿势有立、坐、盘膝、举手等。大的高34厘米（案：即下简报报道的采:15），眉目清晰，双手附于胸下，下身双足相连，足底端近圆锥形，便于在土中戳立。小像高6厘米（案：即下简报报道的采：37），有盘腿而坐或举手的，圆雕眉目表情都非常原始。但这个遗址尚未发现祭坛一类遗迹。

又如滦平兴州的一座山上，也是类似东山嘴这样的一个开阔地，山上每隔四五十米远就有几块石头立着，从山岗一直排下去，当地群众叫"拴马桩"，石头为红色砂岩，制作不规则。联系东山嘴的发现，我想这些立石也应是与原始祭祀有关的。

总之，东山嘴的发现，给我们点了一个题目，就是在今后工作中，尤其是与朝阳临近的地区，要特别注意这方面的材料。[1]

郑先生提到的"滦平县金沟屯遗址"，就是10年后才被报道，引起普遍注意的后台子遗址。[2] 这一遗址共出土石雕8件，7件为人像，1件为兽像。这些雕像，虽被发掘者按遗址的上下两层做了暂时归属（上层有人像6件，兽像1件，下层有人像1件），但它们都是用推土机铲出的采集品，缺乏准确的断代依据。发掘者把遗址下层定为赵宝沟文化，上层定为夏家店上层文化，可以作为研究这批石人的参考。现在，学者对这批雕像兴趣较浓，主要是延续红山文化研究的兴奋点。如汤池先生即以此类雕像为象征生育和丰产的女神像，并以之比拟欧洲和西亚发现的所谓"维纳斯像"。[3] 他指出，内蒙古林西县兴隆洼文化白音长汗遗址的19号房址（T32F19）曾出土过与后台子石人非常相似的石人（高35.5厘米，和后台子石人中最

---

[1] 俞伟超、严文明等《座谈东山嘴遗址》，《文物》1984年11期，17—18页。
[2] 有关发现首先见于汤池《滦平出土红山文化早期石雕女神像考察记》(《文物天地》1993年6期，4—6页）一文介绍。接着，承德地区文物保管所等《河北滦平县后台子遗址发掘简报》(《文物》1994年3期，53—74页）对这一发现做了正式报道。
[3] 同注〔2〕引汤池文。又参看：汤池《试论滦平后台子出土的石雕女神像》，《文物》1994年3期，46—51页。

大的采:15大小相近），发现时是戳立在室内方形火塘北边0.5米处的地面上，对研究这类石人的用途是重要线索。这类雕像，形象模糊，性别特征不十分明显，起码不能肯定都是象征生育和丰产的女神像。和这些材料相比，营坊村石人是属于小型石人（与后台子石人的采:19、采:20和采:37大小相近）。它的材质，与后台子石人相似，也是用比较软的材料雕刻（后台子下层的石人是用辉长岩、辉绿岩和变质岩雕刻，上层的石人是属于"滑石质"，都是比较软的材料）。石人作蹲姿，双腿相连，也与后台子石人一样。它的足部以下，也已残缺。由于这件石人和学者称为"女神"的石人显然不同，学者还很少讨论。所以，我把它提出，做一点简单的比较。

看到这件文物，我的第一印象是，它造型古怪，其兽面的表现手法，和北美印第安艺术比较相似；第二印象是，它和欧亚草原出土的"随葬石人"（学者或称"护身符"）也有一点相似，特别是其表现乳房的手法，基本上和草原石人一样。草原石人，无论是小型的随葬石人，还是大型的墓前石人，都是以圆球状的小乳为特点，我国商周时期的青铜人像也是如此。它们和西亚、欧洲丰乳隆尻的"维纳斯"是不太一样的。

2002年12月3日写于北京蓝旗营寓所

三件有趣的茧形壶

在一般人的印象里，茧形壶是流行于战国时期的秦国和后来的秦代和汉代，它是秦文化的典型器物，但被汉代继承下来。其实，它还有更早的来源和更晚的延续，甚至在华夏地区以外也有发现。这种器物与通常称为"扁壶"的器物有密切关系。扁壶的特点虽在于扁（侧视的效果），但也是小口大腹，正面横宽，侧面竖窄，可以容纳较多的液体（酒或水）。此类器物，其实就是古书称为"榼""椑"或"椑榼"的器物。汉代的"榼""椑"有方圆之异，圆体分卵形和圆筒形两种，主要流行于西汉；方体是圆筒形的变形，主要流行于东汉和魏晋。通常大家称为"茧形壶"或"鸭蛋壶"的器物其实只是其中的卵形壶。[1] 由于大家对它的器名还比较陌生，同一器名下又有不同类型，这里姑且从俗，仍称之为"茧形壶"。

茧形壶的来源（包括器形来源和名称来源）是个值得研究的问题。这里，我想介绍三件有趣的标本，供大家思考。

（一）西周时期的大型灰陶粗绳纹茧形壶 [图1] [2]

此器是1982年出土于陕西扶风县齐家村的7号窖藏（编号是1990：2202），形体硕大，高55.5厘米、口径14.7厘米。其形制与战国时期的茧

---

[1] 参看：林巳奈夫《漢代の文物》，京都人文科学研究所，1976年，247—250页；黄盛璋《关于壶的形制发展与名称演变考略》，《中原文物》1983年2期，22—27页；裘锡圭《说釳、椑榼》，《中国历史博物馆馆刊》1989年，71—80页。又本书所收李零《论楚国铜器的类型》。
[2] 曹玮先生提供。

形壶相似，整个器物也是以小口大腹为特点，但器腹略呈圆筒形，只是两端较圆，作弧形收分，小口略向外侈。它的纹饰也很有特点，是以西周陶器常见的粗绳纹，装饰在器腹和颈部。腹部的绳纹是作横斜交错（略向右下倾斜），分为左右对称各五组，作幅带状，纵向缠绕，靠近中间的两组最宽，越往左右两端收拢，幅带越窄。每一组和每一组之间留有一道很窄的空白。颈部的绳纹在口沿下部，则是竖纹。这是目前发现，在西周故地出土，年代明确属于西周的茧形壶。

图 1　西周茧形壶

（二）战国时期秦国的大型灰陶细绳纹茧形壶［图2］[1]

此器是1961年出土于陕西咸阳市长陵车站附近。[2] 这件器物，高61.5厘米、长66.5厘米、宽56厘米、腹径55.5厘米，比前者还大。它比上面那件西周茧形壶年代要晚得多，但形制仍有共同点。这件器物也是用灰陶制成，也以类似数量和类似形式的幅带上下缠绕。只不过，它的不同点是，器形正视作椭圆形，口是以凸起的圆箍为唇，器表显得比较平滑。它的纹饰，是以中间一组（偏左）和左右各四组的细绳纹幅带为装饰，中间的幅带较宽，两边的幅带较窄，每组中间的空白，更为明显，远看好像双弦纹。绳纹基本上是平行的横纹，但也是略向右下倾斜。大部分秦汉时期的茧形壶，都属于这种样子，但形体没有这么大。这件器物可以算得上是茧形壶之王。

---

［1］曹玮先生提供。
［2］陕西省社会科学院考古研究所渭水队《秦都咸阳故城遗址的调查和试掘》，《考古》1962年6期，281—289页。案：简报无器形发表。

图 2　战国秦茧形壶　　　　　　　图 3　乌孙茧形壶

（三）乌孙文化早期的茧形壶［图3］[1]

此器是1969年出土于新疆昭苏县西南夏特村乌孙墓地的38号墓，高19.8厘米、口径6.5厘米，比上述茧形壶要小，比较接近秦汉时期茧形壶的一般大小。其年代约相当于西汉。它的特点是肩饰附加的泥条（好像包饺子捏出的边），并敷红色陶衣，和中原地区的茧形壶有相当差距。

由于我们讨论的茧形壶，它的早期标本都是发现于陕西地区，以及与陕西邻近的西北地区，是周秦汉数代相承的典型器物。这种器物，从器名看，从器形看，都与通常称为"扁壶"的器物属于同一类。而扁壶又是学者认为与北方草原地区有关的器物。扁壶的出土，范围比较广，但比较集中，还是在与草原地区邻近和与西北通道相连的黄河流域。它与北方草原和丝绸之路是什么关系，这是值得思考的问题。

2002 年 12 月 2 日写于北京蓝旗营寓所

---

[1] 新疆维吾尔自治区文物事业管理局等《新疆文物古迹大观》，新疆美术摄影出版社，1999 年，377 页，图版 1076。

说 匦

匦是古代的一种常见器物，除盛放某些贵重物品，[1] 还常常用特别厚重坚实的材料制成，用以盛放机密文件，等于今天的保险柜。

在古代字书中，匦常与匧、匣并说，如《说文》卷十二下匚部："匦，匣也。""匧，匧也。"《广雅·释器》："匧，谓之匦。"《六书故》："今通以藏器之大者为匧，次为匣，小为匦。"按照这类解释，匦是一种比匣、匧为大，方盒状的器物。另外，还有一种说法，是以匦为柜，如朱骏声《说文通训定声》说匦字亦作"匱"，俗作"櫃"，即今柜字。柜有躺柜和立柜，躺柜是大箱，而立柜则属橱类。例如孙机《汉代物质文化资料图说》（文物出版社，1991年）第54节讲汉代的匦，就是以匦、厨（橱）并说，把匦理解为一种小橱。

古书所说的"匦"，最有名要算"石室金匦"的"匦"。这样的匦是什么样？它是箱盒类器物还是橱柜类器物？这个问题很值得探讨。

"金匦"是用来存放国家收藏的珍本秘籍和机要档案，即广义的"书"，对图书档案史的研究很重要。用匦藏典，这种制度可以追溯到很早。例如，《尚书·金滕》提到一个很有名的故事。故事说，武王克商之后第二年，他得了一场大病。周公为使武王痊愈，宁愿移病于身，代武王

---

[1]《楚辞·七谏》"玉与石而同匦兮"，《九叹·愍命》"藏瑉石于金匦兮"，皆以匦为藏贵重之物，认为贱如石者不当入内。

去死,所以悄悄设坛除地,祝告先王(属祝由之术)。史官录辞于简,"公归,乃纳册于金縢之匮中"。结果很灵,第二天,武王的病就好了。后来武王去世,成王继位,由周公摄政,管叔等王叔散布流言,说周公"将不利于孺子",发动叛乱。周公东征,平定叛乱,成王"启金縢之匮",才知周公的苦心孤诣,当然大为感动。

《金縢》所说的"金縢之匮",据说是用金属封裹其表。这样的匮不独使用于周,也沿用于后世。唐孔颖达疏引郑玄说谓"凡藏秘书,藏之于匮,必以金缄其表。是秘密之书皆藏于匮,非周公始造此匮,独藏此书也",甚至认为它的发明可能更早。

比《金縢》讲的故事年代晚,我们从新近发表的包山楚简也发现类似的"匮"。简文提到公元前317年,楚左尹命漾陵县的邑大夫核对一个叫梅瘒的人是否被登记在用"漾陵之三玺"封存的户籍档案中。结果派来的四名邑大夫"启漾陵之三玺而在之",发现梅瘒确实登记在"漾陵之三玺间御之典匮"[图1]。[1] 这说明"典匮"是用官印封存,非经主管官员批准,不得擅自启封,开匮查阅。简文中的"间御"疑即表示封缄。

汉代史料讲"金匮",往往都是与"石室"并说。如:

---

[1] 见《包山楚墓》(文物出版社,1991年)下册,图版九六,简12-13。

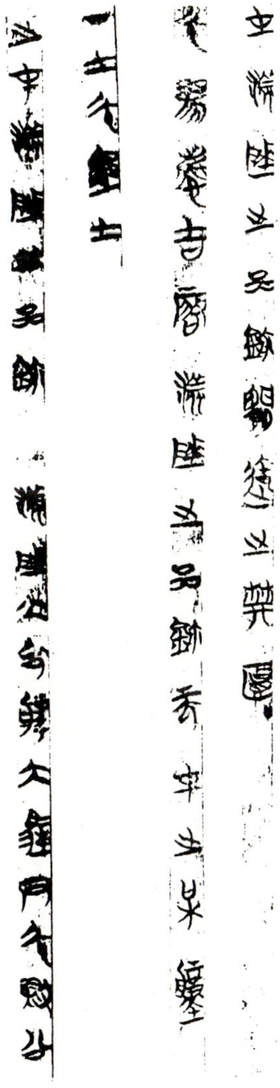

图1 包山楚简中的匮

（1）《史记·太史公自序》："周道衰，秦拨去古文，焚灭《诗》《书》，故明堂石室金匮玉版图籍散乱。"

（2）《汉书·高帝纪下》："又与功臣刻符作誓，丹书铁契，金匮石室，藏之宗庙。"如淳注："金匮犹金縢也。"师古注："以金为匮，以石为室，重缄封之，保慎之义。"

（3）《史记·太史公自序》："卒三岁，而迁为太史令，䌷史记石室金匮之书。"索隐："石室、金匮皆国家藏书之处。"《汉书·司马迁传》"匮"作"鐀"，盖以金封缄，故字从金。

（4）《汉书·王莽传》："又按金匮，辅臣皆封拜。"

（5）《后汉书·王允传》："及董卓迁都关中，允悉收敛兰台、石室图书秘纬要者以从。……经籍具存，允有力焉。"

案：汉西京藏书之所分两处，一为石渠阁，一为兰台。石渠阁在未央宫殿北，兰台在未央宫。[1] 而两者中，尤以兰台为著。古书所谓"金匮石室"主要就是指兰台。

汉代藏书分两大类，一类是普通典籍，如《七略》《汉志》所录；一类是国家档案，包括各种簿籍和图册。兰台兼有图书馆和档案馆两重功用。由于古代典籍往往秘藏于石室金匮，所以古书往往以"金匮"为题以示珍秘，如汉代风靡一时的《太公》三书（《谋》《言》《兵》），其中的《言》，隋唐时代便叫《太公金匮》。此外医卜之书，也不乏这类名称。[2]

古代的金匮石室，保存至今只有北京的皇史宬。其所用金匮是铜皮包裹的樟木大箱，除防火、防盗，还可防虫。它和早期的"金匮"年代相去甚远。早期的"金匮"是什么样？现在还无法知道。

不过，尽管我们并不知道早期的"金匮"是什么样，但在出土实

---

[1] 顾炎武《历代宅京记》，中华书局，1984年，61、82页。
[2] 如隋唐史志有《金匮仙药录》《玉匮针经》《金匮玉衡经》等书，传世医书有《金匮要略》。

图 2　王莽虎符石匮（梁鉴摄）

物中有一件汉代石匮对我们却很有启发。这件石匮发表于近年出版的《青海文物》（文物出版社，1994年）一书中［图2］。实物通高203厘米、宽137厘米，由盖、器两部分组成。器本身近于正方形（高157厘米、宽137厘米），但器盖上雕刻卧虎，长132厘米、高46厘米。器底中心凿为方形凹槽，为容物之所，估计径约60—70厘米（从照片目测），带子母口凸边一周，壁厚约30—35厘米左右（从照片目测），甚厚。虎头所在一侧的器壁有阴刻篆书铭文三行，自上而下书写，盖器连读，作：

西海郡虎符石匮，
始建国元年七月癸巳，
工河南郭戎造。

"西海郡"是西汉元始四年（4年）王莽平西羌后所设[1]，治所在龙耆城，即今青海省海晏县，石匮为海晏县文化馆收藏，疑出土于当地。"虎符石匮"是器名，乃因匮顶雕刻卧虎，盖器铭文连读如合符。"始建国元年"为公元9年，"七月癸巳"，原释"十月癸卯"，应纠正。"工河南郭戎"是工匠的里籍和姓名。铭文包括置器之所、作器年代和作器者三项，说明器物是王莽登基后，为新设不久的西海郡所作。

这件石匮不是中央政府之物，而是郡一级的东西，规格略低，用石不用金，但其形制和用途可能与"金匮"有相似之处。它形体硕大（有一人

---

[1]《汉书·王莽传上》，中华书局，1962年，4077–4078页。

说匮　505

多高），器壁甚厚，又有子母口，只能升举器盖，才能打开，当是出于防火、防盗的周密考虑。《庄子·胠箧》提到"胠箧探囊发匮之盗"，当时的盗窃高手要想把这件重达数吨的石匮打开，或穿透器壁，必相当困难。另外，从照片上看，我们发现，器底左侧（即虎身的左侧）的上沿刻有一道凹槽（不知是否连盖而有之），右侧似乎也有类似的凹槽。

据《续汉书·祭祀志上》，汉光武封禅泰山，仪式是仿元封故事，其中有以石匮藏玉牒，以五寸印封检等仪节。注引《封禅仪》说："以金为绳，以石为检。东方西方各三检。检中实泥及坛土，色赤白黑，各依如其方色。"我们怀疑，此匮器底两侧的凹槽也是供封检之用。我们希望收藏者对有关细节做进一步报道（最好发表三视的线图），这里只是一点粗浅的讨论。

(原载《文物天地》1996年5期，14—16页)

王莽虎符石匮调查记[1]

1999年8月22日。

早8:00，自西宁出发，走北路（南路施工，容易堵车），去海晏。海晏在西宁西约190里。同行有李智信、林梅村等七八人，坐一辆面包车走。路上浓云密布，继而冰雹大雨。李智信说，石匮在海晏县文化馆的亭子内，现在有雨，无法照相，不如先到"原子城"。"原子城"是中国第一个核武器研制基地的俗称，比"三角城"名气大，往来凭吊者很多（当然比起内地的景点人要少得多）。现在基地已废，移交地方，为海北州州府所在，叫西海镇，位置在海晏县城的西北。到"原子城"，天晴，看纪念碑、展览馆，买旅游指南一份，上有石匮小照。从照片看，石匮是放在一个漂亮的亭子内，盖、器扣合在一起。急于去"三角城"，但已到午饭时分。午饭上菜很慢，花了不少时间。饭后，去海晏县，先到县城找文化馆。一打听才知道，它已搬家。到新址，我们发现，馆舍尚未竣工，院子

---

[1] 本文涉及的主要研究著作有：赵生琛《青海海晏的汉代石虎》，《文物》1959年3期，73页；安志敏《青海的古代文化》，《考古》1959年7期，375—383页；青海省文物处、青海省考古研究所《青海文物》，文物出版社，1994年，图版121；李智信《青海古城考辨》，西北大学出版社，1995年，183—191页（所收"'虎符石匮'的发现及其作用"节，原名《西海郡虎符析》，载1988年出版的《青海文物》创刊号）；李零《说匮》，《文物天地》1996年5期，14—16页；国家文物局《中国文物地图集》青海分册，中国地图出版社，1996年，专题文物图：97页，文物单位简介：125页；卢耀光《西海郡"虎符石匮"管见》，收入青海省文化厅、青海省文物考古研究所编《青海考古五十年文集》，青海人民出版社，1999年，138—144页。

里坑坑洼洼，主体建筑还狮子大开口，南门和南墙都暂付阙如。石匣在大厅正中，放在一个水泥台上，盖、器是扣合在一起，虎头朝南。天花板的白灰掉在虎背上，还未刷掉，地上的渣土也未扫除。

石匣形状，过去了解不够。安志敏《青海的古代文化》有盖部的三视图（线图），没有器部的图像（当时尚未发现器部）。《青海文物》有分摄的盖、器照片，盖是正面，器稍斜，看不清侧面，也看不见后面。《中国文物地图集》青海分册有盖器正面的照片和盖部侧视的照片，只是刚刚看到（李智信先生赠）。在旧作《说匣》中，我曾怀疑，石匣两侧口沿中间有封检用的凹槽，现在看到原物，果然。我非常兴奋，围着它照了一圈的相［图1-图4］。可惜的是，石匣的后面离墙太近，只能从右后侧照，而且盖器扣合，看不见盖底和器顶放置册书的空间。经仔细观察，我的印象是：

（1）石匣顶部为卧虎纽。虎形与秦汉虎符相似，虎尾从虎的臀部上卷至背，向虎身左侧下垂，搭在左后足上。

（2）石匣的盖部。从顶上看，其盖顶四角有四个方孔，孔向盖的左右两壁斜穿；从侧面看，左右两壁的左上角和右上角各有方孔二，与顶上的方孔相通。又盖的左右两壁靠近口沿的正中，各有方孔一，向下斜穿，与器部靠近口沿正中的方孔相通。前一类方孔，据说是马步芳为装车搬运，而令工匠开凿，以便系绳起吊，并非原有（如果属实，当是仿后一类方孔而作），但古人启匣，如何将盖部升离器部，没有前一类方孔怎么办？我很怀疑。看来这个问题还值得进一步了解。虎头所向的前壁有铭文，为铭文的上半，字口内现在涂为红色。

（3）石匣的器部。前壁为铭文的下半，字口内亦涂红色；左右两壁靠近口沿正中有方孔与盖部靠近口沿正中的方孔相通。这种方孔，盖器相对，彼此相通，正好填泥封缄，加盖玺印，应是封检的凹槽，而与升举无关。因为如果是为升举，当以四角凿孔为便。中部系绳，难以平衡，极易倾覆。

图 1 王莽虎符石匮（正面，梁鉴摄）

图 3 王莽虎符石匮（后面，梁鉴摄）

图 2 王莽虎符石匮（右侧，梁鉴摄）

图 4 王莽虎符石匮（左侧，梁鉴摄）

(4)尽管我们只见其外,不见其内,但值得注意的是,石匦器部的右后角缺去一大块。从缺口向内看,可见盖部也有与器部类似的方形容物之所。另外,器物的后面有若干凿孔和刻线,也是值得注意的现象。

照过相,我请梅村帮忙,把石匦的尺寸测量了一下。它们是:

(1)虎纽。长132厘米、高46厘米。

(2)器盖。不连虎纽,长137厘米、宽115厘米、高65厘米;连虎纽,高111厘米。

(3)器底。长139—140厘米、宽117厘米、高92—95厘米。

合虎纽和盖、器而计之,全器的尺寸约为长140厘米、宽117厘米、高206厘米。

临出门,文管所所长马海禄先生到。马所长带大家去"三角城"。城在海晏县城的西边,作长方形,南北长、东西窄,并非作三角形。地面可见隆起的城墙,城内荒草丛生。向南望,可见工厂和铁路:工厂是海北硅铁厂,铁路是运核弹的旧路。据马所长说,石匦原在城内台地的东南角,40年代,发现石匦的盖部,马步芳派人把它运往西宁,但刚出"三角城"东,就把大车的车轴压断,遂弃之荒野,即"三角城"和海晏县城之间。50年代,青海省文管会作文物普查,再次发现此物,当时以为是普通的石雕,发表消息时称为"石虎"。器则是80年代发现。过去,修铁路的工人和当地农民都打过这件器物的主意,想把它破开,派其他用场(作夯石或碌碡)。事后回想马所长的话,我猜,器物背面的凿孔和刻线,大概就是他们的杰作。

离海晏,沿青海湖东岸南行,入共和县境。青海湖如汪洋大海,昏昏蒙蒙,远接天际,因为视线的缘故,海面似浮出于地面之上。路过海神庙遗址,未能下车参观。海神庙是当地祭青海湖神(西王母)的地方,现在每年还祭。青海是古代的西海,唐以来祭海多属遥祭,清雍正平定罗卜藏丹津之叛,为了控制青海,始改遥祭为近祭,以此与蒙、藏、回、汉会盟。民国袭其礼,改"当今皇帝万岁万万岁"为"中华民国万岁",行五族共和。一路南行复西南行,野旷天低,四下碧绿,马牛羊都在埋头吃草。至151观海,然后走南路,经湟源县归。路上过唐蕃分界的日月山,下车登日月亭。日亭在东(有开元分界碑趺坐),月亭在西。两亭间是通道。过日月山,风景大异,南边遍地吃草的牦牛突然消失,开始出现农村。沿途可见山顶多烽燧遗址。傍晚回到西宁。

归读李智信先生赠《青海古城考辨》,有六点收获:

一、作者指出,西海郡古城的设立是为了控制青海湖沿岸的羌人(西零羌和卑禾羌),它不在唐蕃古道即我们回来的那条路上(183页)。因此其地理意义可能主要在于控扼青海湖的北路。

二、该书对西海郡古城有一段描述,谓此城地点"在青海湖东北侧、湟水东岸的金银滩上,距海晏县城约1公里。城呈梯形,东西长600—650米、南北宽600米,城墙残高4—12米,基宽8米,顶宽2米。夯土版筑,夯土层厚约6厘米。城有东、西、南、北四门。城内南部较高,有三处隆起地带,应为当时的主要建筑区",城内采集物,与汉代有关的东西是"西汉和王莽时期的五铢钱、货布、货泉、大泉五十等货币还有东汉时期有的'西海安定元兴元年作当'陶文的瓦当等"(184页)。

三、该书提到西海郡之设,是因为"当时,西汉王朝在全国已设有东海、南海、北海三郡。王莽为凑'四海'之数,取'四海归一'之意,以良愿等所献之地为'西海郡'"(184—185页)。

四、该书讲虎符石匮的发现分三步:(1)"1942年,马步芳天水系幕僚冯国璋〔案:应为"冯国瑞"〕欲将海晏三角城内的'虎符石匮'移至西宁,途经东大滩,因车出故障,遂将其弃置荒野"(185页);(2)"1956年,青海省文物管理委员会将石虎〔案:指石匮的盖部〕移至海晏县文化馆",当时文字只有一半,无法通读(185—186页);(3)"1987年9月,海晏县文化馆将置于东大滩的'石块'移至馆院内的过程中发现,原压在底下的一面亦刻有字",得此,始合为全器,铭文才能通读(186页)。

五、书中详记石匣尺寸,其中提到"座两边各凿有长13厘米、宽6.5厘米的方洞两个,为搬运拴绳之用"(即我认为作封检之用的凹槽);器部中间的凹坑,"坑长60厘米,宽39厘米,深28厘米,四周有凸沿,高2厘米。凸沿与石块四边距离相等,皆为38厘米",是我忘记测量的数据(185—186页)。

六、作者摘引《汉书·王莽传》,讲其伪托符命(如齐郡新井、巴郡石牛、扶风雍石、哀章金匮等)称帝之过程,"推测'西海郡虎符石匣'大概是用来盛放五威将颁布于天下的所谓'符命四十二篇'的。因放有'符命',所以有'符'之名。因是盛具,所以有'匮'之名"(187—189页)。

重新检讨学者对虎符石匣的讨论,我想提出三点新的推测:

第一,《王莽传》说"梓潼人哀章学问长安,素无行,好为大言。见莽居摄,即作铜匮,为两检,署其一曰'天地行玺金匮图',其一署曰'赤帝行玺某传予黄帝金策书'。某者,高皇帝名也"。我们怀疑,虎符石匣亦用两玺封检,类似哀章金匮,惜封泥已失,无可考。

第二,虎符石匣之以"符"名,除我们所说可能是因为它以盖器合铭如符外,也有可能与藏王莽《符命》四十二篇有关。

第三,此匣出西海郡,可能是与东海、南海、北海三郡配套。此器以虎为纽,是以白虎代表西海郡,如果其他三郡也有石匣发现,其纽当作青龙、朱雀、玄武。我们怀疑,它在城内的放置方向是虎头朝东。

此外,还可补充的是,在《说匮》一文中,我曾举包山楚简《集箸(书)》所记用"漾陵之参(三)鉨(玺)"封检的"典匮",用来说明匮是用玺来封检(传世文献多有记载,可为佐证)。近承上海博物馆孙慰祖先生告,该馆收藏一件楚三合玺,印文是以"参(三)鉨(玺)"自名,可见"三玺"是指三合玺,由主管官员分掌,合符为信。

补记：

卢耀光文对李智信书有三点修正：

(1)"冯国璋"是"冯国瑞"之误（陈直所记亦作"天水冯国瑞"，见所著《汉书新证》，天津人民出版社，1959年，472页）；

(2) 石匮发现可能是在海晏建县的1943年而不是1942年；

(3)1987年发现器座是在"三角城"内而非城外的"东大滩"（也就是说，冯氏发现只是器盖）。

2000年1月17日于北京蓟门里寓所

（原载《文物天地》2000年4期，25—27页）

"五星出东方利中国"织锦上的文字和动物图案

"五星出东方利中国"织锦[图1]是近年来引人注目的考古发现。[1]该物是1995年10月出土于新疆民丰县尼雅遗址（汉代精绝国遗址）的一座夫妻合葬墓（编号为95MNIM8）。墓主衣衾华贵，殉葬品多，当是精绝贵族。墓葬年代，估计在东汉末至魏晋这一段。墓中男尸，尸体右侧随葬弓矢等物，织锦出其旁，作长方形，幅长18.5厘米，宽12.5厘米，四周以麻布缘边，上下缘各缝缀三条黄白色绢带，长约21厘米，发掘者推测是"引弓者护臂之物"，并简称为"护膊"。另外，该墓出土的大量丝织品中，还出土了一件"讨南羌"锦（[图2]，出自男尸头端），其图案风格、设色敷彩和经纬结构与"五星出东方利中国"锦相似（但并不相同）。二锦的年代要比墓葬早，估计在东汉时期。

关于"五星出东方利中国"锦，学者已经做过不少讨论，这里试做补充，讲点粗浅的看法，请各位专家指正。

（一）文字

首先，我想指出的一点是，这件"护膊"虽然是精绝古墓中的随葬

---

[1] 于志勇《新疆尼雅出土"五星出东方利中国"彩锦织纹初析》，《西域研究》1996年3期，43—46页；《新疆尼雅遗址95MNIM8概况及初步研究》，《西域研究》1997年1期，1—10页；《尼雅遗址出土"五星出东方利中国"锦织文浅析》，《鉴赏家》，no.8（1988年），30—37页；王炳华《关于汉代"南羌"问题》，《西域研究》1997年3期，118页；孙遇安《尼雅"五星锦"小识》，《文物天地》1997年2期，10—12页。

图1 "五星出东方利中国"织锦（民丰尼雅遗址M8出土）　　图2 "讨南羌"锦（民丰尼雅遗址M8出土）

物，但材料却是汉地所出，实际是用汉地的织锦裁制。它上面的文字反映的乃是汉地的思想，而不是精绝国的思想。

"五星出东方利中国"，正如学者已经指出，它是属于古代星占中的"五星占"。例如出土马王堆帛书《五星占》、唐代的《开元占经》和《乙巳占》，还有其他许多古书都谈到这类内容。但应当指出的是，古代的五星占往往与用兵有关，具有兵阴阳的性质。例如马王堆帛书《五星占》就属于这一类。[1]《汉书·艺文志·兵书略》分兵书为四门,其中第三类是"兵阴阳"。它的特点是"顺时而发,推刑德,随斗击,因五胜,假鬼神而为助者也"。传世五星占,是以五星配合五行。其说与"因五胜"(利用五行相胜)有关。而五星中的太白是西方之精,乃主兵之象,尤为兵家所重。如唐李筌善推阴阳以言兵事,他的兵书叫《太白阴经》,就是以"太白"名书。数术家以"五星连珠"定用兵利害(类似以斗、岁向背定用兵利害),在古代有很大影响。但这种天象很少碰到,古人称之往往只是虚应故事,并不一定能当断代依据。

古书讲"五星占"材料很多,但与织锦文字最接近还是下面两条:

> 五星分天之中,积于东方,中国利;积于西方,外国用兵者利。(《史记·天官书》)

> 五星分天之中,积于东方,中国利;积于西方,夷狄用兵者利。(《汉书·天文志》)

这两条占文,内容基本相同。它们都是以五星所聚的方位所在讲行师用兵的主客利弊,无疑属于兵阴阳的范畴。这里值得注意的是,占文中的"中国"是相对于"外国"或"夷狄"。因为"中国"一词虽然西周就有(如西周铜器何尊铭文中的"余其宅兹中国"),但与汉代的用法还不太一样。中国早期的"国"与"邦"不同:"国"是首都(有别于都、县),"邦"是国土。汉避高祖讳,造成"邦""国"混乱(如改"邦家"为"国家","相邦"为"相国"),但"中国"的说法却是本来就有。西周时期,"中国"是指洛阳这种天下辐辏,四方入贡道里均,有如"条条大路通罗马"的轴心城市,它是天下之中的意思,但从《史记》等书的用法看,汉

---

[1] 马王堆汉墓帛书整理小组《马王堆汉墓帛书〈五星占〉释文》,《中国天文学史文集》,科学出版社,1978年,1—13页。

代的"中国"却是区别于"夷狄"或"蛮夷"。"夷狄"多指北方的非汉族地区,"蛮夷"多指南方的非汉族地区。[1] 它们都属于正史蛮夷传所说与"中国"有密切来往(有时称臣纳贡,有时举兵来袭)的周边国家,古人称为"蕃"(《周礼·秋官·大行人》:"九州之外,谓之蕃国。""蕃"是藩屏之义)。现在西方学术著作多以frontier(边疆)称之(如最近出版的《剑桥中国上古史》就是这样用)。它和今语的"外国"还不太一样。另外,占义讲五星在东和五星在西各是一层意思,这点也值得注意。因为"五星出东方利中国"只是其中的一种情况,即有利于"中国"的情况。另一种情况,即有利于"夷狄"的情况,因为对中国不利,它在织锦上肯定不会出现。这很明显代表的是当时的汉族意识。特别是如果此锦与"讨南羌"有关(但不一定与"讨南羌"锦连读)。它很明显是与汉征西域的军事活动有关,意思是说,只有中国一方才是胜利的一方。[2] 这样的文字对西域各国来说,其感受应该不太愉快。但身为"夷狄"的精绝为什么会欣然接受,裁制护膊,用以随葬,这是值得考虑的一件事情。学者认为,此物是汉王朝赐赏,精绝接受此物,是表示归化臣服。这当然是一种可能。但如果此物是为纪念汉征南羌,也有可能,精绝是以南羌为异族,和自己无关,并不感到侮辱。或者墓主不解文字含义,但爱丝绸之美,根本就没把它的内容当一回事。

总之,织锦文字中的"中国"是指汉族地区,而并不包括僻处西域的精绝国,这是当时的历史情况。

---

[1] 如《史记·秦本纪》"其玄孙曰费昌,子孙或在中国,或在夷狄",《楚世家》"其后中微,或在中国,或在蛮夷"。前者的"夷狄"是指嬴姓之后的秦僻处西戎,后者的"蛮夷"是指芈姓之后的楚僻处荆蛮。

[2] "南羌"是相对于北胡,"西羌"是相对于中原,其实是一回事,都是指"湟中及南山诸羌"。参看514页注〔1〕引王炳华《关于汉代"南羌"问题》。

图3 "五星出东方利中国"织锦上的四种动物图案

(二) 动物图案 [图3]

关于此锦的图案,比之文字,学者的讨论似比较简略。如于志勇先生说此锦"有孔雀、仙鹤、辟邪、夔龙和虎等祥禽瑞兽"(下简称"于文");[1] 孙遇安先生说"据初步观察,这是一片典型的东汉云气禽兽纹锦,在蓝色地子上以经线起花,织出绿、白、黄、赭红色相间之缭绕的云气,有虎、辟邪、大鸟、灵禽出没其中,云气上方还织出红色和白色的两个圆形,应代表日月"(下简称"孙文")。[2] 这里我想多说几句,试把各种可能都讨论一下。

此锦上的动物图案只有四种,两禽两兽,并没有更多的种类,其他动物只有局部,都是重复出现。它们从右至左(和文字的顺序一致)依次是:

(1) 右起第一种。于文称为"孔雀",孙文称为"灵禽"。前者以此禽为孔雀,大概是因为它头上有冠。后者只是泛称,并无确指〔案:此禽

---

[1] 参看514页注〔1〕引于志勇先生文,这里的说法是引自其最晚的一篇。
[2] 见514页注〔1〕引孙遇安文。

头上有冠，翅膀是绿色（夹黄色花纹），嘴和脚是红色，和现存鸟类中的孔雀差距较大，而与鹦鹉略微相似（有冠，红嘴、红脚、绿翅膀），但也不尽相同（冠、喙的形状不同，足太长）〕。我们怀疑，它和下面第三种动物相似，也是一种神化的动物。今查《太平御览》卷九二七"异鸟"类引《临海异物志》，该书提到一种作为祥瑞的"世乐鸟"，其特征是"五色，头上有冠，丹喙赤足，有道则见"，正与此禽吻合。它的原型也可能是综合了鹦鹉和孔雀的特点。鹦鹉、孔雀都是远方贡纳的珍禽。如《汉书·武帝纪》记汉武帝元狩二年（前121年）"南越献驯象、能言鸟"（颜师古注："即鹦鹉也，今陇西及南海并有之。万震《南州异物志》云有三种，一种白，一种青，一种五色。交州以南诸国尽有之。白色及五色者，其性尤慧解，盖谓此也。"参看《太平御览》卷九二四"鹦鹉""白鹦鹉""赤鹦鹉""五色鹦鹉"类），《南粤传》记南粤王赵佗以"孔雀二双"献汉文帝〔案：孔雀，交趾、罽宾、条支皆有所产，参看《太平御览》卷九二四"孔雀"类〕。当时的鹦鹉和孔雀都有南来和西来两种。

（2）右起第二种。于文称为"仙鹤"，孙文称为"大鸟"〔案：此鸟从形状看，应是鸵鸟。鸵鸟原产非洲，也是经西亚传入〕。我国史籍多称"大鸟"或"大爵（雀）"，并依其出产之地，或称"安息雀"（安息在今伊朗高原和两河流域），或称"条支大鸟"（条支在今伊拉克境内）。[1] 孙文所说"大鸟"如果是指这种"大鸟"，我很赞同。鸵鸟形象流行于唐代，如唐代帝王陵寝的关中十八陵，神道石刻几乎都有鸵鸟屏，[2] 但年代更早的例子也有不少，比如汉晋时期的肖形印（[图4]，可能是新疆地区的肖形印），其中就有鸵鸟。其设计与1990年新疆焉耆七个星乡老城村出土的七

---

[1] 孙机《七鸵纹银盘与飞廉纹银盘》，收入所著《中国圣火》，辽宁教育出版社，1996年，156–177页。案：孙先生认为此盘是中国制造，但王炳华先生告，此盘也可能是粟特之物。
[2] 参看杨宽《中国古代陵寝制度史研究》，上海古籍出版社，1985年，248–250页：附表五。

图4 四鸵纹印

图5 七鸵纹银盘（孙机绘）

鸵纹银盘[图5]相似。[1]在中国的外来禽类中，鸵鸟也是很突出的一种。

（3）右起第三种。为有翼神兽。于文和孙文称为"辟邪"（于文又称"夔龙"），这是按东汉以来的习惯〔案：有翼神兽是西亚流行的艺术主题，后经欧亚草原传入中国，西人称为格里芬（Griffin）〕。其种类可大别为两类，一类是禽首类（禽首禽身或禽首兽身），一类是兽首类（带翼狮、带翼鹿、带翼羊）。它们的共同点是有翼和禽兽合一。中国的有翼神兽也分两类，一类作禽首（如上海博物馆藏"翼兽形提梁盉"、台北故宫博物院藏"鸟首兽尊"、曾侯乙墓出土的铜鹿角立鹤）；[2]一类作兽首（如中山王

---

[1] 如温廷宽《中国肖形印大全》，山西古籍出版社，1995年，265页：0973、0974。案：世界各国的印章多以图形为主，中国也有图形类的印章。值得注意的是，这类肖形印中可能有不少是新疆地区出土的西域肖形印，参看王珍仁、孙慧珍《新疆出土的肖形印介绍》，《文物》1999年3期，84—91页，该文所列诸印也有作鸵鸟纹者。

[2] 参看：李学勤、艾兰编《欧洲所藏中国青铜器遗珠》，文物出版社，1995年，图版135-A-B；台湾故宫中央博物院联合管理处《故宫青铜器图录》，中华丛书委员会，1958年，图上壹壹陆（上册上编，79页；下册上编，107页）；湖北省博物馆《曾侯乙墓》，文物出版社，上册，1989年，250页（图像见上册，251页，图一四七；下册，图版八三）。

墓和曾侯乙墓出土的铜有翼神兽）。[1] 这类形象，东汉以后非常流行（如南阳宗资、宋均墓），特别是六朝陵墓，往往成对出现于神道石刻中，形体高大，引人注目。据《汉书·西域传》和欧阳修《集古录跋尾》卷三等书，学者多称之为"天禄""辟邪"。[2] "天禄"，是天赐之福，"辟邪"是祛除邪魅，都是含祥瑞之义的中国词汇，但其造型是来源于欧亚草原、中亚和西亚地区的艺术。有翼神兽对中国艺术的影响很大，如魏晋南北朝以降，隋唐以来的镇墓兽往往是成对出现，一件作人首，一件作兽首，两者都带翼，可能就是吸收了天禄、辟邪的特点。[3]

（4）右起第四种。学者皆以为"虎"，从形状看，比较吻合。但此兽的头部并不清晰，也有可能是狮子，或狮子的变形。我们理解，此锦的动物图案，从总体考虑，似乎是以状写来自远方的珍禽异兽为主，皆有祥瑞之义（即瑞兽）。《史记·天官书》说："五星皆从而聚于一舍，其下之国可以礼致天下。"古人认为天下太平，则四方来朝，珍禽异兽往往是贡纳之物。这与文字内容正好相互呼应。图案中的"虎"是中国所有，并非奇物，我们怀疑，它也可能是表现"狮子"。狮子原产非洲、西亚，本来不是中国动物。但它传入中国也比较早，至少可以上溯到战国时期。如《穆天子传》《尔雅·释兽》都提到"狻猊"，就是战国时代的名称，而汉代则称之为"师子"。"师子"的出土实例似以东汉为最早。东汉以前的狮子是包含在有翼神兽的形象中。中国的有翼神兽，其狮首无雄狮之鬣，往往类似于虎，这是狮子形象被"中国化"的结果。因为西亚有狮无虎，中国

---

[1] 参看：傅天仇主编《中国美术全集》雕塑编1，人民美术出版社，1985年，135页；图版一六六；《曾侯乙墓》，上册，134—137页（图像见136页：图六一；下册，彩版五，图版四一）。

[2] 参看：朱希祖等《六朝陵墓调查报告》，中央古物保管委员会，1935年；姚迁、古兵《南朝陵墓石刻》，文物出版社，1981年。

[3] 早期镇墓兽是在盝斗状器座上装置鹿角（如河南光山宝相寺黄君孟夫妇墓和河南淅川和尚岭M2所出器座。又河南淅川下寺M10所出鹿角可能也是镇墓兽的残留物），然后演变为方座鹿角怪兽式（流行于战国楚墓），隋唐以来受"天禄""辟邪"影响，才出现带翼的镇墓兽。

有虎无狮。西亚的狮子经欧亚草原传入中国,往往与虎易位和混同。

总之,我们认为,上述四种动物主要是远方贡纳或神化的珍禽异兽,它们和汉地流行的动物造型(如青龙、白虎、朱雀、玄武)不同,主要是一种"异国情调"的艺术主题。

补记:

8月20日在乌鲁木齐参观,又有所见闻:一是学者称为"护膊"的织物看来还有较早的例子,如新疆博物馆藏1992年鄯善苏贝希三号墓地M25出土的所谓"皮符"[图6],发现时是在墓主胸部,花纹作"三角锯齿状火焰纹,内填三堆篝火纹和窃曲纹",形制正与"五星出东方利中国"锦相同,其年代约在公元前500—前300年,应是纯粹的当地制品,参看吕恩国、郭建国《鄯善苏贝希墓群三号墓地》,收入王炳华、杜根成编《新疆文物考古新收获(续)》,新疆美术摄影出版社,1997年,150—170页;二是新疆出土的汉锦,很多都有类似的动物图案,如新疆考古所藏"永昌锦"和"长寿明光锦",皆作三兽一禽,其中兽类亦有有翼神兽和狮虎类动物,这类图案也见于不带汉字的当地织锦,参

图6 苏贝希墓古出土的所谓"皮符"　　　　图7 营盘墓地M15出土的所谓"刺绣护膊"

看穆舜英主编《中国新疆古代艺术》（新疆美术摄影出版社，1994年）106页：图版261、263和102页：图版249。此外，今年《文物》1期还发表了1995年新疆尉犁县营盘墓地M15出土的所谓"刺绣护膊"[图7]，发现时是绕系在手臂上，同样是当地制品，年代与"五星出东方利中国"锦相近。

又上文说"右起第四种"学者以为虎，但"也有可能是狮子，或狮子的变形"，此说牵强，应作废。

1999年7月11日写于密云溪翁庄刘东先生家

1999年8月5日在上海博物馆改定

（原载《文物天地》1999年6期，26—30页）

中国的水陆攻战图和亚述的水陆攻战图

中国的青铜器，春秋以降，进入战国，纹饰陡然变化，一是出现表现人物或神怪（人形的神怪）的图像，二是出现表现宴享、游乐、狩猎和战争的场面，三是动物纹、植物纹和几何纹全面更新，风格细密而繁复，并有表现异域风情的东西。其制作工艺也不同以往，开始出现金银错嵌、红铜镶嵌、宝石镶嵌（商代就有的绿松石镶嵌也得到恢复和发展），还有錾刻纹、髹漆饰和剪纸式的浅浮雕装饰，有点像明清工艺对比于汉唐，给人的总体感觉是，精巧而奢靡。现在，学者多把前两类纹饰统称为"画像纹"。[1] 我们讨论的"水陆攻战图"就是其中的一种。

就目前所知，这类纹饰有四个例子：

（一）山彪镇一号大墓出土铜鉴上的"水陆攻战图"［图1］[2]

器物为一对，1935年河南汲县山彪镇一号大墓出土，现藏台湾"中央研究院"历史语言研究所。一件（M1: 56），口径54.6厘米、高29.6厘米。一件

---

[1] Charles Weber, "Chinese pictorial bronze vessels of the late Chou period," *Artibus Asiae*, vol.28:2/3(1966), pp.107–140; vol.28:4(1966), pp.271–302; vol.29:2/3(1967), pp.113–174. 朱凤瀚《古代中国青铜器》，南开大学出版社，1995年，414–415、544–561页。Alain Thote, "Intercultural relations as seen from Chinese pictorial bronzes of the fifth century B.C.E," *Anthropology and Aesthetics*, Res 35, Spring 1999, pp.10–41.

[2] 郭宝钧《山彪镇与琉璃阁》，科学出版社，1959年，18–23页（图像见图版拾玖；图版贰拾；图版肆拾柒；图版肆拾捌；图版肆拾玖、1、2；20页：图十；21页：图十一；22页：图十二）。

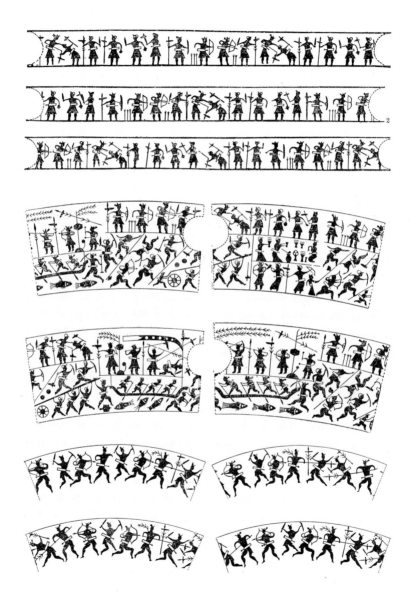

图 1 山彪镇 M1 出土铜鉴上的花纹

(M1∶28)，口径54.5厘米、高30.1厘米，大小相似，形制相同，花纹也一样。花纹是用红铜镶嵌，分上中下三层，当年郭宝钧先生叫"水陆攻战纹"，"水"指水战，"陆"指陆战，"攻"指"攻城"，现在多称"水陆攻战图"。古代战争，都是先野战而后攻城，南方则多用水战。此器就是表现这类场面。

花纹上层是表现陆战，即攻城之前的野战，画面未见战车，只有徒卒。当时，军队编制是以"伍"为基础，举"伍"为例，可即小见大，表现全局。这一层是由两伍相向，构成搏斗场面，有七组相同的场面，外加补白三人，共73人。它的左右两伍，皆成纵列，每人腰间佩剑（下其他战士也如此），惟手中武器不同。前两人持戟，第一人已进入肉搏：左卒一手持中戟（约与身高等），一手揪右卒头发，把他按倒；右卒一手举短戟（约半身之长），一手握左卒戟柄，把它折断；第二人，两边相同，皆一手拄中戟，一手举剑，为之后援。这两名戟兵后，左伍是两名弓箭手，右伍是两名投石手。弓箭手，第一人张弓搭箭欲射（故地上只剩两支箭），第二人执弓取箭待发（故地上还有三支箭）。投石手，除手提投石器，[1]第一人还拄中戟，第二人还举剑。两伍最后，左卒一手拄中戟（或矛），一手执盾；右卒只一手举短戟。[2]

花纹中层是以野战攻城的场面和舟师水战的场面交错排列。野战攻城，野战在上，攻城在下。野战同上层，有三组半（多出六人），共36人。攻城分三组。右起第一组，是用云梯登城，[3]第二组和第三组是用蹻

---

[1]投石器，我国古代叫"礮"，"礮"是抛的意思，火炮就是从投石器发展而来。
[2]《考工记·庐人》："庐人为庐器，戈柲六尺有六寸，殳长寻有四尺，车戟常，酋矛常有四尺，夷矛三寻。凡兵无过三其身，过三其身，弗能用也，而无已，而以害人。"其所述兵器不同，但尺度按身高划分，有三类，一类是六尺六寸，不足身高，最短；一类是一丈二尺和一丈四尺，比身高长出四尺到六尺，比较长；一类是二丈和二丈四尺，则在身高的两倍以上到三倍，但没有超过三倍的。这里的矛戟也有长短的不同。
[3]《墨子·备城门》所述十二种攻城手段，其中有"梯"，《公输》《备梯》等篇也称"云梯"，汉晋以来还有称为"飞梯"者。

埂（攻城的斜坡）登城。[1] 云梯组，一人推舆，三人举梯，两人冒矢石而上（可见城上扔下的垒石二枚）。[2] 踞埂组之一，三人登城，一人在下，张弓矢掩护，先登者坠城（头被砍，或坠城下，或省略）；踞埂组之二，两人（或只一人）登城，先登者坠城（头被砍，坠落脚下）。登城者，皆一手执盾在前，一手操刃于后（剑或短戟），缘墙蚁附。[3] 相同场面有四组，每组十人，共40人。水战，是以左右二舟对抗，舟为楼船，[4] 分上下层，船头竖长戟（倍身之长），左舟张帛为旗，右舟析羽为旌，[5] 两层各有卒一伍。下层置桨手四人划船，一人在船尾水中喊号子。[6] 上层是战士，前两人持短剑，在前肉搏；后两人挥长戟，在后助战。双方第一人均落水，在水中搏斗，一人扒对方船头，欲上；一人以双手合力推剑，猛刺对方胸腹；第二人激战正酣，左卒低头躲闪，右卒跳下船头。后面的两名戟兵，皆竖备用兵器于甲板（或为长戟，或为长矛，皆比身高略长，其中左边第三人，其备用兵器已仆）。双方最后一人，是执桴指挥的船长，击椌鼓（在上）、丁宁（在下），以为进退疾徐之节。[7] 左舟之长，一手拄长戟（比

---

[1]《墨子·备城门》所述十二种攻城手段，其中有"埂"，《孙子·谋攻》叫"踞埂"，这是先秦的叫法，汉晋多称"土山"，唐代则称"垒道"。又《墨子·备高临》有所谓"薪土具上，以为羊黔"。"羊黔"，《杂守》作"羊坽"，或说也是这种手段。

[2]《墨子·备城门》提到"二步积石，石重中钧以上者五百枚"，《备梯》《杂守》也提到"城上繁下矢石沙灰以雨之，薪火水汤以济之"。"积石"，《备穴》称"垒石"、《备蛾傅》称"絫石"，本指积石为防，后世变为专名，并讹为"擂石"（同样，积置城头的滚木也可称为"擂木"）。

[3]《墨子·备城门》所述十二种攻城手段，其中有"蛾（蚁）傅（附）"，《孙子·谋攻》等古书也提到"蚁附"，都是指驱士卒攻城，如蚁缘墙。

[4] 汉代称多层的战船为楼船。案：《越绝书》佚文引伍子胥说（《太平御览》卷七七〇引）已提到"楼舡"。

[5] 古代"旌""旗"常连言无别，但作为专名，"旌"是用羽毛制成，参看《周礼·春官·司常》关于旗帜的分类。案：郭宝钧先生在《山彪镇与琉璃阁》23页已指出，画面上的右舟是悬旌，椌鼓也是悬旌，但他把左舟之旗称为"常"。

[6] 画面上，左舟船尾之人，挥舞手臂，似在喊号子；右舟船尾之人，手中在拨弄一弧形物体，也可能是一边在掌舵，一边喊号子。情况不能肯定，这里只是推测。

[7] 关于椌鼓和丁宁。请参看郭宝钧先生在《山彪镇与琉璃阁》23页的考证。

身高略长)，一手执桴；右舟之长，双手执桴，悬长戟于鼓上，增弓箭手为掩护，比左舟多出一人。两舟共21人。船下有鱼鳖，是表现水之所在。相同场面还有一舟之多半，共28人。此外，在每组野战攻城画面的右下，还有表现振旅、饮至的场面，[1] 也分上下层。下层表现振旅，前面是三个凯旋的战士，一人持弓，一人持戟，一人既持弓又持戟，后面是一年幼之人。上层表现饮至，左边二人举杯祝酒，右边一人端坐受之，中间是筵席，陈壶罍（上置斗勺）、笾豆（上盛食品）等器。这类场面也有三组，每组七人，共21人。

花纹下层也是表现野战，但人数有所省略，每组是作左四右三排列。左边四人是以执剑（旁竖备用之戟，约与身高相等）、执长戟、执弓矢、执剑盾相次，右边三人是以执剑、戟（短戟）、执长戟、执弓矢相次。

(二) 故宫博物院藏铜壶上的"水陆攻战图"［图2］[2]

此器是1946年入藏，据下述二壶，原来可能有盖。器亦红铜镶嵌，通高31.6厘米、宽22.3厘米、口径10.9厘米、足径11.9厘米。其画面分上中下三层：上层，左边是表现"射戏"，右边是表现"采桑"；中层，左边是表现"宴乐"，右边是表现"弋射"。下面也有类似的"水陆攻战图"，但攻城在左，水战在右，缺少表现野战的场面。攻城的部分，亦分上下层，上层是守方（而不是重复野战的场面），下层是攻方。城上十人，七人为守城者，三人为登城者：第一人执矛（长矛）下刺；第二人揪第三人（执

---

[1] 振旅、饮至，是专门的军事术语。古代战争，有所谓"治兵""振旅"，都是整顿军队的意思。但"治兵"是出兵前定期举行的校阅，"振旅"是班师后的清点人马、粮秣、辎重，进行休整，两者并不一样。《诗·小雅·采芑》，毛传曰："入曰振旅，复长幼也。"孔疏引孙炎说，谓"出则幼贱在前，贵勇力也。入则尊老在前，复常法也"，画面以幼者居后，疑是表达这种含义。"饮至"，《左传》隐公五年："三年而治兵，入而振旅，归而饮至，以数军实。"僖公二十八年："秋七月丙申，振旅，恺以入于晋，献俘授馘，饮至大赏，征会讨贰。"都是指凯旋归来，祭告宗庙，然后在宗庙举行的庆祝宴会。

[2] 故宫博物院《故宫青铜器》，紫禁城出版社，1999年，图版281。

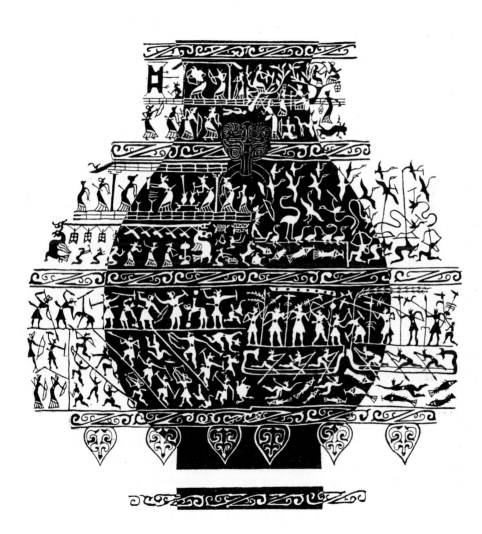

图 2 故宫博物院藏铜壶上的花纹

剑）的头发，挥剑下砍；第四人执盾挥戟（短戟）；第五人将对方的首级砍下，尸身已坠城下；第六人持剑、弓，被举剑的第七人揪住头发；第八人投石，一手俯身捡，一手向下抛；第九人执盾挥剑，剑下的第十人已被砍头。这些都可补充上述二器，使画面更为完整。城下，方向相反，云梯组在左，梯下四人，梯上三人，增加了断后的弓箭手；踞埋组之一居中，有六人登城，二人坠城，四人继之，也以弓箭手断后；踞埋组之二在右，有五人登城，二人坠城，三人继之，如果加上已登城的三人，攻方共有31人，比上述二器人数多。此外，上下两层的左下角，即靠近踞埋组的地方，还有三名弓箭手和一名执戟盾的战士，面对攻方，可能是借器械自上而降的守方。如果加上城上的七人，守方共有11人。水战，与上述二器大体相似，区别只在：船的下层，船上只有三人，两人是在水中（右边不全，缺一人，水中亦有鱼鳖）；上层，五人都在船上，第一人持剑搏斗（左卒揪住右卒的头发），后四人持长兵助战，亦竖备用兵器于甲板（多为长戟，偶尔用长矛），船尾无桴鼓、丁宁之设，共19人（原来应为20人）。

（三）百花潭出土铜壶上的"水陆攻战图"［图3］[1]

此器是1965年四川成都百花潭中学的10号墓（巴蜀墓）出土，也是红铜镶嵌，通高40厘米、口径13.4厘米、腹径26.5厘米、足高2厘米，比前者略大。它的花纹与上器相似，但细节略有不同。其攻城部分，上层第三人，有被挥剑砍掉的首级飞在空中；第九人（相当前器第十人）正躲闪第十人（相当前器第九人）的劈杀。下层，方向同上，云梯组（云梯被省略）只有三人，一人在下，两人在上；踞埋组之一只有三人，一人坠城（身首分离），两人继之；踞埋组之二只有四人，两人坠城（在上者，被另一人揪住头发，也许是表现其坠落的原因），两人继之。左下夹角，也只有两人。其水战部分，上层，除直接参加战斗的左右二伍（一人执剑盾

---

[1] 四川省博物馆《成都百花潭中学十号墓发掘记》，《文物》40—46页（图像见图版贰）。

图3 百花潭出土铜壶上的花纹

图4　保利艺术博物馆藏铜壶上的花纹

战,四人执长戟战),还各有执桴的船长(右边不全,疑缺一人),两船之间还有一人落水;下层,只有四名桨手,船下没有鱼鳖。

(四)保利艺术博物馆藏铜壶上的"水陆攻战图"[图4][1]

器物为一对,近年入藏。一件通高41厘米、口径13.2厘米、腹径26.2厘米,一件通高41厘米、口径13.4厘米、腹径26.6厘米,和百花潭所出几乎大小相同,纹饰也极为相似。

研究中国的"水陆攻战图",亚述艺术的类似表现值得注意。这里做

---

[1] 孙华《嵌错社会生活图画壶》,收入保利艺术博物馆《保利藏金》(续),岭南美术出版社,2001年,186—199页。

简单介绍，供大家参考。〔案：亚述帝国是前10世纪末至前612年的西亚帝国，因为年代早，号称"世界第一帝国"。它的穷兵黩武、残酷杀戮和疆域广大在世界文明史上非常有名。和这种征服文化相匹配，它的艺术也以表现狩猎、战争和朝贡的场面而著称（狩猎和战争有密切关系，战争和朝贡也有密切关系，全世界都一样）。这类艺术对后来的波斯艺术和草原艺术有深远影响。〕

亚述的"水陆攻战图"，大致可分三类：

(一) 王宫四壁的画像石雕[1]

亚述艺术中表现战争场面，例子最多也最壮观，是其王宫内装饰四壁的画像石雕。这种石雕，一般是用刻画细腻和视觉感富于立体效果的浅浮雕来表现。它们多刻于约两米高的大石板上，一块接一块，镶嵌于墙壁，有如画卷舒展。学者从石雕上保存的颜色痕迹推断，它们原来都涂有色彩。亚述王宫的石雕壁画，现分藏于巴黎、伦敦、柏林和巴格达等地的博物馆，还有石刻所在的原地。1997年1月，我到伦敦大学开会，参观过大英博物馆收藏的原物，留下深刻印象，回来翻过一点书，马上想到的是中国的画像纹铜器和画像石，特别是表现战争的场面。它们当中，有四个例子比较典型，值得格外留意：(1) 亚述纳西尔帕二世（Ashurnasirpal Ⅱ，前883—前859年）的宫殿壁画〔原在尼姆鲁德（Nimurud）〕；(2) 提格拉特—帕拉萨尔三世（Tighath–pileser Ⅲ，前744—前727年）的宫殿壁画（原在尼姆鲁德）；(3) 辛纳赫里布（Sennacherib，前705—前681年）的宫殿壁画〔原在尼尼微（Nineveh）〕；(4) 亚述巴尼拔（Ashurbanipal，前668—前631年）的宫殿壁画（原在尼尼微）。这些壁画，它们的战争场面，都很宏大，也很复杂，一般是野战继以攻城，攻城之后，焚烧城市，

---

[1] J. E. Curtis and J. E. Reade, *Art and Empire*, New York:The Metropolitan Museum of Art, 1996, pp.39–91.Julian Reade, *Assyrian Sculpture*, Cambridge:Harvard University Press, 1999.

屠杀战俘，掳掠人民。其中既有行军，也有宿营。营帐常以十字和圆环表现俯视效果，但里面的人物则仍为侧视。此外，还用舟船载运战车和辎重，泅渡的人则用羊皮筏。野战，是车兵、骑兵、步兵混同作战（平原多用车兵，山地多用骑兵和步兵）。战车[图5]，或一马，或两马，或三马，或四马。车轮，早期为六辐，晚期为八辐（或倍之）。车毂在舆的后沿，舆侧悬弓韬矢箙类器具，内盛弓矢、长矛和短斧。车上乘员为一至四人，御手最不可少，其次为弓箭手，其次为投矛手。若王在车，则王为射手，另有御手一，投矛手二。骑兵，早期是双骑，晚期是单骑[图6-1、2]。步兵，多腰间佩剑，分投矛手、弓箭手、投石手，并有轻装与重装之分。盾牌，大可立于地面，遮蔽身躯，小可蒙于手臂，左抵右挡，形状有方、圆等不同形状。攻城，城上有雉堞、塔楼（我国叫"敌楼"）。攻方用云梯登城，撞城车（siege engine）撞城，驱士卒蚁附，先登者往往坠城；守方，以火炬、石弹（有出土实物，略如网球大小）、弓矢，作顽强抵抗。撞城车，是以木为车，下有轮，外蒙皮革为护甲，内容战士，略如今之坦克、装甲车，上有出口可爬出，往往一人执盾掩护，一人弯弓射箭，探其上身于外。车前有撞城锤（battery ram），如长锥状，可撞击城垣破坏之，很像中国古书中的"冲车"。[1] 此外，画面上还有攻方穴城，守方补洞；攻方以撞城车撞城，守方用铁链阻挠或投火焚烧（而撞城车上又有灭火设备，可以扑灭之），彼此反复争夺的场面。[2] 特别是辛纳赫里布的宫殿壁画，它是表现《旧约》提到的亚述围攻拉基什城（Lachish，犹太城市）的著名

---

[1]《墨子·备城门》所述十二种攻城手段，其中有"冲"。"冲"，也叫"冲车"，据《淮南子·览冥》高诱注，是一种"大铁箸其辕端，马被甲，车被兵，所以冲于敌城也"的攻城车，汉晋以来也叫"撞车"。古代的攻城车，除去这种，还有很多种，如《备城门》的十二种攻城手段，其中还有"临""轒辒"和"轩车"。"轒辒"，也有皮甲装护，但从古人的描述看，是以运输士兵和器材，进抵城下，运土填堑为主要用途。它和"冲"同时见于《备城门》的十二种攻城手段，应该有所不同，区别当在，它没有破坏城墙的矛状或铲状前端。《汉书·扬雄传下》提到"砰轒辒，破穹庐"，应劭注："轒辒，匈奴车也。"或汉时匈奴多用此类战车攻城。
[2]《墨子·备城门》所述十二种攻城手段，其中有"穴"。

图 5 亚述纳西尔帕二世的宫殿壁画：战车

6-1   6-2

图 6 亚述巴尼拔的宫殿壁画
6-1 双骑 6-2 单骑（梁鉴摄）

战役[图7]。在这组壁画中，我们首先看到的是（一般都是从左往右看）亚述军队向拉基什挺进，成队的士卒是以投矛手居前，弓箭手居中，投石手居后。其次是攻城的场面，犹太一方据城而守，亚述一方蚁附而攻。城上矢石俱下，如大雨倾盆。攻方，前有撞城车开道，后有士卒簇拥，或蒙盾冲，或张弓射，或投矛投石，沿攻城坡（siege ramp，画面上有左三右七共十条斜坡，垒石铺道，彼此交叉，如三角形）蜂拥而上，场面十分激烈。而更有意思的是，该城遗址在20世纪被多次发掘，仍可见到当时的城墙和攻城坡，以及散落战场的武器装备。所谓"攻城坡"，也就是中国古书中的"踞堙"。此外，也是在辛纳赫里布的宫殿壁画上，我们还可见到战船渡河的场面，画面上的"腓尼基船"[图8]，也是双层楼船，上层是战士，下层是桨手，水中有鱼、蟹。这些都和中国的"水陆攻战图"非常相似。

（二）王宫大门的青铜带饰[1]

这种青铜门饰在很多亚述宫殿的遗址中都有出土，但保存下来的实物很多是残片，完整的例子较少。其中名气最大是巴拉瓦特（Balawat）王宫所出的三套。这三套门饰，保存比较完整，其中两套是亚述纳西尔帕二世（前883—前859年）的遗物，一套是萨尔曼纳萨尔三世（Shalmaneser Ⅲ，前858—前824年）的遗物。后者经复原，在大英博物馆的亚述厅长期展出，年代定为公元前848年。大门原来是用木头制成，只有门上的青铜带饰保留下来。这种门饰，是用青铜捶打而成，做工精细，每条横长180厘米、竖宽27厘米，从上到下，一左一右，各有八条，横贯门面，包裹门枢，最后用小钉固定。它们画幅较窄，人物较小，但画面极为生动。内容是表现萨尔曼纳萨尔三世征服中东各国，焚毁其城郭，屠杀其人民，接受他们的臣服朝贡。当年，我到该馆参观，也看过这套大门。它的青铜门饰，和上面的石雕非常相似，很多细节都一样。不但有相似的战争场

---

[1] *Art and Empire*，pp.93–99.

图 7　辛纳赫里布的宫殿壁画：亚述围攻拉基什城（梁鉴摄）

图 8　辛纳赫里布的宫殿壁画：腓尼基船（梁鉴摄）

面，还有相似的屠杀场面，如上述辛纳赫里布的宫殿壁画，上面有剥皮和把人钉在尖桩上的残酷情景，这套门饰也有砍手剁足和把人插在尖桩上，用火熏烤的场面，令人恐怖。

(三) 金器上的纹饰[1]

比前者更小。如1989年伊拉克考古学家发掘亚述王后的陵墓，在据信是亚述纳西尔帕二世王后的陵墓中出土了大批金器（发掘地点也在尼姆鲁德）。其中一件，上面就有表现狩猎、战争场面的纹饰。

亚述艺术中的"水陆攻战图"，主要是前870年—前620年的作品，大体相当我国西周末年到春秋末年这一段。它们或金或石，大小悬殊，但主题相似，手法相似，都是以行进式的浅浮雕为主（西亚的滚筒印，即所谓cylinder，也是采取意匠相同的浅浮雕）。其表现手法有三大特点，一是动静结合，有点像动画片，画中的人和动物可以重复出现，用以表现故事的进展和动作的连续；二是侧视和俯视交相为用（如用俯视表现营帐的结构，侧视表现营帐中的人物；用俯视表现战场上的死伤枕藉，侧视表现战场上的车马奔驰和士兵格斗）；三是用许多不同局部拼合画面，类似现代影视中的"同时放映"，用以展现战争的宏大场面。他们的王宫壁画，如果套用我们的概念，其实也可叫"亚述的画像石"，但他们的画像石是属于宫室壁画，我们的画像石是属于陵墓壁画。中国早期的壁画，宫室类的壁画，可能是绘于泥墙，因土木建筑易于倾圮，早已荡然无存；墓室类的壁画，早期不流行，也迄无发现。即使到汉代，我们的壁画艺术，宫室类的壁画还是阙如，能够看到的东西，都是属于墓室内的壁画或画像石。中国的画像纹铜器，略相当亚述的青铜门饰和金器纹饰，它们和当时的宫室装饰可能有对应关系，但后者阙如，真正可以

---

[1] 参看：戴尔·布朗主编《美索不达米亚，强有力的国王》，李旭影等译，华夏出版社、广西人民出版社，2002年，93—99页。近有图像发表，承汪涛先生寄示，一睹为快。

比较，反而是汉代墓室内的壁画或画像石，不仅艺术种类不同，还有几百年的时间断裂，使我们不易发现二者的内在联系。但借助亚述艺术的启发，我们考虑，中国的雕塑艺术，可能也存在青铜艺术与壁画艺术，微缩艺术与纪念艺术的相互影响。中国的画像纹铜器，主要流行于春秋晚期到战国早期，即前6—前4世纪，正好是接在亚述帝国衰落后，波斯帝国崛起，称雄西亚和中亚的阿契美尼德时期（Achaemenid Period，前550—前330年）。它在战争场面的表现上和亚述艺术有很多相似之处，这当然可能是巧合，但两者的共同点很多，还是惹人深思。特别是从"整体突变"来看，这也许并不是偶然。中国艺术的"整体突变"，画像纹铜器是其中之一；石刻艺术，包括汉画像石也是其中之一。中国的壁画，除去汉代流行的壁画墓，主要是靠画像石研究。它们年代较晚，但很多主题和表现手法还是与画像纹铜器有继承关系（汉画像石上也有表现战争的场面）。中国的画像石艺术，是随整个石刻艺术的突然出现才发展起来，它的来源很值得探索。特别是，这种艺术也是在一人或半人高的大石板上用浅浮雕表现连续性的画面，和亚述画像石非常相似。其高浮雕有如剪影的图案，也比较接近亚述巴尼拔的宫殿壁画[图9]。亚述的壁画，早期是横幅式，立体感较强，留白也较多；后来采取中间刻铭，上下分层的表现方法；最后发展到亚述巴尼拔，他的宫殿壁画，如专门表现亚述征服埃兰人（Elamitis）之提拉图巴（Til-Tuba）战役的宫殿壁画，场面最宏大，人物很多，留白很少，不但画线分层（可多达五层），还采取分块拼图的方式。这种手法，不仅见于中国的画像纹铜器，也见于中国的画像石。另外，中国的画像石，现在从陕北地区的发现看，很多都是先雕刻，后敷彩，这和亚述的画像石是一样的。亚述的画像石，图中往往用楔形文字刻写题记（standard inscription），这也和中国画像石的榜题十分相似。

中国的画像石艺术和画像纹铜器是什么关系？中国早期的壁画可能是

图 9　亚述巴尼拔的宫殿壁画：提拉图巴战役

什么样子？它们和亚述、波斯或其他西域国家有没有关系？上述共同点仅仅是巧合，还是存在传播？这些都值得我们思考，也值得我们探索。无论肯定和否定，都对问题的研究有推动作用，关键是要拿出证据来。

这里提出的是问题和线索，不是答案和结论。

2002 年 12 月 10 日写于北京蓝旗营寓所

格鲁吉亚青铜带饰上的鸟首羽人

在过去写成的两篇文章中，我曾谈到战国时期三晋两周地区流行的一种所谓"狩猎纹"。[1]这种纹饰，通常是作浅浮雕，类似汉画像石常见的那种剪影风格。它由六到八组不同的图案自由拼合，其中两组纹饰有"羽人"。一种是带四蛇装饰，脸部和普通人相像，但长着双翼，我们已经讨论过。现在要谈的则是另一种羽人。如以琉璃阁59号墓出土的铜壶（M59:23）为例，[2]它的第六组纹饰，画面上有两个鸟首羽人，左边一个作张翼欲飞状，右边一个作张弓欲射状。后者看不清是否有翼。两人相向而立，中间有一鸟在空中飞翔，两蛇在其下，左边的羽人，身后还有一蛇，共有两人一鸟三蛇。我们要谈的就是这种羽人。作为对比，我想向读者介绍一件中国以外的铜器。

这件铜器是一件青铜带饰。图像收于最近出版的《欧亚金鹿》一书。[3]该书是纽约大都会艺术博物馆举办的"欧亚金鹿"展（2000年10月12日—2001年2月）的展览图录。展品由俄国圣彼得堡艾尔米塔什国立博物馆和乌法考古博物馆提供，主要是欧亚草原塞西安人（Scythian）和萨尔马提亚人（Sarmatian）的黄金制品和其他文物，主题是欧亚草原流行

---

[1] 李零《琉璃阁铜壶上的神物图像》，《文物天地》1998年4期，20—24页；《〈琉璃阁铜壶上的神物图像〉补遗》，《文物天地》1999年3期，31—33页。

[2] 郭宝钧《山彪镇与琉璃阁》，科学出版社，1959年，66页，又图版玖叁。

[3] Joan Aruz, Ann Farkas, Ander Alekseev, and Elena Korolkowa ed., *The Golden Deer of Eurasia*, New York: The Metropolitan Museum of Art, 2000, p.10.

的"大角鹿"(特点是头上有树冠或树杈状的大角)。

在《欧亚金鹿》一书第10页,因为讲欧亚草原艺术中的鹿,作者提到一件东格鲁吉亚出土的青铜带饰[图1]。[1] 这件带饰上有一种鸟首人狩猎的画面。上面一组,猎人作站立状,上身穿紧身衣,下身着长裤(类似现代的马裤),即我国文献所说的"胡服"。他右手持弓,箭在弦上;左手从身后悬挂的矢箙(gorytoi)中取箭。面前的猎物是一头公鹿,两只大鸟和一只小鸟,鹿的后颈已被射中一箭。图中的三箭是被画成共时的,但其意念却是历时的,它是表现猎人先取箭于箙,然后搭箭在弦,最后发射中的。下面一组,猎人是骑在一匹公马上,马头下悬挂着一颗人头。他右手持鞭,左手上举,弓箭是悬挂在身后。猎物也是鹿和鸟(注意:鹿的角与上不同)。

据作者介绍,这件文物是外高加索地区(包括亚美尼亚、阿塞拜疆和格鲁吉亚)所谓"库班文化"的遗物。库班文化是流行于前10—前8世纪(相当于中国的西周晚期)的一种青铜文化,年代要早于南俄草原和南西伯利亚的各种塞种文化。它的特点是有铸造精美的青铜器,并喜欢做一种模仿刺绣的錾刻纹青铜带饰(我国学者也称之为"针刻纹饰")。带饰经常表现的就是上面说的那种穿裤子的男人,他们或者在打猎,或者在作战。另外,把一种金属镶嵌到另一种金属的技术也是当地文化的传统。它们不但有更早的来源,也有更晚的延续。

在中国的青铜工艺中,装饰精美的金银错嵌、红铜镶嵌和錾刻纹饰,还有狩猎、攻战类的艺术主题主要是出现于春秋晚期,并流行于战国时期,它们的年代要比库班文化晚一些,而与塞种文化比较接近。它们都有鸟首人射猎的艺术主题,这是耐人寻味的事情。

2001 年 11 月 3 日写于北京蓝旗营寓所

---

[1] 该图是转引自 1970 年在美国纽约出版的展览图录 *Animal Style*(该展览曾在纽约、费城和旧金山等地展出)。

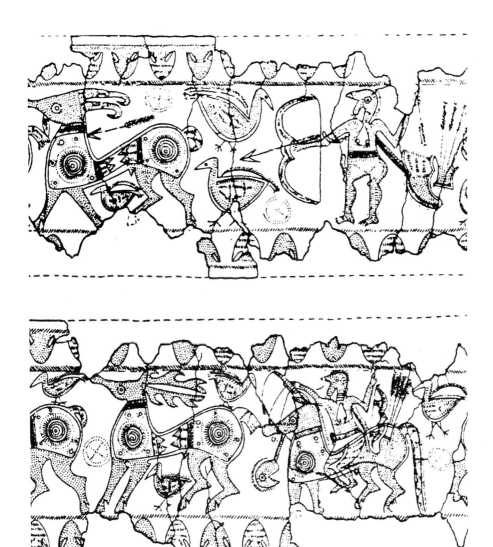

图 1 青铜带饰上的鸟首羽人

初版后记

最近病了一场，病刚好，书的校样就到了。本来是该高兴的事，可搁过去，我最怕就是看校样。人家都说，出书是令人兴奋的事，就像母亲看见孩子呱呱坠地，农民盼到庄稼丰收在望，纸墨飘香，令人销魂，我也体会过。但很久了，我却找不到这样的感觉。有人说，出版社和印刷厂，人家有人家挣钱吃饭的道理，你是自作多情，谬托终生，过于追求完美，活该大失所望。反正，我的真实感受是，这是互相依赖，也是互相折磨，眼睛都快看瞎了，气急败坏之下，简直视之为天敌。

我也不想这样啊。

但这次不一样。我的印象是，校样虽有错字（拙稿原有的错字和少数的误排），但非常忠实，我怎么写，就怎么印，包括标点（我最怕校标点，那比校字还麻烦），而且是第一校就能大体到位（这点非常重要，对谁都是省劲，而不是费劲）。没有到位，只是我在看校中还得做一点加工、润色和修改。麻烦是麻烦一点，然而一切为了读者，值得。况且，编辑和校对发现有疑问，都是用铅笔另外注出，耐心和我商量，大家是互相理解，互相配合。这样的校样，改起来就方便多了。将来要杀要剐，我也乐于承担。怕就怕录入过于马虎，编辑过于好事，随便帮我改文章，甚至替我写文章。我说过，这种越俎代庖，无异栽赃陷害（参看拙作《吃苍蝇》，收入《放虎归山》，辽宁教育出版社，1996年，209—215页），将来拿我问罪，冤枉。

这次看校，因为出版社已经校过原稿，动手术的地方很少，没有必要，一字一句，摇头摆尾，苦不堪言的对下去，我刚改过来，他又改过去，拉大锯，扯大锯，反复多少次，所以可以长出一口气，把更多的精力放在改错字，改文气，统一格式。

这是首先应该感谢的地方，向录入员，也向校对员。

说到文章的格式，最近我特别上心。因为长期以来，我们这些靠写字为生的人，包括像我一样，成天指导学生写论文的人，很多人，不仅小的小的不知道，老的老的也不知道。作者不清楚，编辑也糊涂。很多拉锯，都是因为无章可依，或有章不依，大家各行其是，彼此没有沟通。而且，我不是说别人不像话，自己做的好。其实，这个集子，它的文章不是写于一时，我对规范的理解也是在黑暗中摸索，过去掉以轻心，现在留下羞愧，自己给自己找麻烦，比比皆是。我觉得，很多形式问题，与其将来返工，何不现在就搞个水落石出。所以，我给《读书》杂志编辑部的吴彬先生和李学军先生打电话，请她们寄来有关的国家标准，对成功经验认真学习，对失败苦恼深刻反省。

这里讲几点看法，算是边干边学。第一是给自己立标准，第二是和别人作交流，以后可以照着办：

（1）过去，中国的文章没有脚注（当页的脚注或文后的尾注），很多学术考证都是信手写来的札记、题跋和随笔，不交代学术同行的研究，也不说明资料的来源出处。这不是我中华民族的优点。有些老先生习惯这么写，神思起伏，一挥而就。他们觉得，清朝的大师尚且如此，最高的水平就是这样，脚注算什么东西？那都是没学问的人，靠它虚充字数，扩大篇幅，骗取稿费。这完全是误解。过去，我就谈过这类问题（参看拙作《大音希声，善言不辩》，《读书》1997年12期，3—9页）。我说，外国的规矩不一定都好（比如讼棍式的矫情和刻薄），但他们讲什么（我是说学术著作，不是说所有文章）都细道原委，言之有据，读者和学生可以踩着走，代与代可以传承，国与国可以交流（现在什么都讲国际接轨。你关起门来可以不管，但假如投稿港台，转译西方，必遭拒绝。即使人家让你改替你改，也得从头查起，这不是折腾人吗），好处是明显的。我们的作者，我们的读者，很多人都不明白，西方的书干吗要印那么多脚注，还要吃苦受累编索引。其实，这些东西，并非点缀，就是我们称为目录学的东西。它们的书都是书套书，只要找到最新著作，马上就能倒着找，很快查到有关资料，也便于检查和评价作者的研究。它不是我们理解的双行夹注，天马行空，随文评点，长篇累牍，细密笺疏，主要还是起资料来源的作用。你用它，跟谁交流都方便；不用它，走哪儿都不被接受。用一句老话说，就是"与人方便，即自己方便"。

（2）过去，中国的文章和书，也有资料长编之一体。20世纪前半叶，很多大学讲义都是这一体，几乎从头抄到尾。这种写法，照样可以起"无一字无来历"的功效，好像很扎实，很详备，也很客观。但这一体裁，除去钞撮资料，总得下附案断，多少讲几句话。可是有些人的案语，只有判断，没有根据，或者干脆让读者去琢磨（其实是让他们受折磨）。还有一种写法，大概是咱们老祖宗留下的"春秋笔法"（为尊者讳，对乱臣贼子诛心），它也重视同行的意见，但主要是拿它垫底，习惯写法，是每说一事，先罗列众说，然后大笔一挥，下附案语，曰"众说皆非"，把别人当错误之集合，而以自己作"终结者"，其实是用judgment代替argument。我觉得，这种写法也不好，既不厚道，也不客观，还让苛狭之人，假学术泄愤，以售其奸。所以，即使这一种，也未必合适。现代学术论文，除强调资料翔实，还很重视理论框架和讨论范围，强调它的系统性和完整性（虽然也有玩方法之弊）。无论讨论什么问题，总得有个工作面，不能光卖零件不卖车，避虚就实绕着走，下笔鸡零狗碎，通篇没头没尾。比如大家经常争论，文章好还是书好，多写好还是少写好，其实就是有些人制造的假问题。他们的逻辑,经常都是有文章没书就说写文章好,写文章不多就说少写一点好。其实书也好,文章也好,都有好有坏,关键是怎么写,而不在长短大小多少字。比如,很多强调少写或不写,自称腹笥深厚,惜墨如金,不着一字,尽得风流的先生,即使退休在家,也绝不消停,狂花国家钱财,滥用天下人力,千军万马,修长城,开大船,炮制鸿篇巨制(而且是穷年累月),怎么就不厌其长了呢?所以说实话,我看问题不在这里。特别是,现在大家都用电脑,对资料长编,就更不能五体投地。因为电脑发达,不是人脑退化。它把整资料的力给省了,留给人脑的反而是创造发挥。如果我们是以电脑作业代学术创作,没有理论,没有方法,没有说明,没有辨析,光有资料和案断,这也说不过去。

(3)脚注的目的,主要不是写旁出枝蔓,意犹未尽的东西,而是交代研究的依据、资料和最新成果,即你踩着的肩膀,不是可看可不看,不是可以随意去取。所以,最好还是放在当页,供人随时查对(而不是像有人想的,是妨碍阅读,最好扔在文后)。而且要写,就要客观周详,为读者提供起码的研究背景。现代论文的形式要求,我们是套用西方。但近代以来,我们的学习,多半都是"四不像",很少有"全盘西化"。比如上面提到的脚注,其引用格式,我们和西方不一样,和港台也不一样。他们的文章,一般都是作者名(或编者名)加篇名(如果是译作,还要注明是由谁翻译),后面接刊名或收载之书,刊名要注明哪年哪期多少页,书名要注明出版地点、出版社、出版年代和多少页。但我们的文章,很多都是把作者(特别是集体作者,如各种编委会、考古队、整理组)和页码省掉,经常没有出版社和出版年代,出版地更是几乎没人注(外国出版社多在不同地点出书,中国的老牌出版社,如商务、中华、三联,也是大陆有,香港、台湾有,名字一样,如果不注,确实会混淆)。此外,港台的页码还学英文,不作多少至多少页,而作页多少至多少,这里也有人学。还有西文日文,经常都不按原来的字体印,标点也不在原来的状态下打,弄得不伦不类。这些都是成天碰到，但没人管的事情。现在，很多刊物对本来该管的不管（如上述各项），反而尽在些无谓的问题上吹毛求疵，如作者的后面非加冒号（西方不这样，港台如此），刊期、页码前非加"第"字，对港台式的页码也是听之任之。我对这些都不太赞同。另外，我想顺便指出的是，文章页码后置（放在刊期后），专书页码前置（放在出版地、出版社、出版年月前），这一规定也毫无道理，和国际习惯也不接轨。

（4）还有标点问题，也是一团混乱。我们的标点也是学西方而立新法。西方文字有字节，专名有大写，我们没有。作为弥补，我们创造了顿号（原来还有标注人名、地名的专名线）。但同样是并列名词，可能仍要分组，顿号里面分顿号，等于没分，还是要在每组后面点逗号。我们的顿号、逗号、分号、句号，常常分级混乱，前后不统一。这次看校，我也费了一些劲。还有书名号，西文是用斜体印书名，引号括文章，我们是一律用《》号（书名号里的书名号则用〈〉号，并用中心圆点区分篇名）。港台是又一个样，书名用《》号，篇名用〈〉号，现在也有人学。引文，中国是用冒号加引号，西文不用冒号。引文后的逗号，他们是放引号里，我们是放引号外。句尾加注的圆括号，他们是放标点后，港台一样，我们这里是两种都有（我更倾向标点前，因为圆括号，凡作插入语，都是放在句子里，两者最好统一）。还有注号，情况类似，也是既有插入句中，也有附在句尾；既有放标点前，也有放标点后。这些都应统一起来。否则，录入员会备感困惑，无所适从。还有，问题最大，是连接号。国家标准是，三种横线和波浪线都可以，等于没标准。现在最常见，阿拉伯数字是用一字横线，汉字数字是用二字横线，英文是用四分之一横线（应在英文状态下打字）。但录入时，经常乱用，忽长忽短，极不统一，给看校造成极大麻烦。中国的标点，有很多欧化影响。近代以来，无论点文言文，还是点语体文，很多人都是只顾语法结构，不顾语气结构。点文言文，顿号要慎用，比如文章是以四字句为主，我们就不能把"金华玉堂，白虎麒麟"点成"金华、玉堂、白虎、麒麟"。点语体文,也应我手写我口,不必大句套小句,好像生硬的西文译本,让人看着绕,听着晕,甚至喜欢在句子末尾动不动就加个"的"字。这都是很别扭的表达方式。南方人手口不一,不习惯北方人说话的劲头儿,或改求洋求古书卷气的一路,可以理解,但不必拿本无一定之规的书面语随便改别人的语气和节奏,每个词非写两个字,短句子非拉长不可。现在,我写文章,要反复改,长句子,都是能分的分,能顺的顺,多余的字,尽量砍去。所以,我最怕别人添油加醋,动不动就把很多逗号删掉。

(5)字体。国家对简化字有严格要求,我不反对。过去,语委把书法家为立交桥写的漂亮名字都换过,我很赞同,因为它们是交通标志,咱们不能把司机搞糊涂。但老字号不许挂老牌匾,除了毛、鲁、郭(这个标准定得毫无道理),一律摘掉,放到店堂后边,这就太过分。商店写古字,写怪字,有些成了徽记(典型例子是西安叫"biaŋ-biaŋ面"的饭馆,其"biaŋ-biaŋ"二字,完全是道符式写法,这里没法照葫芦画瓢),不但夺人眼目,而且惹人深思,商家自有商家的道理(外国店标也经常玩文字游戏,故意用缩写字或拼凑字,在字典中根本查不到),语言警察,权利再大,也管不到这份儿。现在,出版质量检查,对简化字要求很严,但古书的简化,我觉得还是不必一刀切,特别是其中的很多异体字和专门写法,还有人名用字,有时简化会引起误解。标准的根本用途,绝不是为了评奖(那是搞颠倒了)。

(6)数字。纯粹的统计性数字,我赞同多用阿拉伯数字,少用汉字,否则有时会拉得很长也很不显眼。插图中的数字,文物出版社,过去是作"某页:图一,1;图一,2",但近年也有作"某页,图一:1;图一:2"者,我看还是前者更好;图版中的数字,文物出版社,过去是作"图版壹""图版贰",这是模仿西文的Plate I, Plate II(有别于表示插图的fig.1, fig.2),现在改用阿拉伯数字,我也非常拥护。我不认为西方的什么都不好，也不认为什么都学西方就好。关键还是看，自己用着方便，跟人家交流也方便。

（7）写作时间和写作地点。中国式的序跋，有一点十分可取，就是最后要记写作时间和写作地点。这类记录只占一行，但落到编辑手里，经常都是大笔一挥，加以删削（本书有几篇就是因此失去年月），以为纯属多余。其实，我看就并不多余，不仅不多余，对现在的学术公平，将来的学术历史，还绝不可少。因为我们的刊物和出版社历来都有压稿的问题，写作时间和发表时间，中间会有时间差（而且是很长的时间差）。比如当年，顾颉刚先生编《古史辨》，就有这类问题，现在研究疑古运动，你要搞清当时的思想脉络，谁先讲，谁后讲，谁影响谁，没有这个东西，就成了一笔糊涂账。幸亏他们保留了这类记录。更何况，这个问题还涉及著作权和道德问题（辨伪学的真正用武之地其实是近现代著作，特别是眼前的胡作非为）。没有它，你会把早的当晚的，晚的当早的。这对学者不公平，对读者也是误导。

（8）申谢和补记。西方著作多半是把申谢写在书的前面，即使文章，也往往要用特殊的题注，对写作过程中给予帮助的人表示感谢。我觉得这点很必要。于规则，于良心，都很必要。咱们常说，中国之道德将大行于天下，我就不这么看（社会公德方面，咱们的民风民俗，哪点可以大行于天下）。比如学术道德和规矩，人家可学的东西就很多。申谢为什么必要？因为我们常常容易忽略别人在私下和你分享的观点，为你提供的见解和资料，以及其他许多无形的帮助。从规矩，从良心，你都不能藏着掖着，揣着明白装糊涂（注意：这对防大盗尤其重要。因为大盗都是"盗道"，他什么客气话都说，什么不重要的意见都引，惟一干没的就是别人的"道"，就是别人在私下谈话里的思想火花）。如果一个人老是端着拿着，口诛笔伐，对前人，对同行，目空一切，自以为前无古人，后无来者，什么肩膀都不踩，那不是妄想自大狂，就是鼠窃狗偷之辈。所以，我觉得，名人作序可以不要，申谢之言不能没有。我是把它放在书后，叫"好话说在后边"。另外，像考古学这样"上不封顶，下不保底"的学科，我觉得补记也必不可少。补记是订补性质的东西，有些修改当然可以融入正文，没有必要把所有错误原封不动留给读者。但我觉得，即使修改正文，也应在补记中有所说明，让别人了解历史。写补记的好处是，既可修正错误，补充材料，又可保存历史，反映进展，在稿件的编辑上也比较方便。

（9）造字和扫描。现在的录入员经常弃作者提供的软盘于不顾，宁可推倒重来，令人遗憾。因为这样一来，出错的可能就陡增。造字和扫描，也是混乱的根源。对这个问题，我的考虑是，第一，作者千万别造字，而由出版社照作者写在稿纸边缘上的字样去造，而且是一字一码，统一造，增删之际，仔细核对，千万别乱码；第二，能不造的字最好不造，看校时，作者应把还能查到的难字替录入员标音，让他们尽量从全拼字库中调字，用已有的字去补（因为造出的字常常不规范也不匀称，一删一增，就会乱码）；第三，扫描仅限于无法隶定或难以隶定的字，看校时，作者也要特别注明，并画出标准的字形。由于电脑造字，和铅排时代不同，错误都是匪夷所思，在这个问题上，作者、编辑和录入员，谁也不要图一时之快，遗无穷后患。

（10）可以通融的情况。目前，国内为古书写出处，一般都很简略，和国外不接轨。国外标准是，除作者和书名篇名，还要注版本情况（包括年月，卷、页，以及页的正背），基本上和现代书刊的引用是一模一样。我觉得，以中国的国情而论，如果引书太多（像中华书局的古籍整理），似乎也可通融一下，或者列出引用书的一栏表，使用简称（西方就经常如此）。过去，我们注甲骨、金文的拓片，就是经常用简称，但任何简称，应该先有全称、简称的对照表，不应一上来就用简称。还有，随文夹注，只列书名，不注版本和卷页，在咱们中国，我看也不是完全不可以，而且这样一来，还可区别于以现代论著为主的脚注，眉目更为清晰。因为这类材料，除个别例外，很多都是众所周知，版本极多，差异极小，引用频率极高，不注版本也不会引起太大的误会。还有上面提到的出版地点，我觉得，如果是国内出版社，只此一家，别无分店，省去也不是不行。但海外，我看还是不可少。也许，将来有一天，我们的出版社也有了不同地点的分号，那时再改也不迟。

这是我统稿的原则，也是我和出版界的沟通。

在本书写作中，我曾得到很多师友的无私帮助：

（1）关于早期祭祀遗址的研究。湖南省博物馆的陈松长先生曾专门派车和亲自陪我到湖南宁乡县调查，湖南省文物考古研究所的向桃初先生也向我介绍了宁乡县的地理形势，铜器出土地点和有关遗址的分布；北京大学城市环境系的唐晓峰教授向我提供了绘制欧亚草原地图的有关线索；中国建筑技术研究院建筑历史研究所的钟晓青先生帮我绘制了欧亚草原地图，以及辽宁喀左和湖南宁乡的祭祀遗址分布图。另外，王卫东先生为我摄制了秦骃玉版的精美照片，王育成先生和曹锦炎先生也提供了投龙简和伴出金龙的有关照片。

（2）关于新石器时代的"祭坛"和"祭祀坑"。我曾向北京大学考古文博学院的严文明教授、李水城教授和浙江省文物考古研究所的曹锦炎先生请教，从他们学到很多东西。

（3）关于翁仲的研究。我曾就枣庄地区出土的八件石人向山东省博物馆的郑岩先生请教，承他联系，得到枣庄市博物馆的李锦山先生回信，提供了枣庄石人的收藏现状。陕西省考古研究所张建林先生为我提供了唐泰陵翁仲的照片。

（4）关于《丝绸之路草原石人研究》的读后感。2000年在法国访问，法国高等实验学校的马克（Marc Kalinowski）教授曾驱车带我四处寻访古迹，包括法国的立石与石人，并为我提供了欧洲石人的图像。

(5）关于有翼神兽的研究。我曾得到海外许多博物馆的帮助，承它们提供器物照片和有关信息。美国加州大学洛杉矶分校的罗泰教授，挪威奥斯陆大学的何莫邪教授，他们也为文章的写作提供了很多指点和建议，我在《论中国的有翼神兽》文的后记已做过说明。本文发表后，还有一些学者指出我的错误，如关于西安北郊出土的一件陶翼兽，过去我曾记为秦代的铜制品，现在是靠中国社会科学院考古研究所的赵超先生和陕西省考古研究所的曹玮先生，帮我弄清情况，才有所纠正。又宾州大学博物馆和吉美博物馆收藏的石辟邪，旧作据Barry Till文，说是"传出河南内丘县"，也是承邢台市美术家协会姚卫国先生来信，指出"河南内丘县"实为"河北内丘县"之误。另外，安徽省阜阳博物馆的韩自强先生为我提供了阜阳红旗中学出土东汉辟邪器座的有关照片，香港中文大学文物馆的林业强教授为我提供了该馆收藏战国金箔的照片和有关研究资料。

（6）关于何家村银盘上的怪鸟纹。我向赵超先生请教过他所使用的资料和研究思路，法国高等实验学校的马克教授为我提供了敦煌本《乾符四年具注历》上的飞廉图像。

（7）关于汉阳陵"罗经石"遗址的建筑设计。曹玮先生也向我寄赠了最新出版的有关书刊，让我对这一问题的讨论有所依据。

（8）关于早期艺术中的神物图像。湖南省博物馆的陈松长先生为我提供了马王堆帛书《太一避兵图》的有关照片，当时在英国伦敦大学亚非学院的柳扬先生（现在澳大利亚的悉尼博物馆任职），台湾"中央研究院"历史语言研究所的李建民先生，还有美国洛杉矶县立艺术博物馆，也为我提供了有关铜器的图像资料。

（9）关于铜器分类。我曾就中国早期铜器和陶器的关系向严文明教授请教。

（10）关于楚国铜器的研究，我曾和罗泰教授反复讨论，承他不弃，编译了我的有关研究，题为《论楚国铜器的类型》。现在以中文发表，是由我的学生王艺翻译，并由美国纽约哥伦比亚大学的来国龙先生和加州大学洛杉矶分校的叶娃先生帮忙审校。他们都很忙，为我花费了许多宝贵时间。

（11）关于滦平营坊村出土的兽面石人。书中所附照片是承河北省文物局的刘建华先生提供。

（12）关于我对三件茧形壶的讨论。这三件器物，其中两件是由曹玮先生提供照片。

（13）关于我对王莽虎符石匮的调查。青海省博物馆的李智信先生，他曾陪我参观西海郡古城和王莽虎符石匮，承他赠书，多所指点。

此外，本书插图的复制和材料的核对，我也得到我的学生王艺，还有北京大学考古文博学院的韩巍同学帮助。

这些都是我应深致感谢，铭感于心的地方。

当然，最后我要说的是，本书的责任编辑蔡敏先生，为本书文稿的校阅，全书内容的编排，还有插图和图版的整理，也付出了很多精力、时间和心血，我亦顿首再拜，请他接受我的诚挚谢意。

2002年11月30日写于北京蓝旗营寓所

【新版后记】

本书从2004年在文物出版社出版，迄今已18年。这次在生活·读书·新知三联书店出新版，基本保持原貌，只调换了个别插图，改正了若干错字。

杨乐、李猛为本书文字编校、封面和版式的设计投入大量劳动，谨志谢忱！